中国社会科学院创新工程学术出版资助项目

# 中国法治发展报告
## No.14（2016）

ANNUAL REPORT ON CHINA'S RULE OF LAW No.14
(2016)

中国社会科学院法学研究所
主　编/李　林　田　禾
执行主编/吕艳滨

社会科学文献出版社
SOCIAL SCIENCES ACADEMIC PRESS (CHINA)

图书在版编目(CIP)数据

中国法治发展报告.14,2016/李林,田禾主编.—北京:社会科学文献出版社,2016.3
(法治蓝皮书)
ISBN 978-7-5097-8797-7

Ⅰ.①中… Ⅱ.①李…②田… Ⅲ.①社会主义法制-研究报告-中国-2016 Ⅳ.①D920.0

中国版本图书馆CIP数据核字(2016)第034999号

法治蓝皮书
中国法治发展报告No.14(2016)

主　　编／李　林　田　禾
执行主编／吕艳滨

出 版 人／谢寿光
项目统筹／曹长香
责任编辑／曹长香

出　　版／社会科学文献出版社·社会政法分社(010)59367156
　　　　　　地址:北京市北三环中路甲29号院华龙大厦　邮编:100029
　　　　　　网址:www.ssap.com.cn
发　　行／市场营销中心(010)59367081　59367018
印　　装／北京季蜂印刷有限公司
规　　格／开本:787mm×1092mm　1/16
　　　　　　印张:27.75　字数:421千字
版　　次／2016年3月第1版　2016年3月第1次印刷
书　　号／ISBN 978-7-5097-8797-7
定　　价／118.00元

皮书序列号／B-2004-021

本书如有印装质量问题,请与读者服务中心(010-59367028)联系

▲ 版权所有 翻印必究

## 权威·前沿·原创

皮书系列为
"十二五"国家重点图书出版规划项目

# 法治蓝皮书编委会

| | |
|---|---|
| 主　　　编 | 李　林　田　禾 |
| 执 行 主 编 | 吕艳滨 |
| 策　　　划 | 法治蓝皮书工作室 |
| 工 作 室 主 任 | 吕艳滨 |
| 工作室副主任 | 王小梅　栗燕杰 |
| 工 作 室 成 员 | （按照姓氏汉字笔画排列） |

支振锋　王帅一　冉　昊　刘小妹　刘雁鹏
毕小青　余少祥　张文广　陈欣新　柳华文
席月民　徐　卉　徐　斌　黄　芳　黄　晋
翟国强　谢增毅

**学 术 助 理**（按照姓氏汉字笔画排列）

马小芳　王素敏　宁　妍　刘永利　刘　迪
许　默　阮雨晴　宋君杰　张　爽　张　瑾
杨　芹　周　震　庞　悦　赵　凡　赵千羚
徐　蕾　曹雅楠　彭　悦

**官方微博** @法治蓝皮书(新浪)

**官方微信**

法治蓝皮书(lawbluebook) 　　　　法治指数(lawindex)

**技术支持** 北京蓝太平洋科技股份有限公司

# 主要编撰者简介

**主　编　李林**

中国社会科学院学部委员,法学研究所所长,研究员。

主要研究领域:法理学、宪法学、立法学、法治与人权理论。

**主　编　田禾**

中国社会科学院法学研究所法治国情调研室主任,研究员,国家法治指数研究中心主任。

主要研究领域:刑法学、司法制度、实证法学。

**执行主编　吕艳滨**

中国社会科学院法学研究所法治国情调研室研究员,国家法治指数研究中心副主任。

主要研究领域:行政法、信息法、实证法学。

# 摘　要

《中国法治发展报告 No.14（2016）》从立法、人权保障、政府法治、司法改革、刑事法治、民商经济法治等方面，梳理总结了 2015 年度中国法治发展的重点、焦点问题，分析了犯罪形势、行政审批制度改革、环境公益诉讼、证券市场法治、民间借贷等问题。

2016 年法治蓝皮书继续重磅推出多篇法治指数测评报告。以政府网站为依托，通过观察网站、电话验证等方法，对国务院部门、省级政府、较大的市政府的信息公开情况进行调研和测评，推出中国政府透明度指数报告；对最高人民法院和 31 家省、自治区、直辖市的高级人民法院以及 49 家较大的市的中级人民法院的司法透明度进行量化评估，对最高人民检察院和 31 家省、自治区、直辖市的人民检察院以及 49 家较大的市的人民检察院的检务公开工作进行量化评估，对全国 10 家海事法院司法公开情况进行评估，并分别对浙江全省 3 级 105 家法院以及北京市 3 级 23 家法院的司法公开工作，进行了阳光司法指数评估。

2016 年法治蓝皮书推出多篇法治国情调研报告，包括北京司法体制改革、吉林电子法院、中山人大监督、江阴县域法治、余杭基层治理以及周山村村民自治探索的相关实践和创新。

# 目　录

## Ⅰ　总报告

**B.1** 2015年中国法治状况与2016年发展趋势
　　　　……… 中国社会科学院法学研究所法治指数创新工程项目组 / 001
　一　推进科学立法，为深化改革提供法治保障 ………………… / 002
　二　加快政府改革，提升法治政府建设水平 …………………… / 006
　三　着力攻坚克难，推动司法改革有序进行 …………………… / 010
　四　完善廉政法治，健全依法反腐制度机制 …………………… / 014
　五　"适应性"调整民商经济法治，激发创新活力 …………… / 017
　六　保障民生福祉，加快社会法治建设步伐 …………………… / 021
　七　2016年法治发展预测 ………………………………………… / 026

## Ⅱ　专题报告

**B.2** 2015年的中国立法
　　　　……… 中国社会科学院法学研究所法治指数创新工程项目组 / 033
**B.3** 中国人权报告：性别平等与妇女发展状况 …………… 赵建文 / 047
**B.4** 行政审批制度改革的问题与完善路径 ………………… 李　军 / 058

B.5 2015年犯罪形势分析及2016年预测 …………………… 黄　芳 / 073

B.6 2015年司法改革的新进展 ……………………………… 祁建建 / 088

B.7 中国司法公开新媒体应用研究报告（2015）
　　——从网络及微博庭审视频直播切入 ………………… 支振锋 / 104

B.8 《行政诉讼法》修改及实施展望 ………………………… 卢　超 / 122

B.9 2015年环境公益诉讼司法实践 ………………………… 何晶晶 / 133

B.10 中国证券市场法治（2015） …………………………… 姚　佳 / 146

B.11 民间借贷阳光化、规范化及其展望 ………… 谢鸿飞　吴　刚 / 161

B.12 互联网商业模式专利保护制度的现状与完善建议 …… 杨延超 / 176

B.13 2015年中国婚姻家庭法治 ……………………………… 邓　丽 / 187

## Ⅲ　法治指数

B.14 中国政府透明度指数报告（2015）
　　——以政府网站信息公开为视角
　　………… 中国社会科学院法学研究所法治指数创新工程项目组 / 197

B.15 中国司法透明度指数报告（2015）
　　——以法院网站信息公开为视角
　　………… 中国社会科学院法学研究所法治指数创新工程项目组 / 223

B.16 中国检务透明度指数报告（2015）
　　——以检察院网站信息公开为视角
　　………… 中国社会科学院法学研究所法治指数创新工程项目组 / 247

B.17 中国海事司法透明度指数报告（2015）
　　——以海事法院网站信息公开为视角
　　………… 中国社会科学院法学研究所法治指数创新工程项目组 / 267

B.18 浙江法院阳光司法指数报告（2015）
　　………… 中国社会科学院法学研究所法治指数创新工程项目组 / 278

B.19 北京法院阳光司法指数报告（2015）
…… 中国社会科学院法学研究所法治指数创新工程项目组 / 294

## Ⅳ 法治国情调研

B.20 走向规范化、体系化和精细化的地方人大监督
——以对广东省中山市人大监督实践的考察为中心
………………………………………… 李 霞 / 308
B.21 推动经济社会协调发展的县域法治：以江阴经验为例
………………………………………… 徐 斌 田 禾 / 323
B.22 余杭区"大数据"推进基层治理法治化调研报告 …… 冉 昊 / 336
B.23 北京法院推进司法体制改革的实践 ………………… 慕 平 / 352
B.24 司法诉讼服务：吉林电子法院分析
……………………………… 吉林省电子法院研究课题组 / 364
B.25 司法人员遭受违法侵害状况调研报告
——以浙江省湖州市两级法院为例 ……… 郭文利 潘 黎 / 380
B.26 村民自治在法治建设中的挑战与实践创新
…… 中共中央党校妇女研究中心"性别平等政策倡导"课题组 / 394

Abstract ……………………………………………………………… / 409
Contents …………………………………………………………… / 411

# 总 报 告

General Report

## B.1
## 2015年中国法治状况与2016年发展趋势

中国社会科学院法学研究所法治指数创新工程项目组*

**摘　要：** 2015年，中国在纵向和横向上对立法权进行了梳理，并在众多领域进行创新立法；法治政府建设继续推行简政放权，积极试点公私合作机制，创新规制工具，以行政诉讼来规范行政行为；司法体制改革通过中央的顶层设计，进一步加强了司法权运行的规范化和司法责任机制；从严治党成为廉政法治的核心内容，国际反腐行动成绩显著；民商经济与社会法

---

\* 项目组负责人：田禾，中国社会科学院法学研究所研究员、国家法治指数研究中心主任。总报告撰稿参与人：丁一、邓丽、卢超、王小梅、田夫、刘雁鹏、祁建建、何晶晶、余少祥、赵建文、郝鲁怡、栗燕杰、夏小雄、徐卉、高长见、席月民、黄晋、董文勇、谢鸿飞、谢增毅、窦海阳、管育鹰。执笔人：徐斌，中国社会科学院法学研究所助理研究员；田禾；吕艳滨，中国社会科学院法学研究所研究员。

治得到进一步细化，法律体系日益完善。2016年，法治将成为"十三五"发展理念的重要实现方式，多个重点领域法律有待完善，人大科学立法、政府职能转变、司法体制改革、反腐败斗争等方面需要推进发展。

**关键词：** 法治　立法　法治政府　司法改革

2014年10月，党的十八届四中全会首次专题讨论依法治国问题，并审议通过了《中共中央关于全面推进依法治国若干重大问题的决定》（以下简称《决定》）。《决定》明确提出：全面推进依法治国，总目标是建设中国特色社会主义法治体系，建设社会主义法治国家。

改革与法治的关系是法治发展首先要处理的关键问题。习近平总书记提出，改革和法治相辅相成、相伴而生。换言之，法治要适应改革的需要，发挥积极引导与规范的作用，而改革也要及时总结成功经验，适时上升为法律，既不能随意突破法律红线，也不能简单以现行法律没有依据为由迟滞改革。2015年是深化改革的关键之年，也是全面落实十八届四中全会推进依法治国决定的开局之年，中国的法治发展正是在改革与法治的辩证关系中前行。

## 一　推进科学立法，为深化改革提供法治保障

十八大以来，习近平总书记在一系列讲话中阐述了全面推进依法治国进程中科学立法的重要性，指出法治需要以良好的立法质量为依托，坚持改革决策和立法决策相统一、相衔接。由此，立法应当主动发挥引导与规范改革发展的作用，使得重大改革于法有据，改革和法治同步推进。

2015年的立法重点集中在完善立法机制，以适应先行先试的地方改革，修改相关法律以吸纳经过实践检验的改革经验。通过立法的指引和保障，进

一步深化各个领域的改革，将法治建设推进至新的阶段，回顾全年，主要体现为以下几个方面。

1. 坚持立法主导，保障改革有法可依

改革是对现有体制机制的变更，在改革之前，应当立法先行，以立法推动改革有序进行，保障改革有法可依。2015年是中国进一步深化各项改革的关键一年。在价格改革方面，国家取消或者下放了一批政府定价权，并对涉及的法律进行了修改，如《公证法》将公证的收费标准下放至省级价格主管部门，由其会同级司法行政部门制定。在行政审批改革方面，全国人大常委会修改了《药品管理法》《计量法》等法律，减轻了企业负担。在政治体制改革方面，基层人大的履职能力和保障机制得到加强，如《全国人民代表大会和地方各级人民代表大会代表法》赋予了乡镇人大代表参加本级人民代表大会主席团的执法检查和其他活动的资格。《地方各级人民代表大会和地方各级人民政府组织法》修改后，县级人大可以根据需要设置法制委员会、财政经济委员会等专门委员会。在其他改革领域，中央也进行了顶层设计。十八届三中全会和四中全会的两个决定以及中央政治局通过的《深化财税体制改革总体方案》对财税体制改革进行了总体部署。在两个决定的指导下，《税收征收管理法修订草案（征求意见稿）》《环境保护税法（征求意见稿）》相继向社会公布，征求意见。

2. 坚持立法公开，加强公众参与

通过立法公开，向社会征求意见，一方面能够为公众提供平台表达利益诉求，另一方面能够通过建设性的讨论提升立法质量。立法公开不仅有助于使立法更具科学性，同时也是全面推进依法治国的逻辑起点。通过立法公开，让各种利益与意见加入立法的过程中，法律从而获得更多的民意基础。立法公开也拉近了人民群众与法律之间的距离，使得法律能够更加有效地实施。2015年，全国人大及其常委会进一步加强立法公开工作，多部法律草案向社会公布，征求社会意见。《促进科技成果转化法修正案（草案）》《国家安全法（草案二次审议稿）》《境外非政府组织管理法（草案二次审议稿）》《种子法（修订草案）》《资产评估法（草案三次审议稿）》《国家勋章和国家荣誉称号法（草案）》《反家庭暴力法（草案）》等共向社会征集5.7万余条意见①。

**3. 规范地方立法权，在纵向上完善立法体制机制**

2015年3月15日，《全国人民代表大会关于修改〈中华人民共和国立法法〉的决定》获得通过。《立法法》被称为"管法的法"，此次《立法法》修改，对于完善中国立法体制机制，促进科学立法、民主立法，提高立法质量具有重要的意义。在纵向分权上，赋予设区的市以地方立法权是《立法法》修改中的重大举措，第72条第2款规定了设区的市和自治州可以在不与上位法相抵触的情况下，就城乡建设与管理、环境保护、历史文化保护等方面的事项制定地方性法规。

这种纵向分权还体现在部门规章与地方政府规章上。新《立法法》加大了对部门规章与地方政府规章的立法权限制。没有法律或者国务院的行政法规、决定、命令等依据，部门规章不得设定减损公民、法人和其他组织权利或者增加其义务的规范，不得增加本部门的权力或者减少本部门的法定职责；设区的市、自治州的人民政府制定地方政府规章，限于城乡建设与管理、环境保护、历史文化保护等方面的事项，地方政府规章不得随意增加公民或社会组织的义务。此外，新《立法法》还进一步规范授权立法，加强备案审查制度，规范司法解释，以避免"一揽子授权"和"无限期授权"，进一步理顺各部门之间的职能分工。

**4. 从税收立法切入，横向调整立法与行政关系**

立法与行政之间的新规定最核心的是确认"税收法定"原则。在中国现行税种中，只有个人所得税、企业所得税、车船税是由法律规定的，其余税种均由国务院制定的暂行条例规定征收。除此之外，还存在大量国务院各部委颁行的税收行政规章。十八届三中全会、四中全会都提出要落实税收法定原则，《立法法》还仅仅是从原则上确定了抽象规定。2015年3月，全国

---

① 《国家勋章和国家荣誉称号法》于2015年12月27日发布，《反家庭暴力法》于2015年12月27日发布。

人大法工委起草的《贯彻落实税收法定原则的实施意见》经党中央审议通过，将中国税收法定立法正式纳入日程，提出要在2020年之前完成相关税收立法工作，之后将废止改革开放初期制定的授权国务院制定有关税收暂行规定或条例的《全国人民代表大会关于授权国务院在经济体制改革和对外开放方面可以制定暂行的规定或者条例的决定》。2015年6月，根据十八大和十八届三中全会、四中全会作出调整的十二届全国人大常委会立法规划将2013年编制的立法规划中的相关内容进一步细化，并计划制定环境保护税法、增值税法等专项法律。与税收法定相配套，对政府用钱的另一项限制就是预算。新《预算法》于2014年8月修改通过，2015年施行，在完善政府预算体系、健全透明预算制度、改进预算控制方式、建立跨年度预算平衡机制、规范地方政府债务管理等方面作出新的规定。为进一步细化和落实预算法，2015年6月24日，《预算法实施条例（修订草案征求意见稿）》向社会各界公开征集意见。

5. 民法典编纂启动，引发学界和实务界热议

新中国成立后就认识到了民法典作为"国之大典"的重要性，曾先后四次启动了民法典编纂，但受制于当时的政治、经济和学术条件，均未成功。中国改革开放后政治、经济与文化的发展，使中国颁行民法典的呼声越来越强烈。顺应这种情势，2014年10月，十八届四中全会决定"编纂民法典"。这短短几个字引发了学界和实务界的极大热情。2015年，中国民商法制最令人瞩目的发展，理所当然是民法典编纂工程的启动。

根据立法规划，立法机关2015年起开始推进民法典的编纂工作。该工作由全国人大法工委牵头，最高人民法院、最高人民检察院、国务院法制办、中国社会科学院、中国法学会五家单位协助。基于中国民事法律制度所沿袭的体例以及长久以来的思维惯性，关于民法典编纂的大多数意见认为应采纳大总则与物权、债权等具体编、章相结合的体例。按照这种体例，民法典的编纂首先在于总则的制定。关于总则的制定，根据《民法通则》等现行法律规范以及司法实践经验，其结构以及内容基本确定。目前的主要争论在于人格权立法问题。关于人格权问题，形成的一致意见是：在未来的民法

典中,要加强和完善人格权的立法。而不同的意见则表现为如何确定人格权的有关规定在民法体系中的地位和位置:一派意见认为,人格权应在民法典中独立成编;另一派意见则认为,人格权应规定在民法典总则部分。

## 二 加快政府改革,提升法治政府建设水平

作为全面推进依法治国的开局之年,2015年对于法治政府建设而言是不同寻常的,不仅新修订的《行政诉讼法》与相关司法解释在本年度正式实施,而且在政府监管领域,食品安全、环境保护等方面的立法提供了新的规制工具,推进对市场主体的有效监管。大力推进法治政府建设,简政放权,一直是政府体制改革当中常抓不懈的重要举措。在2015年,权力清单制度建设与行政审批制度改革的持续推进,进一步推动了简政放权的政府改革进程。

1. 完善相关领域监管法规,扩展行政规制工具

2015年度政府法治的瞩目进展体现在市场监管领域,尤其以《食品安全法》《环境保护法》的修订实施最为突出,大量新型监管工具的引入不仅是国家治理现代化的重要标志,也彰显了当代中国规制型政府的渐次崛起。《食品安全法》的修订反映出国家治理体系在食品安全领域的重塑,极大加速了食品安全治理体系与治理能力的现代化进程。新修订的《食品安全法》除了强调社会共治、自我规制模式之外,还为政府监管部门提供了多项或"硬"或"软"的规制工具,以此有效实现食品安全的规制效果。其中,食品安全风险分级管理制度根据食品安全风险监测、风险评估结果和食品安全状况等,确定监督管理的重点、方式和频次,实施风险分级管理;生产经营者信用档案制度对经营者的生产信息进行实时更新,跟踪管理。这两项制度创新实现了政府对市场监管的精细化和信息化管理。此外,新修订的《食品安全法》还将食品安全监管中早已广泛运用的约谈机制法定化,设置举报人奖励制度等"软性"工具,为食品安全规制工具箱提供了大量行之有效的治理手段。

2014年新修订的《环境保护法》也于2015年1月1日起开始实施。与

新修订的《环境保护法》一同实施的还有《环境保护主管部门实施按日连续处罚办法》《环境保护主管部门实施查封、扣押办法》《环境保护主管部门实施限制生产、停产整治办法》以及《企业事业单位环境信息公开办法》四个配套规定。新的《环境保护法》及其配套规定增设了多项规制监管工具来保障环境执法部门的权威，如对违法排放污染物的企业进行行政处罚的权力。对于《环境保护法》该项特殊规定，全国人大法工委负责人解读认为，"实施按日计罚的根本目的不是罚款，而是督促企业改正违法行为"[1]。该项按日连续处罚条款可以视为一项新型环境规制工具，将极大提高污染企业的违法经营成本，迫使其依循环保机构设定的监管要求。另外，违法事实公布机制作为一种信息规制手段，在新《环境保护法》中也有体现。通过违法事实公布这一信息规制工具，环境监管部门借助声誉罚的方式可以有效地威慑环境违法行为。社会诚信档案的设立则通过行业自治、自我规制的监管模式，借助对企业社会信誉的影响来有效地避免环境违法行为的出现。

可以说，2015年《食品安全法》《环境保护法》等市场监管型法律的修订实施，大量吸收了西方监管国家建设的制度经验，这些立法修订中对新型风险规制工具、自我规制模式抑或信息规制手段的吸纳，均标志着中国国家治理能力的提升。但问题在于，在制度移植过程中，限于当代中国极为特殊的政府—市场、中央—地方关系以及有限的司法制约机制，如何保证规制工具的有效性与合法性，仍是未来法治政府建设的难题。

2. 继续推进权力清单与行政审批制度改革，切实推进简政放权

以权力清单与行政审批制度建设为重要标志的简政放权改革，一直是本届政府的中心工作之一，2015年这项重点工作又有实质性推进。

2015年3月，中共中央办公厅、国务院办公厅专门印发了《关于推行地方各级政府工作部门权力清单制度的指导意见》，对于地方各级政府如何清理调整行政职权、公布权力清单、建立清单动态管理机制以及监督问责机制进行了重点部署。该意见还要求省级政府在2015年底完成权力清单公布

---

[1] 信春鹰主编《中华人民共和国环境保护法释义》，法律出版社，2014，第212页。

工作。这一意见的出台为各地权力清单制度建设设定了严格的时间路线,也为各地政策试验创新提供了制度支撑。

如果说权力清单制度侧重于实现政府职权的法定化,那么行政审批与负面清单制度建设则更旨在厘清政府与市场之间的合理边界。2015年10月,《国务院关于实行市场准入负面清单制度的意见》(国发〔2015〕55号)发布,按照该意见的要求,在地方试点市场准入负面清单制度,从2018年起推广至全国。市场准入负面清单制度的设立有利于进一步深化行政审批制度改革,大幅收缩政府审批范围、创新政府监管方式、促进投资贸易便利化,从根本上促进政府职能转变。

同样,中央政府仍然将行政审批制度作为政府法治建设的重中之重,成为简政放权改革的有效突破口。《国务院关于规范国务院部门行政审批行为 改进行政审批有关工作的通知》(国发〔2015〕6号)提出了规范行政审批行为的六大举措:实现一个窗口办理、实施受理单制度、推行办理时限承诺制、编制服务指南、制定审查工作细则、探索改进跨部门审批等工作。此后,《国务院关于取消和调整一批行政审批项目等事项的决定》(国发〔2015〕11号)、《国务院关于取消非行政许可审批事项的决定》(国发〔2015〕27号)、《国务院关于印发2015年推进简政放权放管结合转变政府职能工作方案的通知》(国发〔2015〕29号)、《国务院关于取消一批职业资格许可和认定事项的决定》(国发〔2015〕41号)、《国务院关于改革药品医疗器械审评审批制度的意见》(国发〔2015〕44号)、《国务院关于第一批取消62项中央指定地方实施行政审批事项的决定》(国发〔2015〕57号),进一步要求取消一些行政审批项目与前置审批事项,推进简政放权。

可以说,权力清单与行政审批制度建设在2015年继续推进,并且通过设定时间节点、进行督察考核的方式对政策落实提出了更为严格的要求。而在行政审批领域,2015年改革措施的深度与广度均有加强,除了普遍意义上的行政审批改革方案,在投资审批、职业资格许可、医疗审批等具体的部门行政领域也开始进行有重点的部署,这标志着简政放权的制度建设逐步踏入新的历史阶段。

### 3. 深入推广公私合作、民营化等合作治理模式，推动政府职能转变

近年来，在政府公共服务领域中一个值得注意的现象是，以公私合作模式（Public-Private Partnership）为主要手段的民营化机制日显突出。这种民营化机制在市政交通、医疗、养老等领域早已屡见不鲜，而2015年度在中央的战略部署下，公共服务领域的公私合作模式得以进一步推广。

2015年2月3日，民政部会同财政部等十部委联合印发《关于鼓励民间资本参与养老服务业发展的实施意见》（民发〔2015〕33号），为鼓励社会力量发展养老服务提出各类扶持措施。2015年4月21日，财政部会同住房城乡建设部等六部委专门印发《关于运用政府和社会资本合作模式推进公共租赁住房投资建设和运营管理的通知》（财综〔2015〕15号），鼓励地方运用公私合作模式推进公共租赁住房投资建设与运营管理，并要求各地区在2015年内就公共租赁住房项目展开合作。2015年5月，财政部、国家发展改革委、中国人民银行联合制定《关于在公共服务领域推广政府和社会资本合作模式的指导意见》，决定在能源、交通运输、水利、农业、科技、医疗、卫生、养老等公共服务领域进一步采用政府和社会资本合作模式，吸引社会资本参与，为人民群众提供优质高效的公共服务。民营化、公私合作机制在2015年的政府法治进程中取得较为突出的成绩，尤其在保障性住房、社会保障等行政给付领域，公私合作手段将扮演越发重要的角色。

### 4. 修改《行政诉讼法》，监督权力运行

作为行政法领域最为重要的一部法律，2014年11月新修订的《行政诉讼法》于2015年5月1日正式施行。与此配套，《最高人民法院关于适用〈中华人民共和国行政诉讼法〉若干问题的解释》也开始施行。与之前早已实施二十余年的旧《行政诉讼法》相比，2015年新修订实施的法律针对行政诉讼中的难题作出诸多重大制度创新，进一步加强了对行政权力的监督。

针对"立案难"问题，新法对受案范围的旧规定进一步予以细化与扩张。新修订的《行政诉讼法》不仅对之前已在受案范围之内的行政处罚、行政强制、行政许可与行政给付等行政行为类型进一步予以细化明确，并明确将"确定自然资源所有权、使用权的行为""滥用行政权力排除或限制竞

争的行为"以及"涉及行政协议的行为"等事项列入受案范围。针对"审理难"问题，新法增加了被诉行政机关负责人出庭应诉的法定义务，有助于强化行政机关负责人的法治意识与法治思维。

## 三 着力攻坚克难，推动司法改革有序进行

十八届四中全会提出的许多司法改革措施，已经以地方试点的方式在全国逐渐开始探索。2014年中央全面深化改革领导小组第三次会议通过的《关于司法体制改革试点若干问题的框架意见》提出司法人员分类管理、职业保障、司法责任制、省以下法院检察院的人财物统一管理等四项重大改革措施。

1. 中央进行战略部署，把握顶层设计

2015年3月，中央政治局专门就深化司法体制改革、保证司法公正进行集体学习。习近平总书记就司法体制改革的意义、路径、目前存在的问题、成效如何评价等方面作出系统化的部署，将司法体制改革作为推进国家治理体系和治理能力现代化的重要举措，并指出，司法体制改革必须为了人民、依靠人民、造福人民，要广泛听取人民群众的意见。此后，中央全面深化改革领导小组连续召开数次工作会议强调，必须从贯彻落实"四个全面"战略布局的高度，推进深化改革和依法治国战略的实施，特别从以下方面提出了具体明确的要求：推动人民陪审员制度改革、立案登记制改革、检察机关提起公益诉讼制度、法律援助工作、国家统一法律职责资格制度；建立法官、检察官员额制，提高法官、检察官专业化水平；完善人民法院司法责任制，建立法官、检察官责任终身制；加强律师执业保障机制建设；开展法官、检察官单独职务序列和工资制度改革试点等。

上述一系列司法制度改革的总要求在2015年最高人民法院及最高人民检察院的一系列文件规定中得到了系统化的落实。省以下法院、检察院人财物统一管理在2014年就已经确定在上海等七个省市推开，2015年各地逐步形成比较成型的方案。9月，中央全面深化改革领导小组第十六次会议通过了《法

官、检察官单独职务序列改革试点方案》《法官、检察官工资制度改革试点方案》。10月，广东省法官、检察官遴选委员会成立，通过《广东省法官、检察官遴选委员会章程（试行）》，从队伍建设方面保证统一管理的实现，要求广东省的法官、检察官今后统一提名、管理，并由法定程序任免。

2. 多项制度同时推进，深化司法体制改革

第一，保障当事人诉权，落实立案登记制。十八届四中全会审议通过的《中共中央关于全面推进依法治国若干重大问题的决定》明确要求改革法院案件受理制度，变立案审查制为立案登记制。2015年2月，《最高人民法院关于适用〈中华人民共和国民事诉讼法〉的解释》发布，将立案从审查制改为登记制，要求切实保护民事纠纷双方的诉权，在将纠纷转移到司法过程之后，再通过其他措施，使得法院可以依法审理案件，保障法院的独立审判权。2015年4月，中央全面深化改革领导小组第11次会议审议通过《关于人民法院推行立案登记制改革的意见》，自5月1日起施行立案登记制。《最高人民法院关于人民法院登记立案若干问题的规定》，对立案登记程序、流程、规范、要求以及责任作了非常详细的规定。为了最大限度保障当事人诉权，最大限度发挥司法功能，最彻底解决"立案难"问题，对符合法律规定条件的案件，人民法院必须依法受理，任何单位和个人不得以任何借口阻挠法院受理案件。

第二，健全审判权力运行机制。为建立健全符合司法规律的审判权力运行机制，2015年2月，中央全面深化改革领导小组第十次会议通过了《关于领导干部干预司法活动、插手具体案件处理的记录、通报和责任追究规定》；3月，中共中央办公厅、国务院办公厅印发《领导干部干预司法活动、插手具体案件处理的记录、通报和责任追究规定》，要求司法机关独立公正行使审判权，不执行领导干部违反法定职责或法定程序、有碍司法公正的要求，全面、如实记录领导干部干预司法、插手案件的情况，做到"全程留痕，有据可查"，并每个季度向同级党委政法委和上级司法机关报告上述情况，必要时立即报告。这对中国司法过程中长期存在的"打招呼、批条子、递材料"等问题将形成一定的遏制。在程序正当的价值基础上，最高人民

法院、最高人民检察院、公安部、国家安全部、司法部联合出台了《关于依法保障律师执业权利的规定》，健全律师执业权利保障制度，不得阻碍律师的代理、执业权利。同时，为了保证《刑法修正案（九）》贯彻实施，最高人民法院、最高人民检察院于2015年10月联合制定了《最高人民法院、最高人民检察院关于执行〈中华人民共和国刑法〉确定罪名的补充规定（六）》，最高人民法院制定了《最高人民法院关于〈中华人民共和国刑法修正案（九）〉时间效力问题的解释》。

第三，加强司法责任追究制度。为规范司法行为，防范违法违规办案，最高人民检察院于2015年8月制定了《最高人民检察院职务犯罪侦查工作八项禁令》。"八项禁令"包括：严禁擅自处置案件线索、随意初查和在初查中对被调查对象采取限制人身、财产权利的强制性措施，严禁违法使用指定居所监视居住措施，严禁违法干涉涉案企业正常生产经营活动，严禁违法违规处理查封、扣押、冻结涉案财物，严禁阻止或者妨碍律师依法会见犯罪嫌疑人，严禁在未全程同步录音录像情况下进行讯问，严禁刑讯逼供以及其他非法取证行为，严禁违反办案安全纪律等。2015年8月，中央全面深化改革领导小组第十五次会议通过了《关于完善人民法院司法责任制的若干意见》和《关于完善人民检察院司法责任制的若干意见》。9月发布的《最高人民法院关于完善人民法院司法责任制的若干意见》（法发〔2015〕13号）在保障法院的独立审判权、遵循司法规律、重视法官的办案地位的前提下，从审判监督和审判管理出发完善对法院司法责任的追究。9月，最高人民检察院发布《关于完善人民检察院司法责任制的若干意见》，按照"谁办案、谁负责、谁决定、谁负责"的基本原则，要求在检察机关办理的案件发生被告人被宣告无罪，确认发生冤假错案，发生国家赔偿责任，犯罪嫌疑人、被告人或死亡等情形时，一律启动问责机制。

为了保证司法机关依法独立行使审判权、检察权，维护司法工作，预防冤假错案，2015年3月，中共中央办公厅、国务院办公厅印发了《领导干部干预司法活动、插手具体案件处理的记录、通报和责任追究规定》，并发出通知，要求各地区各部门认真贯彻执行。中央政法委还印发《司法机关内部人员过问案件的记录和责任追究规定》。为认真贯彻执行上述规定，确保检察机关依法独立公正行使检察权，最高人民检察院于2015年5月制定《最高人民检察院关于检察机关贯彻执行〈领导干部干预司法活动、插手具体案件处理的记录、通报和责任追究规定〉和〈司法机关内部人员过问案件的记录和责任追究规定〉的实施办法（试行）》，从六个方面对检察机关作出详细部署。

第四，加强司法民主化，提高司法公信力。2015年5月，最高人民法院和司法部联合制发《人民陪审员制度改革试点工作实施办法》和《人民陪审员宣誓规定（试行）》，对人民陪审员制度改革试点作出进一步细化规定，对中国人民陪审员制度改革进行了规范，规定在北京、河北、黑龙江、江苏、福建、山东、河南、广西、重庆、陕西等10个省、区、市的各5家试点法院开展人民陪审员制度改革试点工作。

3. 加强巡回审判与跨区审判，保障司法统一

2014年末，上海市第三中级人民法院、北京市第四中级人民法院相继成立，两家跨区法院分别对上海、北京辖区内的各种跨行政区划案件进行审理。2015年2月，跨区法院"第一案"——中铁十六局铁路公司诉北京市密云县人民政府案在北京市第四中级人民法院正式开庭审理。

在跨区审判的实践基础上，2015年2月1日起施行的《最高人民法院关于巡回法庭审理案件若干问题的规定》（法释〔2015〕3号）设立了两个巡回法庭，审理跨行政区重大行政和民商事案件。2015年1月28日，最高人民法院第一巡回法庭在广东省深圳市成立，主要审理广东、广西、海南范围内的重大行政和民事案件；1月31日，最高人民法院第二巡回法庭在辽宁省沈阳市成立，主要审理辽宁、吉林、黑龙江范围内的重大行政和民商事案件。

无论是最高人民法院的巡回法庭，还是跨区法院的设置，本质上都是为了保障司法审判的统一和公正，需要在案件受理之初就将案件转移到合适的审判机关。除了作为试点的法院机构调整外，最高人民法院还对所有的高级、中级人民法院的管辖与执行作出新规定，以保证民商事审判和执行的公正。5月1日，《最高人民法院关于调整高级人民法院和中级人民法

院管辖第一审民商事案件标准的通知》（法发〔2015〕7号）开始实施，随后《最高人民法院关于人民法院办理执行异议和复议案件若干问题的规定》（法释〔2015〕10号）公布实施。两份文件分别涉及对民商事案件审级制度与执行制度的细化规定和调整，既回应了《民事诉讼法》修订后在级别管辖与执行方面的新情况，又成为落实人民法院第四个五年改革纲要的重要举措。

4. 服务"一带一路"国家战略，提升国际话语权

随着"一带一路"成为国家战略，司法系统也作出系列变革，服务国家战略。2015年7月，最高人民法院公布实施《最高人民法院关于人民法院为"一带一路"建设提供司法服务和保障的若干意见》（法发〔2015〕9号），就全国法院如何运用审判权对"一带一路"建设提供服务与保障提出了明确的指导措施。意见要求各级人民法院要充分发挥审判职能作用，提升"一带一路"建设司法保障的国际公信力，同时加强国际司法交流宣传机制，提升中国司法的国际话语权。最高人民法院同时发布了人民法院为"一带一路"建设提供司法服务和保障的8个典型案例，包括新加坡中华环保科技集团有限公司与大拇指环保科技集团（福建）有限公司股东出资纠纷案、德国蒂森克虏伯冶金产品有限责任公司与中化国际（新加坡）有限公司国际货物买卖合同纠纷案等。

## 四 完善廉政法治，健全依法反腐制度机制

依法治国与从严治党是相辅相成的，依法治国只有在中国共产党的领导下才能有序推进，从严治党才能保障党的坚强领导，才能对依法治国起到表率带动作用。依法治国是从整体上对公权力和私权利的依法治理，从严治党是对党的组织和党员干部在党纪和国法上的双重要求。依法治国和从严治党都将在全面深化改革中以制度化形式固定、巩固和推进。

1. 从严治党，出台最严党纪

全面依法治国与全面从严治党正在今日中国深入推进，两者是并行

不悖的两条线，不可偏废。2015年10月，中共中央政治局召开会议审议通过了《中国共产党纪律处分条例》，提出了"党纪严于国法"的高标准。修订版《中国共产党纪律处分条例》强调"负面清单"作用，对原有条例规定的10类违纪行为进行整合归纳，形成"违反政治纪律、组织纪律、廉洁纪律、群众纪律、工作纪律和生活纪律"这六类违纪，成为党组织和党员不可触碰的底线。此次修订可以看作对十八大以来党中央提出的作风建设和反腐败斗争要求的进一步细化和具体化。与之配套的《中国共产党党员领导干部廉洁从政若干准则》也同时公布，要求各级党员领导干部发挥带头作用，践行廉洁自律规范。此次党内两大法规采取"一揽子"修订的方式，分别确立党员应当遵循的道德"高线"和不能触碰的纪律"底线"，是党的十八届四中全会决定要求的德法相依、相辅而行的体现。

2. 规范司法人员行为，预防司法腐败

2015年加大了对司法人员的规范。2015年9月，最高人民法院、最高人民检察院、公安部、国家安全部、司法部联合出台的《关于进一步规范司法人员与当事人、律师、特殊关系人、中介组织接触交往行为的若干规定》旨在完善廉政风险防控、防止利益输送等制度，建立健全公正、高效、廉洁的办案机制，确保司法人员与当事人、律师、特殊关系人、中介组织无不正当接触、交往行为。规定明令禁止了六种接触交往行为，还对司法人员在退休之后的相关从业作了限制。

2015年1月，中共中央办公厅、国务院办公厅印发《关于进一步规范刑事诉讼涉案财物处置工作的意见》，进一步规范了刑事诉讼程序中查封、扣押、冻结、处理涉案财物的司法程序。以往财物处理过程中存在随意性过大、保管不规范、移送不顺畅、信息不透明、处置不及时、救济不到位等问题，既不利于保障当事人的权益，也容易给法院造成腐败的空间。意见探索建立涉案财物的集中管理信息平台，要求公检法在查封、扣押、冻结、处理涉案财物时及时录入信息，实现信息共享和互相制约，并在此基础上规定了相关的救济途径。

### 3. 扩大国际反腐行动成效、压缩外逃空间

公安部从2015年4月1日起组织开展"猎狐2015"专项行动,重点对象是外逃经济犯罪嫌疑人、外逃党员和国家工作人员、涉腐案件外逃人员。截至2015年底,"猎狐2015"已经从66个国家和地区抓获857名犯罪嫌疑人。

2015年,中国在反腐败国际执法合作和国际司法协助方面,进一步完善追逃追赃协调机制、加快国际反腐败合作步伐,取得了丰硕成果。2015年3月26日,中国政府启动国际追逃追赃"天网"行动,4月22日又集中公布了针对100名涉嫌犯罪的外逃原国家工作人员、重要腐败案件涉案人员的红色通缉令,通过多措并举、多国协作方式,成功将多名外逃多年的犯罪分子遣返、押解归案。同时,中国进一步加强反腐败领域合作的国际政治互信。2015年5月8日,中国与俄罗斯共同签署并发表《中华人民共和国和俄罗斯联邦关于深化全面战略协作伙伴关系、倡导合作共赢的联合声明》,首次将加强反腐败合作纳入国家间的联合声明中,彰显了反腐败国际合作上升至国家战略协作的高度。2015年正值中美执法合作联合联络小组反腐败工作组成立10周年,在加强合作共同打击跨国犯罪方面,中美两国已形成共识:"反腐败在中美两国都取得了越来越重要的地位,反腐败工作组成为双边关系的亮点。"①

2015年,中国在引渡合作领域取得巨大成果。中国已加入20多项含有引渡司法协助条款的国际刑事多边公约,中国还积极参与引渡涉人权问题的国际司法实践,提出的引渡请求获得国际司法机构的支持。2015年6月,美洲人权法院对"黄海勇诉秘鲁引渡案"作出判决②,判定被请求引渡人黄

---

① 《中美JLG反腐败工作组成立10年 更多逃美贪官将被缉拿回国》,中央纪委监察部网,2015年10月28日,http://www.ccdi.gov.cn/xwtt/201510/t20151028_64111.html,最后访问日期:2015年10月28日。
② 此案涉及中国作为引渡请求国依据与秘鲁签署的双边引渡条约请求引渡犯罪嫌疑人中国公民黄海勇。被请求引渡人以"死刑"和"酷刑"问题向美洲人权委员会提出申诉,案件最终以被请求国秘鲁为被诉方提交至美洲人权法院。2015年6月30日美洲人权法院作出裁决。截至2015年10月22日,美洲人权法院发布的该案裁判文书为西班牙文。"Decision and Judgments: I/A Court H. R., Case of Wong Ho Wing v. Peru. Preliminary Objection, Merits, Reparations and Costs. Judgment of June 30, 2015. Series C No. 297", see Inter - American Court of Human Rights:http://www.corteidh.or.cr/index.php/en,(last visited October 22, 2015)。

海勇败诉,被请求引渡国秘鲁胜诉,从而支持了秘鲁政府的引渡决定和中国提出的引渡请求。该案对中国参与和应对涉人权问题的引渡国际诉讼具有深远的影响。在该案中,针对黄海勇提出若被引渡至中国(引渡请求国)将面临"死刑"和"酷刑"风险,中国法律专家分别从中国的刑事司法程序和实体制度、引渡法制与实践、外交承诺以及人权法律保护状况等方面出庭作证和提交了书面证词予以驳斥①,赢得美洲人权法院支持。该案充分展示出中国刑事司法制度、引渡制度以及人权保护制度能够切实保护被引渡人免受"死刑"或"酷刑待遇"的证据事实,经国际司法机构客观、严格的个案审查后得到了认可并予以采纳。同时也说明,当中国更加广泛地参与引渡事务及承担国际人权义务时,被牵涉国际司法实践的情况在所难免。中国国内法治与人权保障事业的不断进步与发展必将为引渡条约的缔结与相关实践奠定重要基础。

## 五 "适应性"调整民商经济法治,激发创新活力

2015年党中央、国务院围绕"万众创新、大众创业"作出了更多激励制度安排,进一步推动了各类市场创新活动的开展。为鼓励各类市场创新活动,同时加强对这些创新活动的引导和规范,中国的商事法体系也进行了充分而有效的"适应性"调整,在鼓励商事主体设立、创新商事交易模式、便捷商事担保融资、保障商事交易安全、促进商事争议解决等方面采纳了更多的改革举措。2015年民法的主要事件在于以《民法通则》等现有法律法规为基础制定民法典总则。其他领域多集中于法律的执行与完善,相关工作在细致化、深入化、系统化方面稳步进行。

1. 民事法律制度日益完善,适应社会变迁

第一,农村土地改革法制化。农村土地承包经营在实践中的问题较多,

---

① 《中国首次在国际人权法院出庭:柳华文研究员提供证词》,中国法学网,http://www.iolaw.org.cn/showNews.aspx?id=47127,最后访问日期:2015年10月22日。

在第十二届全国人民代表大会常务委员会第十六次会议上,农业部在《国务院关于稳定和完善农村土地承包关系情况的报告》中指出:个别地方农户土地承包权益落实不到位,一些地方农村土地承包经营权确权登记颁证工作抓得不紧不实,土地流转管理服务有待加强。此外,随着农村改革深入,一些地方乡镇农业经济体系建设跟不上形势发展要求,出现了能力相对偏弱、体系不够完善等问题,影响了农村土地承包和流转管理服务工作有效开展。因此,在土地承包经营问题上,应扎实推进农村土地承包经营权确权登记颁证工作;引导农村土地经营权有序流转,发展农业适度规模经营;积极稳妥推进各项试点;配合修订土地承包法律法规;强化工作基础。为进一步深化农村金融改革创新,加大对"三农"的金融支持力度,引导农村土地经营权有序流转,《国务院关于开展农村承包土地的经营权和农民住房财产权抵押贷款试点的指导意见》(国发〔2015〕45号)指出,应慎重稳妥地推进农民住房财产权抵押、担保、转让试点,做好农村承包土地(指耕地)的经营权和农民住房财产权抵押贷款试点工作。

第二,合同法进一步适应社会变迁。近些年来,自然人、法人、其他组织之间及其相互之间的民间借贷凸显的问题日益严重。为了正确审理民间借贷纠纷案件,《最高人民法院关于审理民间借贷案件适用法律若干问题的规定》(法释〔2015〕18号)于2015年9月1日起施行。该司法解释对于审判实践中争议集中的问题作了明确的解释性规定,有利于纠纷的解决。

第三,侵权法出台相关法律解释。环境污染日益成为现代社会的重要问题,中国面临的此类问题尤为严重。在环境保护类法律不断修改的同时,为了正确审理环境侵权责任纠纷案件,《最高人民法院关于审理环境侵权责任纠纷案件适用法律若干问题的解释》(法释〔2015〕12号)于2015年6月颁行,对《侵权责任法》第八章环境污染责任以及《环境保护法》等法律的相关规定作了具体解释性规定。

2. 完善商事登记改革,力推"三证合一"

自从2014年推行注册资本制度改革和企业登记制度改革以来,公司设立程序更为简便,公司设立成本大为降低,这有利于新型商事组织的设立和商业创新交易的开展。公司法及相关法规、规章的修订完善为"万众创新、大众创业"提供了良好的组织法基础。据统计，2015年全国新登记市场主体1479.8万户，其中新注册企业443.9万户，同比增长21.6%，平均每天新登记企业数量为1.2万户。为进一步深化商事登记制度改革，2015年10月国务院决定在全国范围内推行"三证合一、一照一码"的改革措施，将企业的工商营业执照、组织机构代码证、税务登记证三证合为一证，同时在营业执照上核发加载统一社会信用代码。"三证合一、一照一码"的改革创新对于推进简政放权、便利市场准入、鼓励投资创业、激发市场活力等具有至关重要的意义。

3. 推进国有企业改革，完善现代企业制度

2015年9月，中共中央、国务院公布了《中共中央、国务院关于深化国有企业改革的指导意见》。该"指导意见"作为新时期指导和推进国有企业改革的纲领性文件，明确了国有企业改革的五大基本课题：如何增强国企活力和竞争力、如何加强国有资产监管、如何发展混合所有制经济、怎样防止国有资产流失、如何加强和改进党对国有企业的领导。"指导意见"的出台对于新形势下推进国有企业改革具有重要意义，有助于增强国有企业活力、提高国有资本效率，推动国有企业发展，适应市场化、现代化、国际化的新形势。

在完善现代企业制度方面，"指导意见"强调要推进公司制股份制改革，积极引入各类投资者实现股权多元化，推动国有企业改制上市；要健全公司法人治理结构，重点推进董事会建设，建立健全权责对等、运转协调、有效制衡的决策执行监督机制，实现规范的公司治理；要建立国有企业领导人员分类分层管理制度，深化企业内容用人制度改革，同时实行与社会主义市场经济相适应的企业薪酬分配制度。

4. 多部重要民商经济法律着手修订，保障市场机制运行

为进一步促进市场机制在资源配置中发挥决定性作用，推动证券行业的创新发展，强化对投资者特别是中小投资者合法权益的保护，全国人大启动了《证券法》的全面修订工作。修订后的《证券法（修订草案）》已于

2015年4月20日提交全国人大常委会进行审查。从2014年下半年开始，借助于HOMS等创新技术工具，证券交易场外配资得到了疯狂发展。场外配资不仅违反了证券交易账户实名制的要求，而且为证券市场的发展带来了巨大风险。自2015年夏季开始的股市异常波动进一步逼迫证券立法加快步伐。2015年7月12日证监会发布了《关于清理整顿违法从事证券业务活动的意见》，明确了对违反证券账户实名制、未经许可从事证券业务的活动予以清理整顿的具体意见。截止到2015年10月底，证券交易场外配资基本清理完毕。此外，为维护市场平稳运行，经中国证监会批准，2015年12月4日，上交所、深交所、中金所正式发布指数熔断相关规定，熔断基准指数为沪深300指数，采用5%和7%两档阈值[1]。

近年来，中国保险市场发展迅速，《保险法》在适用过程中也遇到了越来越多的新问题。在此背景下，有必要对《保险法》进行修改使之适应保险市场发展的新要求。2015年10月14日，国务院法制办公布了《关于修改〈中华人民共和国保险法〉的决定（征求意见稿）》，向社会各界公开征求修订意见，明确引入保险消费者概念，进一步突出监管导向。

2015年中国银监会牵头起草了《信托公司条例（代拟稿）》，对于信托公司的设立存续、经营范围、经营规则、监督治理等作出了较为详尽的规定，以期强化信托财产独立性、安全性制度功能的发挥，切实保护信托受益人的合法权益，有效促进信托行业的自主管理和创新发展。

5. 完善反垄断法制，保障市场公平竞争

2015年，反垄断执法机构在积极执法的同时，也在加快制定有关规章和推进反垄断相关指南的起草工作。为规范经营者集中附加限制性条件执法工作，商务部于2015年1月5日施行《关于经营者集中附加限制性条件的规定（试行）》；同年2月6日，为规范经营者集中案件申报名称，商务部公布了《关于规范经营者集中案件申报名称的指导意见》；2015年4月7

---

[1] 2016年初，熔断机制甫一适用股市即遭受重创，主管机构宣告该机制不适合中国证券市场。

日,国家工商总局发布了中国第一部专门针对知识产权滥用方面的反垄断规则,即《关于禁止滥用知识产权排除、限制竞争行为的规定》;2015年11月,国家发展和改革委员会在新闻发布会上指出,国家发展和改革委员会同商务部、国家工商总局等部门,按照国务院反垄断委员会工作部署,负责起草关于禁止滥用知识产权的反垄断指南、汽车业反垄断指南、宽大制度指南、反垄断案件经营者承诺指南、认定垄断行为违法所得和确定罚款的指南和关于垄断协议豁免程序的指南等6部反垄断指南。2015年12月底,《国务院反垄断委员会关于滥用知识产权的反垄断指南(征求意见稿)》公布并向社会征求意见。

此外,在倡导竞争文化方面,国家发展和改革委员会、国家工商总局和商务部三家反垄断执法机构还努力加强竞争政策研究和宣传,制定公平竞争审查制度,以推动在全社会逐步确立竞争政策的基础性地位。

## 六 保障民生福祉,加快社会法治建设步伐

2015年,国家从社会保障体系、社会救助、劳动法、环境公益诉讼和慈善法治等多方面入手,努力推进社会法治建设。

1. 加强重大民生立法,平衡改革发展

改革开放进入新阶段,中国政府加大了民生领域的立法,不仅是调适改革成果的公平分配,也是解决过往经济高速发展导致的不平衡问题。2015年最大的民生问题莫过于雾霾导致的空气污染问题。继新《环境保护法》通过后,全国人民代表大会常务委员会修改《大气污染防治法》,新增加"重点区域大气污染联合防治"和"重污染天气应对"两章。法律还增加了建立大气环境保护目标责任制和考核评价制度、重点领域大气污染防治、重污染天气的预警和应对等内容,提高了对大气污染违法行为的处罚力度。

随着城市化的发展,城乡居民的法律身份问题也成为亟待突破的法律瓶颈。2015年10月21日,国务院第109次常务会议通过《居住证暂行条例》,明确居住证的性质和申领条件,一方面确立了为居住证持有人提供的

基本公共服务和便利,另一方面鼓励各地不断创造条件提供更好的服务。条例在不改变户籍制度的前提下,为外来常住人口提供与当地户籍居民一样的待遇。

在经历第六次人口普查之后,中国人口问题与计划生育政策的存废一直成为讨论的焦点。2015年10月29日,十八届五中全会公布了全面实施一对夫妇可生育两个孩子政策,《人口与计划生育法》的修订也紧随其后,其他配套法规也将陆续得到修改。另外,12月27日,《反家庭暴力法》在全国人大常委会上通过,并于2016年初正式实施。

2.调整社会保险法制,进一步惠及百姓

在社会保险方面,《国务院办公厅关于全面实施城乡居民大病保险的意见》(国办发〔2015〕57号)提出,严格规范医疗保障的各项制度,让更多的人民群众受益。人力资源社会保障部等发布新修订的《企业年金基金管理办法》(人力资源社会保障部、银监会、证监会、保监会令第11号),全面规范企业年金基金管理。此外,人力资源社会保障部、财政部连续发布三个通知,适当降低社会保险费率,进一步减轻企业负担,促进就业稳定。《人力资源社会保障部 财政部关于调整失业保险费率有关问题的通知》(人社部发〔2015〕24号)规定,从2015年3月1日起,失业保险费率暂由3%降至2%,单位和个人缴费的具体比例由各省、自治区、直辖市人民政府确定,要求各地降低失业保险费率坚持"以支定收、收支基本平衡"的原则,充分考虑提高失业保险待遇标准、促进失业人员再就业、落实失业保险稳岗补贴政策等因素对基金支付能力的影响。《人力资源社会保障部 财政部关于适当降低生育保险费率的通知》(人社部发〔2015〕70号)规定,从2015年10月1日起,在生育保险基金结余超过合理结存的地区降低生育保险费率,要求各地认真测算,控制基金结余,加强组织领导,全面推进实施。

《人力资源社会保障部 财政部关于调整工伤保险费率政策的通知》(人社部发〔2015〕71号)规定,自2015年10月1日起,调整现行工伤保险费率政策。该通知对行业工伤风险类别划分、行业差别费率及其档次确定、单位费率的确定与浮动、费率报备制度等进行了规范，以落实十八届三中全会提出的"适时适当降低社会保险费率"的精神，更好地贯彻社会保险法、《工伤保险条例》。

在军队养老保险方面，人力资源社会保障部、财政部及解放军三总部连续发布两个通知，以实现军地养老保险顺畅衔接，维护军人养老保险权益。《关于军人退役基本养老保险关系转移接续有关问题的通知》（后财〔2015〕1726号）决定，军人退出现役参加基本养老保险的，国家给予退役基本养老保险补助；军人服现役期间单位和个人应当缴纳的基本养老保险费由中央财政承担，各级人民政府财政部门按职责做好军人退役基本养老保险关系转移接续的相关工作。《关于军人职业年金转移接续有关问题的通知》（后财〔2015〕1727号）决定，军人退出现役参加基本养老保险的，国家给予职业年金补助。

根据2015年初印发的《国务院关于机关事业单位工作人员养老保险制度改革的决定》，养老保险双轨制逐步退出历史舞台。2015年底，《人力资源社会保障部、财政部在京中央国家机关事业单位工作人员养老保险制度改革实施办法》界定了在京中央国家机关事业单位工作人员参加基本养老保险的缴费比例和缴费基数，在京中央国家机关事业单位工作人员纳入养老保险制度。

3. 社会救助体系不断健全，自上而下统一部署

在社会救助方面，《国务院办公厅转发民政部等部门关于进一步完善医疗救助制度 全面开展重特大疾病医疗救助工作意见的通知》（国办发〔2015〕30号），要求城市医疗救助制度和农村医疗救助制度于2015年底前合并实施，全面开展重特大疾病医疗救助工作，最大限度减轻困难群众医疗支出负担，保障城乡居民基本医疗权益。《民政部 全国妇联关于做好家庭暴力受害人庇护救助工作的指导意见》进一步规定政府部门的职责与工作方式。民政部、国家发展改革委等部委（局）联合印发《关于加强自然灾害救助物资储备体系建设的指导意见》，建立了"中央—省—市—县—乡"五级救灾物资储备体系。

在社会福利方面，《国务院关于全面建立困难残疾人生活补贴和重度残

疾人护理补贴制度的意见》决定自2016年1月1日起，在全国实施困难残疾人生活补贴和重度残疾人护理补贴制度。这是第一次在国家层面建立的残疾人专项福利制度，具有填补残疾人社会保障体系空白的重要意义，是针对广大残疾人的迫切需要而推出的重大惠民举措。

在社会优抚和补偿方面，2015年是中国人民抗日战争胜利70周年，为表彰抗日老战士的贡献，《人力资源社会保障部 财政部关于为抗日战争及以前参加革命工作的退休老工人发放一次性慰问金的通知》（人社部发〔2015〕81号）印发执行，决定为抗日战争及以前参加革命工作的老工人发放一次性慰问金。

4. 加强顶层设计，构建和谐劳动关系

2015年，各地劳动人事调解仲裁机构处理劳动纠纷172.1万件，劳动保障违法案件38.9万件。针对当前劳动关系的特点，2015年3月发布的《中共中央 国务院关于构建和谐劳动关系的意见》首次以中央文件的形式对构建和谐劳动关系进行顶层设计和全面部署。意见要求依法保障职工基本权益，健全劳动关系协调机制，加强企业民主管理制度建设，健全劳动关系矛盾调处机制，营造构建和谐劳动关系的良好环境，加强组织领导和统筹协调。意见具有很强的战略性、理论性和指导性，对于全面构建和谐劳动关系具有重大指导意义。

为贯彻落实《中共中央 国务院关于构建和谐劳动关系的意见》，进一步加强专业性劳动争议调解工作，《人力资源社会保障部 中央综治办关于加强专业性劳动争议调解工作的意见》（人社部发〔2015〕53号）就加强专业性劳动争议调解组织建设、推动专业性劳动争议调解制度建设、加强专业性劳动争议调解的基础保障等进行了部署。

为贯彻落实《中共中央关于全面推进依法治国若干重大问题的决定》精神，进一步加强人力资源社会保障部门法治建设工作，人社部于2015年7月发布《关于全面推进人力资源社会保障部门法治建设的指导意见》，明确了加强人社法治工作的总体要求和基本原则，提出推进人力资源社会保障法律规范体系建设、健全人社法治实施体系、完善人社法治监督体系、强化人社法治保障体系、切实抓好组织落实。该指导意见有利于推动人社法治工作建设。

此外，为贯彻国务院有关决定精神，简政放权、促进就业，2015年4月，人力资源社会保障部对相关部门规章进行了清理，对7件规章的部分条款予以修改。这7件规章分别为《人才市场管理规定》《中外合资人才中介机构管理暂行规定》《就业服务与就业管理规定》《中外合资中外合作职业介绍机构设立管理暂行规定》《中外合作职业技能培训办学管理办法》《企业年金基金管理机构资格认定暂行办法》《企业年金基金管理办法》，其核心内容是减少和下放审批权，废除有关注册资本的要求，释放企业活力，让市场在资源配置中起决定性作用，增强劳动力和人才市场的活力。

为加强就业创业工作，推动"大众创业、万众创新"，《国务院关于进一步做好新形势下就业创业工作的意见》（国发〔2015〕23号）出台，要求深入实施就业优先战略，积极推进创业带动就业，统筹推进高校毕业生等重点群体就业，加强就业创业服务和职业培训，强化组织领导。同时，为了支持农民工、大学生和退役士兵等人员返乡创业，国务院办公厅发布《国务院办公厅关于支持农民工等人员返乡创业的意见》（国办发〔2015〕47号），意见内容包含总体要求、主要任务、健全基础设施和创业服务体系、政策措施、组织实施等。

5. 解决公益诉讼难题，检察机关开展改革试点

2015年7月1日，十二届全国人大常委会第十五次会议表决通过了《全国人民代表大会常务委员会关于授权最高人民检察院在部分地区开展公益诉讼试点工作的决定》，授权最高人民检察院在生态环境和资源保护、国有资产保护、国有土地使用权出让、食品药品安全等领域，开展提起公益诉讼试点。不同于普通诉讼，如环境保护方面的公益诉讼因为无法找到直接的利益关系人或受害人，总是存在"立案难"问题。检察机关试点开展公益诉讼，有助于进一步推动公益诉讼机制的完善。据此，最高人民检察院发布了《检察机关提起公益诉讼改革试点方案》，对公益诉讼从立案到诉讼作了全方位的规定。依据该试点方案，最高人民检察院选择北京、

内蒙古、吉林、江苏、安徽、福建、山东、湖北、广东、贵州、云南、陕西、甘肃13个省、自治区、直辖市的检察院开展为期两年的改革试点工作。2015年12月18日，针对锦屏县环境保护局不依法履行职责，贵州省锦屏县人民检察院向法院提起行政公益诉讼。

6. 慈善立法工作正式起步，推动公开透明

近年来，慈善界长期存在的不透明问题广受诟病，慈善立法也随之成为公众寄予期望的解决方案。2014年11月，《国务院关于促进慈善事业健康发展的指导意见》发布，从五个方面对慈善事业的发展进行了详尽的指导：提出总体要求，鼓励和支持以扶贫济困为重点开展慈善活动，培育和规范各类慈善组织，强化对慈善组织和慈善活动的监督管理，加强对慈善工作的组织领导。沿着指导意见指出的方向和路径，慈善促进战略逐步推进，慈善法治规划逐项落实。在慈善立法方面，全国人大常委会发布了《慈善法（草案）》，向全社会征求意见。这是中国慈善领域的一部支架性法律，其制定和实施将具有十分重大的现实意义和作用。同时，民政部发布了《志愿服务信息系统基本规范》（MZ/T061-2015），是中国志愿服务信息化建设领域第一个全国性行业标准。此外，《民政部 人力资源社会保障部关于建立和完善慈善表彰奖励制度的指导意见》出台，对各级政府开展的慈善表彰奖励工作进行规范和指导，以推动形成覆盖全国、层级明确、各具特色的慈善表彰奖励体系，促进慈善事业健康发展。

## 七 2016年法治发展预测

2015年是全面落实十八届四中全会精神的关键一年，也是"十二五"规划收官之年，"十三五"规划开局之年。十八届五中全会发布的《中共中央关于制定国民经济和社会发展第十三个五年规划的建议》提出，"十三五"时期的发展理念是创新、协调、绿色、开放、共享。而实现"十三五"规划的必要手段是运用法治思维和法治方式推动发展。建议提出，必须坚持依法执政，加强党对立法工作的领导，加强法治政府建设，深化司

法体制改革，弘扬社会主义法治精神，在全社会形成良好的法治氛围和法治习惯。回顾2015年，中国法治发展取得了重大成效，法治发展战略的顶层设计得到进一步细化与加强，但也不可避免地遇到诸多问题。2016年，中国的发展将在"十三五"规划的启动中进一步克服困难，为改革发展保驾护航。

## （一）多个重点领域法律有待完善

"十三五"期间是中国深化改革的关键时期，改革的有序开展离不开法治的保障。一方面，改革要以法治为依托，进行战略部署；另一方面，法治需要及时吸收改革中的重要经验与成果，保障改革的顺利进行。由此，2016年一些重点领域的改革亟待法律的配套完善。

第一，在经济下行背景中构建和谐劳动法律关系。当前，中国受到国际金融危机持续影响，宏观经济增速下滑，产业结构调整等因素进一步促使劳资关系紧张，劳动关系矛盾进入凸显期和多发期。2015年4月28日，中共中央总书记习近平在表彰全国劳动模范和先进工作者大会上强调，无论时代条件如何变化，始终都要崇尚劳动、尊重劳动者，始终重视发挥工人阶级和广大劳动群众的主力军作用。2016年劳动法治构建的重点是将《中共中央 国务院关于构建和谐劳动关系的意见》的方针政策与理念落实为具体的法律制度，加大对劳动者的保护力度。因此，构建和谐劳动法律关系无疑是实现"十三五"规划中经济社会发展目标的关键因素之一。

第二，社会领域立法需要进一步完善。中国公益慈善事业高速发展，但慈善方面长期存在的问题并没有得到有效解决，根本问题是法律制度不健全。慈善事业不仅是社会领域的慈善工作，在某种程度上可能会影响政府的公信力。面对长期滞后的法律法规，应当尽早制定"慈善法"，同时对《红十字会法》等与慈善相关的法律进行修改。

第三，亟待出台反垄断执法协调机制，完善相关立法。国家发展改革委、国家工商行政管理总局、商务部三驾马车并行的局面严重制约了现有的

反垄断执法和立法工作,部门之间的沟通存在一定的障碍,沟通成本很高。三家部门分别从反价格垄断行为、反非价格垄断行为和经营者集中反垄断申报和审查等角度起草反垄断执法指南,存在重叠与冲突、漏洞和空白较多,严重浪费立法执法资源。现实中,反垄断、反不正当竞争和价格执法部门已经难以运用既有法律去处理新型的不正当竞争和价格违法等行为。此外,法律对违法行为追究责任过轻也使得执法机构难以遏制和吓阻违法行为,进而难以保障公平竞争的市场秩序。

第四,加快文化产业相关法律的修改与制定。中国文化产业发展迅猛,已经逐渐成为国民经济的新增长点,但中国文化立法却长期处于缺位状态,立法重点和重心一直集中在经济发展领域,法律的创制和修改一直集中在维护市场经济,文化领域的法律就显得相对滞后。从立法数量上看,目前中国文化领域立法仅有少数几件,如《文物保护法》《档案法》《著作权法》和《非物质文化遗产法》。从立法领域上看,尚不足以涵盖公共文化服务保障、文化产业促进、文化市场管理等文化领域方面。从立法质量上看,与蓬勃发展的文化产业相比仍然存在滞后性。长久以来,文化产业从业人员与学界一直呼吁的文化产业促进法也亟待制定出台。

## (二)注重发挥人大代表在科学立法中的作用

科学立法是服务"十三五"规划的重要环节。立法机关应当理顺立法程序,建立规范的立法流程,坚持和完善民主集中制。重大立法应当在积极引入专家论证、公民听证、风险评估等措施的基础上,进一步扩大立法公开范围、提升公众参与实效,为立法的科学性、客观性奠定基础。在地方立法权限上,新《立法法》赋予立法权的地方人大应当积极探索结合本地实际的立法模式,同时也应当注意自身的立法权限,在宪法和法律的框架内充分行使立法权。在人大代表履职上,科学立法离不开人大代表的积极参与。在履职期间,人大代表应当充分进行调查研究,收集民意,起草草案,发挥意见沟通与利益表达的立法功能。根据《国务院办公厅关于做好全国人大代表建议和全国政协委员提案办理结果公开工作的通知》(国办发〔2014〕46号），从2015年开始，各地区、各部门对于涉及公共利益、公众权益、社会关切及需要社会广泛知晓的建议和提案办理复文，应当采用摘要公开的形式，公开办理复文的主要内容，适当公开本单位办理建议和提案总体情况、全国人大代表和全国政协委员意见建议吸收采纳情况、有关工作动态等内容。各部门各地方2015年落实情况较好，2016年将有望继续扩大公开范围。这样有助于监督各级人大代表履职情况，规范代表个人的言行。

**（三）进一步转变政府职能，推进政务公开，打造法治政府**

2016年，国务院部门及各地方政府将完成本机关权力清单的梳理和公开工作，这是简政放权、转变政府职能的重要一环。经过反复清理，政府权力运行将更加规范，政府与市场、社会的关系将逐步理清。

2015年底，中共中央、国务院印发了《法治政府建设实施纲要（2015~2020年）》。纲要是"十三五"期间建设法治政府的总纲领。2016年的法治政府建设将以职能科学、权责法定、执法严明、公开公正、廉洁高效、守法诚信为目标。同时，各地、各级政府应当就本年度的法治政府建设工作向社会发布年度报告，以接受社会评议和监督。2016年初，中共中央办公厅、国务院办公厅发布了《关于全面推进政务公开工作的意见》。该意见从多方面对推进政务公开、提升政府透明度作出了总体部署和宏观要求，必将进一步推动政府透明度建设。2016年的政务公开工作应当更加注重以法治思维、法治方式推进，及时填补制度空白、修改过时规定，加强相关法律法规之间的协调。

2016年，除了食品安全、环境保护等领域的行政监管，政府还应当着重在安全生产监管方面加强与创新执法力度与方式。2015年，国内安全生产事故频发，国务院办公厅虽适时出台了《国务院关于加强安全生产监管执法的通知》，但在安全生产监管方面，中国还缺乏相应的统一法律体系，安全生产事故的责任分配机制与常态化执法检查机制、信息化建设与安全生产的诚信体系建设也是政府监管的重头戏。

## （四）义无反顾将司法体制改革进行到底

司法改革的实质是利益结构的调整和司法资源的重新配置。2014年以来，中央深化改革领导小组就司法体制改革问题下发了23份文件。2015年，司法体制改革更加深入，推开了一些重大举措并取得阶段性的成果。与2014年相比，2015年司法改革变得更加开放、更加透明。但是在司法改革的推进过程中，也存在这样那样的难题，充分说明司法改革的确是国家深化改革的深水区，需要更大的勇气和智慧。2016年的司法改革应当着重注意以下问题。第一，及时总结地方试点的改革经验。在统一规划之外，司法体制改革应当关注各地的特殊情况，防止"一刀切"的做法。针对试点地方的改革，新的司法体制改革设计不仅要吸收其中的成功经验，也不能忽视可能的负面影响。例如，在肯定员额制改革的基础上，不仅要考虑到各地的实际情况，还要考虑到落实员额制的具体做法，避免在案件增加的情况下，使司法资源更加紧张。第二，推动司法体制改革立法。司法体制改革应当遵守宪法和法律，运用法治思维和法治方式进行改革，改革创新与依法改革齐头并进。当前司法改革作出了诸多的创新，但是一些改革措施还应通过修订现行《人民法院组织法》《法官法》等法律以获得制度支持。中央全面深化领导小组审议通过的司法体制改革文件为司法改革提供了政策支撑，司法改革则应当将成熟的改革成果上升为法律，以确保改革在法治框架之内，令改革于法有据。第三，保障法官、检察官履职环境。当前的司法改革以法官、检察官责任为重要抓手，规范了司法行为。但是，司法工作的正常运行还应当以法官、检察官的职业保障为前提。法官、检察官的履职保障既应当排除领导干部和司法机关内部干预，厘清"终身追责"与"司法豁免"的关系等，保证司法的独立性，还应当注重履职的外部环境。例如，要与传媒做好沟通，畅通媒体监督的渠道，也要防止媒体审判，丧失司法独立性。要依法保障司法人员人身安全，针对一些侵犯法官、检察官权益，扰乱司法工作的行为，应当在法律的框架内追究责任，维护司法的权威。还应逐步提升法官、检察官待遇，维护队伍稳定。第四，司法执行难仍是亟待解决的问题。立案登记制改革、以审判为中心的改革集中关注了司法案件的前半部分，有助于司法公正。执行作为案件的最终环节，使得司法公正得以落地。如果判决结果得不到全面执行，就会导致法院公信力的严重下降。由此，未来的司法改革应当审判与执行两手抓，高度重视审执分离、加大执行力度。

### （五）合理设定"关键少数"法治考核，提升依法办事能力

党的十八届四中全会通过的《中共中央关于全面推进依法治国若干重大问题的决定》首次明确提出将法治建设纳入"关键少数"的政绩考核内容之一。可以说，贯彻落实"法治考核"的新要求是目前各级组织部门面临的最新重要课题。但在实践中，地方对领导干部的法治考核面临着考核内容过于抽象宽泛不易量化、考核指标选择不规范、法治考核结果的使用不科学、指标考核不合理等问题。依法治国必须抓住领导干部这个"关键少数"。将法治建设成效纳入领导干部年度考核评价体系中，可以有效增强法治宣传教育工作的针对性和实效性，有利于领导干部尊法、学法、守法、用法。未来的法治考核应当合理设定相应的考核指标，适当引入第三方评估，以保障考核的客观公正性。

### （六）反腐败斗争应当进一步增强人民的获得感

2015年党风廉政建设的党内法规和法律制度双管齐下，反腐败行动取得了显著成效。反腐败持续处于高压态势，大小腐败官员纷纷落马，获得了人民的广泛赞同。2016年反腐败斗争需要注意的问题在于，要更加注重增强人民的获得感，使他们成为参与者，而不仅仅是旁观者。第一，反腐败要以促进改革开放、促进社会发展为要义，一个廉洁的政党是领导全国人民实现这一目标的必要条件。因此，反腐败应持续进行，但在反腐败的同时要注意甄别贪污腐败和工作失误，甄别恶意举报和真实举报，既不放过一个腐败分子，也不冤枉一个积极履职、勇于担当的好干部。只有如此，才能激发各级领导干部的工作积极性，而不至于畏首畏尾，消极不作为。第二，将反腐败纳入现代法治的轨道。反腐不应是一场运动，而是社会治理的一个部分，

反腐败无禁区，老虎苍蝇一起打、台上台下一起抓，因此，要不断制定完善反腐败法律制度，用制度确保反腐败常抓不懈、永无休止。第三，更加尊重人民的主体性。一是引导人民积极参与反腐。中央统一部署，地方积极响应是廉政建设取得成功的关键，但在新的廉政法治建设中要更加注重人民的参与作用，更加注重人民反腐的重要性。这就要求廉政法治努力完善人民自下而上的反腐途径，并在制度建设中吸收成功的人民反腐经验。二是反腐要增强人民的获得感。反腐败的最终目的是维护人民的利益。反腐败斗争不仅要在党员领导干部廉洁从政方面取得成效，还要防止由于人民群众未能切身分享到、感受到反腐败的成果，而由最初的万众拥护欢呼雀跃，变成冷眼旁观无动于衷，进而影响反腐败的群众基础。

# 专题报告
Special Reports

## B.2
## 2015年的中国立法

中国社会科学院法学研究所法治指数创新工程项目组*

**摘　要：** 2015年是中国立法进一步走向科学化、民主化、精细化的一年。2015年的立法重点集中在完善立法体制机制、健全民主政治法治、保障国家安全法治、推进行政体制改革、促进民生保障和加强社会管理等方面。通过立法的指引和保障，中国的改革发展拥有了制度支撑，法治建设进入了新的阶段。

**关键词：** 立法　改革发展　法治建设

---

\* 项目组负责人：田禾，中国社会科学院法学研究所研究员、国家法治指数研究中心主任。项目组成员：吕艳滨、王小梅、栗燕杰、刘雁鹏、徐斌、赵千羚、刘迪、杨芹、马小芳、曹雅楠、赵凡、周震、徐蕾、宁妍、刘永利、宋君杰。执笔人：刘雁鹏，中国社会科学院法学研究所助理研究员；田禾。

2015年立法的工作重点是进一步贯彻和落实党的十八届四中、五中全会精神,加快法律法规清理,加强重点领域立法。2015年全国人大及其常委会共制定法律4部,修改法律37部(见表1)。在行政法规方面,国务院共制定了行政法规5部,修改了行政法规2部(见表2)。2015年立法工作主要体现在以下五个方面。一是健全民主政治立法,修改《选举法》、《地方各级人民代表大会和地方各级人民政府组织法》(以下简称《地方组织法》)、《全国人民代表大会和地方各级人民代表大会代表法》(以下简称《代表法》),强化基层人大建设,修改《立法法》,完善中国立法体制机制,同时推动反腐败国家立法。二是完善社会主义市场经济法律制度,制定《存款保险条例》,修改《促进科技成果转化法》《广告法》等,拟制定《电影产业促进法》。三是推进社会领域立法,促进社会安定有序,制定《反家庭暴力法》《居住证暂行条例》,修改《食品安全法》《邮政法》《电子签名法》等法律,同时拟制定《社区矫正法》《慈善法》。四是加强文化、教育、生态领域立法,修改《文物保护法》《大气污染防治法》《固体废物污染环境防治法》《义务教育法》等法律。五是推进国家安全法治建设,制定《国家安全法》《反恐怖主义法》,通过《刑法修正案(九)》,拟制定《境外非政府组织管理法》《网络安全法》等。

表1 2015年全国人大及其常委会立法情况

| 序号 | 时间 | 法律名称 |
| --- | --- | --- |
| 1 | 2015年3月15日公布并施行 | 《立法法》(修改) |
| 2 | 2015年4月24日公布,2015年9月1日施行 | 《广告法》(修改) |
| 3 | 2015年4月24日公布,2015年10月1日施行 | 《食品安全法》(修改) |
| 4 | 2015年4月24日公布并施行 | 《税收征收管理法》(修改) |
| | | 《固体废物污染环境防治法》(修改) |
| | | 《枪支管理法》(修改) |
| | | 《证券投资基金法》(修改) |

续表

| 序号 | 时间 | 法律名称 |
|---|---|---|
| 4 | 2015年4月24日公布并施行 | 《城乡规划法》(修改) |
| | | 《计量法》(修改) |
| | | 《义务教育法》(修改) |
| | | 《邮政法》(修改) |
| | | 《铁路法》(修改) |
| | | 《公证法》(修改) |
| | | 《烟草专卖法》(修改) |
| | | 《药品管理法》(修改) |
| | | 《文物保护法》(修改) |
| | | 《港口法》(修改) |
| | | 《防洪法》(修改) |
| | | 《保险法》(修改) |
| | | 《民用航空法》(修改) |
| | | 《畜牧法》(修改) |
| | | 《电力法》(修改) |
| | | 《拍卖法》(修改) |
| | | 《老年人权益保障法》(修改) |
| | | 《动物防疫法》(修改) |
| | | 《电子签名法》(修改) |
| | | 《就业促进法》(修改) |
| 5 | 2015年7月1日公布并施行 | 《国家安全法》(制定) |
| 6 | 2015年8月29日公布,2015年10月1日施行 | 《促进科技成果转化法》(修改) |
| 7 | 2015年8月29日公布,2015年11月1日施行 | 《刑法修正案(九)》 |
| 8 | 2015年8月29日公布并施行 | 《选举法》(修改) |
| | | 《地方组织法》(修改) |
| | | 《代表法》(修改) |
| 9 | 2015年8月29日公布,2016年1月1日施行 | 《大气污染防治法》(修改) |
| 10 | 2015年8月29日通过,2015年10月1日施行 | 《商业银行法》(修改) |
| 11 | 2015年11月4日修订通过,2016年1月1日施行 | 《种子法》(修改) |

续表

| 序号 | 时间 | 法律名称 |
|---|---|---|
| 12 | 2015年12月27日通过,2016年3月1日实施 | 《反家庭暴力法》(制定) |
| 13 | 2015年12月27日通过,2016年1月1日实施 | 《反恐怖主义法》(制定) |
| | | 《国家勋章和国家荣誉称号法》(制定) |
| 14 | 2015年12月27日通过,2016年6月1日实施 | 《教育法》(修改) |
| | | 《高等教育法》(修改) |

资料来源：中国人大网,http：//www.npc.gov.cn/npc/xinwen/node_ 12488.htm。

表2　2015年国务院行政法规立法情况

| 序号 | 时间 | 法规名称 |
|---|---|---|
| 1 | 2014年12月31日通过,2015年1月30日公布,2015年3月1日施行 | 《政府采购法实施条例》(制定) |
| 2 | 2015年2月9日公布,2015年3月20日施行 | 《博物馆条例》(制定) |
| 3 | 2015年2月17日公布,2015年5月1日施行 | 《存款保险条例》(制定) |
| 4 | 2015年6月12日公布并施行 | 《建设工程勘察设计管理条例》(修改) |
| 5 | 2015年6月14日公布,2015年7月1日施行 | 《中国公民往来台湾地区管理办法》(修改) |
| 6 | 2015年10月21日通过,2016年1月1日施行 | 《居住证暂行条例》(制定) |
| 7 | 2015年11月11日通过,2016年1月1日施行 | 《地图管理条例》(制定) |

资料来源：中央人民政府网,http：//www.gov.cn/zhengce/zc_ xzfg.htm。

# 一　2015年立法内容及特点

## (一)完善立法体制机制,促进科学民主立法

2015年3月15日,全国人大审议通过了《关于修改〈中华人民共和国立法法〉的决定》,这部"立法的法"的修改通过标志着中国立法工作进入了新的阶段,为今后打造更高质量的立法提供了新的制度依据。《立法法》不仅完善了立法的相关体制机制,也为科学立法、民主立法奠定了基础。具

体而言,此次《立法法》修改的亮点集中在以下方面。

(1)立法权力下放,赋予设区的市立法权。《立法法》的修改,将拥有立法权的城市从较大的市扩张为所有设区的市,并赋予自治州人大及其常委会以地方性法规制定权。

(2)为制定规章设限。修改后的《立法法》对部门规章的立法权限进行了限制,规定不得通过规章设定以下规范:减损公民、法人和其他组织的权利,增加公民、法人和其他组织的义务,增加本部门的权力,减少本部门的法定职责(第80条)。

(3)规范授权立法。修改后的《立法法》细化了授权决定的内容,在旧法的基础上增加了事项、期限以及应当遵循的原则;规范了授权的期限,一般不得超过五年,授权另有规定的除外;细化了授权终止前的处理,规定授权期限届满前六个月,向授权机关报告授权实施情况;增加了授权一定期限内在部分地方暂时调整或暂时停止适用法律的规定。

(4)明确税收法定原则。修改后的《立法法》将税收基本制度纳入法律保留事项(第8条)。但此处的法律保留并非绝对保留,全国人大及其常委会根据实际情况,仍然可以授权国务院制定与税收相关的行政法规。

### (二)推动宪法监督实施,保障民主法治发展

十八届四中全会决定要求,"完善全国人大及其常委会宪法监督制度"。宪法的生命与权威在于实施,而宪法监督是保障宪法实施、维护宪法权威的重要制度形式,没有监督和实施的宪法仅仅是一纸空文。为此,全国人大及其常委会从宪法类法律入手,修改相关规定,使得宪法实施和监督更具实效性。2015年全国人大常委会修改了三部与各级人大、人大代表息息相关的法律,分别是《选举法》《地方组织法》《代表法》,这三部重要法律于2015年8月29日公布并施行,切实加强了人大特别是基层人大的监督能力和监督力度。这三部法律修改具有如下特征。

(1)规范了人民代表选举制度。首先,规范了人民代表选举的禁止规范,明确规定参选代表不得接受境外机构、组织、个人提供的与选举有关的

资助（《代表法》第43条）；其次，增加了对选举代表是否符合法定任职条件、是否符合程序、是否存在破坏选举的情况进行审查（《代表法》第46条）；最后，增加了选举结果宣布之后当选代表的宣布程序（《代表法》第45条第2款）。

（2）完善了基层人大机构建设。首先，人大组织机构深入街道。市辖区、不设区的市的人大常委会可以在街道设立工作机构，负责联系辖区内的人大代表，组织代表开展活动（《地方组织法》第53条第3款）。其次，强化了基层人大的监督。县、自治县、不设区的市、市辖区的人民代表大会根据需要可以设立专门委员会（《地方组织法》第30条第1款）。最后，增加基层人大代表的数量。县、自治县、不设区的市、市辖区的人大代表数量上限由原来的27人增至35人，人口超过100万的县、自治县、不设区的市、市辖区人大代表数量上限由原来的30人增至45人（《地方组织法》第41条第4款）。

（3）明确了基层人大活动的方式和职权。首先，明确乡镇人大主席团闭会期间的职权。乡镇人大主席团可以就本区群众切实关注的问题，安排听取政府专项工作报告，对法律法规实施情况进行检查监督（《地方组织法》第15条）。其次，明确了人大代表视察的方式，人大代表可以根据人大常委会或人大主席团的安排进行视察，也可以持代表证就地进行视察（《代表法》第22条）。再次，增加了代表向乡镇人大主席团提出工作建议、批评和意见的权利，同时要求对于建议、批评和意见的处理情况要向乡镇主席团报告（《代表法》第29条、42条）。最后，增加了乡镇人大代表履职的时间保障规定（《代表法》第33条）。

### （三）构建国家安全法律体系，保障国家安全稳定

国家安全与稳定是国家生存和社会发展的基本前提，中国历来重视国家安全的法律制度建设，制定了一系列维护国家安全的法律法规，如1993年制定了《国家安全法》、1994年制定了《国家安全法实施细则》、2014年制定了《反间谍法》。发展至今，中国当前面临着更加严峻的国家安全形势，

各种难以预见以及难以控制的风险增多，来自外部以及内部的各种国家安全问题凸显，为国家安全工作带来了压力。因此，十八大以后，全国人大积极贯彻落实党中央总体的国家安全观，加快国家安全法治建设，抓紧出台了一批急需的法律，推进公共安全法治化。2015年先后出台了三部与国家安全有关的法律，分别是：2015年7月1日公布并实施的《国家安全法》，2015年8月29日公布的《刑法修正案（九）》，2015年12月27日公布的《反恐怖主义法》，同时全国人大常委会正在积极开展《网络安全法》《境外非政府组织管理法》等与国家安全密切相关的立法工作。已经出台的这三部法律具有如下特点。

（1）注重总体国家安全观。原《国家安全法》（1993）主要是规定国家安全机关的职责、公民和组织维护国家安全的义务和权利等内容。但是，随着国家安全观的发展，国家安全形势的变化，上述内容已经无法适应中国的国家安全需要。根据新形势的变化，应当确立总体的国家安全观，即构建集政治安全、国土安全、军事安全、经济安全、文化安全、社会安全、科技安全、信息安全、生态安全、资源安全、核安全等于一体的国家安全系统（《国家安全法》第3条）。

（2）重视网络信息安全。在信息化高度发达的时代，网络与个人、社会和国家的命运息息相关，随着云计算、物联网、大数据、虚拟化等新兴技术的发展与运用，网络安全已经逐渐被纳入国家安全体系。因此，《国家安全法》提出维护网络空间主权，建设网络与信息安全保障体系，提升网络与信息安全保护能力。同时《刑法修正案（九）》也强化了对网络犯罪的打击力度。

（3）加强对恐怖主义的打击。中国极为重视对恐怖主义的打击，但随着国际恐怖主义势力的抬头，中国的反恐面临新的压力和挑战。为保障人民生命财产安全，适应新形势下反恐的新要求，《刑法修正案（九）》增加了对制作、持有恐怖主义、极端主义的资料以及发布信息的处罚。《反恐怖主义法》则进一步完善了恐怖主义的定义、恐怖活动组织和人员的认定、反恐怖主义安全防范、恐怖事件应对处置等方面的内容。

## （四）进一步推进简政放权，激发市场活力

自党的十八届三中全会要求进一步简政放权、深化行政审批制度改革以来，国务院深入推进行政审批改革的核心内容就是审批做减法、监管做加法。通过深化行政审批制度改革，一方面可以促进行政权力结构优化，推动政府职能由管理型政府向服务型政府转变，减少政府对市场的干预；另一方面可以激发市场活力，充分发挥市场在资源配置中的基础性作用。为了使行政审批制度改革举措具备合法性，全国人大常委会及时修改了部分法律的相关条款，取消和下放行政审批项目，实行工商登记制度改革，大大方便了企业和居民，进一步激发了市场活力，促进经济增长。具体而言，修改的法律及其主要内容如下。

（1）取消了部分行政审批事项。中国大量的法律中存在各类行政审批事项，这些审批事项的存在并没有强化政府监管，反而成为政府负担，同时增加了市场交易成本，阻碍了经济社会发展。为此，政府通过修改法律并取消部分领域的行政审批项目，弱化审批，强化监管。这些被取消的行政审批项目包括：烟草专卖许可（《烟草专卖法》）、固体废物进口许可（《固体废物污染环境防治法》）、护堤护岸林木采伐许可（《防洪法》）、城市建设添堵原有河道沟汊的审核（《防洪法》）、海事管理机构对港口内采掘爆破等活动的许可（《港口法》）。

（2）转移了部分资质类审批项目。对于部分资格或资质类的审批项目，修法过程中取消了主管机关审查批准的规定，转而交由行业协会进行资格认定与核准。修改后的《保险法》取消了保险销售从业人员和保险经济从业人员的资格核准；《城乡规划法》取消了由国务院城乡规划主管部门认定规划师，改为由相关行业协会认定规划师（第24条）。

（3）下放了部分行政审批项目。为提高行政效能，发挥地方政府贴近基层、就近管理的优势，部分法律将行政审批项目下放至省级主管部门：《枪支管理法》将公务配枪的审批权限下放至省级公安机关（第7条），《文物保护法》将文物商店设立审批（第53条）、考古发掘单位保留少量出土

文物作为科研标准许可（第34条）、拍卖企业经营文物拍卖许可（第54条第1款）等多项行政审批项目下放至省级主管部门。

（4）工商登记前置审批改为后置审批。工商登记改革的亮点之一就是将证照捆绑为证照分离，实行"先照后证"。工商登记改革涉及多个许可，包括药品生产许可证、药品经营许可证（《药品管理法》），制造、修理计量器具许可（《计量法》），保险代理机构、保险经纪人设立审批（《保险法》），职业中介机构设立许可（《就业促进法》），电子认证服务许可（《电子签名法》），从事动物诊疗机构设立许可（《动物防疫法》）等。这些许可证在改革之前是工商登记的前置审批事项，修改之后，均变为后置审批，减少了工商备案环节，取消了不必要的审批手续，减少了对企业的限制。

（五）取消或下放政府定价权，推动价格改革

2015年的政府工作报告中指出："价格改革的方向是发挥市场在资源配置中的决定性作用。"中央在推进价格改革的过程中，逐步取消或者下放政府定价权，营造更加公平合理且富有竞争性的市场环境，激发市场活力。2015年立法工作中有多部法律的修改涉及价格改革。

（1）价格管理让位于市场。例如，《烟草专卖法》放开了烟草收购价格，不再由国务院有关部门确定，而是由烟草公司和烟农根据市场供求情况约定不同品种、不同等级的烟叶收购价格。此外，在法律修改中规定市场调节定价的还有《铁路法》和《药品管理法》。《铁路法》第25条规定，在政府定价之外，在竞争性领域实行市场调节价。《药品管理法》删除了政府定价条款（原法第55条），改为由市场定价。

（2）定价权限下放。部分法律修改将定价权下放至省级主管部门，如《公证法》的公证费收费标准的定价权下放至省级主管部门；《义务教育法》中将教科书的价格交由省级政府价格行政部门会同同级出版行政部门按照微利原则确定（第40条）。

### （六）加强民生领域修法，发挥立法引领作用

民生领域与公众生活密切相连，不但涉及领域广泛，而且影响公众切身利益。2015年全国人大常委会修改了《大气污染防治法》《广告法》和《食品安全法》。这三部法律无一例外都与公众的生活息息相关，大气和食品关乎公众生命健康，广告关乎消费者的信赖利益。修改这些法律，旨在提高公民的生活质量，保障公民生活中的合法权益。

《大气污染防治法》修改幅度较大，在目标、手段、制度等方面均有新增内容。在目标上，确定了防治大气污染应当以改善大气环境质量为目标（第2条）。在制度上，增加了限制达标制度（第23条）、污染总量控制制度（第21条）。在手段上，加强了对燃煤和机动车污染的治理（第34~38条）；强化了处罚力度，对于造成大气污染的企事业单位罚款上不封顶，同时增加了按日处罚的规定（第122、123条）。

修改后的《广告法》明确了虚假广告的范围，为判断并惩治虚假广告提供了基础。此外，还规定广告代言人若涉及虚假宣传则应与商家承担连带责任，同时还强化了工商机关及有关部门对广告市场监管的职责职权。

修改后的《食品安全法》完善并统一了食品安全监管机构，建立了包括食品安全全程追溯制度（第42条）、网络销售食品实名制（第62条）、食品召回制度（第63条）等多项制度，强化了地方政府和企业主体责任，加强了对违法行为的惩处力度，被称为史上最严的食品安全法。

## 二 2015年立法评析

### （一）加快法律清理，促进法制和谐统一

2015年立法工作的重点是修法而非创制新法，通过修改与完善已有立法，适应时代发展的新要求。但法律的修改往往牵一发而动全身，影响到整个法律体系的和谐统一，新法的通过往往也是造成法律冲突的原因之一。随

着立法水平和能力的提升，立法机关也非常重视修改其他相关法律，以保持法律体系和谐统一。以2015年的《立法法》修改为例，全国人大3月15日通过了修改后的《立法法》，其中部分条款与其他法律规定存在冲突。例如，《地方组织法》中规定拥有立法权的城市仍然为较大的市，且《地方组织法》中较大的市的立法权限与《立法法》中设区的市的立法权限不甚一致。为此，2015年8月29日公布实施的修改后的《地方组织法》将较大的市改为设区的市，避免了上述矛盾。再如，《立法法》修改规定了税收法定原则。为了与《立法法》保持一致，全国人大常委会对《税收征收管理法》进行了修改，落实了税收法定原则。

### （二）坚持立法公开，提升立法水平质量

法律的生命和权威在于实施，只有建立在广泛民意基础上的法律，才能够获得最普遍的遵守，才能树立真正的权威。因此，立法需要坚持民主和公开，广泛吸收公众的建议和意见。通过立法公开，向社会征求意见，一方面能够为公众提供表达利益诉求的平台，另一方面能够通过建设性的讨论提升立法质量。立法公开不仅使得立法更具科学性，同时也是全面推进依法治国的逻辑起点。2015年，全国人大及其常委会公布了《促进科技成果转化法修正案（草案）》《国家安全法（草案二次审议稿）》《境外非政府组织管理法（草案二次审议稿）》《种子法（修订草案）》《资产评估法（草案第三次审议稿）》《国家勋章和国家荣誉称号法（草案）》《反家庭暴力法（草案）》等法律草案，共向社会征集17.65万余条意见。

表3 2015年中国部分立法草案公开征集意见情况

| 法律草案名称 | 征求意见时间 | 参与人数（人） | 意见条数（条） |
| --- | --- | --- | --- |
| 《促进科技成果转化法修正案(草案)》 | 2015-03-02~2015-04-01 | 97 | 260 |
| 《国家安全法(草案二次审议稿)》 | 2015-05-06~2015-06-05 | 288 | 1020 |
| 《境外非政府组织管理法(草案二次审议稿)》 | 2015-05-05~2015-06-04 | 255 | 1803 |
| 《种子法(修订草案)》 | 2015-05-05~2015-06-04 | 1559 | 8022 |

续表

| 法律草案名称 | 征求意见时间 | 参与人数（人） | 意见条数（条） |
| --- | --- | --- | --- |
| 《网络安全法（草案）》 | 2015-07-06~2015-08-05 | 1564 | 4240 |
| 《大气污染防治法（修订草案二次审议稿）》 | 2015-07-06~2015-08-05 | 566 | 1762 |
| 《刑法修正案（九）（草案二次审议稿）》 | 2015-07-06~2015-08-05 | 76239 | 110737 |
| 《资产评估法（草案第三次审议稿）》 | 2015-09-08~2015-10-07 | 753 | 3820 |
| 《教育法律一揽子修正案（草案）》 | 2015-09-08~2015-10-07 | 120 | 280 |
| 《国家勋章和国家荣誉称号法（草案）》 | 2015-09-08~2015-10-07 | 52 | 140 |
| 《反家庭暴力法（草案）》 | 2015-09-08~2015-10-07 | 8792 | 42203 |
| 《慈善法（草案）》 | 2015-10-31~2015-11-30 | 452 | 1843 |
| 《深海海底区域资源勘探开发法（草案）》 | 2015-11-6~2015-12-5 | 30 | 83 |
| 《电影产业促进法（草案）》 | 2015-11-6~2015-12-5 | 131 | 309 |

资料来源：中国人大网，http://www.npc.gov.cn/npc/flcazqyj/node_8195.htm。

### （三）坚持立法主导，保障改革有法可依

改革是对现有体制机制的变更，必然会触动体制机制背后的法律，间接影响法律的稳定性和权威性。因此，在改革之前，应当立法先行，以立法推动改革有序进行，保障改革有法可依。2015年是中国稳步推进各项改革的关键年。在立法体制改革方面，通过《立法法》的修改，立法权下放至所有设区的市。至此，城市管理和建设进入了法治化轨道，地方性法规和地方政府规章的适用将会逐步压缩红头文件的适用空间，加快城市法治化的进程。在价格改革方面，取消或者下放了一批政府定价权，涉及的法律都进行了修改。在行政审批制度改革方面，全国人大常委会修改了包括《药品管理法》《计量法》在内的11部法律，减轻了企业负担，对其中涉及工商登记的内容进行了修改。在政治体制改革方面，加强了基层人大的履职能力和保障机制，如通过《地方组织法》修改的县级人大可以根据需要设置法制委员会、财政经济委员会等专门委员会。

## 三 2016年立法展望

2016年是"十三五"开局之年,也是深化改革的关键一年。《中共中央关于制定国民经济和社会发展第十三个五年规划的建议》提出,法治是发展的可靠保障,必须坚定不移走中国特色社会主义法治道路,加快建设中国特色社会主义法治体系,建设社会主义法治国家,加快建设法治经济和法治社会,把经济社会发展纳入法制轨道。该建议还提出,加强党对立法工作的领导,加快重点领域立法,坚持立改废释并举,深入推进科学立法、民主立法,加快形成完备的法律规范体系。可以预见,2016年的中国立法必将在保障深化改革、保障经济社会发展方面发挥越来越重要的作用。

### (一)推进重点领域立法

随着改革的不断深入,各个领域都面临着法律法规的立改废问题。比如,在司法改革领域,按照中央关于司法改革的部署和要求,部分省市的司法改革试点工作已经在稳步推进当中,某些地方已经取得了不俗的成绩,如省级以下地方法院、检察院人财物统一管理制度,司法人员遴选制度,法官、检察官员额制,司法责任追究以及惩戒制度等。未来必然要及时将成熟的符合司法规律、适宜全国推广的改革成果转化为法律制度,以保障司法改革稳步推进。在政府管理体制改革方面,随着简政放权、放管结合的深入开展,大量法律法规需要修改完善。此外,随着慈善事业和文化产业的高速发展,相关立法滞后性越发突出,应当尽早制定或修订相关法律,不仅要尽快出台慈善法、文化产业促进法,还应当对相关领域的其他立法进行及时修改,夯实慈善事业和文化产业的法律基础。

### (二)加强立法公开工作

深化立法公开、提升公众参与度是加强科学立法的关键。未来,法律法规不仅仅要做到公开法律法规草案,还应逐步公开审议草案的记录;已经公开征集意见的,应公开意见征集情况、意见的采纳情况,做到不仅请公众参与,更要积极回应公众诉求。

### (三)重视设区的市的立法工作

2015年《立法法》修改后,拥有立法权的城市数量激增,但随之而来的便是地方立法能力能否适应立法工作要求的问题。尽管设区的市地方性法规仅仅是法律规范体系中最为基层的一环,但城市立法直接贴近公民生活的方方面面,对公众的影响在某种程度上甚至超过法律和行政法规。但这些城市普遍缺乏立法经验、专业的立法人才及相应的保障机制,难免影响立法权的行使和立法质量。因此,应加大对设区的市的立法工作的支持力度,加强对设区的市立法工作的指导,保障设区的市立法开局顺利。

# B.3
# 中国人权报告：性别平等与妇女发展状况

赵建文*

**摘 要：** 中国保障和促进性别平等和妇女发展的法律体系已经基本形成，为实施男女平等基本国策奠定了坚实的法律基础。以各级政府的妇女儿童工作机构为主的体制机制不断完善，行政执法和司法保障不断加强。中国把性别平等和妇女发展纳入国民经济和社会发展规划，使其与经济社会同步协调发展。中国妇女在平等享有政治权利、文化教育权益、劳动和社会保障权益等方面取得了举世瞩目的成就，受到国际社会的广泛赞誉。中国在2015年世界妇女峰会上向国际社会提出了解决性别平等和妇女发展问题的方案。中国将在性别平等和妇女发展领域取得更加辉煌的成就。

**关键词：** 人权法 性别平等 妇女发展

2015年是联合国第四次世界妇女大会在北京召开20周年，也是中国政府提出"把男女平等作为促进中国社会发展的一项基本国策"20周年。2015年，国务院新闻办发表了《中国性别平等与妇女发展》白皮书，阐明了中国在性别平等与妇女发展方面的成就和不足。2015年是中国性别平等和妇女发展取得重要进步之年，也是中国为推动人类的性别平等和妇女发展事业采取重要行动之年。

---

\* 赵建文，中国社会科学院国际法研究所研究员。

## 一 性别平等和妇女发展法制体系的完善

### （一）促进和保障性别平等和妇女发展的法律体系基本形成

1992年4月3日第七届全国人民代表大会第五次会议通过《妇女权益保障法》。2005年8月28日第十届全国人民代表大会常务委员会第十七次会议通过关于该法的修正案，将"国家实行男女平等的基本国策"写进该法。《妇女权益保障法》融入了《消除对妇女一切形式歧视公约》（以下简称《消歧公约》）等国际人权文书的要求。随着《妇女权益保障法》的制定和修订，31个省（区、市）也相应制定、修订了妇女权益保障法实施办法。

2015年8月29日，第十二届全国人大常委会第十六次会议通过了《刑法修正案（九）》，废除了嫖宿幼女罪，加大了对性侵女童犯罪行为的惩罚力度，对预防此类犯罪行为有一定震慑作用。这是保障女童人身权利在刑事立法领域的重要进步。

2015年12月27日，第十二届全国人民代表大会常务委员会第十八次会议通过了《反家庭暴力法》。家庭暴力危害家庭成员的身心健康甚至生命安全，受害者多为妇女和儿童。该法规定了家庭暴力的预防措施，遵循了预防为主、教育与惩处相结合的原则；规定了报案、告诫、法律援助、监护制度等家庭暴力的处置制度；规定了人身安全保护令制度。为增强人身安全保护令制度的可操作性和实用性，该法将可代为申请的主体由近亲属扩大到近亲属、公安机关、妇女联合会、居民委员会、村民委员会、救助管理机构，并规定法院受理申请后，通常应当在72小时内、情况紧急时应当在24小时内，裁定作出人身安全保护令或者驳回申请。

发展至今，中国已基本形成以《宪法》为基础，以《妇女权益保障法》为主体，包括《婚姻法》《人口与计划生育法》《就业促进法》等20余部涉及妇女权益的单行法律法规、一系列地方性法规和规章在内的保障和促进性别平等和妇女发展的法律体系。

## （二）保障和促进性别平等与妇女发展的体制机制不断完善

1. 规划体系：国务院颁布的中国妇女发展纲要及地方政府制定的妇女发展规划

把性别平等和妇女发展纳入国民经济和社会发展规划，保障和推动妇女与经济社会同步协调发展，是中国一条重要的成功经验。根据《妇女权益保障法》第3条，国务院负责制定中国妇女发展纲要并将其纳入国民经济和社会发展规划；县级以上地方各级人民政府负责根据中国妇女发展纲要制定本行政区域的妇女发展规划并将其纳入国民经济和社会发展规划。据《中国性别平等与妇女发展》白皮书的介绍，国务院先后颁布三个中国妇女发展纲要，正在实施的是《中国妇女发展纲要（2011~2020年）》。31个省（区、市）县级以上人民政府根据纲要和本地区实际情况分别制定本地区妇女发展规划，形成了全国自上而下的规划体系。在纲要和规划的基础上，各级妇女儿童工作机构分别建立目标管理责任制，将主要目标分解到相关职能部门，纳入相关专项规划加以落实；建立纲要评估机制，对纲要落实情况进行年度监测评估、中期督导评估和终期总结评估，确保纲要规划目标如期实现。

2. 政府组织体系：国务院妇女儿童工作委员会及地方政府的相应机构

《妇女权益保障法》第6条要求各级人民政府重视和加强妇女权益的保障工作，县级以上人民政府负责妇女儿童工作的机构建设，负责组织、协调、指导、督促有关部门做好妇女权益的保障工作，其他有关部门在各自的职责范围内做好妇女权益的保障工作。据此，中国形成了纵向贯通、横向联动、协同配合的保障和促进性别平等与妇女发展的组织体系。

国务院妇女儿童工作委员会成立于1990年，负责组织、协调、指导、督促有关部门，共同促进性别平等与妇女发展。委员会由相关政府部门部级领导组成，主任由国务院领导担任。根据《中国性别平等与妇女发展》白皮书的介绍，20多年来，委员会的成员单位从成立之初的19个增至2015年的35个，包括国家发展改革委、教育部、民政部、财政部、人力资源社

会保障部、农业部、国家卫生计生委等29个部门和6个群体组织。全国31个省（区、市）县级以上人民政府均成立了相应机构。

各级政府的妇女儿童工作机构以外各有关部门在各自的职责范围内不断加强妇女权益的保障和促进工作。

3. 非政府组织体系：中华全国妇女联合会、工会、共青团

根据《妇女权益保障法》第7条，全国和地方各级妇联依照法律和妇联章程，代表和维护各族各界妇女的利益，做好维护妇女权益的工作。"中华全国妇女联合会是全国各族各界妇女在中国共产党领导下，为争取进一步解放而联合起来的社会群众团体，具有广泛的代表性、群众性和社会性。中华全国妇女联合会是中国共产党和中国政府联系妇女群众的桥梁和纽带，是国家政权的重要社会支柱之一。……它的基本职能是：团结、动员广大妇女参与经济建设和社会发展，代表和维护妇女利益，促进男女平等。"① 国家重视和支持妇联代表和维护妇女权益，各级妇联不断加强性别平等和妇女发展的宣传倡导、教育培训和维权等工作。例如，国家支持妇联及其他妇女组织开设妇女维权服务热线，31个省（区、市）的2800多个区（县）开通"12338"妇女维权服务热线②。

《妇女权益保障法》要求工会、共产主义青年团在各自的工作范围内，做好维护妇女权益的工作。多年来，各级工会以保护女职工的权益为切入点，共青团组织以保护女童权益为切入点，不断提升保障和促进妇女权益的能力和水平。

目前中国已经形成了比较完善的促进性别平等和妇女发展的非政府组织体系。

### （三）性别平等和妇女发展的行政执法和司法保障进一步推进

为保护妇女人身权利，2013年国务院发布《中国反对拐卖人口行动计

---

① 中华人民共和国中央人民政府网站，http://www.gov.cn/test/2005-06/28/content_18098.htm，最后访问日期：2015年12月25日。
② 国务院新闻办：《中国性别平等与妇女发展》，《人民日报》2015年9月23日，第22版。

划（2013~2020年）》，进一步完善了部门联动协作机制；地方公安机关试行家庭暴力告诫制度，旨在防范和及时制止家庭暴力。法院系统鼓励开展反家庭暴力的基层司法实践，探索家庭暴力人身安全保护令制度，试点法院逐年增多。在总结实践经验的基础上，《反家庭暴力法》规定了人身安全保护令制度。

## 二 妇女基本权利的保障和促进

根据《宪法》第48条和《妇女权益保障法》第2条，妇女在政治的、经济的、文化的、社会的和家庭的生活等各方面享有同男子平等的权利。依法保障和促进性别平等和妇女发展的重要目的就是让妇女享有依法应当享有的所有权利，享有人生出彩和梦想成真的机会。这里以政治权利、文化教育权益、劳动和社会保障权益为例加以说明。

### （一）政治权利

根据《妇女权益保障法》第二章，妇女应当同男子平等享有政治权利。根据《消歧公约》第7条，国家应当采取一切适当措施，在政治权利方面消除对妇女的歧视。保障和促进妇女的政治权利不仅关系妇女自身的发展，而且关系全社会的发展。

中国保障和促进妇女享有政治权利的情况，可以从以下三方面加以说明。

一是妇女参与国家管理和担任公职的情况。例如，2013年十二届全国人民代表大会第一次会议女代表比例为23.4%，比20年前提高了2.4%；少数民族妇女代表占少数民族代表的41.3%。2013年全国政协十二届一次会议女委员比例为17.8%，比20年前提高了4.1%。2013年中央机关及直属机构录用的公务员中女性比例为47.8%。[①]

---

① 转引自李昌禹《全国妇联负责人解读中国性别平等与妇女发展白皮书：我国男女平等达到新水平》，《人民日报》2015年9月23日，第16版。

二是妇女参与基层民主管理和企业管理的情况。例如，2013年，村委会成员中的女性比例为22.7%，比2000年提高了7%；居委会成员中的女性比例为48.4%，主任中的女性比例为41.5%。2014年，工会会员中女性占38.1%，企业职代会职工代表中女代表比例为29.3%，在企业董事会、监事会中，女职工董事、监事占职工董事和监事的比例分别为40.1%和41.5%①。

三是妇女在国际组织和对外关系机关担任职务的情况。《消歧公约》第8条明确要求，各国不仅应当在国内保障妇女平等享有政治权利，还应当保障妇女在国际上代表本国政府参加国际组织的工作或其他国际活动。这方面，2015年，中国有女外交官1695人（包括从事国际组织工作的女外交官），占外交官总数的30.7%，其中，女大使12人、女总领事19人、女参赞132人，分别占同级外交官的7.9%、24.4%和30.4%②。

### （二）文化教育权益

根据《妇女权益保障法》第三章，妇女应当与男子平等享有"文化教育权益"。根据《消歧公约》第10条，国家应当采取一切适当措施，保证女性在学前教育、普通教育、技术、专业和高等技术教育以及各种职业训练方面，在各种教育机构，不论城市或农村，不论职业教育或行业辅导，在学习的机会和文凭的取得方面，享有同男子平等的权利。

国家保障和促进男女平等接受教育的权利。2014年，学前教育在园幼儿中女童比例为46.32%；小学学龄女童净入学率为99.83%，高于男童0.03%；初中阶段和高中阶段在校生中女生比例分别为46.69%、47.7%，其中，普通高中和普通中专在校生中女生比例分别为49.97%、52.99%；普通高校本专科和硕士研究生在校生中女生比例分别为52.12%、51.65%，

---

① 转引自李昌禹《全国妇联负责人解读中国性别平等与妇女发展白皮书：我国男女平等达到新水平》，《人民日报》2015年9月23日，第16版。
② 国务院新闻办：《中国性别平等与妇女发展》，《人民日报》2015年9月23日，第22版。

博士研究生在校生中女生比例为 36.93%①。

为了真正实现男女平等,国家还采取了专门保障和促进妇女平等享有受教育权的特别措施。例如,中国 1989 年开始实施女童重返校园的"春蕾计划",25 年来帮助 300 多万因生活贫困而辍学或濒临辍学的女童重返校园接受学校教育②。

### (三)劳动和社会保障权益

根据《妇女权益保障法》第四章及相关法律规定,在劳动和社会保障权益方面应当实现男女平等。

#### 1. 就业权益

根据《就业促进法》第 27 条,国家保障男女平等享有劳动权利,禁止用人单位以性别为由不录取女工或者提高录用标准。《消歧公约》第 11 条规定,国家有义务使男女平等享有就业权利,保证妇女不因结婚及生育而受歧视。

国家消除就业性别歧视,保障和促进男女平等就业。2013 年全国女性就业占就业总数的 45%,女性中高级专业技术人员达到 661 万人,占中高级专业技术人员的 44.1%,比 2000 年提高了 9%;中国女企业家约占企业家总数的四分之一,呈现不断增长之势③。

国家保障和促进妇女就业的特别措施,对实现妇女经济权能(women's economic empowerment)发挥了重要作用。例如,国家推动实施"创业创新巾帼行动",促进女性在新兴产业就业。互联网领域创业者中女性占 55%,就是这项行动的成效之一。再如,2009 年,财政部、人社部、中国人民银行和全国妇联联合推出了支持基层妇女创业的小额担保贷款项目,有意向创业的妇女可以申请 5 万~8 万元,利息由中央和省级财政支付。这项政策措施帮助了

---

① 教育部部长袁贵仁:《保障女性平等受教育权》,《人民日报》2015 年 10 月 13 日,第 19 版。
② 中国儿童少年基金会网站,http://www.cctf.org.cn/cljh/index.html。
③ 李昌禹:《全国妇联负责人解读中国性别平等与妇女发展白皮书:我国男女平等达到新水平》,《人民日报》2015 年 9 月 23 日,第 16 版。

500多万妇女的创业和职业发展，辐射带动了1000多万妇女就业①。

然而，中国目前并没有完全消除就业性别歧视。在就业过程中女性感到受歧视的比例远高于男性，在职人员中45岁以上的女性员工往往成为首选的裁员对象②。

2. 社会保障权益

《中国妇女发展纲要（2011～2020年）》规定了妇女平等享有社会保险、社会救济、社会福利和社会救助的主要目标和策略措施。妇女参加养老保险、医疗保险、失业保险、工伤保险和生育保险的人数不断增加。2013年，妇女参加城镇职工养老保险、城镇职工医疗保险的人数分别达到14612万和12657万，比2005年分别增加了6743万和7282万。

《社会保险法》把生育保险作为独立章节加以规定。妇女参加生育保险人数达到7117万，比2005年增加了4844万。2012年4月《女职工劳动保护特别规定》颁布实施，法定产假时间由原来的90天延长到98天③。

根据《妇女权益保障法》第四章的有关规定和《消歧公约》第12条，国家应当采取措施，在医疗保健服务方面，特别是"有关怀孕、分娩和产后期间的适当服务"方面，消除对妇女的歧视。全国孕产妇住院分娩率由2000年的72.9%提高到2014年的99.6%，孕产妇死亡率由1990年的88.8/10万下降到2014年的21.7/10万。在农村，国家实施孕产妇住院分娩补助重大项目，5712万名农村孕产妇受益。农村孕产妇住院分娩率由2000年的65.2%提高到2014年的99.4%④。

中国妇女占世界妇女人口的五分之一，是全球最大的妇女群体。中国在性别平等与妇女发展领域取得的上述成就是中国的发展进步，也是中国对世界和平与发展的贡献。

---

① 李昌禹：《全国妇联负责人解读中国性别平等与妇女发展白皮书：我国男女平等达到新水平》，《人民日报》2015年9月23日，第16版。
② 张抗私：《劳动力市场性别歧视与女性人权保护》，《人权》2015年第4期。
③ 国务院新闻办：《中国性别平等与妇女发展》，《人民日报》2015年9月23日，第22版。
④ 国务院新闻办：《中国性别平等与妇女发展》，《人民日报》2015年9月23日，第22版。

## 三 性别平等与妇女发展的国际合作

### （一）习近平主席在联合国妇女峰会提出性别平等与妇女发展的中国方案

2015年9月27日，国家主席习近平在联合国总部出席并主持联合国妇女峰会，在开幕式上发表了题为《促进妇女全面发展，共建共享美好世界》的讲话。

针对国际社会面临的如何根除对妇女的各种偏见、如何保障和促进男女机会和资源分配的平等、如何保障和促进妇女潜能和才干的发挥等共同问题，习近平主席在讲话中提出了四点主张，即"推动妇女和经济社会同步发展"，"积极保障妇女权益"，"努力构建和谐包容的社会文化，消除一切形式针对妇女的暴力，打破有碍妇女发展的落后观念和陈规旧俗"和"创造有利于妇女发展的国际环境"。这四点建设性的主张，相辅相成，既要求确保妇女平等支配发展资源和分享发展成果，也要求为妇女施展才华、参与经济社会发展搭建舞台；既要求全面构建妇女权益保护机制，也要求通过妇女能力建设、激发经济社会进步的"她力量"；既要求从文化习俗中根除性别歧视的落后观念和陈规旧俗，也要求通过维护和平、共同发展从根本上消除有碍妇女发展的不利因素①。这是中国和国际社会其他国家解决性别平等和妇女发展问题的经验总结，是促进世界妇女事业发展进步的中国方案。

习近平主席在讲话中宣布了中国在性别平等和妇女发展领域的部分对外援助措施。例如，中国将向联合国妇女署捐款1000万美元，以支持全球妇女事业，并将在中国同联合国合作设立的有关基金项下，专门开展支持发展中国家妇女能力建设的项目。在今后5年内，中国将派遣医疗专家小组开展巡医活动，帮助发展中国家实施100个"妇幼健康工程"；为降低贫困女童

---

① 参见新华社评论员《为世界妇女事业发展贡献"中国力量"——评习近平主席在全球妇女峰会上的重要讲话》，《新华每日电讯》2015年9月29日，第2版。

失学率而提供就学资助,实施100个"快乐校园工程";邀请3万名发展中国家妇女来华参加培训,并在当地为发展中国家培训10万名女性职业技术人员。

### (二)中国推动联合国人权理事会通过纪念《北京宣言》和《行动纲领》20周年主席声明

自1995年在北京召开第四次世界妇女大会20年来,为推动各国积极履行承诺,加速落实《行动纲领》,中国先后于1998年、2000年、2005年和2010年举办世界妇女大会纪念大会,为各国交流与合作搭建平台。20年来的实践证明,1995年世界妇女大会通过的《北京宣言》和《行动纲领》对促进性别平等和妇女发展发挥了重要作用,今后仍然具有重要价值。2015年3月25日联合国人权理事会第28次会议协商一致通过了中国代表团倡议的题为"纪念第四次世界妇女大会暨《北京宣言》和《行动纲领》通过20周年"的主席声明。声明认为,1995年在北京举办的第四次世界妇女大会通过的《北京宣言》和《行动纲领》对实现性别平等和妇女权能作出了重要贡献。声明指出,国际社会在实现性别平等方面取得了一定进步,但仍然面临许多困难和挑战,仍需继续落实《北京宣言》和《行动纲领》。

### (三)中国积极参与和推动全球及区域性别平等和妇女发展事业

中国积极开展性别平等和妇女发展领域的双边和多边国际合作,注重通过援助加强发展中国家在该领域的能力建设。例如,中国对亚非拉发展中国家妇女提供多种形式的技术培训,创办中外妇女交流与培训中心或派专家前往指导,并在力所能及的范围内向发展中国家提供物资援助,帮助改善受援国妇女的工作和生活条件。

中国不断加强与各国妇女的交流和对话活动。例如,2011年4月第一届中美妇女领导者交流与对话会开启,2015年6月23日在美国华盛顿举行了第七届会议。此次会议围绕实现妇女经济权能的主题,讨论了家庭与工作场所的友好政策、妇女成为企业家和妇女就职于资本和金融界、妇女能力建设等问题。与会者主要是来自中美两国政界、工商界等领域的妇女领导者。会议认为，中美两国妇女应深化务实合作，加强提高能力、促进领导力等方面的经验分享与协作。

## （四）中国认真履行根据国际人权条约承担的国际义务

中国坚持在相关法律法规、政策措施制定中融入《消歧公约》等国际人权文书的要求，坚持不懈地履行在消除对妇女各种形式的歧视、实现男女平等方面的国际条约义务。中国将《北京宣言》和《行动纲领》及千年发展目标的要求纳入中国妇女发展纲要和国民经济和社会发展规划加以实施。中国提前完成了《联合国千年发展目标》中减少极端贫困与饥饿，消除初等、中等和高等教育中的两性差距，降低孕产妇死亡率等目标。因此，中国在联合国有关人权机构的普遍定期审议和条约机构的履约审议中得到好评。

中国在性别平等和妇女发展方面的"成绩与进步代替不了男女平等事实上仍未实现的现实"[1]。受经济社会发展水平等方面的制约，中国的性别平等和妇女发展事业还面临诸多问题与挑战。切实保障和全面促进性别平等和妇女发展，是全面建成小康社会重要而艰巨的任务。

---

[1] 全国妇联：《高擎平等旗帜，奏响中国华章》，《光明日报》2015年9月26日，第5版。

# B.4
# 行政审批制度改革的问题与完善路径

李 军*

摘　要： 近年来，行政审批制度改革的力度之大、成效之显著均可谓空前。但是，这项改革要向纵深推进仍然面临一些问题和挑战。改革缺乏统一权威的主管机构，审批事项清理下放不到位，相关法律法规滞后，信息化水平整体不高等问题都有不容忽视的负面影响。对此，建议完善体制机制，从主管机构、事项清理、加强立法、创新机制、规范中介服务、完善救济机制等方面继续深化改革。

关键词： 行政审批　制度改革　对策建议

## 一　行政审批制度改革的基本成效

行政审批制度改革是加快政府职能转变、深化行政体制改革的重要抓手，也是加快法治政府、廉洁政府建设，提升政府治理能力的有效途径。近年来，国家以深化行政审批制度改革为突破口和抓手，用政府权力的"减法"换取市场活力的"乘法"，分批次取消、下放、调整了一大批行政审批事项，提前两年多完成了本届政府承诺减少三分之一的目标。同时，统筹做好"放、管、服"工作，采取措施加强事中事后监管，进一步激发了市场活力和社会创造力，促进了稳增长、调结构、惠民生，也推动了政府治理能

---

\* 李军，安徽省人民政府政务服务中心副主任。

力提升和廉政建设，可谓一举多得，得到了社会各界的高度评价。

2013年以来，中央政府的行政审批制度改革力度非常大，国务院分11批次累计取消行政审批项目490项，下放140项，取消职业资格许可认定事项207项，前置审批改后置审批134项，非行政许可调整为政府内部审批事项84项，还有一批相关的行政事业性收费、评比达标表彰项目也被取消。

## 二 行政审批制度改革仍面临的问题与挑战

从总体上看，行政审批制度改革在法治化、制度化上仍然存在一些制约和局限，与经济社会发展的需要和广大人民群众的期盼还有不少距离。

### （一）改革推进缺乏统一权威的主管机构

行政审批制度改革推行以来，中央政府的牵头单位先为监察部，本届政府又调整为中央机构编制委员会办公室（以下简称中央编办），国务院行政审批制度改革工作领导小组办公室（以下简称国务院审改办）相应设在中央编办。相比较而言，地方各级政府则缺乏一个统一权威的主管机构，经常发生变动，牵头单位五花八门，常见的有法制、纪检（监察）、编制、发展改革、政府办公厅（室）、政务服务中心等不同部门，更有甚者是跟着分管领导走，不同的领导分管就有不同的牵头单位。这样，在清理规范行政审批项目时，容易发生审改者与审批者之间信息不对称、不协调的情况，一些审批权力部门玩起了"捉迷藏""躲猫猫"，如审改者研究不深、底数不清、情况不明，则极易被蒙骗误导。

### （二）行政审批事项清理下放不到位

在强大的行政推动下，一些部门和地方在清理行政审批事项时，热衷于拼数字、做表面文章，玩"数字游戏"，摸底时是"膨胀饼干"，准备你来砍；保留时是"压缩饼干"，搞项目打捆，存在明放暗不放、责放权不放、放小不放大、放手不脱手，有利的抢着管、无利的躲着管、有责的推着管等

问题。从数量上看减少了很多,但企业和基层群众的获得感并不强。各级人大、政协、工商联界的调研和众多第三方评估中,仍然听到不少关于"玻璃门""弹簧门""旋转门"的反映。

一是取消、下放项目有许多是"空放",常年无办件,有的是大项目中的子项,含金量不高。比如取消方面,国家先后分5批次取消26项林业行政审批项目,以安徽省为例,在省级层面均无对应。再比如下放方面,国家累计下放15项农业行政审批项目,省级有办件的只有3项,分别是兽药生产许可证核发、执业兽医资格认定和设立饲料添加剂、添加剂预混合饲料生产企业审批,其余均为零办件。类似情况,在水利、国土资源、交通运输等行政审批项目取消中也存在。

二是下放不到位,有些项目下放到省级,国家还要求备案,或者下放到市县,省级仍然保留证照发放和赋码权,实质上保留了项目审批的最终审查权。比如,2013年7月,《国务院关于取消和下放50项行政审批项目等事项的决定》(国发〔2013〕27号)再次取消4项、下放4项原由国家新闻出版广电总局实施的新闻出版行政审批项目,随后国家新闻出版广电总局又制发了《关于做好国发〔2013〕27号文公布取消、下放新闻出版行政审批项目后续监管工作的通知》(新出政发〔2013〕10号),对已经下放的音像复制单位设立审批,电子出版物复制单位设立审批,音像复制单位变更业务范围或兼并、合并、分立审批,电子出版物复制单位变更业务范围或兼并、合并、分立审批,均要求省级出版行政主管部门批准后20个工作日内报国家新闻出版广电总局备案。

三是下放不同步,配套跟不上,造成新的办事难。比如,基本建设项目投资中,规划、国土、节能评估等核准前置条件审批已经下放,但环境影响评估、洪水影响评价等尚未同步下放,对项目核准有一定的影响。比如,"三证合一、一照一码"改革后,国家质检总局发布《关于贯彻落实"三证合一、一照一码"登记制度改革的通知》(国质检标函〔2015〕538号)规定,自2015年10月1日起,不再向企业、农民专业合作社和个体工商户发放和更换组织机构代码证书。据此,全国组织机构代码管理中心已经关闭组织机构代码网上办理系统。一些存量市场主体（没有办理"三证合一"的）在注销完营业执照、税务登记证后，无法注销组织机构代码。正在开展的机关事业单位双重法人清理工作，也难以推进。一些银行机构没有正确执行国务院《个体工商户条例》规定，对于个体工商户银行开户申请，仍然要求提供不必要而又无法办理的组织机构代码证，造成个体工商户开户难。

四是偷梁换柱充数字、改头换面搞转移的现象仍然存在。近年来，国务院取消、下放的行政审批项目中，有些是重复取消和下放的，还有些是闻所未闻、子虚乌有的项目。地方政府因取消、下放的作为空间有限，大多采取合并、冻结、暂停实施或改为其他权力事项等方式，实际上行政权力减少的幅度并不大。特别是采取冻结方式后，该项行政审批就不列入政府权力清单，造成政府部门"法无授权不可为"而为之与市场主体"法无禁止即可为"但不可为的双重悖论。比如，营业性射击场设立审批、医疗机构开展戒毒脱瘾治疗审批等，在一些省市都是冻结项目，但近年来办事人又有申办营业性射击场等需求，申报还是不要申报、审批还是不要审批，都是困惑。比如，国家取消一级建筑师执业资格认定后，住房城乡建设部又将该事项转为全国建筑师管理委员会办理，申请条件、所需材料、办理流程基本未变，省里只好作为公共服务事项继续保留。

截至2015年底，国务院有审批权的60个部门和单位仍有行政审批事项1300多项，如果按办事需求"最小颗粒化"拆分以后，将是一个可观的数字。从基层的感受来说，行政审批事项的取消比下放的效果要更好一些。尽管党的十八届三中全会决定已经有"三个一律"的刚性要求，但在具体实践中，究竟哪些审批项目属于市场机制能够调节的，哪些属于企业自主权，哪些属于由地方管理更为有效的，也是众说纷纭，甚至相互抵触。

### （三）行政审批效能有待进一步提升

行政审批制度实施中，一方面有审批事项过多、过滥，管得过细，门槛过高的问题；另一方面也存在审批服务不优的问题，审批条件多、材料多、办理环节多、时限长，还有故意设卡拖延、寻租腐败，等等。由于政务服务

中心建设发展一直缺少法律定位,自身的机构组成、职责权限、人员编制以及与进驻部门的关系等无法可依,政务服务中心和大厅窗口普遍存在临时机构、临时身份、临时人员、临时观念,"前店后坊""两头受理"的现象仍然存在,很多部门窗口俨然似"收发室""挂号处","一站式"服务变为"多一站式服务"。

### (四)部门化倾向损害法律权威

改革开放以来,中国有半数以上的法律是由部门起草,提交人大审议通过的。由部门起草通过的行政法规,比例则更高。尽管部门立法在专业性、可操作性上具有一定的优势,但其潜在弊端也日益显现,特别是部门利益固化、法条之间冲突和管理痕迹明显,已广受诟病。一些部门往往从自身利益出发,借法扩权,与民争利,不断增设审批权、处罚权、收费权等,逐步形成行政权力部门化、部门权力利益化、部门利益法制化。部门分散立法,惯于自成体系,容易导致不同法规之间权力冲突,出现"有利争着管、无利都不管"的多头管理和执法真空现象。有的部门免责思维严重,为自己管理方便,随意自我赋权,增设行政相对人的义务,刻意规避本应承担的责任和义务,忽视对行政相对人应有权益的尊重和保护,损害法律的权威。

### (五)相关法律法规滞后问题凸显

随着中央政府简政放权力度的不断加大,相应法律法规滞后的问题日益凸显。比如,《国务院关于印发注册资本登记制度改革方案的通知》(国发〔2014〕7号)规定,除暂不实行注册资本认缴登记制的行业外,其他行业审批项目涉及注册资金要求的,办理时,不再要求申报人提交验资报告。这一规定,因现行的法律法规未作修订,在实际办理中变成了无法可依。"一照一码"的营业执照在使用上同样存在"卡壳"现象,建筑等行业的一些行政审批、资质资格认定申请材料仍还保留填写三个证、三个号的模式,造成申请人办事无所适从。比如,国家质检总局对一些工业产品生产许可证已经取消或下放到市、县两级,但《工业产品生产许可证管理条例实施办法》(国家质检总局第156号令)却未作修改,明确只有国家和省级才能发证。还有一些行政审批因市场条件发生变化,已经过时不再需要,但因法律规章未能修改而仍然存在。比如,房地产开发企业资质标准由住房城乡建设部于2000年颁布实施。依据该标准,新申报房地产开发一级资质需要企业近3年房屋建筑面积累计竣工30万平方米以上,或者累计完成与此相当的房地产开发投资额①(提供竣工验收备案证明)。但房地产企业在办理资质延续时,仍按原标准进行审批。在房地产市场宏观调控的大背景下,这个连年高速增长的资质标准要求,对于房地产开发市场来说已然脱离实际,应作适当调整。比如,粮食、棉花收购早已是市场主体自主决定的经营行为,无须审批,一些省市还作为下放项目,地方无所适从。比如,墙改基金、散装水泥基金,因市场条件与设立这两项基金时发生了变化,审批时再列入两项基金,不仅达不到管理的目的,而且明显不合理地加重了企业的负担,有以收费代替管理的嫌疑。比如,户外广告设置审批,只要公开了设置条件即可通过市场的方式采取合同管理。比如,生猪屠宰审批,机械化屠宰后,该项目审批处于限制或停止状态下,在一定时期内就可以取消。比如,林木种子检疫员考核评定、营造林工程监理员职业资格审核项目,分别作为2013年和2014年的下放项目,基层普遍反映应该予以取消。同样,地方政府也有条例、规章修改滞后的问题。比如,国家发展改革委取消行政事业性收费和年审制度后,许多地方的收费管理条例、价格条例并未作相应修订。

### (六)互联网与信息化水平整体较低

近年来,各地依托互联网技术,行政审批的信息化水平得到极大提升。但总体上看政务服务的信息化运用程度还比较低,难以满足广大群众和基层企业对政务服务的期望和需求。

一是网上办理的事项少。以安徽省为例,进驻省政务服务中心的1258个子项目(最小颗粒化)中,办事人可以通过互联网直接申报的只有268项

---

① 2000年3月29日,中华人民共和国建设部令第77号《房地产开发企业资质管理规定》。

（其中，全程网上办理的37项，部分环节网上办理的231项）。

二是网上服务能力低。受安全认证、电子签名、电子印章、档案保密、办事习惯等多种因素影响，即使是全程网上办理的37个事项，办事人也至少需要到政务服务中心来一趟，验证原始资料、索取审批结果。当下所谓的网上审批，主要限于一般的便民事项，行政审批尤其是产业投资、基本建设等复杂事项，没有一项能像淘宝那样在家里就能办成，而只能解决办事人少跑一趟、少跑一段的问题。

三是"信息孤岛"严重。实际工作中，国家部委与地方政府的电子政务系统各自为政，多网运行，互不联通，信息不能共享。特别是涉及行政审批业务方面，全国工商、公安、国税、地税、国土资源、环境保护、住房城乡建设、人力资源和社会保障等部门都有各自专网，省、市对口部门办理行政审批业务时均使用内部专网，与省市政务服务中心的审批业务平台不能互联互通，数据不能对接共享，形成纵向层级的"信息孤岛"。办事人同样的信息、资料在不同部门反复提交，成本高、极不方便，既影响审批效率，也容易失去监管。

### （七）行政审批中介服务腐蚀改革成果

行政审批过程中，需要一些关联审批的中介服务机构提供专业知识和技术服务，其结论（结果）是行政审批的前置要件。但由于一些领域中介组织发育不全、竞争不充分、缺乏规范，特别是从事中介服务的行政事业单位，服务质量差、耗时长、收费高，加重了企业和群众负担，影响了政府的公信力。一是中介评估涉及面广，种类繁多。以安徽省为例，目前进驻省政务服务中心的213个审批事项（大项），约有27个部门195项涉及33类中介服务，甚至把服务环节一分为二、一分为三，重复评估、重复检测、重复收费。二是市场化程度低，垄断性强。安徽省上述33类中介服务事项中，有21项存在垄断经营或竞争不充分现象，占63.6%。这些中介机构多为审批职能部门的二级机构，依附行政权力，服务不透明、收费高、监督难。三是中介业务耗时长，效率低下。即使在市场竞争比较充分的领域，也存在这个问题，特别是一些大的工业和建设项目，从项目立项到竣工验收、投产使用，整个过程几乎各个环节都需要不同类型的中介机构介入，中介办理的时限远远超过甚至数倍于审批时间。

## 三 进一步推进行政审批制度改革的路径与建议

行政审批制度改革向纵深推进，需要再出发再攻坚，强化顶层设计，在国家政治、法律层面同时跟进，只有统一协同推进改革，才能有所作为。中央政府层面，要深入研究深化行政审批制度改革的深层次问题，重点在厘清政府职能、划分权责边界、设计总体方案、明确时间路线、把握战略重点上下功夫，做到统一规划、分清主次、合理安排、分类指导，增强推动改革的系统性、协同性和自觉性，避免改革行动的单一性、随意性和碎片化。

### （一）明确全国层面的统一主管机构

从中央政府到地方各级政府，应考虑成立行政审批制度改革工作领导小组。地方的领导小组，党政主要领导至少有一位担任组长，下设若干工作小组，由相关职能部门各司其职，形成齐抓共管、攻坚克难的整体合力。编制部门负责行政审批事项的清理审核确认工作，建立动态调整机制，法制部门负责相关法律法规的修订完善和法律监督工作，政务服务管理机构负责服务平台建设和审批流程优化工作，政务公开管理机构负责行政审批信息公开工作，电子政务管理机构负责业务系统开发建设和资源信息共享工作，政府监察、效能督察、目标管理考核和组织人事部门负责督察、考评、监察和问责等工作。行政审批制度改革工作领导小组，可以与各级党委的全面深化改革领导小组，或者与各级机构编制委员会两块牌子一套人马；审改办比照中央设在编办，有利于上下衔接和统筹协调。各级审改办要成为地方政府的常设机构，赋予应有的机构职能，加强顶层设计和统筹规划，避免长期存在的牵头单位临时性、推进改革突击性、组织实施无序性。还要选好、配强审改人员,建立一支研究、精通行政审批业务的专职队伍,依法合规、科学有序地深化行政审批制度改革。

### (二)全面清理行政审批相关事项

实现行政审批制度改革向纵深推进,要"减"字当头,"瘦身"为主,在大范围内先"砍"一刀。要坚持《立法法》《行政许可法》效力至上,以清理部门规章和省级人大条例、省级政府规章为重点,切断掌控行政权力者以此寻租、与民争利的灰黑路径。

一是合法性原则。保留的行政审批事项必须是法律、行政法规及国务院的决定设立的。各省、自治区、直辖市人大发布的地方法规和中央政府部门文件设立的审批项目,按照国务院常务会议的决定精神一律取消,或者列入下放、转变管理方式的范围。同时,按照《行政许可法》第12条、第13条的规定,对依法可以不采取审批方式管理的项目直接转变为监管或服务事项,不列入审批目录。凡是列入行政审批目录的事项必须有明确的法定实施条件,否则不予保留。

二是安全性原则。把政府实施事前审批的重点放在涉及国家安全、生态安全和健康安全等重大公共利益领域。这些领域的审批事项,不是越少越好,也不是越简单越好。对这些领域的审批项目,在实施过程中不实行超时默认,只实施超时追究。这些领域的审批项目的下放也要从严监管,没有条件下放或下放后治理风险过大的,原则上不下放。

在清理行政审批项目的同时,还要同步清理具有审批特性的其他权力事项和公共服务事项。当前,各级各地都在建立政府权力清单制度,一些行政审批事项被更名为行政确认、其他权力事项,或被改变管理方式,成为内部管理事项和公共服务事项。从公布的政府权力清单看,其他权力的数目都很大,其中就隐藏了大量原有行政审批事项。这些审批事项披上"其他权力"的外衣,仍然行"行政审批"之实。有些地方还借口权力属性发生变化,撤出政务服务大厅,转到机关后台办理,不仅加重了群众负担,而且逃出了制度的笼子,规避了应有的监督和约束。

国务院审改办应尽快制定全国性的指导意见，依法界定行政审批等事项的内涵和外延，让地方摆脱涉及行政审批各类概念之争的困局。要遵循"合法性、合理性、便捷性和第三方服务"的原则，重点清理教育、文化、医疗卫生、社会保障、市场监管和项目评估、资格资质审查、职称评审等审批、备案事项，防止以服务之名行审批之实。

简政放权、转变职能，不仅要解决该不该管的问题，还要解决由谁管更合理的问题。在全面清理、取消行政审批项目的基础上，还要进一步加大放权力度。注重行政体系内部中央向省级、向市县放权，凡是直接面向基层、量大面广、由地方管理更方便有效的经济社会管理事项，一律下放地方和基层管理。

### （三）加强立法，避免死灰复燃

要坚持在法治轨道上推进行政审批制度改革，适时修改《行政许可法》及有关法律、法规、规章，制定出台更具针对性、可操作性的实施性配套法律文件，使行政审批事项更合理、更清晰、更规范。

当务之急是要修改完善《行政许可法》。一是明确和扩大行政许可的适用范围，把所有针对行政相对人的行政审批都视为行政许可，不再给所谓的非行政许可审批以及备案、核准、登记等留下任何生存的空间。规范和限定行政许可的设定主体，坚决取消国务院部门的许可设定权，规范省、自治区、直辖市政府的临时性许可设定。二是细化不设行政许可的具体规定。《行政许可法》第13条规定公民自主决定的、市场能够解决的、事后监督的、中介组织能够解决的可以不设定许可，但这个标准比较原则，也很笼统抽象，建议细化不设行政许可的具体条款，最大限度地限制新设行政许可事项。三是完善配套法律法规。对国务院取消、下放和调整行政审批事项涉及的法律法规，要按照法定程序及时清理，进行修改，有些职权、职责需要从法律法规上取消或者重新表述，各部门各地区要根据修改后的法律法规对本部门本地区的规章和规范性文件及时进行清理，该修改的修改，该废止的废止，适时制定衔接和配套制度，确保行政审批制

度改革于法有据。

在立法程序上,必须釜底抽薪,改部门起草为人大起草,改行政审批为法定审批,严格规范和限定行政许可设定权。今后,凡是国家法律、国务院条例及决定以外设立的行政审批、强制、收费、处罚等事项,要通过立法予以确认,否则,一律宣布无效,不得进入政府权力清单。凡是涉及行政许可事项的法律法规,应由人大专门机构与社会力量共同承担起草任务,引入公众参与,充分听取民意,全国人大应设专门机构负责草案审核,注重法条之间的平衡协调,避免在基层经常遇到的"法律打架""法规吵嘴"现象,维护法律的公正、统一和权威。

### (四)创新行政审批运行机制

行政审批制度改革在清理调整任务完成后,要着力创新审批服务的运行机制和方式方法。清理调整是解决"审什么"的问题,而机制创新是解决"怎么批"的问题。实际上,办事群众和市场主体对行政审批的意见,有很大一部分来自办事过程和办事效率。这些问题,都要靠规范权力运行、提高审批质量来解决。

一是优化行政审批流程。要制定出台全国统一的行政审批流程基本规范,明确审批流程的原则和要求,提出审批所需申请条件、申报材料、办理程序、时限承诺、审查细则、示范文本以及办事指南、审批流程图等方面的要求,并对行政审批信息、过程和结果公开提出具体意见。各级政务服务中心要本着方便办事原则,进一步优化审批流程,减少申报材料,压缩时限,提高效率。

二是强化窗口主导地位。中央编办要牵头,继续推进以"两集中、两到位"为主要内容的行政审批权相对集中改革,加大部门内部行政审批职责整合力度,归并审批职能,单独设立行政审批办公室,集中办理行政审批,在部门内部实现行政审批权的决策、执行、监管相分离。推动各部门行政审批办公室整建制进驻政务服务中心,强化首席代表的现场审批、组织协调和监督检查职能,一般事项由首席代表直接审批,复杂事项以行政审批办公室为主牵头组织协调，限时办结，建立以窗口为主导的审批运行新机制。探索在市、县成立行政审批局专司行政审批，推进审批与监管相分离，实现"一颗印章管审批"，从根本上杜绝行政审批"两头受理""体外循环""前店后坊"现象。

三是推进行政审批标准化。审批时限压缩和环节减少后，并不必然带来审批效率提高。传统的组织架构、分散的审批职能、习惯的审批思维、随意的审查评估等等，仍然制约着审批效率，必须进行规范。要把服务标准化理念引入行政审批的服务过程，以办事群众需求为导向，及时全面规范行政审批事项目录、设立依据、申报条件、所需材料、审批流程、办理时限、收费依据及标准等，并在服务提供规范中引入时间矩阵和责任追溯流程，明确审批办理的步骤、责任人、工作时间、流转记录和追责情形，推行节点式控制。坚持"统一、简化、协调、优化"原则，贯彻执行已经发布的《政务服务中心运行规范》等7项国家标准，探索适合行政审批制度改革和发展要求的标准体系，建立完善以通用标准体系为基础，服务提供标准体系为核心，服务保障标准体系和服务评价与改进标准体系为支撑的政务服务标准体系，进一步促进行政审批服务的规范化、均等化和高效化。

审批服务要优化，审批监管也要加强，这些都是"放、管、服"的应有之义。既然有大量的行政审批事项已经取消、下放或者转变管理方式，按理说行政机关可以腾出更多的人手、更有能力科学决策、强化监管，但调研中发现，许多部门在审批事项调整后，内部职能、岗位职责并未作相应调整，更无从谈起加强事中事后监管了。特别是上级取消、下放事项后，编制、经费、人员并未下放，基层政府存在经验不够、能力不足、保障不到位的困难。下一步，要从加大监管力度、完善和创新监管方式、提升监管能力方面着手，分级分类明确监管的任务、内容、程序、方法、标准、制度，推进和完善跨部门、多领域综合执法监管体系，实施"阳光"监管、信用监管、"大数据"监管、"双随机"抽查、第三方评估等多种监管方式，切实提高政府监管的科学化水平。

## （五）加快构建统一的"一站式"服务体系

2011年中共中央办公厅、国务院办公厅发布的《关于深化政务公开加强政务服务的意见》明确要求，"统筹推进政务服务体系建设，因地制宜规范和发展各级各类服务中心，凡与企业和人民群众密切相关的行政管理事项，包括行政许可、非行政许可审批和公共服务事项均应纳入服务中心办理"①。据统计，全国已建设3117家政务服务中心，"其中省市级政务服务中心377家、区县级政务服务中心2740家，乡镇（街道）还建立了37334个便民服务中心"②，其服务功能已从最初单纯的投资项目审批逐步扩展到便民服务、政务公开、热线电话、电子政务、公共资源交易、行政投诉等直接面向社会公众且内在联系紧密的政务服务领域。但毋庸置疑，政务服务中心作为中国行政体制"嵌入式"的自下而上的改革，一直缺乏顶层设计和制度安排，往往因地方长官的好恶而时兴时衰、时喜时忧，也容易回潮、倒退甚至被复辟。

按照"一个部门一个窗口对外、一级政府'一站式'服务"③的要求，建议国务院带头设立中央政府政务服务管理机构（暂时可以不建实体的政务服务大厅），主要负责推进、指导、协调、监督全国政务服务工作，负责对中央政府各部门设立服务大厅、窗口进驻、事项办理的组织协调、监督管理和指导服务，并对全国政务服务中心和网上办事大厅建设工作进行业务指导，实现"一口受理、限时办理、规范办理、透明办理、网上办理"④。地方各级政府要加快政务服务中心和网上办事大厅建设，推动本地本部门（含中央派驻机构）实施的行政审批和公共服务事项一律进中心办理，原单位一律不再受理。

---

① 2011年6月8日，《中共中央办公厅 国务院办公厅印发〈关于深化政务公开加强政务服务的意见〉的通知》（中办发〔2011〕22号）。
② 《"全国政务大厅服务标准化工作组"成立》，人民网时政频道，2015年10月14日。
③ 2014年6月4日，《国务院关于促进市场公平竞争 维护市场正常秩序的若干意见》（国发〔2014〕20号）。
④ 2015年2月4日，《国务院关于规范国务院部门行政审批行为 改进行政审批有关工作的通知》（国发〔2015〕6号）。

## （六）构建信息化政府服务模式

加快审批信息化建设，推进网上办事，必须强化互联网思维，打通数据壁垒，消除信息孤岛，改变各自为政的"碎片化"服务方式，着力构建全国统一的电子政务服务平台，推动行政审批和公共服务事项网上办理，打造"互联网＋政务服务"新模式。国务院有关部门要认真梳理除涉密的所有行政审批事项共享需求并上网运行，推动各部门各地区业务专网应用迁移和网络对接，加快人口、法人单位、空间地理、宏观经济等国家基础信息资源库共建共享，建立健全横向到边、纵向到底的全国行政审批"一张网"，逐步实现审批服务事项的网上咨询、查询、申请、受理、审批以及联网核查、绩效监察，形成网上服务与实体大厅服务、线上服务与线下服务有机融合的政府服务模式。

## （七）规范中介组织及其服务

鉴于中介服务已经成为制约行政审批效率的"短板"，建议采取以下措施。

第一，要实行中介服务清单管理。全面清理关联行政审批的中介服务事项，除法律、行政法规、国务院决定的中介服务事项之外，其他一律废止。保留后的中介服务事项，要实行清单管理，明确项目名称、设置依据、服务时限以及收费依据、收费标准。

第二，打破中介服务垄断。放宽中介服务机构准入条件，取消各部门设定的区域性、行业性或部门间中介服务机构执业限制和限额管理规定。要破除"红顶中介"，限期要求行政审批部门与自己关联的中介服务机构脱钩，并不得或变相指定中介服务机构，切断与行政审批部门的利益关联。

第三，规范中介服务行为。加强中介机构监督管理和行业自律，有选择地将与行政审批关联度较高的中介服务事项纳入政务服务中心，设立窗口，推行公开承诺服务，建立诚信评价机制，促进中介服务规范、透明、高效。引入竞争机制，建立公平公正公开的中介市场，健全市场准入、考核奖惩和淘汰退出等机制。

第四,培育发展社会组织。加大扶持力度,制定和完善社会组织发展相关配套政策,为社会组织发展提供人力、物力、财力支持。加大日常监管力度,把积极培育与规范管理统筹起来,加快推进社会组织改革,推动行业协会、商会、挂靠机关的社会团体等与行政机关脱钩工作。加强社会组织自身建设,提升承接政府职能转移和公共服务能力。

### (八)完善行政审批监督救济机制

要建立健全行政审批实施监督制度,明确行政审批的实施程序与条件,对于违法设定的审批事项及时加以清理和撤销。制定与实施审批相配套的信息公开制度、电子政务制度、监督制度以及行政补偿制度。对于违法设定的行政审批,要允许企业、公众、社会组织投诉,或者提起行政复议和行政诉讼,并追究设定机关及其责任人的法律责任。

# B.5
# 2015年犯罪形势分析及2016年预测

黄 芳*

**摘 要：** 2015年，中国的未成年人犯罪和传统暴力犯罪呈下降态势，但犯罪态势总体情况十分严峻。主要表现在暴力恐怖犯罪猖獗，职务犯罪大案要案增幅空前，危害生产安全、环境安全和食品药品安全的犯罪突出，毒品犯罪不断攀升，金融犯罪、证券犯罪剧增，电信网络犯罪暴涨。2016年，严重危及政权安全和人民群众生命安全的暴力恐怖犯罪会得到一定的控制，但情势依然不容乐观；与人民群众日常生活息息相关的危害食品药品安全犯罪、环境犯罪将得到有效遏制，但电信网络犯罪会继续暴增；影响经济安全的非法集资类犯罪、证券犯罪、侵犯知识产权犯罪等还会持续增长；职务犯罪将随着中国反腐败的深入出现增量明显下降、存量有所减少的态势，大案要案的总数也会降低。

**关键词：** 犯罪形势　现状分析　预测展望

2015年，在国际社会，恐怖活动日益猖獗；在国内，经济上的下行压力和政治上的反腐力度都在持续加大，证券市场出现非理性变化，环

---

* 黄芳，中国社会科学院法学研究所研究员。

境污染特别是雾霾持续多日严重超标，等等。受这些国际局势和国内政治因素、经济因素、社会因素等的影响，中国2015年的犯罪态势依旧十分严峻。

## 一 暴力恐怖犯罪十分猖獗

恐怖主义是一种多元社会现象，它包括政治、法律、历史、技术等多方面的因素，恐怖犯罪活动日益猖獗，严重危及人类社会的生存与发展。2015年，受国际恐怖犯罪活动的影响，在中国境内暴力恐怖案件也呈上升趋势，且具有严重的社会危害性。其中，影响最大的是新疆拜城"9·18"暴恐案件，造成11人死亡、18人受伤、3名民警、2名协警牺牲①。

严厉打击暴力恐怖犯罪，对于保障国家安全和人民生命、财产安全，维护社会秩序具有非常重要的意义。统计数据显示，自2014年5月到2015年5月，以新疆为主战场开展严打暴力恐怖活动专项行动一年来，新疆全区共打掉暴力恐怖团伙181个，112名在逃人员投案自首，96.2%的暴恐犯罪团伙被摧毁在预谋阶段②。

2015年，中国的暴力恐怖犯罪主要有以下特点。一是暴力恐怖犯罪大多受宗教极端思想影响，煽动民族歧视和民族仇恨，参与者对于实施暴力恐怖行为极为狂热。二是暴力恐怖犯罪的范围向偏远地区扩散，流动性很大。三是参加的人员越来越年轻，甚至学生的数量在不断增加。四是与暴力恐怖犯罪有关联的案件如偷越国（边）境案件增多。例如，中国警方2015年7月9日成功从泰国遣返了109名偷渡人员和组织偷渡团伙成员回国，他们主要来自新疆，其中有13人是涉嫌暴恐犯罪出逃的人员③。五是暴力恐怖犯罪集团信息化程度越来越高，运用互联网进行暴恐犯罪信息勾连，隐蔽性很强。

---

① 参见《公安局副局长为保护群众牺牲》，《京华时报》2015年12月15日，第A16版。
② 《新疆一年打掉暴恐团伙一百八十一个》，《法制日报》2015年5月26日，第1版。
③ 唐宁：《警方遣返109"圣战"偷渡者》，《法制晚报》2015年7月12日，第A06版。

## 二 职务犯罪大幅上升，大案要案增幅空前

职务犯罪主要包括贪污贿赂犯罪和渎职犯罪。十八大以来，不论是深度还是广度，中国的反腐力度可以说都是空前的。中国反腐败斗争不断深入开展，形成了反腐败的高压态势，但目前中国的反腐败形势依然严峻。2015年中国职务犯罪的主要特点如下。

一是中国对于职务犯罪继续保持惩治的高压态势，全国的职务犯罪数量同比上升幅度较大。2015年1~5月，全国检察机关立案侦查的职务犯罪案件共18512件24187人，其中，县处级以上的国家工作人员有1891人，同比上升18.6%，其中包括厅局级干部280人；立案侦查的行贿犯罪案件共3825人，同比上升11%[1]。最高人民检察院2015年12月4日通报，全国检察机关2015年1~8月立案侦查的县处级以上国家工作人员职务犯罪案件共3214人，同比上升17.9%，其中厅局级456人，同比上升52.5%。1~11月，全国检察院对省部级干部17人次提起了公诉[2]。最高人民检察院公布的资料显示，2015年对省部级干部新增立案侦查的有40人，其中还包括3个副国级干部即苏荣（2月17日）、令计划（7月20日）和郭伯雄（7月30日），属于新中国成立以来数量最多的一年。

二是大案要案的涉案金额巨大。2015年，全国共对2万多领导干部进行了审计，查出由这些领导干部直接负责的问题金额高达2500多亿元[3]。2015年审判的重要职务犯罪案件认定的犯罪金额如下：周永康受贿共计折合人民币约1.3亿元，使他人非法获利21.36亿余元，造成经济损失14.86

---

[1] 王治国、戴佳、肖凤珍：《前5个月检察机关立查职务罪案18512件24187人》，《检察日报》2015年7月8日，第2版。
[2] 潘芳芳：《今年已发布职务犯罪案件信息四四五条》，《检察日报》2015年12月8日，第6版。
[3] 参见《查账式审计将逐步变成大数据审计》，《中国青年报》2015年12月29日，第11版。

亿余元；李春城受贿共计折合3979.8万元，造成公共财产损失5.73亿元；2015年12月25日开庭审理的万庆良受贿案，起诉书指控万庆良受贿约1.11亿元。

三是职务犯罪涉及的领域众多。例如，最高人民法院原副院长、党组成员奚晓明利用职务便利，在民事诉讼等方面为他人谋取利益，收受巨额财物，被最高人民检察院立案侦查。全国检察机关1年来立案查处涉及生产安全事故职务犯罪共有1278件[1]。天津港"8·12"特别重大火灾爆炸事故发生后，检察机关对涉嫌职务犯罪的25人立案侦查并采取强制措施。2015年12月20日在深圳光明新区的渣土受纳场发生特别重大滑坡事故，最高人民检察院已于2015年12月26日派员介入调查。2015年1~10月，全国检察机关共查办惠农扶贫领域职务犯罪10769人，其中扶贫开发领域827人，涉农领域9942人[2]；查办食品安全领域贪污贿赂犯罪和渎职犯罪、金融领域职务犯罪和环境保护领域职务犯罪约2000人[3]。2015年也是央企反腐年，至少已有20多名央企的高管被查，涉及十余家央企。2015年，高校腐败的群体性现象非常突出，根据中央纪委监察部网站公布的数据，2015年，全国共有23个省份42所高校的66名高校领导被通报，47名已经被查处。

四是境外追逃职务犯罪嫌疑人的工作力度加强。2015年，检察机关开展职务犯罪国际追逃追赃专项行动，1~5月，抓获潜逃境外职务犯罪嫌疑人14人，李华波、戴学民、孙新等重大嫌犯被遣返回国[4]。截至2015年底，共抓获逃往境外的职务犯罪嫌疑人近30人。

---

[1] 薛应军：《全国检察机关1年立查涉生产安全事故职务犯罪1278件》，《民主与法制时报》2015年12月17日，第1版。
[2] 戴佳：《惠农资金发到哪里　检察监督就跟到哪里》，《检察日报》2015年12月18日，第1版。
[3] 参见最高人民检察院2015年8月6日和9月23日召开的新闻发布会通报。
[4] 王治国、戴佳、徐盈雁：《检察机关前5个月抓获在逃职务犯罪嫌疑人254人》，《检察日报》2015年7月9日，第2版。

## 三 危害生产安全、环境安全和食品药品安全的犯罪突出

1. 危害生产安全犯罪

2015年，中国危害生产安全犯罪高发，且一些重特大生产安全责任事故时有发生，给人民群众生命财产造成重大损失。2015年11月份，全国范围内共发生了较大以上事故50起，死亡和下落不明217人。其中：较大事故48起，死亡和下落不明185人；重大事故2起，死亡32人①。2015年8月12日晚，位于天津滨海新区塘沽开发区的天津东疆保税港区瑞海国际物流有限公司所属的危险品仓库连续发生了多次剧烈的爆炸，事故总共造成165人遇难，798人受伤。直接经济损失68.66亿元②。2015年12月20日，在深圳光明新区渣土受纳场发生的重大滑坡事故，造成7人死亡，75人失联，33栋建筑物被掩埋，受影响人数达4630名③。可见，2015年中国危害生产安全犯罪的态势非常严峻。

为了依法惩治危害生产安全的各种犯罪行为，最高人民法院、最高人民检察院联合颁布了《关于办理危害生产安全刑事案件适用法律若干问题的解释》，自2015年12月16日起施行，进一步明确规定：依法惩处安全生产事故中有责任的公职人员，对故意阻挠开展事故抢救、遗弃事故受害人等行为以故意杀人罪或者故意伤害罪定罪处罚，等等。这些措施，有利于依法严惩危害生产安全的各种犯罪行为，并从源头上遏制和减少安全生产事故。

2. 污染环境犯罪

随着经济快速增长，中国的生态环境也遭到了严重破坏，各类污染环境的事件频频发生，严重危及人民群众的身体健康和生命安全。最高人民检察

---

① 引自《国家安全监管总局发布2015年11月份安全生产情况及形势分析》。
② 详见《天津港"8·12"瑞海公司危险品仓库特别重大火灾爆炸事故调查报告》，http://www.gov.cn/foot/2016-02/05/content_5039788.htm，最后访问日期：2016年2月16日。
③ 戴佳：《最高检介入深圳滑坡事故调查》，《检察日报》2015年12月27日，第1版。

院的统计数据显示,2015年3~8月,全国检察机关监督行政执法机关移送涉嫌犯罪案件共2060件2491人,其中,破坏环境资源类案件1216件1518人;监督公安机关立案侦查的案件共1638件2026人,其中,破坏环境资源类案件1159件1408人①。继2014年内蒙古腾格尔工业园区的严重污染犯罪之后,2015年天津、辽宁、江苏、浙江、甘肃、福建、广东、重庆等地也发生了严重的污染环境犯罪。

为了有效防范和惩治污染环境的犯罪,中国的环境保护部门与司法部门积极推进两法衔接,密切配合形成合力,严厉打击环境污染的犯罪活动。例如,2015年12月份,环境保护部、公安部和最高人民检察院联合挂牌督办了"江苏省靖江市原侯河石油化工厂填埋疑似危险废物案件"和"广东省东莞市长安镇锦厦三洲水质净化有限公司环境违法案件"②。另外,从2015年11月开始,中国的环保部门打破地方保护主义,实行省以下环保机构监测监察执法垂直管理制度,加大执法力度。同时,环保部门还开始将环境污染情况列入领导干部的绩效考核之中,加大了对环境保护的关注力度。

**3. 危害食品药品安全犯罪**

2015年1~8月,全国检察机关监督行政执法机关移送涉嫌危害食品药品安全犯罪的案件共844件973人,监督公安机关立案侦查涉嫌危害食品药品安全犯罪的案件共479件618人③。

药品安全与人的生命健康密切相关,众多个案已经让人们触目惊心。例如,2015年6月29日,在公安部主办的"2015食品药品安全刑事保护论坛"上,披露了多项大案要案,其中,在浙江义乌查获的"8·16"跨国制售假药案名列榜首。2015年5月,在公安部的统一指挥下,浙江、广东等地公安机关抓获了58名主要犯罪嫌疑人,其中4名为外籍人员;捣毁了13

---

① 彭波:《严惩污染黑手 捍卫舌尖安全》,《人民日报》2015年10月16日,第11版。
② 徐盈雁:《最高检环保部公安部首次联合挂牌督办两起环境违法案》,《检察日报》2015年12月25日,第1版。
③ 彭波:《严惩污染黑手 捍卫舌尖安全》,《人民日报》2015年10月16日,第11版。

个制假窝点，查获了5条假药生产线，50余吨的涉案药品、食品的案值约10亿元①。又如，2015年，济南警方破获了"5·20"特大生产销售人用、兽用假药案，警方抓获以张某某为首的犯罪团伙嫌疑人12人，查扣库存的涉假兽药7000余公斤、各类会计账目300余册和涉案现金29万余元，涉案金额超过了1.5亿元②。此外，天津、河北、山西、内蒙古、辽宁、吉林、江苏、浙江、安徽、福建、山东、湖北、湖南、广东、广西、重庆、贵州、陕西等地也发生了生产、销售假药的重大案件。可见，生产、销售假药犯罪在中国十分猖獗，且已经造成了严重的社会危害后果。

2015年，严重危害食品安全的犯罪频繁发生。在国家食品药品监督管理总局门户网站的《数据查询》一栏中，"国家食品安全监督抽检（不合格产品）"的内容列表中共有2498条记录，其中包括2015年的2442个不合格产品（2015年12月15日查询）。当前，危害食品安全犯罪作案手段隐蔽，方式多样，保密性强，还形成了封闭产业链，且具有较强的反侦查能力，难以侦破。山西、广东、吉林、福建、安徽等多地都出现了涉嫌病死猪肉的食品犯罪大案。2015年3月到11月下旬，全国各级检察机关依法监督行政执法机关移送涉嫌危害食品药品安全犯罪的案件共844件973人；监督公安机关立案侦查479件618人。其中，湖北、河南、广东、四川、福建、河南、湖北、贵州、云南、广西位居前列③。统计数据显示，危害食品安全犯罪严重的省市包括上海、安徽、山西、吉林、江苏、浙江、福建、江西、山东、广东、河南、四川、湖北、湖南、河北、广西、重庆、辽宁、贵州、陕西、甘肃等，犯罪危害后果覆盖的区域非常广。

## 四 毒品犯罪不断攀升且次生犯罪形势严峻

虽然中国一直对涉毒犯罪保持高压态势，但是，从现实情况看，吸毒、

---

① 参见一润《跨国假药案》，《现代世界警察》2015年第12期。
② 参见《特大制售假药案告破》，《济南日报》2015年8月24日，第C01版。
③ 王丽丽：《强化监督严打食药犯罪漏网之鱼》，《检察日报》2015年11月23日，第1版。

贩毒屡禁不止，涉毒犯罪的形势依然十分严峻。2015年，中国的毒品犯罪呈上升趋势，且网上涉毒违法犯罪活动令人触目惊心，全国公安机关的禁毒部门在2015年4~6月三个月内破获互联网涉毒案件14878起，抓获犯罪嫌疑人32871名，取缔涉毒网站832家，缴获各类毒品3.37吨，易制毒化学品9.51吨，查获枪支225支、子弹1184发①。

2015年的毒品犯罪案件有以下几个突出特点。一是毒品犯罪呈上升趋势。例如，2015年1~5月，乌鲁木齐中级人民法院一审新收毒品案件占比已猛增至62.9%，突破了前两年的比值②。二是案件数量和涉案人数不断增加，涉案的毒品数量也越来越大。例如，2015年1~11月，广东省侦破毒品案件2.6万起，同比上升0.3%，刑拘犯罪嫌疑人3.2万名，同比上升15.4%，查处贩毒团伙1708个，同比上升57.9%，缴获各类毒品34.8吨，同比上升67.5%，查处吸毒17.1万人，同比上升19.2%，实行强制隔离戒毒7.3万人，同比上升10.8%③。三是犯罪手段具有较强的隐蔽性，利用学生、孕妇、残障人士运输毒品和少量零星贩毒增多，"小包散卖"的毒品交易使得侦破难度更大。例如，2015年上半年，甘肃省共破获毒品犯罪案件1461起，其中，毒品千克以上的案件有27起，零包毒品案件1335起，缴获海洛因240.485千克、合成毒品21.525千克、鸦片8.6千克，抓获犯罪嫌疑人1442名④。

从司法实践来看，毒品犯罪造成了严重的次生犯罪，为了获取毒资而实施抢劫、盗窃、抢夺等侵犯财产的犯罪高居不下，且常常还带有暴力性质，严重危害了社会稳定。调研显示，2015年，内蒙古某市将吸毒人员予以强制隔离戒毒，该市的侵财性犯罪同比降低了60%。可见，毒品犯罪的次生犯罪率是相当高的。

---

① 张年亮：《网络扫毒掀风暴——破获涉网毒品案14878起 缴获毒品3.37吨》，《人民公安报》2015年6月30日，第4版。
② 魏红萍、张俊：《新型毒品特大案件上升迅猛》，《新疆都市报》2015年6月25日，第A07版。
③ 李栋、曾祥龙、黄桂林：《广东登记在册吸毒者57万人》，《广州日报》2015年12月21日，第A6版。
④ 陈志刚：《甘肃上半年破获毒品案件1461起》，《人民公安报》2015年8月5日，第2版。

# 社长致辞

我们是图书出版者,更是人文社会科学内容资源供应商;

我们背靠中国社会科学院,面向中国与世界人文社会科学界,坚持为人文社会科学的繁荣与发展服务;

我们精心打造权威信息资源整合平台,坚持为中国经济与社会的繁荣与发展提供决策咨询服务;

我们以读者定位自身,立志让爱书人读到好书,让求知者获得知识;

我们精心编辑、设计每一本好书以形成品牌张力,以优秀的品牌形象服务读者,开拓市场;

我们始终坚持"创社科经典,出传世文献"的经营理念,坚持"权威、前沿、原创"的产品特色;

我们"以人为本",提倡阳光下创业,员工与企业共享发展之成果;

我们立足于现实,认真对待我们的优势、劣势,我们更着眼于未来,以不断的学习与创新适应不断变化的世界,以不断的努力提升自己的实力;

我们愿与社会各界友好合作,共享人文社会科学发展之成果,共同推动中国学术出版乃至内容产业的繁荣与发展。

社会科学文献出版社社长
中国社会学会秘书长

2016 年 1 月

**社会科学文献出版社**
**SOCIAL SCIENCES ACADEMIC PRESS (CHINA)**

社会科学文献出版社成立于1985年，是直属于中国社会科学院的人文社会科学专业学术出版机构。

成立以来，特别是1998年实施第二次创业以来，依托于中国社会科学院丰厚的学术出版和专家学者两大资源，坚持"创社科经典，出传世文献"的出版理念和"权威、前沿、原创"的产品定位，社科文献立足内涵式发展道路，从战略层面推动学术出版五大能力建设，逐步走上了智库产品与专业学术成果系列化、规模化、数字化、国际化、市场化发展的经营道路。

先后策划出版了著名的图书品牌和学术品牌"皮书"系列、"列国志"、"社科文献精品译库"、"全球化译丛"、"全面深化改革研究书系"、"近世中国"、"甲骨文"、"中国史话"等一大批既有学术影响又有市场价值的系列图书，形成了较强的学术出版能力和资源整合能力。2015年社科文献出版社发稿5.5亿字，出版图书约2000种，承印发行中国社科院院属期刊74种，在多项指标上都实现了较大幅度的增长。

凭借着雄厚的出版资源整合能力，社科文献出版社长期以来一直致力于从内容资源和数字平台两个方面实现传统出版的再造，并先后推出了皮书数据库、列国志数据库、"一带一路"数据库、中国田野调查数据库、台湾大陆同乡会数据库等一系列数字产品。数字出版已经初步形成了产品设计、内容开发、编辑标引、产品运营、技术支持、营销推广等全流程体系。

在国内原创著作、国外名家经典著作大量出版，数字出版突飞猛进的同时，社科文献出版社从构建国际话语体系的角度推动学术出版国际化。先后与斯普林格、博睿、牛津、剑桥等十余家国际出版机构合作面向海外推出了"皮书系列""改革开放30年研究书系""中国梦与中国发展道路研究丛书""全面深化改革研究书系"等一系列在世界范围内引起强烈反响的作品；并持续致力于中国学术出版走出去，组织学者和编辑参加国际书展，筹办国际性学术研讨会，向世界展示中国学者的学术水平和研究成果。

此外，社科文献出版社充分利用网络媒体平台，积极与中央和地方各类媒体合作，并联合大型书店、学术书店、机场书店、网络书店、图书馆，逐步构建起了强大的学术图书内容传播平台。学术图书的媒体曝光率居全国之首，图书馆藏率居于全国出版机构前十位。

上述诸多成绩的取得，有赖于一支以年轻的博士、硕士为主体，一批从中国社科院刚退出科研一线的各学科专家为支撑的300多位高素质的编辑、出版和营销队伍，为我们实现学术立社，以学术品位、学术价值来实现经济效益和社会效益这样一个目标的共同努力。

作为已经开启第三次创业梦想的人文社会科学学术出版机构，我们将以改革发展为动力，以学术资源建设为中心，以构建智慧型出版社为主线，以"整合、专业、分类、协同、持续"为各项工作指导原则，全力推进出版社数字化转型，坚定不移地走专业化、数字化、国际化发展道路，全面提升出版社核心竞争力，为实现"社科文献梦"奠定坚实基础。

经济类

皮书系列
重点推荐

# 经 济 类

经济类皮书涵盖宏观经济、城市经济、大区域经济，
提供权威、前沿的分析与预测

### 经济蓝皮书
#### 2016年中国经济形势分析与预测

李 扬 / 主编　　2015年12月出版　　定价:79.00元

◆ 本书为总理基金项目，由著名经济学家李扬领衔，联合中国社会科学院等数十家科研机构、国家部委和高等院校的专家共同撰写，系统分析了2015年的中国经济形势并预测2016年我国经济运行情况。

### 世界经济黄皮书
#### 2016年世界经济形势分析与预测

王洛林　张宇燕 / 主编　　2015年12月出版　　定价:79.00元

◆ 本书由中国社会科学院世界经济与政治研究所的研究团队撰写，2015年世界经济增长继续放缓，增长格局也继续分化，发达经济体与新兴经济体之间的增长差距进一步收窄。2016年世界经济增长形势不容乐观。

### 产业蓝皮书
#### 中国产业竞争力报告（2016）NO.6

张其仔 / 主编　　2016年12月出版　　估价:98.00元

◆ 本书由中国社会科学院工业经济研究所研究团队在深入实际、调查研究的基础上完成。通过运用丰富的数据资料和最新的测评指标，从学术性、系统性、预测性上分析了2015年中国产业竞争力，并对未来发展趋势进行了预测。

# 皮书系列重点推荐

经济类

## G20国家创新竞争力黄皮书
### 二十国集团（G20）国家创新竞争力发展报告（2016）

李建平 李闽榕 赵新力/主编　2016年11月出版　估价：138.00元

◆ 本报告在充分借鉴国内外研究者的相关研究成果的基础上，紧密跟踪技术经济学、竞争力经济学、计量经济学等学科的最新研究动态，深入分析G20国家创新竞争力的发展水平、变化特征、内在动因及未来趋势，同时构建了G20国家创新竞争力指标体系及数学模型。

## 国际城市蓝皮书
### 国际城市发展报告（2016）

屠启宇/主编　2016年1月出版　估价：79.00元

◆ 本书作者以上海社会科学院从事国际城市研究的学者团队为核心，汇集同济大学、华东师范大学、复旦大学、上海交通大学、南京大学、浙江大学相关城市研究专业学者。立足动态跟踪介绍国际城市发展实践中，最新出现的重大战略、重大理念、重大项目、重大报告和最佳案例。

## 金融蓝皮书
### 中国金融发展报告（2016）

李　扬　王国刚/主编　2015年12月出版　定价：79.00元

◆ 本书由中国社会科学院金融研究所组织编写，概括和分析了2015年中国金融发展和运行中的各方面情况，研讨和评论了2015年发生的主要金融事件。本书由业内专家和青年精英联合编著，有利于读者了解掌握2015年中国的金融状况，把握2016年中国金融的走势。

## 农村绿皮书
### 中国农村经济形势分析与预测（2015~2016）

中国社会科学院农村发展研究所　国家统计局农村社会经济调查司/著
2016年4月出版　估价：69.00元

◆ 本书描述了2015年中国农业农村经济发展的一些主要指标和变化，以及对2016年中国农业农村经济形势的一些展望和预测。

经济类　皮书系列 重点推荐

### 西部蓝皮书

中国西部发展报告（2016）

姚慧琴　徐璋勇 / 主编　　2016年7月出版　　估价：89.00元

◆ 本书由西北大学中国西部经济发展研究中心主编，汇集了源自西部本土以及国内研究西部问题的权威专家的第一手资料，对国家实施西部大开发战略进行年度动态跟踪，并对2016年西部经济、社会发展态势进行预测和展望。

### 民营经济蓝皮书

中国民营经济发展报告No.12（2015～2016）

王钦敏 / 主编　　2016年1月出版　　估价：75.00元

◆ 改革开放以来，民营经济从无到有、从小到大，是最具活力的增长极。本书是中国工商联课题组的研究成果，对2015年度中国民营经济的发展现状、趋势进行了详细的论述，并提出了合理的建议。是广大民营企业进行政策咨询、科学决策和理论创新的重要参考资料，也是理论工作者进行理论研究的重要参考资料。

### 经济蓝皮书夏季号

中国经济增长报告（2015～2016）

李　扬 / 主编　　2016年8月出版　　估价：69.00元

◆ 中国经济增长报告主要探讨2015~2016年中国经济增长问题，以专业视角解读中国经济增长，力求将其打造成一个研究中国经济增长、服务宏微观各级决策的周期性、权威性读物。

### 中三角蓝皮书

长江中游城市群发展报告（2016）

秦尊文 / 主编　　2016年10月出版　　估价：69.00元

◆ 本书是湘鄂赣皖四省专家学者共同研究的成果，从不同角度、不同方位记录和研究长江中游城市群一体化，提出对策措施，以期为将"中三角"打造成为继珠三角、长三角、京津冀之后中国经济增长第四极奉献学术界的聪明才智。

皮书系列重点推荐　社会政法类

# 社会政法类

社会政法类皮书聚焦社会发展领域的热点、难点问题，
提供权威、原创的资讯与视点

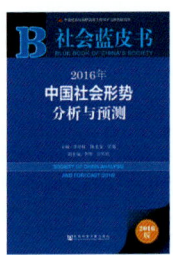

### 社会蓝皮书
**2016年中国社会形势分析与预测**

李培林　陈光金　张 翼/主编　2015年12月出版　定价：79.00元

◆ 本书由中国社会科学院社会学研究所组织研究机构专家、高校学者和政府研究人员撰写，聚焦当下社会热点，对2015年中国社会发展的各个方面内容进行了权威解读，同时对2016年社会形势发展趋势进行了预测。

### 法治蓝皮书
**中国法治发展报告 No.14（2016）**

李 林　田 禾/主编　2016年3月出版　估价：105.00元

◆ 本年度法治蓝皮书回顾总结了2015年度中国法治发展取得的成就和存在的不足，并对2016年中国法治发展形势进行了预测和展望。

### 反腐倡廉蓝皮书
**中国反腐倡廉建设报告 No.6**

李秋芳　张英伟/主编　2017年1月出版　估价：79.00元

◆ 本书抓住了若干社会热点和焦点问题，全面反映了新时期新阶段中国反腐倡廉面对的严峻局面，以及中国共产党反腐倡廉建设的新实践新成果。根据实地调研、问卷调查和舆情分析，梳理了当下社会普遍关注的与反腐败密切相关的热点问题。

社会政法类　皮书系列 重点推荐

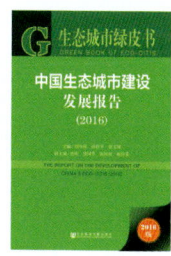

### 生态城市绿皮书
中国生态城市建设发展报告（2016）

刘举科　孙伟平　胡文臻 / 主编　2016 年 6 月出版　估价 :98.00 元

◆ 报告以绿色发展、循环经济、低碳生活、民生宜居为理念，以更新民众观念、提供决策咨询、指导工程实践、引领绿色发展为宗旨，试图探索一条具有中国特色的城市生态文明建设新路。

### 公共服务蓝皮书
中国城市基本公共服务力评价（2016）

钟君　吴正杲 / 主编　2016 年 12 月出版　估价 :79.00 元

◆ 中国社会科学院经济与社会建设研究室与华图政信调查组成联合课题组，从 2010 年开始对基本公共服务力进行研究，研创了基本公共服务力评价指标体系，为政府考核公共服务与社会管理工作提供了理论工具。

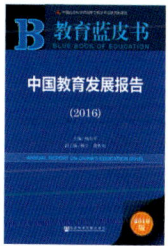

### 教育蓝皮书
中国教育发展报告（2016）

杨东平 / 主编　2016 年 5 月出版　估价 :79.00 元

◆ 本书由国内的中青年教育专家合作研究撰写。深度剖析 2015 年中国教育的热点话题，并对当下中国教育中出现的问题提出对策建议。

### 生态文明绿皮书
中国省域生态文明建设评价报告（ECI 2016）

严耕 / 主编　2016 年 12 月出版　估价 :85.00 元

◆ 本书基于国家最新发布的权威数据，对我国的生态文明建设状况进行科学评价，并开展相应的深度分析，结合中央的政策方针和各省的具体情况，为生态文明建设推进，提出针对性的政策建议。

行业报告类

# 行业报告类

 行业报告类皮书立足重点行业、新兴行业领域，提供及时、前瞻的数据与信息

### 房地产蓝皮书
中国房地产发展报告 No.13（2016）

魏后凯 李景国 / 主编　2016年5月出版　估价：79.00元

◆ 蓝皮书秉承客观公正、科学中立的宗旨和原则，追踪2015年我国房地产市场最新资讯，深度分析，剖析因果，谋划对策，并对2016年房地产发展趋势进行了展望。

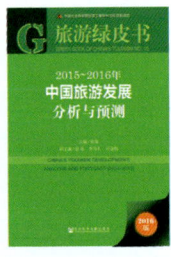

### 旅游绿皮书
2015～2016年中国旅游发展分析与预测

宋　瑞 / 主编　2016年1出版　估价：98.00元

◆ 本书中国社会科学院旅游研究中心组织相关专家编写的年度研究报告，对2015年旅游行业的热点问题进行了全面的综述并提出专业性建议，并对2016年中国旅游的发展趋势进行展望。

### 互联网金融蓝皮书
中国互联网金融发展报告（2016）

李东荣 / 主编　2016年8月出版　估价：79.00元

◆ 近年来，许多基于互联网的金融服务模式应运而生并对传统金融业产生了深刻的影响和巨大的冲击，"互联网金融"成为社会各界关注的焦点。本书探析了2015年互联网金融的特点和2016年互联网金融的发展方向和亮点。

### 资产管理蓝皮书
#### 中国资产管理行业发展报告（2016）

智信资产管理研究院 / 编著　　2016 年 6 月出版　　估价：89.00 元

◆ 中国资产管理行业刚刚兴起，未来将中国金融市场最有看点的行业，也会成为快速发展壮大的行业。本书主要分析了 2015 年度资产管理行业的发展情况，同时对资产管理行业的未来发展做出科学的预测。

### 老龄蓝皮书
#### 中国老龄产业发展报告（2016）

吴玉韶　党俊武 / 编著
2016 年 9 月出版　　估价：79.00 元

◆ 本书着眼于对中国老龄产业的发展给予系统介绍，深入解析，并对未来发展趋势进行预测和展望，力求从不同视角、不同层面全面剖析中国老龄产业发展的现状、取得的成绩、存在的问题以及重点、难点等。

### 金融蓝皮书
#### 中国金融中心发展报告（2016）

王　力　黄育华 / 编著　　2017 年 11 月出版　　估价：75.00 元

◆ 本报告将提升中国金融中心城市的金融竞争力作为研究主线，全面、系统、连续地反映和研究中国金融中心城市发展和改革的最新进展，展示金融中心理论研究的最新成果。

### 流通蓝皮书
#### 中国商业发展报告（2016）

荆林波 / 编著　　2016 年 5 月出版　　估价：89.00 元

◆ 本书是中国社会科学院财经院与利丰研究中心合作的成果，从关注中国宏观经济出发，突出了中国流通业的宏观背景，详细分析了批发业、零售业、物流业、餐饮产业与电子商务等产业发展状况。

皮书系列 重点推荐　国别与地区类

# 国别与地区类

国别与地区类皮书关注全球重点国家与地区，提供全面、独特的解读与研究

## 美国蓝皮书

### 美国研究报告（2016）

黄 平　郑秉文 / 主编　2016年7月出版　估价：89.00元

◆ 本书是由中国社会科学院美国所主持完成的研究成果，它回顾了美国2015年的经济、政治形势与外交战略，对2016年以来美国内政外交发生的重大事件以及重要政策进行了较为全面的回顾和梳理。

## 拉美黄皮书

### 拉丁美洲和加勒比发展报告（2015~2016）

吴白乙 / 主编　2016年5月出版　估价：89.00元

◆ 本书对2015年拉丁美洲和加勒比地区诸国的政治、经济、社会、外交等方面的发展情况做了系统介绍，对该地区相关国家的热点及焦点问题进行了总结和分析，并在此基础上对该地区各国2016年的发展前景做出预测。

## 日本经济蓝皮书

### 日本经济与中日经贸关系研究报告（2016）

王洛林　张季风 / 编著　2016年5月出版　估价：79.00元

◆ 本书系统、详细地介绍了2015年日本经济以及中日经贸关系发展情况，在进行了大量数据分析的基础上，对2016年日本经济以及中日经贸关系的大致发展趋势进行了分析与预测。

## 国别与地区类 皮书系列重点推荐

### 俄罗斯黄皮书
#### 俄罗斯发展报告（2016）
李永全 / 编著　2016 年 7 月出版　估价 :79.00 元

◆ 本书系统介绍了 2015 年俄罗斯经济政治情况，并对 2015 年该地区发生的焦点、热点问题进行了分析与回顾；在此基础上，对该地区 2016 年的发展前景进行了预测。

### 国际形势黄皮书
#### 全球政治与安全报告（2016）
李慎明　张宇燕 / 主编　2015 年 12 月出版　定价 :69.00 元

◆ 本书旨在对本年度全球政治及安全形势的总体情况、热点问题及变化趋势进行回顾与分析，并提出一定的预测及对策建议。作者通过事实梳理、数据分析、政策分析等途径，阐释了本年度国际关系及全球安全形势的基本特点，并在此基础上提出了具有启示意义的前瞻性结论。

### 德国蓝皮书
#### 德国发展报告（2016）
郑春荣　伍慧萍 / 主编　2016 年 6 月出版　估价 :69.00 元

◆ 本报告由同济大学德国研究所组织编撰，由该领域的专家学者对德国的政治、经济、社会文化、外交等方面的形势发展情况，进行全面的阐述与分析。

### 中欧关系蓝皮书
#### 中欧关系研究报告（2016）
周弘 / 编著　2016 年 12 月出版　估价 :98.00 元

◆ 本书由欧洲所暨欧洲学会推出，旨在分析、评估和预测年度中欧关系发展态势。本报告的作者均为欧洲方面的专家，他们对欧洲与中国在各个领域的发展情况进行了深入地分析和研究，对读者了解和把握中欧关系是非常有益的参考。

# 地方发展类

地方发展类皮书关注中国各省份、经济区域，提供科学、多元的预判与资政信息

### 北京蓝皮书
**北京公共服务发展报告（2015~2016）**

施昌奎/主编　2016年1月出版　估价：69.00元

◆ 本书是由北京市政府职能部门的领导、首都著名高校的教授、知名研究机构的专家共同完成的关于北京市公共服务发展与创新的研究成果。

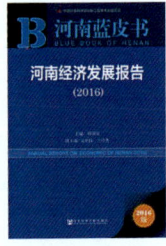

### 河南蓝皮书
**河南经济发展报告（2016）**

河南省社会科学院/编著　2016年12月出版　估价：79.00元

◆ 本书以国内外经济发展环境和走向为背景，主要分析当前河南经济形势，预测未来发展趋势，全面反映河南经济发展的最新动态、热点和问题，为地方经济发展和领导决策提供参考。

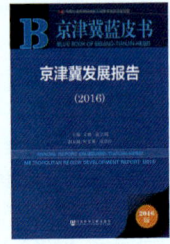

### 京津冀蓝皮书
**京津冀发展报告（2016）**

文魁　祝尔娟/编著　2016年4月出版　估价：89.00元

◆ 京津冀协同发展作为重大的国家战略，已进入顶层设计、制度创新和全面推进的新阶段。本书以问题为导向，围绕京津冀发展中的重要领域和重大问题，研究如何推进京津冀协同发展。

 文化传媒类 | 皮书系列 重点推荐

# 文化传媒类

文化传媒类皮书透视文化领域、文化产业，探索文化大繁荣、大发展的路径

### 新媒体蓝皮书
中国新媒体发展报告 No.7（2016）

唐绪军 / 主编　　2016 年 6 月出版　　估价:79.00 元

◆ 本书是由中国社会科学院新闻与传播研究所组织编写的关于新媒体发展的最新年度报告，旨在全面分析中国新媒体的发展现状，解读新媒体的发展趋势，探析新媒体的深刻影响。

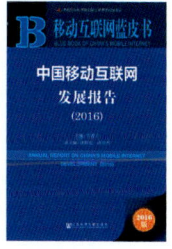

### 移动互联网蓝皮书
中国移动互联网发展报告（2016）

官建文 / 编著　　2016 年 6 月出版　　估价:79.00 元

◆ 本书着眼于对中国移动互联网 2015 年度的发展情况做深入解析，对未来发展趋势进行预测，力求从不同视角、不同层面全面剖析中国移动互联网发展的现状、年度突破以及热点趋势等。

### 文化蓝皮书
中国文化产业发展报告（2016）

张晓明　王家新　章建刚 / 主编　　2016 年 4 月出版　　估价:79.00 元

◆ 本书由中国社会科学院文化研究中心编写。从 2012 年开始，中国社会科学院文化研究中心设立了国内首个文化产业的研究类专项资金——"文化产业重大课题研究计划"，开始在全国范围内组织多学科专家学者对我国文化产业发展重大战略问题进行联合攻关研究。本书集中反映了该计划的研究成果。

# 经济类

**G20国家创新竞争力黄皮书**
二十国集团（G20）国家创新竞争力发展报告（2016）
著(编)者：李建平 李闽榕 赵新力
2016年11月出版　估价：138.00元

**产业蓝皮书**
中国产业竞争力报告（2016）NO.6
著(编)者：张其仔　2016年12月出版　估价：98.00元

**城市创新蓝皮书**
中国城市创新报告（2016）
著(编)者：周天勇 旷建伟　2016年8月出版　估价：69.00元

**城市蓝皮书**
中国城市发展报告 NO.9
著(编)者：潘家华 魏后凯　2016年9月出版　估价：69.00元

**城市群蓝皮书**
中国城市群发展指数报告（2016）
著(编)者：刘士林 刘新静　2016年10月出版　估价：69.00元

**城乡一体化蓝皮书**
中国城乡一体化发展报告（2015~2016）
著(编)者：汝信 付崇兰　2016年7月出版　估价：85.00元

**城镇化蓝皮书**
中国新型城镇化健康发展报告（2016）
著(编)者：张占斌　2016年5月出版　估价：79.00元

**创新蓝皮书**
创新型国家建设报告（2015~2016）
著(编)者：詹正茂　2016年11月出版　估价：69.00元

**低碳发展蓝皮书**
中国低碳发展报告（2016）
著(编)者：齐晔　2016年3月出版　估价：89.00元

**低碳经济蓝皮书**
中国低碳经济发展报告（2016）
著(编)者：薛进军 赵忠秀　2016年6月出版　估价：85.00元

**东北蓝皮书**
中国东北地区发展报告（2016）
著(编)者：马克 黄文艺　2016年8月出版　估价：79.00元

**工业化蓝皮书**
中国工业化进程报告（2016）
著(编)者：黄群慧 吕铁 李晓华 等
2016年11月出版　估价：89.00元

**管理蓝皮书**
中国管理发展报告（2016）
著(编)者：张晓东　2016年9月出版　估价：98.00元

**国际城市蓝皮书**
国际城市发展报告（2016）
著(编)者：屠启宇　2016年1月出版　估价：79.00元

**国家创新蓝皮书**
中国创新发展报告（2016）
著(编)者：陈劲　2016年9月出版　估价：69.00元

**金融蓝皮书**
中国金融发展报告（2016）
著(编)者：李扬 王国刚　2015年12月出版　定价：79.00元

**京津冀产业蓝皮书**
京津冀产业协同发展报告（2016）
著(编)者：中智科博（北京）产业经济发展研究院
2016年6月出版　估价：69.00元

**京津冀蓝皮书**
京津冀发展报告（2016）
著(编)者：文魁 祝尔娟　2016年4月出版　估价：89.00元

**经济蓝皮书**
2016年中国经济形势分析与预测
著(编)者：李扬　2015年12月出版　定价：79.00元

**经济蓝皮书·春季号**
2016年中国经济前景分析
著(编)者：李扬　2016年5月出版　估价：79.00元

**经济蓝皮书·夏季号**
中国经济增长报告（2015~2016）
著(编)者：李扬　2016年8月出版　估价：99.00元

**经济信息绿皮书**
中国与世界经济发展报告（2016）
著(编)者：杜平　2015年12月出版　定价：89.00元

**就业蓝皮书**
2016年中国本科生就业报告
著(编)者：麦可思研究院　2016年6月出版　估价：98.00元

**就业蓝皮书**
2016年中国高职高专生就业报告
著(编)者：麦可思研究院　2016年6月出版　估价：98.00元

**临空经济蓝皮书**
中国临空经济发展报告（2016）
著(编)者：连玉明　2016年11月出版　估价：79.00元

**民营经济蓝皮书**
中国民营经济发展报告 NO.12（2015~2016）
著(编)者：王钦敏　2016年1月出版　估价：75.00元

**农村绿皮书**
中国农村经济形势分析与预测（2015~2016）
著(编)者：中国社会科学院农村发展研究所
　　　　国家统计局农村社会经济调查司
2016年4月出版　估价：69.00元

**农业应对气候变化蓝皮书**
气候变化对中国农业影响评估报告 No.2
著(编)者：矫梅燕　2016年8月出版　估价：98.00元

**经济类·社会政法类**

**皮书系列 2016全品种**

**企业公民蓝皮书**
中国企业公民报告 NO.4
著(编)者:邹东涛　2016年1月出版　估价:79.00元

**气候变化绿皮书**
应对气候变化报告（2016）
著(编)者:王伟光 郑国光　2016年11月出版　估价:98.00元

**区域蓝皮书**
中国区域经济发展报告（2015～2016）
著(编)者:梁昊光　2016年5月出版　估价:79.00元

**全球环境竞争力绿皮书**
全球环境竞争力报告（2016）
著(编)者:李建平 李闽榕 王金南
2016年12月出版　估价:198.00元

**人口与劳动绿皮书**
中国人口与劳动问题报告 NO.17
著(编)者:蔡昉 张车伟　2016年11月出版　估价:69.00元

**商务中心区蓝皮书**
中国商务中心区发展报告 NO.2（2016）
著(编)者:魏后凯 李国红　2016年1月出版　估价:89.00元

**世界经济黄皮书**
2016年世界经济形势分析与预测
著(编)者:王洛林 张宇燕　2015年12月出版　定价:79.00元

**世界旅游城市绿皮书**
世界旅游城市发展报告（2016）
著(编)者:鲁勇 周正宇 宋宇　2016年6月出版　估价:88.00元

**西北蓝皮书**
中国西北发展报告（2016）
著(编)者:孙发平 苏海红 鲁顺元
2015年12月出版　估价:79.00元

**西部蓝皮书**
中国西部发展报告（2016）
著(编)者:姚慧琴 徐璋勇　2016年7月出版　估价:89.00元

**县域发展蓝皮书**
中国县域经济增长能力评估报告（2016）
著(编)者:王力　2016年10月出版　估价:69.00元

**新型城镇化蓝皮书**
新型城镇化发展报告（2016）
著(编)者:李伟 宋敏 沈体雁　2016年11月出版　估价:98.00元

**新兴经济体蓝皮书**
金砖国家发展报告（2016）
著(编)者:林跃勤 周文　2016年7月出版　估价:79.00元

**长三角蓝皮书**
2016年全面深化改革中的长三角
著(编)者:张伟斌　2016年10月出版　估价:69.00元

**中部竞争力蓝皮书**
中国中部经济社会竞争力报告（2016）
著(编)者:教育部人文社会科学重点研究基地
　　　　南昌大学中国中部经济社会发展研究中心
2016年10月出版　估价:79.00元

**中部蓝皮书**
中国中部地区发展报告（2016）
著(编)者:宋亚平　2016年12月出版　估价:78.00元

**中国省域竞争力蓝皮书**
中国省域经济综合竞争力发展报告（2015～2016）
著(编)者:李建平 李闽榕 高燕京
2016年2月出版　估价:198.00元

**中三角蓝皮书**
长江中游城市群发展报告（2016）
著(编)者:秦尊文　2016年10月出版　估价:69.00元

**中小城市绿皮书**
中国中小城市发展报告（2016）
著(编)者:中国城市经济学会中小城市经济发展委员会
　　　　中国城镇化促进会中小城市发展委员会
　　　　《中国中小城市发展报告》编纂委员会
　　　　中小城市发展战略研究院
2016年10月出版　估价:98.00元

**中原蓝皮书**
中原经济区发展报告（2016）
著(编)者:李英杰　2016年6月出版　估价:88.00元

**自贸区蓝皮书**
中国自贸区发展报告（2016）
著(编)者:王力 王吉培　2016年10月出版　估价:69.00元

## 社会政法类

**北京蓝皮书**
中国社区发展报告（2016）
著(编)者:于燕燕　2017年2月出版　估价:79.00元

**殡葬绿皮书**
中国殡葬事业发展报告（2016）
著(编)者:李伯森　2016年4月出版　估价:158.00元

**城市管理蓝皮书**
中国城市管理报告（2016）
著(编)者:谭维克 刘林　2017年2月出版　估价:118.00元

**城市生活质量蓝皮书**
中国城市生活质量报告（2016）
著(编)者:张连城 张平 杨春学 郎丽华
2016年7月出版　估价:89.00元

**皮书系列 2016全品种** — 社会政法类

**城市政府能力蓝皮书**
中国城市政府公共服务能力评估报告（2016）
著(编)者：何艳玲　2016年7月出版／估价：69.00元

**创新蓝皮书**
中国创业环境发展报告（2016）
著(编)者：姚凯　曹祎遐　2016年1月出版／估价：69.00元

**慈善蓝皮书**
中国慈善发展报告（2016）
著(编)者：杨团　2016年6月出版／估价：79.00元

**地方法治蓝皮书**
中国地方法治发展报告 NO.2（2016）
著(编)者：李林　田禾　2016年1月出版／估价：98.00元

**法治蓝皮书**
中国法治发展报告 NO.14（2016）
著(编)者：李林　田禾　2016年3月出版／估价：105.00元

**反腐倡廉蓝皮书**
中国反腐倡廉建设报告 NO.6
著(编)者：李秋芳　张英伟　2017年1月出版／估价：79.00元

**非传统安全蓝皮书**
中国非传统安全研究报告（2015~2016）
著(编)者：余潇枫　魏志江　2016年5月出版／估价：79.00元

**妇女发展蓝皮书**
中国妇女发展报告 NO.6
著(编)者：王金玲　2016年9月出版／估价：148.00元

**妇女教育蓝皮书**
中国妇女教育发展报告 NO.3
著(编)者：张李玺　2016年10月出版／估价：78.00元

**妇女绿皮书**
中国性别平等与妇女发展报告（2016）
著(编)者：谭琳　2016年12月出版／估价：99.00元

**公共服务蓝皮书**
中国城市基本公共服务力评价（2016）
著(编)者：钟君　吴正杲　2016年12月出版／估价：79.00元

**公共管理蓝皮书**
中国公共管理发展报告（2016）
著(编)者：贡森　李国强　杨维富
2016年4月出版／估价：69.00元

**公共外交蓝皮书**
中国公共外交发展报告（2016）
著(编)者：赵启正　雷蔚真　2016年4月出版／估价：89.00元

**公民科学素质蓝皮书**
中国公民科学素质报告（2016）
著(编)者：李群　许佳军　2016年3月出版／估价：79.00元

**公益蓝皮书**
中国公益发展报告（2016）
著(编)者：朱健刚　2016年5月出版／估价：78.00元

**国际人才蓝皮书**
海外华侨华人专业人士报告（2016）
著(编)者：王辉耀　苗绿　2016年8月出版／估价：69.00元

**国际人才蓝皮书**
中国国际移民报告（2016）
著(编)者：王辉耀　2016年2月出版／估价：79.00元

**国际人才蓝皮书**
中国海归发展报告（2016）NO.3
著(编)者：王辉耀　苗绿　2016年10月出版／估价：69.00元

**国际人才蓝皮书**
中国留学发展报告（2016）NO.5
著(编)者：王辉耀　苗绿　2016年10月出版／估价：79.00元

**国家公园蓝皮书**
中国国家公园体制建设报告（2016）
著(编)者：苏杨　张玉钧　石金莲　刘锋　等
2016年10月出版／估价：69.00元

**海洋社会蓝皮书**
中国海洋社会发展报告（2016）
著(编)者：崔凤　宋宁而　2016年7月出版／估价：89.00元

**行政改革蓝皮书**
中国行政体制改革报告（2016）NO.5
著(编)者：魏礼群　2016年4月出版／估价：98.00元

**华侨华人蓝皮书**
华侨华人研究报告（2016）
著(编)者：贾益民　2016年12月出版／估价：98.00元

**环境竞争力绿皮书**
中国省域环境竞争力发展报告（2016）
著(编)者：李建平　李闽榕　王金南
2016年11月出版／估价：198.00元

**环境绿皮书**
中国环境发展报告（2016）
著(编)者：刘鉴强　2016年5月出版／估价：79.00元

**基金会蓝皮书**
中国基金会发展报告（2016）
著(编)者：刘忠祥　2016年4月出版／估价：69.00元

**基金会绿皮书**
中国基金会发展独立研究报告（2016）
著(编)者：基金会中心网　中央民族大学基金会研究中心
2016年6月出版／估价：88.00元

**基金会透明度蓝皮书**
中国基金会透明度发展研究报告（2016）
著(编)者：基金会中心网　清华大学廉政与治理研究中心
2016年9月出版／估价：85.00元

**教师蓝皮书**
中国中小学教师发展报告（2016）
著(编)者：曾晓东　鱼霞　2016年6月出版／估价：69.00元

**社会政法类** — 皮书系列 2016全品种

**教育蓝皮书**
中国教育发展报告（2016）
著(编)者：杨东平　2016年5月出版 / 估价：79.00元

**科普蓝皮书**
中国科普基础设施发展报告（2016）
著(编)者：任福君　2016年6月出版 / 估价：69.00元

**科学教育蓝皮书**
中国科学教育发展报告（2016）
著(编)者：罗晖　王康友　2016年10月出版 / 估价：79.00元

**劳动保障蓝皮书**
中国劳动保障发展报告（2016）
著(编)者：刘燕斌　2016年8月出版 / 估价：158.00元

**连片特困区蓝皮书**
中国连片特困区发展报告（2016）
著(编)者：游俊　冷志明　丁建军
2016年3月出版 / 估价：98.00元

**民间组织蓝皮书**
中国民间组织报告（2016）
著(编)者：黄晓勇　2016年12月出版 / 估价：79.00元

**民调蓝皮书**
中国民生调查报告（2016）
著(编)者：谢耘耕　2016年5月出版 / 估价：128.00元

**民族发展蓝皮书**
中国民族发展报告（2016）
著(编)者：郝时远　王延中　王希恩
2016年4月出版 / 估价：98.00元

**女性生活蓝皮书**
中国女性生活状况报告 NO.10（2016）
著(编)者：韩湘景　2016年4月出版 / 估价：79.00元

**汽车社会蓝皮书**
中国汽车社会发展报告（2016）
著(编)者：王俊秀　2016年1月出版 / 估价：69.00元

**青年蓝皮书**
中国青年发展报告（2016）NO.4
著(编)者：廉思 等　2016年4月出版 / 估价：69.00元

**青少年蓝皮书**
中国未成年人互联网运用报告（2016）
著(编)者：李文革　沈杰　季为民
2016年11月出版 / 估价：89.00元

**青少年体育蓝皮书**
中国青少年体育发展报告（2016）
著(编)者：郭建军　杨桦　2016年9月出版 / 估价：69.00元

**区域人才蓝皮书**
中国区域人才竞争力报告 NO.2
著(编)者：桂昭明　王辉耀
2016年6月出版 / 估价：69.00元

**群众体育蓝皮书**
中国群众体育发展报告（2016）
著(编)者：刘国永　杨桦　2016年10月出版 / 估价：69.00元

**人才蓝皮书**
中国人才发展报告（2016）
著(编)者：潘晨光　2016年9月出版 / 估价：85.00元

**人权蓝皮书**
中国人权事业发展报告 NO.6（2016）
著(编)者：李君如　2016年9月出版 / 估价：128.00元

**社会保障绿皮书**
中国社会保障发展报告（2016）NO.8
著(编)者：王延中　2016年4月出版 / 估价：99.00元

**社会工作蓝皮书**
中国社会工作发展报告（2016）
著(编)者：民政部社会工作研究中心
2016年8月出版 / 估价：79.00元

**社会管理蓝皮书**
中国社会管理创新报告 NO.4
著(编)者：连玉明　2016年11月出版 / 估价：89.00元

**社会蓝皮书**
2016年中国社会形势分析与预测
著(编)者：李培林　陈光金　张翼
2015年12月出版 / 定价：79.00元

**社会体制蓝皮书**
中国社会体制改革报告（2016）NO.4
著(编)者：龚维斌　2016年4月出版 / 估价：79.00元

**社会心态蓝皮书**
中国社会心态研究报告（2016）
著(编)者：王俊秀　杨宜音　2016年10月出版 / 估价：69.00元

**社会组织蓝皮书**
中国社会组织评估发展报告（2016）
著(编)者：徐家良　廖鸿　2016年12月出版 / 估价：69.00元

**生态城市绿皮书**
中国生态城市建设发展报告（2016）
著(编)者：刘举科　孙伟平　胡文臻
2016年9月出版 / 估价：148.00元

**生态文明绿皮书**
中国省域生态文明建设评价报告（ECI 2016）
著(编)者：严耕　2016年12月出版 / 估价：85.00元

**世界社会主义黄皮书**
世界社会主义跟踪研究报告（2015～2016）
著(编)者：李慎明　2016年4月出版 / 估价：258.00元

**水与发展蓝皮书**
中国水风险评估报告（2016）
著(编)者：王浩　2016年9月出版 / 估价：69.00元

皮书系列 2016全品种

社会政法类·行业报告类

**体育蓝皮书**
长三角地区体育产业发展报告（2016）
著(编)者：张林　2016年4月出版 / 估价：79.00元

**体育蓝皮书**
中国公共体育服务发展报告（2016）
著(编)者：戴健　2016年12月出版 / 估价：79.00元

**土地整治蓝皮书**
中国土地整治发展研究报告 NO.3
著(编)者：国土资源部土地整治中心
2016年5月出版 / 估价：89.00元

**土地政策蓝皮书**
中国土地政策发展报告（2016）
著(编)者：高延利　李宪文　唐健
2016年12月出版 / 估价：69.00元

**危机管理蓝皮书**
中国危机管理报告（2016）
著(编)者：文学国　范正青　2016年8月出版 / 估价：89.00元

**形象危机应对蓝皮书**
形象危机应对研究报告（2016）
著(编)者：唐钧　2016年6月出版 / 估价：149.00元

**医改蓝皮书**
中国医药卫生体制改革报告（2016）
著(编)者：文学国　房志武　2016年11月出版 / 估价：98.00元

**医疗卫生绿皮书**
中国医疗卫生发展报告 NO.7（2016）
著(编)者：申宝忠　韩玉珍　2016年4月出版 / 估价：75.00元

**政治参与蓝皮书**
中国政治参与报告（2016）
著(编)者：房宁　2016年7月出版 / 估价：108.00元

**政治发展蓝皮书**
中国政治发展报告（2016）
著(编)者：房宁　杨海蛟　2016年5月出版 / 估价：88.00元

**智慧社区蓝皮书**
中国智慧社区发展报告（2016）
著(编)者：罗昌智　张辉德　2016年7月出版 / 估价：69.00元

**中国农村妇女发展蓝皮书**
农村流动女性城市生活发展报告（2016）
著(编)者：谢丽华　2016年12月出版 / 估价：79.00元

**宗教蓝皮书**
中国宗教报告（2016）
著(编)者：邱永辉　2016年5月出版 / 估价：79.00元

## 行业报告类

**保健蓝皮书**
中国保健服务产业发展报告 NO.2
著(编)者：中国保健协会　中共中央党校
2016年7月出版 / 估价：198.00元

**保健蓝皮书**
中国保健食品产业发展报告 NO.2
著(编)者：中国保健协会
　　　　中国社会科学院食品药品产业发展与监管研究中心
2016年7月出版 / 估价：198.00元

**保健蓝皮书**
中国保健用品产业发展报告 NO.2
著(编)者：中国保健协会
　　　　国务院国有资产监督管理委员会研究中心
2016年2月出版 / 估价：198.00元

**保险蓝皮书**
中国保险业创新发展报告（2016）
著(编)者：项俊波　2016年12月出版 / 估价：69.00元

**保险蓝皮书**
中国保险业竞争力报告（2016）
著(编)者：项俊波　2015年12月出版 / 估价：99.00元

**采供血蓝皮书**
中国采供血管理报告（2016）
著(编)者：朱永明　耿鸿武　2016年8月出版 / 估价：69.00元

**彩票蓝皮书**
中国彩票发展报告（2016）
著(编)者：益彩基金　2016年4月出版 / 估价：98.00元

**餐饮产业蓝皮书**
中国餐饮产业发展报告（2016）
著(编)者：邢颖　2016年4月出版 / 估价：69.00元

**测绘地理信息蓝皮书**
测绘地理信息转型升级研究报告（2016）
著(编)者：库热西·买合苏提　2016年12月出版 / 估价：98.00元

**茶业蓝皮书**
中国茶产业发展报告（2016）
著(编)者：杨江帆　李闽榕　2016年10月出版 / 估价：78.00元

**产权市场蓝皮书**
中国产权市场发展报告（2015~2016）
著(编)者：曹和平　2016年5月出版 / 估价：89.00元

**产业安全蓝皮书**
中国出版传媒产业安全报告（2016）
著(编)者：北京印刷学院文化产业安全研究院
2016年4月出版 / 估价：69.00元

**产业安全蓝皮书**
中国文化产业安全报告（2016）
著(编)者：北京印刷学院文化产业安全研究院
2016年4月出版 / 估价：89.00元

**行业报告类**  **皮书系列 2016全品种**

**产业安全蓝皮书**
中国新媒体产业安全报告（2016）
著(编)者：北京印刷学院文化产业安全研究院
2016年5月出版 / 估价：69.00元

**大数据蓝皮书**
网络空间和大数据发展报告（2016）
著(编)者：杜平　2016年2月出版 / 估价：69.00元

**电子商务蓝皮书**
中国电子商务服务业发展报告 NO.3
著(编)者：荆林波　梁春晓　2016年5月出版 / 估价：69.00元

**电子政务蓝皮书**
中国电子政务发展报告（2016）
著(编)者：洪毅　杜平　2016年11月出版 / 估价：79.00元

**杜仲产业绿皮书**
中国杜仲橡胶资源与产业发展报告（2016）
著(编)者：杜红岩　胡文臻　俞锐
2016年1月出版 / 估价：85.00元

**房地产蓝皮书**
中国房地产发展报告 NO.13（2016）
著(编)者：魏后凯　李景国　2016年5月出版 / 估价：79.00元

**服务外包蓝皮书**
中国服务外包产业发展报告（2016）
著(编)者：王晓红　刘德军
2016年6月出版 / 估价：89.00元

**服务外包蓝皮书**
中国服务外包竞争力报告（2016）
著(编)者：王力　刘春生　黄育华
2016年11月出版 / 估价：85.00元

**工业和信息化蓝皮书**
世界网络安全发展报告（2016）
著(编)者：洪京一　2016年4月出版 / 估价：69.00元

**工业和信息化蓝皮书**
世界信息化发展报告（2016）
著(编)者：洪京一　2016年4月出版 / 估价：69.00元

**工业和信息化蓝皮书**
世界信息技术产业发展报告（2016）
著(编)者：洪京一　2016年4月出版 / 估价：79.00元

**工业和信息化蓝皮书**
世界制造业发展报告（2016）
著(编)者：洪京一　2016年4月出版 / 估价：69.00元

**工业和信息化蓝皮书**
移动互联网产业发展报告（2016）
著(编)者：洪京一　2016年4月出版 / 估价：79.00元

**工业设计蓝皮书**
中国工业设计发展报告（2016）
著(编)者：王晓红　于炜　张立群
2016年9月出版 / 估价：138.00元

**互联网金融蓝皮书**
中国互联网金融发展报告（2016）
著(编)者：李东荣　2016年8月出版 / 估价：79.00元

**会展蓝皮书**
中外会展业动态评估年度报告（2016）
著(编)者：张敏　2016年1月出版 / 估价：78.00元

**节能汽车蓝皮书**
中国节能汽车产业发展报告（2016）
著(编)者：中国汽车工程研究院股份有限公司
2016年12月出版 / 估价：69.00元

**金融监管蓝皮书**
中国金融监管报告（2016）
著(编)者：胡滨　2016年4月出版 / 估价：89.00元

**金融蓝皮书**
中国金融中心发展报告（2016）
著(编)者：王力　黄育华　2017年11月出版 / 估价：75.00元

**金融蓝皮书**
中国商业银行竞争力报告（2016）
著(编)者：王松奇　2016年5月出版 / 估价：69.00元

**经济林产业绿皮书**
中国经济林产业发展报告（2016）
著(编)者：李芳东　胡文臻　乌云塔娜　杜红岩
2016年12月出版 / 估价：69.00元

**客车蓝皮书**
中国客车产业发展报告（2016）
著(编)者：姚蔚　2016年2月出版 / 估价：85.00元

**老龄蓝皮书**
中国老龄产业发展报告（2016）
著(编)者：吴玉韶　党俊武　2016年9月出版 / 估价：79.00元

**流通蓝皮书**
中国商业发展报告（2016）
著(编)者：荆林波　2016年5月出版 / 估价：89.00元

**旅游安全蓝皮书**
中国旅游安全报告（2016）
著(编)者：郑向敏　谢朝武　2010年5月出版 / 估价：128.00元

**旅游绿皮书**
2015～2016年中国旅游发展分析与预测
著(编)者：宋瑞　2016年1月出版 / 估价：98.00元

**煤炭蓝皮书**
中国煤炭工业发展报告（2016）
著(编)者：岳福斌　2016年12月出版 / 估价：79.00元

**民营企业社会责任蓝皮书**
中国民营企业社会责任年度报告（2016）
著(编)者：中华全国工商业联合会
2016年7月出版 / 估价：69.00元

# 皮书系列 2016全品种

## 行业报告类

**民营医院蓝皮书**
中国民营医院发展报告（2016）
著(编)者：庄一强　　2016年10月出版 / 估价：75.00元

**能源蓝皮书**
中国能源发展报告（2016）
著(编)者：崔民选 王军生 陈义和
2016年8月出版 / 估价：79.00元

**农产品流通蓝皮书**
中国农产品流通产业发展报告（2016）
著(编)者：贾敬敦 张东科 张玉玺 张鹏毅 周伟
2016年1月出版 / 估价：89.00元

**期货蓝皮书**
中国期货市场发展报告(2016)
著(编)者：李群 王在荣　　2016年11月出版 / 估价：69.00元

**企业公益蓝皮书**
中国企业公益研究报告（2016）
著(编)者：钟宏武 汪杰 顾一 黄晓娟 等
2016年12月出版 / 估价：69.00元

**企业公众透明度蓝皮书**
中国企业公众透明度报告（2016）NO.2
著(编)者：黄速建 王晓光 肖红军
2016年1月出版 / 估价：98.00元

**企业国际化蓝皮书**
中国企业国际化报告（2016）
著(编)者：王辉耀　　2016年11月出版 / 估价：98.00元

**企业蓝皮书**
中国企业绿色发展报告 NO.2（2016）
著(编)者：李红玉 朱光辉　　2016年8月出版 / 估价：79.00元

**企业社会责任蓝皮书**
中国企业社会责任研究报告（2016）
著(编)者：黄群慧 钟宏武 张蒽 等
2016年11月出版 / 估价：79.00元

**企业社会责任能力蓝皮书**
中国上市公司社会责任能力成熟度报告（2016）
著(编)者：肖红军 王晓光 李伟阳
2016年11月出版 / 估价：69.00元

**汽车安全蓝皮书**
中国汽车安全发展报告（2016）
著(编)者：中国汽车技术研究中心
2016年7月出版 / 估价：89.00元

**汽车电子商务蓝皮书**
中国汽车电子商务发展报告（2016）
著(编)者：中华全国工商业联合会汽车经销商商会
　　　　　北京易观智库网络科技有限公司
2016年5月出版 / 估价：128.00元

**汽车工业蓝皮书**
中国汽车工业发展年度报告（2016）
著(编)者：中国汽车工业协会 中国汽车技术研究中心
　　　　　丰田汽车（中国）投资有限公司
2016年4月出版 / 估价：128.00元

**汽车蓝皮书**
中国汽车产业发展报告（2016）
著(编)者：国务院发展研究中心产业经济研究部
　　　　　中国汽车工程学会 大众汽车集团（中国）
2016年8月出版 / 估价：158.00元

**清洁能源蓝皮书**
国际清洁能源发展报告（2016）
著(编)者：苏树辉 袁国林 李玉崙
2016年11月出版 / 估价：99.00元

**人力资源蓝皮书**
中国人力资源发展报告（2016）
著(编)者：余兴安　　2016年12月出版 / 估价：79.00元

**融资租赁蓝皮书**
中国融资租赁业发展报告（2015～2016）
著(编)者：李光荣 王力　　2016年1月出版 / 估价：89.00元

**软件和信息服务业蓝皮书**
中国软件和信息服务业发展报告（2016）
著(编)者：洪京一　　2016年12月出版 / 估价：198.00元

**商会蓝皮书**
中国商会发展报告NO.5（2016）
著(编)者：王钦敏　　2016年7月出版 / 估价：89.00元

**上市公司蓝皮书**
中国上市公司社会责任信息披露报告（2016）
著(编)者：张旺 张杨　　2016年11月出版 / 估价：69.00元

**上市公司蓝皮书**
中国上市公司质量评价报告（2015～2016）
著(编)者：张跃文 王力　　2016年11月出版 / 估价：118.00元

**设计产业蓝皮书**
中国设计产业发展报告（2016）
著(编)者：陈冬亮 梁昊光　　2016年3月出版 / 估价：89.00元

**食品药品蓝皮书**
食品药品安全与监管政策研究报告（2016）
著(编)者：唐民皓　　2016年7月出版 / 估价：69.00元

**世界能源蓝皮书**
世界能源发展报告（2016）
著(编)者：黄晓勇　　2016年6月出版 / 估价：99.00元

**水利风景区蓝皮书**
中国水利风景区发展报告（2016）
著(编)者：兰思仁　　2016年8月出版 / 估价：69.00元

**私募市场蓝皮书**
中国私募股权市场发展报告（2016）
著(编)者：曹和平　　2016年12月出版 / 估价：79.00元

**碳市场蓝皮书**
中国碳市场报告（2016）
著(编)者：宁金彪　　2016年11月出版 / 估价：69.00元

 行业报告类

# 皮书系列 2016全品种

**体育蓝皮书**
中国体育产业发展报告（2016）
著(编)者：阮伟 钟秉枢　　2016年7月出版 / 估价：69.00元

**投资蓝皮书**
中国投资发展报告（2016）
著(编)者：谢平　　2016年4月出版 / 估价：128.00元

**土地市场蓝皮书**
中国农村土地市场发展报告（2016）
著(编)者：李光荣 高传捷　　2016年1月出版 / 估价：69.00元

**网络空间安全蓝皮书**
中国网络空间安全发展报告（2016）
著(编)者：惠志斌 唐涛　　2016年4月出版 / 估价：79.00元

**物联网蓝皮书**
中国物联网发展报告（2016）
著(编)者：黄桂田 龚六堂 张全升
2016年1月出版 / 估价：69.00元

**西部工业蓝皮书**
中国西部工业发展报告（2016）
著(编)者：方行明 甘犁 刘方健 姜凌 等
2016年9月出版 / 估价：79.00元

**西部金融蓝皮书**
中国西部金融发展报告（2016）
著(编)者：李忠民　　2016年8月出版 / 估价：75.00元

**协会商会蓝皮书**
中国行业协会商会发展报告（2016）
著(编)者：景朝阳 李勇　　2016年4月出版 / 估价：99.00元

**新能源汽车蓝皮书**
中国新能源汽车产业发展报告（2016）
著(编)者：中国汽车技术研究中心
　　　　　日产（中国）投资有限公司 东风汽车有限公司
2016年8月出版 / 估价：89.00元

**新三板蓝皮书**
中国新三板市场发展报告（2016）
著(编)者：王力　　2016年6月出版 / 估价：69.00元

**信托市场蓝皮书**
中国信托业市场报告（2015～2016）
著(编)者：用益信托工作室
2016年2月出版 / 估价：198.00元

**信息安全蓝皮书**
中国信息安全发展报告（2016）
著(编)者：张晓东　　2016年2月出版 / 估价：69.00元

**信息化蓝皮书**
中国信息化形势分析与预测（2016）
著(编)者：周宏仁　　2016年8月出版 / 估价：98.00元

**信用蓝皮书**
中国信用发展报告（2016）
著(编)者：章政 田侃　　2016年4月出版 / 估价：99.00元

**休闲绿皮书**
2016年中国休闲发展报告
著(编)者：宋瑞
2016年10月出版 / 估价：79.00元

**药品流通蓝皮书**
中国药品流通行业发展报告（2016）
著(编)者：佘鲁林 温再兴
2016年8月出版 / 估价：158.00元

**医药蓝皮书**
中国中医药产业园战略发展报告（2016）
著(编)者：裴长洪 房书亭 吴滌心
2016年3月出版 / 估价：89.00元

**邮轮绿皮书**
中国邮轮产业发展报告（2016）
著(编)者：汪泓　　2016年10月出版 / 估价：79.00元

**智能养老蓝皮书**
中国智能养老产业发展报告（2016）
著(编)者：朱勇　　2016年10月出版 / 估价：89.00元

**中国SUV蓝皮书**
中国SUV产业发展报告（2016）
著(编)者：靳军　　2016年12月出版 / 估价：69.00元

**中国金融行业蓝皮书**
中国债券市场发展报告（2016）
著(编)者：谢多　　2016年7月出版 / 估价：69.00元

**中国上市公司蓝皮书**
中国上市公司发展报告（2016）
著(编)者：中国社会科学院上市公司研究中心
2016年0月出版 / 估价：98.00元

**中国游戏蓝皮书**
中国游戏产业发展报告（2016）
著(编)者：孙立军 刘跃军 牛兴侦
2016年4月出版 / 估价：69.00元

**中国总部经济蓝皮书**
中国总部经济发展报告（2015～2016）
著(编)者：赵弘　　2016年9月出版 / 估价：79.00元

**资本市场蓝皮书**
中国场外交易市场发展报告（2016）
著(编)者：高峦　　2016年8月出版 / 估价：79.00元

**资产管理蓝皮书**
中国资产管理行业发展报告（2016）
著(编)者：智信资产管理研究院
2016年6月出版 / 估价：89.00元

# 文化传媒类

**传媒竞争力蓝皮书**
中国传媒国际竞争力研究报告（2016）
著(编)者：李本乾 刘强
2016年11月出版 / 估价：148.00元

**传媒蓝皮书**
中国传媒产业发展报告（2016）
著(编)者：崔保国 2016年5月出版 / 估价：98.00元

**传媒投资蓝皮书**
中国传媒投资发展报告（2016）
著(编)者：张向东 谭云明
2016年6月出版 / 估价：128.00元

**动漫蓝皮书**
中国动漫产业发展报告（2016）
著(编)者：卢斌 郑玉明 牛兴侦
2016年7月出版 / 估价：79.00元

**非物质文化遗产蓝皮书**
中国非物质文化遗产发展报告（2016）
著(编)者：陈平 2016年5月出版 / 估价：98.00元

**广电蓝皮书**
中国广播电影电视发展报告（2016）
著(编)者：国家新闻出版广电总局发展研究中心
2016年7月出版 / 估价：98.00元

**广告主蓝皮书**
中国广告主营销传播趋势报告 NO.9
著(编)者：黄升民 杜国清 邵华冬 等
2016年10月出版 / 估价：148.00元

**国际传播蓝皮书**
中国国际传播发展报告（2016）
著(编)者：胡正荣 李继东 姬德强
2016年11月出版 / 估价：89.00元

**纪录片蓝皮书**
中国纪录片发展报告（2016）
著(编)者：何苏六 2016年10月出版 / 估价：79.00元

**科学传播蓝皮书**
中国科学传播报告（2016）
著(编)者：詹正茂 2016年7月出版 / 估价：69.00元

**两岸创意经济蓝皮书**
两岸创意经济研究报告（2016）
著(编)者：罗昌智 董泽平 2016年12月出版 / 估价：98.00元

**两岸文化蓝皮书**
两岸文化产业合作发展报告（2016）
著(编)者：胡惠林 李保宗 2016年7月出版 / 估价：79.00元

**媒介与女性蓝皮书**
中国媒介与女性发展报告(2015~2016)
著(编)者：刘利群 2016年8月出版 / 估价：118.00元

**媒体融合蓝皮书**
中国媒体融合发展报告（2016）
著(编)者：梅宁华 宋建武 2016年7月出版 / 估价：79.00元

**全球传媒蓝皮书**
全球传媒发展报告（2016）
著(编)者：胡正荣 李继东 唐晓芬
2016年12月出版 / 估价：79.00元

**少数民族非遗蓝皮书**
中国少数民族非物质文化遗产发展报告（2016）
著(编)者：肖远平（彝） 柴立（满）
2016年6月出版 / 估价：128.00元

**视听新媒体蓝皮书**
中国视听新媒体发展报告（2016）
著(编)者：国家新闻出版广电总局发展研究中心
2016年7月出版 / 估价：98.00元

**文化创新蓝皮书**
中国文化创新报告（2016）NO.7
著(编)者：于平 傅才武 2016年7月出版 / 估价：98.00元

**文化建设蓝皮书**
中国文化发展报告（2016）
著(编)者：江畅 孙伟平 戴茂堂
2016年4月出版 / 估价：108.00元

**文化科技蓝皮书**
文化科技创新发展报告（2016）
著(编)者：于平 李凤亮 2016年10月出版 / 估价：89.00元

**文化蓝皮书**
中国公共文化服务发展报告（2016）
著(编)者：刘新成 张永新 张旭 2016年10月出版 / 估价：98.00元

**文化蓝皮书**
中国公共文化投入增长测评报告（2016）
著(编)者：王亚南 2016年12月出版 / 估价：79.00元

**文化蓝皮书**
中国少数民族文化发展报告（2016）
著(编)者：武翠英 张晓明 任乌晶
2016年9月出版 / 估价：69.00元

**文化蓝皮书**
中国文化产业发展报告（2016）
著(编)者：张晓明 王家新 章建刚
2016年4月出版 / 估价：79.00元

**文化蓝皮书**
中国文化产业供需协调检测报告（2016）
著(编)者：王亚南 2016年2月出版 / 估价：79.00元

**文化蓝皮书**
中国文化消费需求景气评价报告（2016）
著(编)者：王亚南 2016年2月出版 / 估价：79.00元

**文化传媒类 · 地方发展类**

**皮书系列 2016全品种**

**文化品牌蓝皮书**
中国文化品牌发展报告（2016）
著(编)者：欧阳友权　2016年4月出版 / 估价：89.00元

**文化遗产蓝皮书**
中国文化遗产事业发展报告（2016）
著(编)者：刘世锦　2016年3月出版 / 估价：89.00元

**文学蓝皮书**
中国文情报告（2015～2016）
著(编)者：白烨　2016年5月出版 / 估价：69.00元

**新媒体蓝皮书**
中国新媒体发展报告NO.7（2016）
著(编)者：唐绪军　2016年7月出版 / 估价：79.00元

**新媒体社会责任蓝皮书**
中国新媒体社会责任研究报告（2016）
著(编)者：钟瑛　2016年10月出版 / 估价：79.00元

**移动互联网蓝皮书**
中国移动互联网发展报告（2016）
著(编)者：官建文　2016年6月出版 / 估价：79.00元

**舆情蓝皮书**
中国社会舆情与危机管理报告（2016）
著(编)者：谢耘耕　2016年8月出版 / 估价：98.00元

## 地方发展类

**安徽经济蓝皮书**
芜湖创新型城市发展报告（2016）
著(编)者：张志宏　2016年4月出版 / 估价：69.00元

**安徽蓝皮书**
安徽社会发展报告（2016）
著(编)者：程桦　2016年4月出版 / 估价：89.00元

**安徽社会建设蓝皮书**
安徽社会建设分析报告（2015～2016）
著(编)者：黄家海　王开玉　蔡宪
2016年4月出版 / 估价：89.00元

**澳门蓝皮书**
澳门经济社会发展报告（2015～2016）
著(编)者：吴志良　郝雨凡　2016年5月出版 / 估价：79.00元

**北京蓝皮书**
北京公共服务发展报告（2015～2016）
著(编)者：施昌奎　2016年1月出版 / 估价：69.00元

**北京蓝皮书**
北京经济发展报告（2015～2016）
著(编)者：杨松　2016年6月出版 / 估价：79.00元

**北京蓝皮书**
北京社会发展报告（2015～2016）
著(编)者：李伟东　2016年7月出版 / 估价：79.00元

**北京蓝皮书**
北京社会治理发展报告（2015～2016）
著(编)者：殷星辰　2016年6月出版 / 估价：79.00元

**北京蓝皮书**
北京文化发展报告（2015～2016）
著(编)者：李建盛　2016年5月出版 / 估价：79.00元

**北京旅游绿皮书**
北京旅游发展报告（2016）
著(编)者：北京旅游学会　2016年7月出版 / 估价：88.00元

**北京人才蓝皮书**
北京人才发展报告（2016）
著(编)者：于淼　2016年12月出版 / 估价：128.00元

**北京社会心态蓝皮书**
北京社会心态分析报告（2015～2016）
著(编)者：北京社会心理研究所
2016年8月出版 / 估价：79.00元

**北京社会组织管理蓝皮书**
北京社会组织发展与管理（2015～2016）
著(编)者：黄江松　2016年4月出版 / 估价：78.00元

**北京体育蓝皮书**
北京体育产业发展报告（2016）
著(编)者：钟秉枢　陈杰　杨铁黎
2016年10月出版 / 估价：79.00元

**北京养老产业蓝皮书**
北京养老产业发展报告（2016）
著(编)者：周明明　冯喜良　2016年4月出版 / 估价：69.00元

**滨海金融蓝皮书**
滨海新区金融发展报告（2016）
著(编)者：于霭俭　张锐钢　2016年9月出版 / 估价：79.00元

**城乡一体化蓝皮书**
中国城乡一体化发展报告·北京卷（2015～2016）
著(编)者：张宝秀　黄序　2016年5月出版 / 估价：79.00元

**创意城市蓝皮书**
北京文化创意产业发展报告（2016）
著(编)者：张京成　王国华　2016年12月出版 / 估价：69.00元

**创意城市蓝皮书**
青岛文化创意产业发展报告（2016）
著(编)者：马达　张丹妮　2016年6月出版 / 估价：79.00元

## 皮书系列 2016全品种 — 地方发展类

**创意城市蓝皮书**
台北文化创意产业发展报告（2016）
著（编）者：陈耀竹 邱琪瑄　2016年11月出版 / 估价：89.00元

**创意城市蓝皮书**
无锡文化创意产业发展报告（2016）
著（编）者：谭军 张鸣年　2016年10月出版 / 估价：79.00元

**创意城市蓝皮书**
武汉文化创意产业发展报告（2016）
著（编）者：黄永林 陈汉桥　2016年12月出版 / 估价：89.00元

**创意城市蓝皮书**
重庆创意产业发展报告（2016）
著（编）者：程宇宁　2016年4月出版 / 估价：89.00元

**地方法治蓝皮书**
南宁法治发展报告（2016）
著（编）者：杨维超　2016年12月出版 / 估价：69.00元

**福建妇女发展蓝皮书**
福建省妇女发展报告（2016）
著（编）者：刘群英　2016年11月出版 / 估价：88.00元

**甘肃蓝皮书**
甘肃经济发展分析与预测（2016）
著（编）者：朱智文 罗哲　2016年1月出版 / 估价：79.00元

**甘肃蓝皮书**
甘肃社会发展分析与预测（2016）
著（编）者：安文华 包晓霞　2016年1月出版 / 估价：79.00元

**甘肃蓝皮书**
甘肃文化发展分析与预测（2016）
著（编）者：安文华 周小华　2016年1月出版 / 估价：79.00元

**甘肃蓝皮书**
甘肃县域社会发展评价报告（2016）
著（编）者：刘进军 柳民 王建兵
2016年1月出版 / 估价：79.00元

**甘肃蓝皮书**
甘肃舆情分析与预测（2016）
著（编）者：陈双梅 郝树声　2016年1月出版 / 估价：79.00元

**甘肃蓝皮书**
甘肃商务发展报告（2016）
著（编）者：杨志武 王福生 王晓芳
2016年1月出版 / 估价：69.00元

**广东蓝皮书**
广东全面深化改革发展报告（2016）
著（编）者：周林生 涂成林　2016年11月出版 / 估价：69.00元

**广东蓝皮书**
广东社会工作发展报告（2016）
著（编）者：罗观翠　2016年6月出版 / 估价：89.00元

**广东蓝皮书**
广东省电子商务发展报告（2016）
著（编）者：程晓 邓顺国　2016年7月出版 / 估价：79.00元

**广东社会建设蓝皮书**
广东省社会建设发展报告（2016）
著（编）者：广东省社会工作委员会
2016年12月出版 / 估价：99.00元

**广东外经贸蓝皮书**
广东对外经济贸易发展研究报告（2015~2016）
著（编）者：陈万灵　2016年5月出版 / 估价：89.00元

**广西北部湾经济区蓝皮书**
广西北部湾经济区开放开发报告（2016）
著（编）者：广西北部湾经济区规划建设管理委员会办公室
广西社会科学院 广西北部湾发展研究院
2016年10月出版 / 估价：79.00元

**广州蓝皮书**
2016年中国广州经济形势分析与预测
著（编）者：庾建设 沈奎 谢博能　2016年6月出版 / 估价：79.00元

**广州蓝皮书**
2016年中国广州社会形势分析与预测
著（编）者：张强 陈怡霓 杨秦　2016年6月出版 / 估价：79.00元

**广州蓝皮书**
广州城市国际化发展报告（2016）
著（编）者：朱名宏　2016年11月出版 / 估价：69.00元

**广州蓝皮书**
广州创新型城市发展报告（2016）
著（编）者：尹涛　2016年10月出版 / 估价：69.00元

**广州蓝皮书**
广州经济发展报告（2016）
著（编）者：朱名宏　2016年7月出版 / 估价：69.00元

**广州蓝皮书**
广州农村发展报告（2016）
著（编）者：朱名宏　2016年8月出版 / 估价：69.00元

**广州蓝皮书**
广州汽车产业发展报告（2016）
著（编）者：杨再高 冯兴亚　2016年9月出版 / 估价：69.00元

**广州蓝皮书**
广州青年发展报告（2015～2016）
著（编）者：魏国华 张强　2016年7月出版 / 估价：69.00元

**广州蓝皮书**
广州商贸业发展报告（2016）
著（编）者：李江涛 肖振宇 荀振英
2016年7月出版 / 估价：69.00元

**广州蓝皮书**
广州社会保障发展报告（2016）
著（编）者：蔡国萱　2016年10月出版 / 估价：65.00元

**广州蓝皮书**
广州文化创意产业发展报告（2016）
著（编）者：甘新　2016年8月出版 / 估价：79.00元

**广州蓝皮书**
中国广州城市建设与管理发展报告（2016）
著（编）者：董皞 陈小钢 李江涛　2016年7月出版 / 估价：69.00元

# 皮书系列 2016全品种

## 地方发展类

**广州蓝皮书**
中国广州科技和信息化发展报告（2016）
著(编)者：邹采荣 马正勇 冯元　2016年8月出版 / 估价：79.00元

**广州蓝皮书**
中国广州文化发展报告（2016）
著(编)者：徐俊忠 陆志强 顾涧清　2016年7月出版 / 估价：69.00元

**贵阳蓝皮书**
贵阳城市创新发展报告·白云篇（2016）
著(编)者：连玉明　2016年10月出版 / 估价：89.00元

**贵阳蓝皮书**
贵阳城市创新发展报告·观山湖篇（2016）
著(编)者：连玉明　2016年10月出版 / 估价：89.00元

**贵阳蓝皮书**
贵阳城市创新发展报告·花溪篇（2016）
著(编)者：连玉明　2016年10月出版 / 估价：89.00元

**贵阳蓝皮书**
贵阳城市创新发展报告·开阳篇（2016）
著(编)者：连玉明　2016年10月出版 / 估价：89.00元

**贵阳蓝皮书**
贵阳城市创新发展报告·南明篇（2016）
著(编)者：连玉明　2016年10月出版 / 估价：89.00元

**贵阳蓝皮书**
贵阳城市创新发展报告·清镇篇（2016）
著(编)者：连玉明　2016年10月出版 / 估价：89.00元

**贵阳蓝皮书**
贵阳城市创新发展报告·乌当篇（2016）
著(编)者：连玉明　2016年10月出版 / 估价：89.00元

**贵阳蓝皮书**
贵阳城市创新发展报告·息烽篇（2016）
著(编)者：连玉明　2016年10月出版 / 估价：89.00元

**贵阳蓝皮书**
贵阳城市创新发展报告·修文篇（2016）
著(编)者：连玉明　2016年10月出版 / 估价：89.00元

**贵阳蓝皮书**
贵阳城市创新发展报告·云岩篇（2016）
著(编)者：连玉明　2016年10月出版 / 估价：89.00元

**贵州房地产蓝皮书**
贵州房地产发展报告NO.3（2016）
著(编)者：武廷方　2016年6月出版 / 估价：89.00元

**贵州蓝皮书**
册亨经济社会发展报告(2016)
著(编)者：黄德林　2016年1月出版 / 估价：69.00元

**贵州蓝皮书**
贵安新区发展报告（2016）
著(编)者：马长青 吴大华　2016年4月出版 / 估价：69.00元

**贵州蓝皮书**
贵州法治发展报告（2016）
著(编)者：吴大华　2016年5月出版 / 估价：79.00元

**贵州蓝皮书**
贵州民航业发展报告（2016）
著(编)者：申振东 吴大华　2016年10月出版 / 估价：69.00元

**贵州蓝皮书**
贵州人才发展报告（2016）
著(编)者：于杰 吴大华　2016年9月出版 / 估价：69.00元

**贵州蓝皮书**
贵州社会发展报告（2016）
著(编)者：王兴骥　2016年5月出版 / 估价：79.00元

**海淀蓝皮书**
海淀区文化和科技融合发展报告（2016）
著(编)者：陈名杰 孟景伟　2016年5月出版 / 估价：75.00元

**海峡西岸蓝皮书**
海峡西岸经济区发展报告（2016）
著(编)者：福建省人民政府发展研究中心
　　　　　福建省人民政府发展研究中心咨询服务中心
2016年9月出版 / 估价：65.00元

**杭州都市圈蓝皮书**
杭州都市圈发展报告（2016）
著(编)者：董祖德 沈翔　2016年5月出版 / 估价：89.00元

**杭州蓝皮书**
杭州妇女发展报告（2016）
著(编)者：魏颖　2016年4月出版 / 估价：79.00元

**河北经济蓝皮书**
河北省经济发展报告（2016）
著(编)者：马树强 金浩 刘兵 张贵
2016年3月出版 / 估价：89.00元

**河北蓝皮书**
河北经济社会发展报告（2016）
著(编)者：周文夫　2016年1月出版 / 估价：79.00元

**河北食品药品安全蓝皮书**
河北食品药品安全研究报告（2016）
著(编)者：丁锦霞　2016年6月出版 / 估价：79.00元

**河南经济蓝皮书**
2016年河南经济形势分析与预测
著(编)者：胡五岳　2016年2月出版 / 估价：69.00元

**河南蓝皮书**
2016年河南社会形势分析与预测
著(编)者：刘道兴 牛苏林　2016年4月出版 / 估价：69.00元

**河南蓝皮书**
河南城市发展报告（2016）
著(编)者：谷建全 王建国　2016年3月出版 / 估价：79.00元

**河南蓝皮书**
河南法治发展报告（2016）
著(编)者：丁同民 闫德民　2016年6月出版 / 估价：79.00元

**河南蓝皮书**
河南工业发展报告（2016）
著(编)者：龚绍东 赵西三　2016年1月出版 / 估价：79.00元

# 皮书系列 2016全品种 地方发展类

**河南蓝皮书**
河南金融发展报告（2016）
著（编）者：河南省社会科学院
2016年6月出版 / 估价：69.00元

**河南蓝皮书**
河南经济发展报告（2016）
著（编）者：河南省社会科学院
2016年12月出版 / 估价：79.00元

**河南蓝皮书**
河南农业农村发展报告（2016）
著（编）者：吴海峰　2016年4月出版 / 估价：69.00元

**河南蓝皮书**
河南文化发展报告（2016）
著（编）者：卫绍生　2016年3月出版 / 估价：79.00元

**河南商务蓝皮书**
河南商务发展报告（2016）
著（编）者：焦锦淼　穆荣国　2016年4月出版 / 估价：88.00元

**黑龙江产业蓝皮书**
黑龙江产业发展报告（2016）
著（编）者：于渤　2016年10月出版 / 估价：79.00元

**黑龙江蓝皮书**
黑龙江经济发展报告（2016）
著（编）者：曲伟　2016年1月出版 / 估价：79.00元

**黑龙江蓝皮书**
黑龙江社会发展报告（2016）
著（编）者：张新颖　2016年1月出版 / 估价：79.00元

**湖南城市蓝皮书**
区域城市群整合（主题待定）
著（编）者：童中贤　韩未名　2016年12月出版 / 估价：79.00元

**湖南蓝皮书**
2016年湖南产业发展报告
著（编）者：梁志峰　2016年5月出版 / 估价：98.00元

**湖南蓝皮书**
2016年湖南电子政务发展报告
著（编）者：梁志峰　2016年5月出版 / 估价：98.00元

**湖南蓝皮书**
2016年湖南经济展望
著（编）者：梁志峰　2016年5月出版 / 估价：128.00元

**湖南蓝皮书**
2016年湖南两型社会与生态文明发展报告
著（编）者：梁志峰　2016年5月出版 / 估价：98.00元

**湖南蓝皮书**
2016年湖南社会发展报告
著（编）者：梁志峰　2016年5月出版 / 估价：88.00元

**湖南蓝皮书**
2016年湖南县域经济社会发展报告
著（编）者：梁志峰　2016年5月出版 / 估价：98.00元

**湖南蓝皮书**
湖南城乡一体化发展报告（2016）
著（编）者：陈文胜　刘祚祥　邝奕轩　等
2016年7月出版 / 估价：89.00元

**湖南县域绿皮书**
湖南县域发展报告NO.3
著（编）者：袁准　周小毛　2016年9月出版 / 估价：69.00元

**沪港蓝皮书**
沪港发展报告（2015～2016）
著（编）者：尤安山　2016年4月出版 / 估价：89.00元

**吉林蓝皮书**
2016年吉林经济社会形势分析与预测
著（编）者：马克　2016年2月出版 / 估价：89.00元

**济源蓝皮书**
济源经济社会发展报告（2016）
著（编）者：喻新安　2016年4月出版 / 估价：69.00元

**健康城市蓝皮书**
北京健康城市建设研究报告（2016）
著（编）者：王鸿春　2016年4月出版 / 估价：79.00元

**江苏法治蓝皮书**
江苏法治发展报告NO.5（2016）
著（编）者：李力　龚廷泰　2016年9月出版 / 估价：98.00元

**江西蓝皮书**
江西经济社会发展报告（2016）
著（编）者：张勇　姜玮　梁勇　2016年10月出版 / 估价：79.00元

**江西文化产业蓝皮书**
江西文化产业发展报告（2016）
著（编）者：张圣才　汪春翔　2016年10月出版 / 估价：128.00元

**经济特区蓝皮书**
中国经济特区发展报告（2016）
著（编）者：陶一桃　2016年12月出版 / 估价：89.00元

**辽宁蓝皮书**
2016年辽宁经济社会形势分析与预测
著（编）者：曹晓峰　张晶　梁启东
2016年12月出版 / 估价：79.00元

**拉萨蓝皮书**
拉萨法治发展报告（2016）
著（编）者：车明怀　2016年7月出版 / 估价：79.00元

**洛阳蓝皮书**
洛阳文化发展报告（2016）
著（编）者：刘福兴　陈启明　2016年7月出版 / 估价：79.00元

**南京蓝皮书**
南京文化发展报告（2016）
著（编）者：徐宁　2016年12月出版 / 估价：79.00元

**内蒙古蓝皮书**
内蒙古反腐倡廉建设报告NO.2
著（编）者：张志华　无极　2016年12月出版 / 估价：69.00元

# 皮书系列 2016全品种

## 地方发展类

**浦东新区蓝皮书**
上海浦东经济发展报告（2016）
著(编)者：沈开艳 陆沪根　2016年1月出版 / 估价：69.00元

**青海蓝皮书**
2016年青海经济社会形势分析与预测
著(编)者：赵宗福　2015年12月出版 / 估价：69.00元

**人口与健康蓝皮书**
深圳人口与健康发展报告（2016）
著(编)者：陆杰华 罗乐宣 苏杨
2016年11月出版 / 估价：89.00元

**山东蓝皮书**
山东经济形势分析与预测（2016）
著(编)者：李广杰　2016年11月出版 / 估价：89.00元

**山东蓝皮书**
山东社会形势分析与预测（2016）
著(编)者：涂可国　2016年6月出版 / 估价：89.00元

**山东蓝皮书**
山东文化发展报告（2016）
著(编)者：张华 唐洲雁　2016年6月出版 / 估价：98.00元

**山西蓝皮书**
山西资源型经济转型发展报告（2016）
著(编)者：李志强　2016年5月出版 / 估价：89.00元

**陕西蓝皮书**
陕西经济发展报告（2016）
著(编)者：任宗哲 白宽犁 裴成荣
2016年1月出版 / 估价：69.00元

**陕西蓝皮书**
陕西社会发展报告（2016）
著(编)者：任宗哲 白宽犁 牛昉
2016年1月出版 / 估价：69.00元

**陕西蓝皮书**
陕西文化发展报告（2016）
著(编)者：任宗哲 白宽犁 王长寿
2016年1月出版 / 估价：65.00元

**陕西蓝皮书**
丝绸之路经济带发展报告（2016）
著(编)者：任宗哲 石英 白宽犁
2016年8月出版 / 估价：79.00元

**上海蓝皮书**
上海传媒发展报告（2016）
著(编)者：强荧 焦雨虹　2016年1月出版 / 估价：69.00元

**上海蓝皮书**
上海法治发展报告（2016）
著(编)者：叶青　2016年5月出版 / 估价：69.00元

**上海蓝皮书**
上海经济发展报告（2016）
著(编)者：沈开艳　2016年1月出版 / 估价：69.00元

**上海蓝皮书**
上海社会发展报告（2016）
著(编)者：杨雄 周海旺　2016年1月出版 / 估价：69.00元

**上海蓝皮书**
上海文化发展报告（2016）
著(编)者：荣跃明　2016年1月出版 / 估价：74.00元

**上海蓝皮书**
上海文学发展报告（2016）
著(编)者：陈圣来　2016年1月出版 / 估价：69.00元

**上海蓝皮书**
上海资源环境发展报告（2016）
著(编)者：周冯琦 汤庆合 任文伟
2016年1月出版 / 估价：69.00元

**上饶蓝皮书**
上饶发展报告（2015~2016）
著(编)者：朱寅健　2016年3月出版 / 估价：128.00元

**社会建设蓝皮书**
2016年北京社会建设分析报告
著(编)者：宋贵伦 冯虹　2016年7月出版 / 估价：79.00元

**深圳蓝皮书**
深圳法治发展报告（2016）
著(编)者：张骁儒　2016年5月出版 / 估价：69.00元

**深圳蓝皮书**
深圳经济发展报告（2016）
著(编)者：张骁儒　2016年6月出版 / 估价：89.00元

**深圳蓝皮书**
深圳劳动关系发展报告（2016）
著(编)者：汤庭芬　2016年6月出版 / 估价：79.00元

**深圳蓝皮书**
深圳社会建设与发展报告（2016）
著(编)者：张骁儒 陈东平　2016年6月出版 / 估价：79.00元

**深圳蓝皮书**
深圳文化发展报告(2016)
著(编)者：张骁儒　2016年1月出版 / 估价：69.00元

**四川法治蓝皮书**
四川依法治省年度报告 NO.2（2016）
著(编)者：李林 杨天宗 田禾
2016年3月出版 / 估价：108.00元

**四川蓝皮书**
2016年四川经济形势分析与预测
著(编)者：杨钢　2016年1月出版 / 估价：89.00元

**四川蓝皮书**
四川城镇化发展报告（2016）
著(编)者：侯水平 范秋美　2016年4月出版 / 估价：79.00元

**四川蓝皮书**
四川法治发展报告（2016）
著(编)者：郑泰安　2016年1月出版 / 估价：69.00元

**皮书系列 2016全品种**

**地方发展类·国家国别类**

四川蓝皮书
四川企业社会责任研究报告（2015～2016）
著（编）者：侯水平 盛毅　2016年4月出版／估价：79.00元

四川蓝皮书
四川社会发展报告（2016）
著（编）者：郭晓鸣　2016年4月出版／估价：79.00元

四川蓝皮书
四川生态建设报告（2016）
著（编）者：李晟之　2016年4月出版／估价：79.00元

四川蓝皮书
四川文化产业发展报告（2016）
著（编）者：侯水平　2016年4月出版／估价：79.00元

体育蓝皮书
上海体育产业发展报告（2015～2016）
著（编）者：张林 黄海燕　2016年10月出版／估价：79.00元

体育蓝皮书
长三角地区体育产业发展报告（2015～2016）
著（编）者：张林　2016年4月出版／估价：79.00元

天津金融蓝皮书
天津金融发展报告（2016）
著（编）者：王爱俭 孔德昌　2016年9月出版／估价：89.00元

图们江区域合作蓝皮书
图们江区域合作发展报告（2016）
著（编）者：李铁　2016年4月出版／估价：98.00元

温州蓝皮书
2016年温州经济社会形势分析与预测
著（编）者：潘忠强 王春光 金浩　2016年4月出版／估价：69.00元

扬州蓝皮书
扬州经济社会发展报告（2016）
著（编）者：丁纯　2016年12月出版／估价：89.00元

长株潭城市群蓝皮书
长株潭城市群发展报告（2016）
著（编）者：张萍　2016年10月出版／估价：69.00元

郑州蓝皮书
2016年郑州文化发展报告
著（编）者：王哲　2016年9月出版／估价：65.00元

中医文化蓝皮书
北京中医药文化传播发展报告（2016）
著（编）者：毛嘉陵　2016年5月出版／估价：79.00元

珠三角流通蓝皮书
珠三角商圈发展研究报告（2016）
著（编）者：王先庆 林至颖　2016年7月出版／估价：98.00元

遵义蓝皮书
遵义发展报告（2016）
著（编）者：曾征 龚永育　2016年12月出版／估价：69.00元

# 国别与地区类

阿拉伯黄皮书
阿拉伯发展报告（2015～2016）
著（编）者：罗林　2016年11月出版／估价：79.00元

北部湾蓝皮书
泛北部湾合作发展报告（2016）
著（编）者：吕余生　2016年10月出版／估价：69.00元

大湄公河次区域蓝皮书
大湄公河次区域合作发展报告（2016）
著（编）者：刘稚　2016年9月出版／估价：79.00元

大洋洲蓝皮书
大洋洲发展报告（2015～2016）
著（编）者：喻常森　2016年10月出版／估价：89.00元

德国蓝皮书
德国发展报告（2016）
著（编）者：郑春荣 伍慧萍
2016年5月出版／估价：69.00元

东北亚黄皮书
东北亚地区政治与安全（2016）
著（编）者：黄凤志 刘清才 张慧智 等
2016年5月出版／估价：69.00元

东盟黄皮书
东盟发展报告（2016）
著（编）者：杨晓强 庄国土　2016年12月出版／估价：75.00元

东南亚蓝皮书
东南亚地区发展报告（2015～2016）
著（编）者：厦门大学东南亚研究中心 王勤
2016年4月出版／估价：79.00元

俄罗斯黄皮书
俄罗斯发展报告（2016）
著（编）者：李永全　2016年7月出版／估价：79.00元

非洲黄皮书
非洲发展报告NO.18（2015～2016）
著（编）者：张宏明　2016年9月出版／估价：79.00元

## 皮书系列 重点推荐

**国家国别类**

**国际形势黄皮书**
全球政治与安全报告（2016）
著(编)者：李慎明 张宇燕
2015年12月出版 / 定价：69.00元

**韩国蓝皮书**
韩国发展报告（2016）
著(编)者：牛林杰 刘宝全
2016年12月出版 / 估价：89.00元

**加拿大蓝皮书**
加拿大发展报告（2016）
著(编)者：仲伟合 2016年4月出版 / 估价：89.00元

**拉美黄皮书**
拉丁美洲和加勒比发展报告（2015~2016）
著(编)者：吴白乙 2016年5月出版 / 估价：89.00元

**美国蓝皮书**
美国研究报告（2016）
著(编)者：郑秉文 黄平
2016年6月出版 / 估价：89.00元

**缅甸蓝皮书**
缅甸国情报告（2016）
著(编)者：李晨阳 2016年8月出版 / 估价：79.00元

**欧洲蓝皮书**
欧洲发展报告（2015~2016）
著(编)者：周弘 黄平 江时学
2016年7月出版 / 估价：89.00元

**日本经济蓝皮书**
日本经济与中日经贸关系研究报告（2016）
著(编)者：王洛林 张季风
2016年5月出版 / 估价：79.00元

**日本蓝皮书**
日本研究报告（2016）
著(编)者：李薇 2016年4月出版 / 估价：69.00元

**上海合作组织黄皮书**
上海合作组织发展报告（2016）
著(编)者：李进峰 吴宏伟 李伟
2016年7月出版 / 估价：98.00元

**世界创新竞争力黄皮书**
世界创新竞争力发展报告（2016）
著(编)者：李闽榕 李建平 赵新力
2016年1月出版 / 估价：148.00元

**土耳其蓝皮书**
土耳其发展报告（2016）
著(编)者：郭长刚 刘义 2016年7月出版 / 估价：69.00元

**亚太蓝皮书**
亚太地区发展报告（2016）
著(编)者：李向阳 2016年1月出版 / 估价：69.00元

**印度蓝皮书**
印度国情报告（2016）
著(编)者：吕昭义 2016年5月出版 / 估价：89.00元

**印度洋地区蓝皮书**
印度洋地区发展报告（2016）
著(编)者：汪戎 2016年5月出版 / 估价：89.00元

**英国蓝皮书**
英国发展报告（2015~2016）
著(编)者：王展鹏 2016年10月出版 / 估价：89.00元

**越南蓝皮书**
越南国情报告（2016）
著(编)者：广西社会科学院 罗梅 李碧华
2016年8月出版 / 估价：69.00元

**越南蓝皮书**
越南经济发展报告（2016）
著(编)者：黄志勇 2016年10月出版 / 估价：69.00元

**以色列蓝皮书**
以色列发展报告（2016）
著(编)者：张倩红 2016年9月出版 / 估价：89.00元

**中东黄皮书**
中东发展报告No.18（2015~2016）
著(编)者：杨光 2016年10月出版 / 估价：89.00元

**中欧关系蓝皮书**
中欧关系研究报告（2016）
著(编)者：周弘 2016年12月出版 / 估价：98.00元

**中亚黄皮书**
中亚国家发展报告（2016）
著(编)者：孙力 吴宏伟 2016年8月出版 / 估价：89.00元

社会科学文献出版社　　皮书系列

### ❖ 皮书起源 ❖

"皮书"起源于十七、十八世纪的英国,主要指官方或社会组织正式发表的重要文件或报告,多以"白皮书"命名。在中国,"皮书"这一概念被社会广泛接受,并被成功运作、发展成为一种全新的出版形态,则源于中国社会科学院社会科学文献出版社。

### ❖ 皮书定义 ❖

皮书是对中国与世界发展状况和热点问题进行年度监测,以专业的角度、专家的视野和实证研究方法,针对某一领域或区域现状与发展态势展开分析和预测,具备原创性、实证性、专业性、连续性、前沿性、时效性等特点的公开出版物,由一系列权威研究报告组成。

### ❖ 皮书作者 ❖

皮书系列的作者以中国社会科学院、著名高校、地方社会科学院的研究人员为主,多为国内一流研究机构的权威专家学者,他们的看法和观点代表了学界对中国与世界的现实和未来最高水平的解读与分析。

### ❖ 皮书荣誉 ❖

皮书系列已成为社会科学文献出版社的著名图书品牌和中国社会科学院的知名学术品牌。2011年,皮书系列正式列入"十二五"国家重点出版规划项目;2012~2015年,重点皮书列入中国社会科学院承担的国家哲学社会科学创新工程项目;2016年,46种院外皮书使用"中国社会科学院创新工程学术出版项目"标识。

# 中国皮书网

## www.pishu.cn

发布皮书研创资讯，传播皮书精彩内容
引领皮书出版潮流，打造皮书服务平台

**栏目设置：**

- □ 资讯：皮书动态、皮书观点、皮书数据、皮书报道、皮书发布、电子期刊
- □ 标准：皮书评价、皮书研究、皮书规范
- □ 服务：最新皮书、皮书书目、重点推荐、在线购书
- □ 链接：皮书数据库、皮书博客、皮书微博、在线书城
- □ 搜索：资讯、图书、研究动态、皮书专家、研创团队

中国皮书网依托皮书系列"权威、前沿、原创"的优质内容资源，通过文字、图片、音频、视频等多种元素，在皮书研创者、使用者之间搭建了一个成果展示、资源共享的互动平台。

自2005年12月正式上线以来，中国皮书网的IP访问量、PV浏览量与日俱增，受到海内外研究者、公务人员、商务人士以及专业读者的广泛关注。

2008年、2011年，中国皮书网均在全国新闻出版业网站荣誉评选中获得"最具商业价值网站"称号；2012年，获得"出版业网站百强"称号。

2014年，中国皮书网与皮书数据库实现资源共享、端口合一，将提供更丰富的内容，更全面的服务。

# 皮书数据库

**权威报告　热点资讯　海量资源**

## 当代中国与世界发展的高端智库平台

皮书数据库 www.pishu.com.cn

皮书数据库是专业的人文社会科学综合学术资源总库，以大型连续性图书——皮书系列为基础，整合国内外相关资讯构建而成。包含六大子库，涵盖两百多个主题，囊括了近十几年间中国与世界经济社会发展报告，覆盖经济、社会、政治、文化、教育、国际问题等多个领域。

皮书数据库以篇章为基本单位，方便用户对皮书内容的阅读需求。用户可进行全文检索，也可对文献题目、内容提要、作者名称、作者单位、关键字等基本信息进行检索，还可对检索到的篇章再做二次筛选，进行在线阅读或下载阅读。智能多维度导航，可使用户根据自己熟知的分类标准进行分类导航筛选，使查找和检索更高效、便捷。

权威的研究报告，独特的调研数据，前沿的热点资讯，皮书数据库已发展成为国内最具影响力的关于中国与世界现实问题研究的成果库和资讯库。

## 皮书俱乐部会员服务指南

**1. 谁能成为皮书俱乐部成员？**
- 皮书作者自动成为俱乐部会员
- 购买了皮书产品（纸质书/电子书）的个人用户

**2. 会员可以享受的增值服务**
- 免费获赠皮书数据库100元充值卡
- 加入皮书俱乐部，免费获赠该纸质图书的电子书
- 免费定期获赠皮书电子期刊
- 优先参与各类皮书学术活动
- 优先享受皮书产品的最新优惠

**3. 如何享受增值服务？**

（1）免费获赠100元皮书数据库体验卡

第1步 刮开皮书附赠充值的涂层（右下）；

第2步 登录皮书数据库网站（www.pishu.com.cn），注册账号；

第3步 登录并进入"会员中心"—"在线充值"—"充值卡充值"，充值成功后即可使用。

（2）加入皮书俱乐部，凭数据库体验卡获赠该书的电子书

第1步 登录社会科学文献出版社官网（www.ssap.com.cn），注册账号；

第2步 登录并进入"会员中心"—"皮书俱乐部"，提交加入皮书俱乐部申请；

第3步 审核通过后，再次进入皮书俱乐部，填写页面所需图书、体验卡信息即可自动兑换相应电子书。

**4. 声明**

解释权归社会科学文献出版社所有

---

皮书俱乐部会员可享受社会科学文献出版社其他相关免费增值服务，有任何疑问，均可与我们联系。

图书销售热线：010-59367070/7028　图书服务QQ：800045692　图书服务邮箱：duzhe@ssap.cn

数据库服务热线：400-008-6695　数据库服务QQ：2475522410　数据库服务邮箱：database@ssap.cn

欢迎登录社会科学文献出版社官网（www.ssap.com.cn）和中国皮书网（www.pishu.cn）了解更多信息

## 五 非法集资类金融犯罪剧增，电信网络犯罪暴涨

1. 非法集资类犯罪

2015年在金融犯罪领域影响最大的应该是非法集资类案件。在中国《刑法》中，涉及非法集资的犯罪有两项，一是非法吸收公众存款罪，二是集资诈骗罪。随着经济的发展，非法集资类犯罪的手段不断翻新，主要表现为以下几种方式：以P2P网贷平台的名义进行非法集资；虚构投资并许诺高额回报，吸收公众的资金；以签合同的形式骗取公众"投资入股"；虚构投资项目，以资金周转的名义，承诺在一定期限内还本付息，诱骗借款，非法设立储金会、互助会、基金会等进行非法集资；假借"投资理财"进行非法集资等①。这些犯罪手段具有非常强的欺骗性和隐蔽性。

从2015年的非法集资类犯罪情况来看，数额越来越大、受害人数越来越多。例如，2015年1~8月，安徽省各级公安机关共破获187起非法集资犯罪案件，抓获271名犯罪嫌疑人，涉及集资群众6530人，涉案金额23亿余元②。又如，2015年12月爆发的"e租宝"事件，用户近497万人，累计成交额已达740亿元，警方已经对责任人采取了强制措施③。之后，深圳市公安局发布消息称已经对"e租宝"网络金融平台及其关联公司涉嫌非法吸收公众存款案件立案侦查。

2. 电信网络犯罪

随着网络、电信的快速发展，电信网络犯罪呈迅猛发展态势，电信、网络逐渐融合，结合越来越紧密，以前的电信犯罪和网络犯罪逐渐演变为电信网络犯罪。在2015年10月9日召开的"国务院打击治理电信网络新型违法犯罪工作部际联席会议"第一次会议上公布，2015年1~8月，全国立案的电信诈骗犯罪案件有31.7万起，同比上升了31.5%；2015年1~9月，涉

---

① 引自《安徽8个月破非法集资案187起》，《法制日报》2015年11月19日，第5版。
② 引自《安徽8个月破非法集资案187起》，《法制日报》2015年11月19日，第5版。
③ 苏曼丽：《e租宝涉嫌违法经营遭查》，《新京报》2015年12月9日，第B1版。

嫌网络诈骗犯罪的立案数量为11416件,同比增长18%。该类案件同比增长幅度远远高于其他类型的案件,甚至在有些地方这类犯罪案件以每年20%~30%的速度快速增长①。

犯罪分子利用网上银行、手机银行、通信等手段,将犯罪窝点藏匿在不同的国家和地区,在空间上非常容易地实现了跨国、跨境、跨地区的大跨度大范围犯罪。例如,2015年11月10日,254名犯罪嫌疑人被中国警方从印度尼西亚雅加达、柬埔寨金边押解回国,涉及内地20多个省、区、市以及香港的4000余起特大跨国跨境电信诈骗案成功告破②。

电信网络犯罪具有犯罪手法的多变性和犯罪形式的多样性,针对不同群体步步设套,量体裁衣。例如:冒充银行、社保、电信等工作人员,以银行卡、社保卡、消费等为名,欺骗受害人将资金汇入指定账户;以冒充公检法人员、邮递人员,谎称法院有传票、涉嫌犯罪、邮包内有毒品等,引诱受害人将资金汇入指定账户;以谎称有廉价的飞机票、火车票或在节假日机票或火车票紧张时谎称自己有票等为诱饵进行诈骗;以航班取消全额退款但须支付手续费为名,远程盗取受害人银行资金;冒充领导或朋友向受害人借钱并告知汇款账户;利用无抵押贷款但须预付利息等名义、虚假广告信息诈骗他人钱物;利用高薪招聘进行诈骗;利用汇款信息进行诈骗;QQ聊天冒充好友借款诈骗;等等。这些犯罪无孔不入,令人防不胜防。

## 六 未成年人犯罪和传统暴力犯罪呈下降态势

1. 未成年人犯罪

近年来,在全社会的共同努力下,防治未成年人犯罪工作取得了明显成绩,未成年人犯罪总体呈下降趋势。从犯罪特点来看,未成年人犯罪案件呈现犯罪年龄趋于低龄化、文化程度较低、外来未成年人所占比重较高、共同

---

① 周斌:《高压严打难遏网络犯罪高发多发态势,几乎所有传统犯罪均"触网"》,《法制日报》2015年10月14日,第5版。
② 《254名电信诈骗罪嫌犯被押解回国》,《经济参考报》2015年11月11日,第4版。

犯罪多、犯罪手段智能化暴力化凶残化、犯罪后果非常严重等特点。例如，2015年12月4日，湖南邵阳邵东县邵东创新实验学校高三班主任滕某，在办公室约谈学生龙某及其家长时，被龙某持水果刀连捅两刀杀害①。

随着经济社会的发展，未成年人犯罪呈现出多元化趋势，贩毒、绑架、诈骗、介绍卖淫、暴力恐怖犯罪、邪教犯罪、民族分裂犯罪等，也常有未成年人参加，并且有逐年上升态势。在犯罪性质上，故意杀人、强奸、故意伤害（重伤）、抢劫等恶性犯罪逐年增多，且犯罪手段残忍、不计后果。随着社会人员流动性增大，外来未成年人犯罪率居高不下。

2.传统暴力犯罪

2015年12月18日，公安部在电视电话会议上指出，2015年1~11月，全国命案现案破案率达96.46%，杀人、爆炸、强奸、抢劫等八类严重暴力犯罪案件连续11年下降，破案率明显上升。虽然严重的暴力犯罪连续11年持续下降，但由于暴力犯罪具有极为严重的社会危害性，所以丝毫不能放松警惕，情势并不乐观。例如，2015年广东警方共侦破放火、爆炸、劫持、杀人、伤害、强奸、绑架、抢劫等八类严重暴力犯罪案件1.5万起②。从全国范围来看，暴力伤医案件形势也十分严峻，医患冲突问题已经成了突出的社会问题，"闹医""伤医""杀医"等事件已经严重影响了社会的和谐和稳定。

## 七 2016年犯罪形势预测与展望

2016年犯罪的态势变化与中国在发展过程中出现的社会问题、经济问题与法律问题分不开。2015年颁布的《刑法修正案（九）》和《反恐怖主义法》从总体上会对2016年犯罪态势产生较大影响，一些犯罪问题的治理也需要多管齐下、综合治理。2016年中国主要犯罪类型的态势有以下几个

---

① 杨锋、赵吉翔、王丹：《湖南一学生捅死班主任 母亲在场》，《新京报》2015年12月5日，第A10版。
② 洪奕宜：《粤严打八类严重暴力犯罪，发案数同比下降21% 破案1.5万起 命案破案率93%》，《南方日报》2015年9月30日，第A12版。

方面。

第一，严重危及中国政权安全和人民群众生命安全的暴力恐怖犯罪会得到一定的控制，但情势依然非常严峻。严厉打击暴力恐怖犯罪已经不再属于某一个国家或者某一个区域的内部事务了，应该着力于"国际国内两个反恐领域""疆内疆外两个反恐战场"和"网上网下两个反恐战线"，全方位加强对暴力恐怖犯罪的打击和预防。在国内，从立法完善来看，2015年12月27日，第十二届全国人民代表大会常务委员会第十八次会议通过了《反恐怖主义法》（自2016年1月1日起施行）。在司法实践中，有关部门深入开展严厉打击暴力恐怖犯罪的专项行动，加强协调配合，形成整体合力，对暴力恐怖活动始终保持高压震慑态势；提高情报的分析研判能力和预警能力，有效预防、及时发现并快速反应，将暴恐活动消灭在萌芽状态、摧毁在行动之前①。世界各国越来越重视打击网络恐怖主义活动，中国的《反恐怖主义法》也规定了网络反恐的内容。上述措施将形成国际国内、疆内疆外、网上网下全面打击暴力恐怖犯罪的局面，会使暴力恐怖犯罪在2016年得到一定程度的控制。但是，由于国际社会目前仍然处于恐怖主义活动的高发期，境内境外恐怖分子会继续相互勾结，且高科技、网络等现代化手段也会越来越多地被恐怖分子用作组织、策划和实施恐怖犯罪活动的主要工具。所以，2016年的暴力恐怖犯罪情势依然非常严峻。

第二，与人民群众日常生活息息相关的危害食品药品安全犯罪、环境犯罪的数量会得到有效遏制，但电信网络犯罪会继续全面爆发。基于对危害食品药品安全犯罪和环境犯罪的严重社会危害性的充分认识，现阶段，食品药品安全和环境保护的政府监管部门与司法机关的大力配合、相互协调，加大打击力度，一案双查，既惩罚危害食品药品安全和破坏环境的犯罪人，也惩罚监管部门的职务犯罪行为，织密法网以防漏网之鱼。食品和药品安全是关系国计民生的大事，加快建立科学完善的食品药品安全治理体系、严把每一

---

① 王治国：《孟建柱在反恐怖工作会议上强调——深刻把握暴恐活动新变化新特点　全面提升反恐斗争能力水平　全力维护国家安全和社会稳定》，《检察日报》2015年12月12日，第1版。

道防线已经迫在眉睫。只有用"最严谨的标准、最严格的监管、最严厉的处罚、最严肃的问责"切实加强对食品和药品的安全监管，才能让人民群众吃得安全放心。面对危害食品药品安全犯罪的高发态势，必须坚持法治化和现代化的道路，规范市场、打击犯罪。法治化和现代化的结合点，是行政执法和刑事司法的无缝衔接。具体措施如下：①依法行政，构建市场经济秩序，规范市场经济主体及其行为，完善食品药品安全监管机制，为食品药品安全筑起一道道防线；②明确职责，行政执法机关发现涉嫌食品药品安全犯罪的，固定证据，并及时移送司法机关，人民检察院依法行使侦查监督职责；③将"两法衔接"纳入政府目标考核，建立联席会议制度和信息交流共享机制，完善保障措施；④严密刑事法网，充分发挥刑罚的及时性、必定性和不可避免性，使得犯罪分子无处可逃[1]。这一系列措施将会在2016年初见成效。但是，从电信网络犯罪来看，情况并不乐观，虽然国务院2015年6月批准建立了"打击治理电信网络新型违法犯罪工作部际联席会议"制度，由23个部门和单位组成，旨在坚决遏制新型电信网络犯罪的发展蔓延势头。中国还加强与他国合作，共同打击网络犯罪[2]，这些举措有望能够起到一定的效果。但是，因这些犯罪基数太大，且犯罪成本低，经济收益高，反侦查能力强，要想在2016年遏制其增长势头非常困难。电信网络犯罪如此猖獗，要遏制其暴涨的势头，必须加大严厉打击电信网络犯罪的力度，这就需要完善相应的立法，提高司法机关的执法能力，统一执法标准。同时，还必须严格电信、网络服务部门的责任，从源头上把好第一道防线。电信、网络服务部门对电信网络犯罪不作为的放任态度甚至相互支持的行为只会使这类犯罪更加猖狂。

第三，多方努力，有效防范毒品犯罪。首先，需要切实提高禁毒的专业化水平，加强机构和队伍力量建设，保障经费，推进基础设施建

---

[1] 参见黄芳《行政执法与刑事司法衔接机制研究——以有效防范"危害食品安全犯罪"为视角》，《人民论坛》2015年第9期。
[2] 参见《首次中美打击网络犯罪及相关事项高级别联合对话成果声明》，《检察日报》2015年12月4日，第1版。

设；其次，需要全面推进禁毒工作的社会化，动员社会力量，解决难点问题；再次，需要严格执法，实现禁毒工作的法制化，规范并完善吸毒人员隔离戒毒的规则；最后，加强国际合作，从源头上遏制毒品犯罪猖獗蔓延。

第四，影响经济安全的非法集资类犯罪、侵犯知识产权犯罪等还会持续增长。在金融犯罪方面，非法集资类犯罪、证券犯罪、利用银行卡或金融凭证等进行诈骗犯罪依然会持续高发，从犯罪规模、参与人数、受害人数、危害后果来看，尤其以非法集资类犯罪为甚。有效防止非法集资类犯罪案件蔓延，首先要加强监管，把这类犯罪消灭在萌芽状态；其次要加强法制宣传，使老百姓能够将这类犯罪与经济发展过程中合法的融资行为区别开来，以免上当受骗，造成不可挽回的损失。侵犯知识产权的犯罪案件会随着中国政府倡导的"大众创业""草根创业""万众创新""人人创新"的推进而有所上升，因为"创新""创业"离不开知识产权的保护，现阶段中国还缺乏知识产权保护的法治思维，在创业、创新浪潮来临之际，可能将会伴随着知识产权犯罪案件的上升。要切实保护创业和创新，还需要法制先行。

第五，职务犯罪会随着中国反腐败的深入而增量明显下降、存量有所减少，大案要案总数也会降低。中央对腐败犯罪实行"零容忍"的高压态势，对于新的职务犯罪产生起到了很大的遏制作用。由于职务犯罪涉及面广，犯罪存量较大，以前已经实施但尚未发现的犯罪会随着反腐进程而陆续暴露出来，所以，2016年的职务犯罪数量并不会大幅度减少。关于省部级以上干部的职务犯罪，到2015年11月11日，中央"打虎"实现31个省、市、区全覆盖，其中，有部分人员尚未进入司法程序，如上海的艾宝俊、北京的吕锡文等。可见，2016年查办职务犯罪中的大案要案仍然是反腐工作的重中之重。打击腐败犯罪是一场关系党和国家生死存亡的政治斗争，必须进一步严密刑事法网，完善刑事立法，加大侦查力度，加强国际合作，对腐败犯罪形成国际国内、全面立体的包围态势，建立起不敢腐、不能腐、不想腐的防范、监督和惩罚的有效机制。

第六，未成年人犯罪总数及再犯率会有所下降。对于未成年人的保护、教育，中国已有比较完善的法律法规。2015年12月，最高人民检察院设立了未成年人检察工作办公室，专门负责关于未成年人犯罪的审查逮捕和审查起诉及相关工作，最大限度预防矫治未成年人违法犯罪，这些都有利于犯罪的未成年人尽快回归社会，降低再犯率。

# B.6
## 2015年司法改革的新进展

祁建建*

**摘　要：** 2015年，国家继续推进以员额制、人员分类管理、人财物省级统管为主要内容的司法资源管理体制改革；遵循司法规律，改革司法权力运行、监督、制约等机制，设立巡回法庭，完善司法责任制，推进以审判为中心的刑事诉讼制度改革等；保障诉权和诉讼权利，加强人权的司法保障，加强对辩护律师执业权利保障和监管，完善法律援助制度，推行立案登记制，推进公益诉讼实践，加大民事执行力度，防范和纠正冤假错案等。2015年，司法改革坚持党的领导，坚持顶层设计，重大改革推行政策先行试点，并通过快速扩大试点来扩大改革成效，多项改革互为配套措施，司法改革全面铺开。

**关键词：** 司法规律　司法资源管理　司法权运行　司法改革

## 引言

2015年，司法改革在中国共产党的领导下持续深入进行。中央全面深化改革领导小组（以下简称"中央深改组"）自2015年1月30日第9次会议至12月9日第19次会议，共召开11次会议，通过的司法改革文件中，既有涉及全局性改革的实施方案，又有涉及具体改革事项的意见、规定、试

---

\* 祁建建，中国社会科学院法学研究所副研究员。

点方案,还就至关重要的改革路径制定了指导性意见,强调统筹协调、衔接配套、因地制宜、问题导向等,以重点突破的方式推动整体改革。

2015年初,第9次中央深改组会议通过《关于贯彻落实党的十八届四中全会决定 进一步深化司法体制和社会体制改革的实施方案》;2月,最高人民法院修改《人民法院第四个五年改革纲要(2014～2018年)》(以下简称"四五改革纲要"),提出七个方面65项司法改革举措;最高人民检察院修订《关于深化检察改革的意见(2013～2017年工作规划)》,提出六大重点任务、42项具体任务;公安部出台《关于全面深化公安改革若干重大问题的框架意见》,提出七个方面主要任务、100多项改革措施。2015年初出台的以上综合性、纲领性司法改革文件奠定了一年来改革进程迅速推进的基础。

## 一 继续推进司法资源管理方面的体制改革

2015年中央深改组通过多项文件,继续推进以员额制、分类管理、人财物省级统管为主要内容的司法资源管理体制改革。

### (一)推进员额制,完善司法人员分类管理

中央将员额上限确定为中央政法专项编制的39%[①]。2015年9月发布的《最高人民法院完善人民法院司法责任制的若干意见》要求进入法官员额的院长、副院长、审判委员会专职委员、庭长、副庭长应当办理案件。

《最高人民法院关于完善人民法院司法责任制的若干意见》要求为法官合理配置一定数量的法官助理、书记员和其他审判辅助人员。2015年6月中央深改组第13次会议要求建立从政法专业毕业生中招录法官助理、检察

---

① 参见《司法改革全面有序推进成效明显》,《法制日报》2015年12月4日,第1版。指出试点"改革后,各地法官、检察官员额均控制在中央政法专项编制的39%以内,并留有余地";也可参见商西《最高法:司法改革中法官员额比不能突破》,《南方都市报》2015年7月4日。

官助理的规范机制；遵循司法规律，建立符合审判、检察人员职业特点的招录机制；确保新录用的审判、检察人员具有良好的政治和专业素质等。

### （二）要求开展单独职务序列试点和全国统一工资制度试点

2015年9月，中央深改组第16次会议通过《法官、检察官单独职务序列改革试点方案》《法官、检察官工资制度改革试点方案》，要求对法官、检察官队伍给予特殊政策，建立有别于其他公务员的单独职务序列，实行全国统一的法官、检察官工资制度，建立与工作职责、实绩和贡献紧密联系的工资分配机制，加大对一线办案人员的工资政策倾斜力度等。这是促进法官、检察官队伍专业化、职业化建设的重要举措。

### （三）推动地方法院、检察院人财物省级统管

2015年试点省份推进人财物省级统管改革，改变了原来由县市提名、管理、任免地方司法人员和由县市地方保障司法经费的机制，有利于县市两级地方司法机关的人事和财政摆脱对县市地方政府的依赖，保障法院、检察院依法独立行使审判权、检察权。

### （四）完善统一法律职业资格制度

2015年12月，中共中央办公厅、国务院办公厅印发中央深改组通过的《关于完善国家统一法律职业资格制度的意见》，明确法律职业范围和取得法律职业资格的条件，建立统一法律职业资格考试制度，改革考试内容，建立统一职前培训制度等。以建设一支忠于党、忠于国家、忠于人民、忠于法律的社会主义法治工作队伍为目标，对推进法治工作队伍正规化、专业化、职业化有重要意义。

## 二 遵循司法规律，改革司法权运行、监督、制约等机制

2015年中国对司法权运行、司法管辖、司法组织形式、司法民主、监

督、制约等方面进行改革，以建立中国特色社会主义审判权力运行体系，完善中国特色社会主义检察制度，完善司法执行权，实现司法公正。

## （一）设立巡回法庭

2015年，根据《最高人民法院关于巡回法庭审理案件若干问题的规定》，第一巡回法庭设在深圳，第二巡回法庭设在沈阳。1月，最高人民法院第一、二巡回法庭相继成立。

巡回法庭是最高人民法院派出的常设审判机构，并非独立于最高人民法院的上诉法庭，其审理跨行政区划民商事、行政等案件，依法办理申诉、信访等案件，作出的是最高人民法院的判决、裁定和决定。巡回法庭推动最高人民法院审判工作重心下移、就地解决纠纷、方便当事人诉讼，审理跨省级行政区划或涉及省级利益的重大案件，在审判权力运行、人员分类管理、内设机构设置、法律统一适用、涉诉信访终结等方面都具有重大的改革创新意义[1]。

## （二）完善司法责任制

2015年8月中央深改组第15次会议通过《最高人民法院关于完善人民法院司法责任制的若干意见》《关于完善人民检察院司法责任制的若干意见》，强调完善司法责任制以科学的司法权力运行机制为前提，建立健全司法人员履职保障，依法履职受法律保护，落实司法人员在职责范围内对办案质量终身负责，建立司法责任认定、追究的机制和程序。明确了违法审判必须追责的七种情形和不得作为错案追责的八种情况，规定了对检察人员追责的19种情形。

司法责任制的主体部分是对司法人员的权责内容和边界的清晰界定，对符合司法规律的责任追究规则的科学设置，对司法人员依法履职的切实有效

---

[1] 参见贺小荣、何帆、马渊杰《〈最高人民法院关于巡回法庭审理案件若干问题的规定〉的理解与适用》，《人民法院报》2015年1月29日，第5版。

保障[1]。完善司法责任制,有利于建立健全符合司法规律的审判权力运行机制、构建公正高效的检察权运行机制。

### (三)推进以审判为中心的刑事诉讼制度改革

十八届四中全会报告和"四五改革纲要"要求推进以审判为中心的诉讼制度改革,确保侦查、审查起诉的案件事实证据经得起法律的检验。现已开展以下改革。

1. 加强对侦查活动的监督制约,适应以审判为中心的诉讼制度改革

一年来,检察机关要求在审查逮捕中强化证据合法性审查和非法证据排除,排除后证据不符合逮捕条件的不予逮捕[2];要求检察机关积极介入侦查,在重大、疑难、复杂案件中,引导侦查机关(部门)完善证据链条和证明体系。8月,《最高人民检察院职务犯罪侦查工作八项禁令》严禁在未全程同步录音录像情况下进行讯问,严禁刑讯逼供以及以威胁、引诱、欺骗等非法方法取证的行为等。这有利于在审判中提供符合法律要求的指控证据。

2. 强化出庭公诉,适应以审判为中心的诉讼制度改革

强化出庭公诉有利于保证庭审在查明事实、认定证据、保护诉权、公正裁判中发挥决定性作用。

2015年7月发布的《最高人民检察院关于加强出庭公诉工作的意见》要求,强化当庭指控、质证、辩论,强化庭审突发情况应对处置,及时建议法庭处理当事人或辩护人庭审中妨害诉讼等不当行为,及时应对庭审中翻供、翻证、证据突袭等突发情况;依法监督法庭审判;强化运用多媒体技术、现代通信技术等科技手段示证、远程出庭指挥等;强化团队出庭公诉协作等。为此,要加强出庭公诉工作的保障措施,包括跨区域统一调配使用公诉力量、完善公诉出庭质量考核评议机制、探索职业公诉人制度等。

---

[1] 参见王敏远《破解司法责任制落实中的难点》,《人民法院报》2015年9月26日,第2版。
[2] 参见徐盈雁《最高检要求严把逮捕关 防止冤假错案》,《检察日报》2015年6月2日,第1版。

### 3. 建立健全轻微刑事案件快速办理机制

速裁程序有利于繁简分流，优化司法资源配置，缓解案多人少矛盾，体现认罪认罚从宽处罚精神，对量刑规范化、庭审实质化、员额制等改革举措能够起到积极作用①。2015年，先行试点速裁程序的18个城市共确定试点法院近200个，速裁案件诉讼效率明显提高，检察院审查起诉周期由平均20天缩短至5.7天，法院10日内审结的占94.28%。

### （四）完善防范干预司法、过问案件的制度机制

2015年2月，中央深改组第10次会议通过《关于领导干部干预司法活动、插手具体案件处理的记录、通报和责任追究规定》，3月，中共中央办公厅（以下简称中办）、国务院办公厅（以下简称国办）印发该规定，中央政法委印发《司法机关内部人员过问案件的记录和责任追究规定》。这些文件规定任何领导干部不得要求司法机关违反法定职责或法定程序处理案件，司法机关内部人员不得违反规定过问和干预其他人员正在办理的案件等。最高人民法院、最高人民检察院、各地法院、各地检察院相继出台贯彻落实以上文件的实施办法或者细则。这有利于为司法机关依法独立公正行使职权提供制度保障。

2015年11月6日，中央政法委首次公开通报5件干预司法、过问案件的典型案件，2件为任区委书记、政法委书记时作为领导干部插手具体案件处理，3件为庭长、法警、书记员过问案件②。

### （五）加强涉案财物的司法程序规范化

2015年1月，中办、国办印发《关于进一步规范刑事诉讼涉案财物处置工作的意见》，严禁在立案之前查封、扣押、冻结财物；规范涉案财物保管制度，实行统一保管，严禁由办案部门、办案人员自行保管，探索建立跨部门的地方

---

① 参见林子杉《刑事速裁试点工作进展顺利》，《人民法院报》2015年11月3日，第1版。
② 参见彭波《中央政法委首次通报五起干预司法典型案例》，《人民日报》2015年11月7日，第5版。

涉案财物集中管理信息平台；完善审前返还程序和先行处置程序；完善违法所得追缴、执行工作机制，健全境外追逃追赃工作体制机制；完善权利救济机制、监督制约机制、责任追究机制等。公安部和最高人民检察院各发布涉案财物管理规定，贯彻落实中央的要求。这有利于保障当事人合法权益，防止对涉案财产随意扣押、擅自动用、保管不善等，有利于适应司法办案需要。

### （六）完善人民陪审员制度

2015年4月，中央深改组第11次会议通过《人民陪审员制度改革试点方案》，指出人民陪审员制度是社会主义民主政治的重要内容，提出对陪审制重要环节开展试点。5月，最高人民法院、司法部印发《人民陪审员制度改革试点工作实施办法》，规定可能判处十年以上徒刑的刑事案件以及涉及拆迁、环保、食品药品安全的重大案件等三类案件原则上应当实行陪审。办法将陪审员年龄提高到28周岁，学历条件放宽为高中以上文化；要求基层法院人民陪审员名额不低于本院法官员额数3倍或者5倍以上；人民陪审员选任工作每五年进行一次；陪审员就案件事实认定问题独立发表意见并进行表决，但不再参与表决案件的法律适用问题。

### （七）进一步推进司法公开

2015年3月，最高人民法院发布司法公开白皮书，指出司法公开进程主要体现为审判流程、裁判文书、执行信息公开。最高人民法院提出2017年底力争建成有中国特色的人民法院信息化3.0版[1]。11月，最高人民法院提出推动实体诉讼服务向移动终端拓展，让当事人足不出户就可以参与诉讼活动，把视频接访、网上信访作为深化涉诉信访改革的重要抓手[2]。

---

[1] 参见周立权、吴昊《最高法：力争2017年底建成具有中国特色人民法院信息化3.0版》，新华网，http://news.xinhuanet.com/2015-11/04/c_1117039881.htm，最后访问时间：2015年12月12日。

[2] 《贯彻五个发展理念 坚持群众需求导向 扎实推进人民法院诉讼服务中心建设》，《人民法院报》2015年11月25日，第1版。

检务公开方面,最高人民检察院在全国统一部署检察院案件信息公开网,深化以案件信息公开为核心的检务公开[①]。此外,《最高人民检察院关于实行检察官以案释法制度的规定(试行)》明确规定,检察官向当事人及诉讼参与人释法说理,同时对可能引发上访或者群体事件的案件等6种案件,可以向社会公众以案释法。对未经批准,擅自发表与案件有关言论或者披露案件情况的检察官视情况追责。

### (八)深化人民监督员制度改革

2015年2月,中央深改组第10次会议通过《深化人民监督员制度改革方案》。3月,最高人民检察院、司法部印发该文件,改革人民监督员选任、管理等机制,改由司法行政机关选任、培训、考核人民监督员,完善人民监督员知情权保障机制,拓展人民监督员监督案件范围,列举11种应予监督的情形,提出推进人民监督员制度立法。

### (九)加强案例指导工作改革

2015年最高人民法院印发两批指导案例。案例指导工作强调同案同判,有利于统一法律适用标准。2015年4月,最高人民法院印发《〈最高人民法院关于案例指导工作的规定〉实施细则》,进一步明确指导性案例的标准、推荐主体和程序,并指出法院正在审理的案件,在基本案情和法律适用方面,与最高人民法院发布的指导性案例类似,应当参照指导性案例的裁判要点作出裁判;参照指导性案例的,应当在裁判理由部分引述指导性案例的编号和裁判要点;公诉机关、案件当事人及其辩护人、诉讼代理人引述指导性案例作为控(诉)辩理由的,案件承办人员应当在裁判理由中回应是否参照该指导性案例并说明理由。

---

[①] 参见王治国、戴佳《检察机关依法保障律师执业权利》,《检察日报》2015年8月19日,第1版。

### (十)继续推进司法行为规范化

2015年4月,最高人民检察院发布《关于全国检察机关规范司法行为专项整治工作由动员部署转向对照检查的通知》,各省将重点问题细化为30多条具体问题,包括司法作风简单粗暴,限制律师行使诉讼权利,滥用强制措施,刑讯逼供、违法取证、接受吃请、收受贿赂、以案谋私等问题[1]。针对指定居所监视居住适用不规范等问题出台了实施细则。侦监、执检、控告等部门针对未立案采取强制措施、采取强制措施草率随意、重复办理取保候审、扣押或者到期后拒不退还保证金、超时讯问、超期羁押等问题,坚决纠正、排除非法证据[2]。

整改中重点推进的工作还包括案件质量评查,改革考核指标体系,集中清理有违司法工作规律的项目等,改变简单通过数字指标、比率等排序评优的做法,引入社会评价[3]。

### (十一)改革刑罚执行机制

1. 指导减刑、假释、暂予监外执行的严格适用

2015年2月,最高人民法院发布减刑、假释、暂予监外执行8件典型案例,依法对职务犯罪、黑社会性质组织犯罪、金融犯罪和严重危害民生的罪犯从严适用减刑、假释和暂予监外执行。江苏等地成立减刑、假释审判庭审理减刑、假释案件[4]。

最高人民法院于2月开通全国法院减刑、假释、暂予监外执行信息网,

---

[1] 参见戴佳《规范司法能力在改进创新中不断提高》,《检察日报》2015年4月14日,第1版。

[2] 参见袁定波《全国32个省级检察院出台规范司法行为专项整治方案》,人民网,http://legal.people.com.cn/n/2015/0414/c188502-26838830.html,最后访问时间:2015年12月12日。

[3] 参见戴佳《规范司法能力在改进创新中不断提高》,《检察日报》2015年4月14日,第1版。

[4] 参见《江苏南京中院成立减刑假释审判庭》,全国法院减刑假、释暂、予监外执行信息网,http://www.court.gov.cn/qgfyjxjszyjwzxxxw/resources/zhuzhan/gzdt/20150407/148940.html,最后访问时间:2015年12月12日。

加强案件办理信息的公开。

2. 深化狱务公开体制改革

2015年4月,《司法部关于进一步深化狱务公开的意见》列明向社会公开和向罪犯近亲属公开的33项信息,利用传统方式、现代信息技术、新兴媒体等公开方式,使罪犯及其近亲属和社会公众能够更方便地获知信息。此外,还要求落实罪犯权利义务告知制度,强化公示制度,健全完善执法监督员制度等。

司法部要求各省(区、市)监狱管理局设立门户网站发布向社会公开的信息,逐步开发网上咨询和自助查询功能,将门户网站建成深化狱务公开的重要载体。

3. 社区矫正工作取得新进展

至2015年5月底,全国累计接收社区服刑人员242.9万余人,现有社区服刑人员近74万人,从事社区矫正工作的社会工作者达8.1万余人,社会志愿者68万余人,累计建立县(区)社区矫正中心1131个[①]。

社区矫正中心的建成为完善工作机制提供了物质基础,使调查评估、矫正接收、矫正宣告、集中教育、心理矫正、监控管理等执法和管理事项集中在社区矫正中心或者司法所进行,形成了社区矫正集中执法和管理的新模式。

## 三 保障诉权和诉讼权利,加强人权的司法保障

为贯彻十八届四中全会要求,2015年司法改革继续推进人权司法保障,主要体现在以下方面。

### (一)禁止在押人员穿着监管标识服出庭

2015年2月发布的《最高人民法院 公安部关于刑事被告人或上诉人

---

① 参见周斌《我国社区矫正教育管理工作取得新成就》,《法制日报》2015年7月10日,第1版。

出庭受审时着装问题的通知》规定，人民法院到看守所提解在押刑事被告人或上诉人，看守所应当将穿着正装或便装的在押刑事被告人或上诉人移交人民法院。这有利于贯彻无罪推定原则，使被告人获得公正审判。

### （二）清理纠正久押不决案件

近两年中国已清理纠正羁押3年以上的久押不决案件1766件4299人，其中对32件42人依法作出无罪处理。北京等13个省份已没有二审以下久押不决案件；尚未清理纠正的久押不决案件中，还没有进入新的诉讼阶段的只有10件36人，占12.7%①。

2015年6月，最高人民检察院印发《人民检察院刑事执行检察部门预防和纠正超期羁押和久押不决案件工作规定（试行）》，将羁押5年以上仍处于二审及二审以前阶段的案件界定为久押不决案件。规定对超期羁押3个月以上的案件和久押不决案件区分情况，实行省检察院和最高人民检察院督办制。这些规定有利于维护在押犯罪嫌疑人、被告人的人身权利和诉讼权利。

### （三）加强涉刑事案件未成年人的权益保障

2015年5月，最高人民检察院出台《检察机关加强未成年人司法保护八项措施》。一是对涉嫌犯罪的未成年人，落实专业化办理、法律援助、合适成年人、社会调查、亲情会见、附条件不起诉、社会观护、帮扶教育、犯罪记录封存等特殊程序规定，帮助涉罪未成年人回归社会。二是加强对未成年受害人的刑事司法保护，适用更能体现未成年人心理特点的特殊程序，依法对其进行救助，保护其名誉权、隐私权等合法权利。三是检察机关要将农村留守儿童、城乡流动乞讨儿童、正在服刑人员的子女等作为重点未成年人群体，通过检察建议的方式推动有关部门加强保护。

---

① 参见徐盈雁《检察机关集中清理纠正久押不决案件专项工作取得明显成效 全国清理纠正1766件久押不决案件》，《检察日报》2015年3月2日，第1版。

### （四）加强对辩护律师执业权利的保障和监管

2015年3月公安部印发《关于贯彻党的十八届四中全会精神 深化执法规范化建设 全面建设法治公安的决定》，8月《最高人民检察院职务犯罪侦查工作八项禁令》出台，9月中央深改组第16次会议通过《关于深化律师制度改革的意见》，同月，最高人民法院、最高人民检察院、公安部、国家安全部、司法部联合出台《关于依法保障律师执业权利的规定》。这些文件的主要内容为：一是规定依法保障律师在辩护中所享有的各项执业权利，包括知情权、申请权、申诉权、会见、阅卷、收集证据以及庭审中发问、质证、辩论等权利；二是要求建立健全针对侵犯律师执业权利的行为的救济机制；三是要加强律师执业管理，明晰律师执业行为边界，加强律师队伍思想政治建设。

### （五）完善法律援助制度

法律援助有利于维护当事人的合法权益、维护法律的正确实施、维护社会公平正义，有效化解社会矛盾，维护和谐稳定。

中央深改组第12次会议通过《关于完善法律援助制度的意见》，指出法律援助工作是一项重要的民生工程。一是在刑事案件中，要求为更多的当事人提供法律援助，在刑事申诉案件、速裁程序中开展试点，建立参与刑事和解、死刑复核案件办理工作机制，建立值班律师制度，建立健全通知辩护机制等。二是在民事行政案件中，要求扩大法律援助覆盖面，逐步纳入劳动保障、婚姻家庭、食品药品、教育医疗等与民生紧密相关的事项，逐步放宽经济困难标准至低收入群体，探索建立法律援助参与申诉案件代理制度。三是要求重点做好农民工、下岗失业人员、妇女、未成年人、老年人、残疾人和军人军属等群体法律援助工作等。四是要求实现法律援助咨询服务全覆盖。

### （六）加强死刑复核程序的辩护

最高人民法院发布的《关于办理死刑复核案件听取辩护律师意见的

办法》自2015年2月施行,该文件明确了辩护律师在死刑复核程序中的三项权利:有阅卷权,有权向案件承办法官当面反映辩护意见,有权获得裁判文书。文件还公布了最高人民法院相关审判庭的联系电话和通信地址。

该办法的出台有利于保障死刑复核案件被告人的辩护律师依法行使辩护权,提高确保死刑复核案件质量。

### (七)实行立案登记制

立案登记制有利于切实解决人民群众反映强烈的"立案难"问题,保障当事人的诉权。2015年4月,中央深改组第11次会议审议并通过《关于人民法院推行立案登记制改革的意见》,将法院案件受理制度由"立案审查制"改为"立案登记制",同时加大对虚假诉讼、恶意诉讼等的惩治力度。同月,《最高人民法院关于人民法院登记立案若干问题的规定》要求禁止不接收诉状、接收诉状后不出具书面凭证、既不立案又不作出裁定或者决定等违法违纪情形。

在实行立案登记制的同时强调配套制度。其一是健全多元化纠纷解决机制,进一步完善调解、仲裁、行政裁决、行政复议、诉讼等多元化纠纷解决机制。其二是建立完善庭前准备程序,促进纠纷通过调解、和解、速裁和判决等方式高效解决。

### (八)推进公益诉讼实践

2015年1月,最高人民法院发布《最高人民法院关于审理环境民事公益诉讼案件适用法律若干问题的解释》,规定符合条件的社会组织可提起环境民事公益诉讼,发挥法院职权作用等。5月,中央深改组第12次会议通过《检察机关提起公益诉讼改革试点方案》,指出重点是对生态环境和资源保护、国有资产保护、国有土地使用权出让、食品药品安全等领域的案件提起公益诉讼,在13个省开展为期两年的试点。2015年社会组织提起了多起公益诉讼,公益诉讼实践获得发展。

## （九）加强民事执行

2015年5月，最高人民法院公布《最高人民法院关于人民法院办理执行异议和复议案件若干问题的规定》，涉及执行异议的立案、审查、异议事由一并提出、执行行为以外的其他行为的救济如限制出境等，涉及执行异议和复议的程序如异议裁定、第三人自愿代偿债务、执行被执行人名下唯一住房、债务抵销、撤销拍卖、公证担保债务的执行，还涉及案外人异议的审查处理程序等。

2015年7月实施的《最高人民法院关于修改〈最高人民法院关于限制被执行人高消费的若干规定〉的决定》，对纳入失信被执行人名单的被执行人，限制其高消费及非生活或者经营必需的有关消费等，有利于保障判决的执行。

## （十）推进对行政诉讼当事人诉权的保障

最高人民法院于2015年4月公布了行政诉讼法配套司法解释，10月，中央深改组通过《关于加强和改进行政应诉工作的意见》。这些文件扩大了行政案件受案范围，延长了起诉期限，规定了行政机关负责人出庭，复议机关可作为共同被告，明确规定律师享有阅卷权等。此外，法院在审查行政行为时可依申请对规章以下的规范性文件进行附带审查。

## （十一）继续防范和纠正冤假错案

2015年初最高人民检察院下发《关于在刑事执行检察工作中防止和纠正冤假错案的指导意见》，加强对三类重点案件的冤错检察工作，对出入看守所体检、强制医疗程序、指定居所监视居住程序进行监督。2015年3月，最高人民法院工作报告指出，全国法院再审改判刑事案件1317件。最高人民检察院工作报告要求，对冤错案件首先深刻反省自己，倒查追究批捕、起诉环节把关不严的责任①。9月，最高人民检察院首次召开刑事申诉案件公

---

① 2015年最高人民法院工作报告、2015年最高人民检察院工作报告。

开审查论证会,公开审查案件事实和证据,听取申诉方和受邀 12 名评议人员意见①。

### (十二)其他相关改革措施

2015 年的改革,与司法相关的内容,还包括律师参与涉法涉诉信访工作等。11 月中央政法委公布了《关于建立律师参与化解和代理涉法涉诉信访案件制度的意见(试行)》,明确提出要充分发挥法律服务队伍在维护群众合法权益、化解矛盾纠纷、促进社会和谐稳定中的积极作用,深入推进涉法涉诉信访改革。这项改革,一方面有助于维护涉法涉诉当事人的合法权益;另一方面,有助于化解社会矛盾,有助于切实解决以往常见的"信访不信法"问题,使司法真正成为社会公平正义的最后一道防线。

## 结语 2015年司法改革的简要总结与展望

2015 年是中国特色司法改革全面推进的一年,从以下方面认识这一年的司法改革,有助于了解司法改革的趋势。

首先,坚持党的领导。这是中国司法改革的首要原则。一是在党的领导下司法改革取得各项突破性进展。2015 年中央深改组的 11 次会议中有 9 次有关于司法改革的重要内容。二是司法改革各项措施在各级党组和各政法机关党组和党委领导下贯彻实施和完成。

其次,坚持顶层设计。2015 年,在中央领导下公、检、法、司等部门推出了数百项司法改革措施,改革具有涉多机构合作、规模大、措施多、影响深远等特征,改革推进的力度大、效率高、速度快。

再次,重大改革政策在试点中迅速扩大推行,在试点过程中不断增加试点省份。譬如,2014 年先后在 18 个省区市启动两批员额制等改革试点。

---

① 参见徐日丹《最高检首次举行刑事申诉案公开审查论证会》,《检察日报》2015 年 9 月 10 日,第 1 版。

2015年12月中央深改组第19次会议指出，在全国推开司法体制改革试点的条件时机已经成熟，同意于2016年在13个省区市等适时推开司法体制改革试点。

根据司法改革规划，2016年底部分改革和试点将期满，并将进入新阶段。譬如，"四五改革纲要"提出到2016年底推动建立以审判为中心的诉讼制度。又如，全国人大常委会2014年6月授权的为期两年的刑事速裁程序试点也将在2016年收官。2016年将是值得期待的一年。

# B.7
# 中国司法公开新媒体应用研究报告（2015）

——从网络及微博庭审视频直播切入

支振锋*

**摘　要：** 相比传统直播方式，网络直播和微博庭审视频直播在一定程度上打破了时间和空间、线上和线下的限制，是更大幅度和更深层次的司法公开，代表了未来司法公开的新趋势，可能实现中国对西方司法公开的弯道超车。但对各级各地法院庭审直播网站及微博庭审视频直播的实证考察发现，庭审视频直播仍然不够规范，也缺乏充分的物质和制度保障。以人民法院信息化建设3.0为契机，今后应从制度建设、物质保障和技术标准三个方面大力推进庭审新媒体视频直播的常态化和规范化。

**关键词：** 庭审视频直播　网络直播　微博直播　司法公开

中共十八届四中全会决定指出，公正是法治的生命线。"没有公开则无

---

\* 支振锋，中国社会科学院法学研究所副研究员，《环球法律评论》杂志副主编。"中国司法公开新媒体应用研究报告（2015）"课题组成员张长昊、陈锴、王禄生以及王卓异女士等同人也对本报告的撰写作出了贡献，司法云服务团队提供了微博视频直播的相关数据，特致谢忱。

所谓正义。"① 2014年最高人民法院工作报告提出："建设科技法庭，推进庭审全程录音录像。"2015年报告进一步提出，加强庭审直播网建设，推进庭审全程录音录像。"司法公开的主体是法院，但公开范围的确定者不是法院，而是人民。"② 在"互联网＋"时代，如何更好地运用新媒体推进司法公开，尤其是利用开放的微博平台（相对微信，微博平台更开放，更有利于司法公开的推进）对庭审进行直播，方便人民群众观看、了解和监督庭审，充分保障人民群众和诉讼参与人的知情权、监督权，不仅是新形势下人民法院司法公开的时代主题，也是进一步提升司法透明度，便利人民群众参与、了解、监督司法活动的新途径，并最终有助于提高人民法院的司法公信力和司法权威。因此，庭审公开应在继续推行可视化的网络视频直播的同时，逐渐实现即视性微博新媒体视频直播的普及与常态化。

# 一 可视正义：庭审网络视频直播

## （一）庭审网络视频直播逐渐普及

新工具有赖于新技术的出现和信息基础设施建设的提升。根据2015年最高人民法院工作报告的数据，2014年，各级人民法院通过视频直播庭审已达8万次。

2015年7月1~7日、12月1~7日，"中国司法公开新媒体应用研究报告（2015）"课题组通过两周的网络检索，并对部分地方法院的法官以电话访谈进行印证，按照省份、网络庭审直播平台建设（网络建设）、可查询到的最早视频直播日期（日期追溯），以及可查询到的在线视频直播数量（视频存量），对中国法院庭审网络直播情况进行了初步的摸底排查（见表1）。需要说明的是，这里的庭审网络直播不仅包括现场直播，

---

① 〔美〕伯尔曼：《法律与宗教》，梁治平译，生活·读书·新知三联书店，1991，第48页。
② 蒋惠岭：《审判公开原则生命力之复兴》，《人民法院报》2010年1月1日，第5版。

也可能包括录播；日期追溯是通过互联网检索查询到的该法院最早一次视频直播日期，既可能是根据相关新闻报道来确定，也可能是根据其视频直播网站或栏目中庭审视频第一次上线时间来确定；"视频存量"仅指可以在某一法院庭审直播网或直播频道查询到的在线视频数量，并不等同于该法院全部庭审网络直播的数量。

表1 各地人民法院庭审网络直播概况

| 省份 | 网络建设 | 日期追溯 | 视频存量(个) | 备注 |
|---|---|---|---|---|
| 北京 | 接入,自建2 | 2009年12月18日 | 378+8670 | 其中北京法院直播网有8670个可查询在线视频，但仅支持IE浏览器 |
| 天津 | 接入 | 2011年8月28日 | 702 | |
| 河北 | 自建1 | 2014年4月22日 | 2636 | |
| 山西 | 自建3 | 未查询到 | 未查询到 | 庭审直播栏目查不到直播案件 |
| 内蒙古 | 未查询到 | 未查询到 | 未查询到 | |
| 辽宁 | 自建3 | 2009年7月27日 | 约400 | 但早期有些视频无法打开 |
| 吉林 | 自建3 | 2015年1月29日 | 约44 | |
| 黑龙江 | 自建2 | 2013年10月14日 | 884 | |
| 上海 | 自建3 | 2008年4月8日 | 4768 | 但早期有些视频无法打开 |
| 江苏 | 自建2 | 高级人民法院自2011年7月1日 | 1504 | 存量视频未计入基层法院 |
| 浙江 | 自建1 | 不详 | 约400 | 庭审直播有两个站点：司法云网站及浙江法治在线上的浙江法院庭审直播网 |
| 安徽 | 自建3 | 2012年5月24日 | 19 | 除安徽法院网相关栏目外，合肥、安庆、黄山等都有自己的庭审直播网 |
| 福建 | 自建2 | 2013年10月10日 | 1710 | 提供视频检索 |
| 江西 | 未查询到 | 2011年2月25日 | 未查询到 | |
| 山东 | 自建2 | 2014年3月25日 | 793 | 山东法院庭审直播网 |
| 河南 | 接入,自建2 | 2010年8月18日 | 1162 | 以其自行建设的河南法院庭审直播网为准，接入中国法院庭审直播网的只有17个可回顾直播视频 |

续表

| 省份 | 网络建设 | 日期追溯 | 视频存量 | 备注 |
|---|---|---|---|---|
| 湖北 | 自建3 | 2013年 | 210 | |
| 湖南 | 接入 | 2012年7月7日 | 221 | |
| 广东 | 接入,自建2 | 难以查询 | 177 | 存量视频仅计算接入网站;另外,仅广州中院视频直播网就有372个 |
| 广西 | 自建3 | 2013年12月6日 | 61 | |
| 海南 | 接入,自建3 | 2012年6月6日 | 712 | 包含部分其他内容,并非全部为庭审视频 |
| 重庆 | 未查询到 | 未查询到 | 未查询到 | |
| 四川 | 自建3 | 2011年11月21日 | 11 | 四川高院官网与四川司法公开网有栏目,但可查询视频都很少 |
| 贵州 | 未查询 | 未查询到 | 未查询到 | 数次打开贵州法院网皆显示:您的请求过于频繁,已被网站管理员设置拦截! |
| 云南 | 接入,自建3 | 2014年7月15日 | 48 | 云南高院官网栏目可查48个庭审视频,涉及10个案件 |
| 西藏 | 未查询到 | 未查询到 | 未查询到 | |
| 陕西 | 接入,自建2 | 2011年9月19日 | 2771 | 陕西法院庭审直播网,有案号、案件案由、开庭时间、地点,可检索查询 |
| 甘肃 | 自建3 | 2014年7月3日 | 6 | 甘肃法院司法公开网有《互联网直播点播》栏目 |
| 青海 | 接入,自建3 | 未查询到 | 未查询到 | |
| 宁夏 | 接入 | 2012年5月24日 | 68 | |
| 新疆 | 自建3 | 未查询到 | 未查询到 | 乌鲁木齐中院接入了中国法院庭审直播网,可查到2个庭审视频 |

说明:自建1型指有自己专门的庭审直播网或视频台网,并且可以通过手机扫描观看;自建2型指有自己专门的庭审直播网或视频台网,但不可以通过手机扫描观看;自建3型虽在最高人民法院官方网站上设有视频直播或点播栏目,但没有专门的庭审直播网或视频网。

数据来自课题组对各级各地相关人民法院官方网站及庭审视频直播网、中国庭审视频直播网的整理。

## （二）仍需解决的问题

根据摸底调查，可以看到人民法院的庭审互联网直播已经有了长足发展，但也存在一些问题。

第一，从分布上看，全国各地人民法院大多已通过不同方式开展了庭审网络直播工作。在有些地方，如广州中院等，在全国法院范围内率先实现从"天天有直播""人人有直播"到"件件可直播"。参与庭审网络直播的法院覆盖广州所有基层法院，除了涉及国家秘密、个人隐私等法律另有规定不公开审理的之外，其他案件都实行网上直播。按规定，每个基层法院每个工作日内须至少直播1件案件，且各基层法院的法官原则上每年至少要有1件案件进行庭审网络直播。广西壮族自治区北海市中级人民法院很早就尝试庭审网络或微博直播。江苏、浙江等地法院的网络庭审直播也都有很大进展。但是，仍然有好几个省（区、市）庭审网络直播工作开展比较落后，或者不注重对庭审视频直播本身的公开，导致难以或无法查询其网络庭审直播情况。

第二，从网络平台建设来看，绝大部分法院都在高级人民法院或中级人民法院层面上建立了自己的网络庭审直播平台，有些地方甚至基层法院走在网络庭审直播的前列。但是，网络平台建设不统一，从全国层面来看情况多样。有些省份有自己专门的庭审直播网或视频台网，并且可以手机扫描观看（自建1型）；有些省份有自己专门的庭审直播网或视频台网，但不可以手机扫描观看（自建2型）；有的在高级人民法院官方网站上设有视频直播或点播栏目，但没有专门的庭审直播网或视频网（自建3型）；有的直接接入中国法院庭审直播网（http：//ts.chinacourt.org）；有的法院既自建有直播网，又接入了中国法院庭审直播网；还有的庭审直播网对浏览器有要求。这种网络直播平台建设的不统一、不一致，不仅会导致重复建设、资源浪费，也不方便公众和当事人的使用。

第三，整体上看，各地法院在网络庭审直播平台建设上，仍然存在一些共同的缺陷，使网络直播庭审的公开性打了折扣。比如，网络庭审视频库建设不科学、不完善，与2014年全国网络庭审直播8万起相比，能够在网上查询到的比例极小；而且，网络庭审查询、检索不便，不利于观摩与研究。应该在全国层面出台规定，建设统一的庭审视频存储数据库，统一在线庭审视频的命名、检索关键字段等。

第四，网络直播技术有待提高，有些地方的网络直播画面不够清晰，有的直播只有画面没有声音，有的播放不流畅，都会影响直播效果。有的将庭审视频与其他视频混合在一起，不便检索和查阅。比如，中国法院网上有（截止到2015年12月7日）40042个直播数据，但其中有不少是访谈等非庭审视频，而且该网站仅支持IE浏览器，在该网直播庭审，须按照格式提出申请。

第五，部分中级法院和基层法院在网络视频直播上的探索走在前列，但某些省份亟须高级人民法院层面提供支持和保障。中国第一次庭审网络视频直播就是基层法院举办的。2003年5月14日，浙江省丽水市莲都区法院对一起变更抚养关系案件进行了网络直播。但在有些省份，缺乏高级人民法院层面的指导与推动，使得中级人民法院和基层法院的探索不仅十分困难，也因缺乏制度、政策、物质等方面的保障而随时面临夭折危险。

第六，网络视频直播庭审随机性强，仍缺乏明确、清晰的规则，不仅导致庭审直播在有些地方时断时续，比较"任性"，不少法院也不重视对自己庭审视频直播自身相关信息的公开。部分地方的法院在网络庭审直播上"做"的可能要比"说"的好，但能查询到的却不多。

## 二 即视正义：庭审微博视频直播

中国对司法公开一直持有开放的态度，庭审视频直播更是走在国际前列。

从1998年7月11日最高人民法院和中央电视台合作，首次电视现场直播一起著作权侵权案开始，人民法院司法公开与时俱进，不断探索庭审公开新途径与新工具。庭审网络直播打开了司法公开的一扇大门，2003~2011

年9月23日,人民法院共进行网络图文直播4683次①,而仅2014年各级法院通过视频直播庭审既已达8万次,虽然相比当年全国各级法院1566.221万案件的受理量比例并不高,但已经是加速度发展。

2013年以来,法院逐步将庭审活动搬上了微博:3月19日,广西北海市法院在审理一起故意杀人案时,庭审微博图文直播近5小时,法庭调查、举证质证和法庭辩论等关键诉讼环节均发布了庭审现场图片②;8月,济南市中级人民法院对薄熙来案进行微博图文直播;9月16日,北京法院网官方微博直播"大兴摔童案";9月18日,南京市中级人民法院微博对"饿死女童案"庭审进行实时播报。2014年1月20日,北海市中级人民法院再次利用微博同步直播了一起减刑假释案件。"即视化"的微博新媒体庭审视频直播已然成为司法公开新的趋势。

### (一)制度依据:最高人民法院的推动

根据《刑事诉讼法》及《民事诉讼法》的相关规定,除法律规定的特殊情形外,所有案件都应公开审理。

最高人民法院发布了一系列有利于促进庭审视频直播的文件和规定。《最高人民法院关于严格执行公开审判制度的若干规定》(法发〔1999〕3号)再次强调,除法律明确规定的例外情形,一审案件一律公开审理,并规定,"依法公开审理案件,经人民法院许可,新闻记者可以记录、录音、录像、摄影、转播庭审实况"。《最高人民法院关于加强人民法院审判公开工作的若干意见》(法发〔2007〕20号)确立了审判公开"依法、及时、全面"三原则,规定"有条件的人民法院对于庭审活动和相关重要审判活动可以录音、录像,建立审判工作的声像档案,当事人可以按规定查阅和复制"。2009年12月8日印发的《最高人民法院关于司法公开的六项规定》

---

① 马瑸:《民主制度下传播实践的应有之义——论庭审直播在中国的现状与完善》,载蒋惠岭主编《司法公开理论问题》,中国法制出版社,2012,第311页。
② 陈家财、沈晓璐:《北海两院"一把手"出庭主诉微博直播》,《广西法治日报》2013年3月21日,第2版。

提出,"通过庭审视频、直播录播等方式满足公众和媒体了解庭审实况的需要";同日印发的《最高人民法院关于人民法院接受新闻媒体舆论监督的若干规定》规定,"有条件的审判法庭根据需要可以在旁听席中设立媒体席。记者旁听庭审应当遵守法庭纪律,未经批准不得录音、录像和摄影"。《司法公开示范法院标准》①规定:"按照有关规定对庭审活动进行全程同步录音或者录像。审判法庭设立媒体席,并设立同步庭审视频室。每年选择一定数量案件按照有关规定进行庭审直播。""建立物质保障机制。对立案大厅、法院门户网站、其他信息公开平台、审判法庭安全检查设备、庭审直播设备等方面提供较大的资金、设施、技术等物质保障。"《最高人民法院关于推进司法公开三大平台建设的若干意见》(法发〔2013〕13号)提出,"人民法院应当积极创新庭审公开的方式,以视频、音频、图文、微博等方式适时公开庭审过程"。

在实践中,各级法院加强科技法庭、数字法庭建设,实行庭审活动全程同步录音录像,并以数据形式集中存储、定期备份、长期保存。江苏法院推行庭审同步录音录像、同步记录、同步显示庭审记录的"三同步"工作,全省2279个科技审判法庭全部实现了庭审"三同步"。浙江全省1783个审判用法庭全部建成数字法庭,实现"每庭必录",累计保存录音录像资料达110万份。截至2014年底,全国法院建成科技法庭17740个。2013年12月11日,中国法院庭审直播网正式开通,公民可以在线观看庭审直播和录播。

从以查询、复印和纸质载体为主的传统司法公开,到司法公开三大平台建设,尤其是可视化的电视和网络视频直播的兴起与普及,中国司法公开的广度、深度和现代化程度均达到世界领先水平。正是在此基础上,最高人民法院开始重视司法公开对新媒体的利用,要求用好网站、微博、微信、新闻客户端、中国法院手机电视、《法治天下》电视栏目等新媒体平台,建设深化司法公开、展现法官风采、树立司法公信的重要窗口,让人民群众更加了

---

① 该文件是《最高人民法院印发〈关于确定司法公开示范法院的规定〉的通知》的附件2。

解和理解法院工作，从内心树立起对司法权威的认可和尊重。微博新媒体庭审视频直播公开正是其中最重要的内容。

### （二）从图文到视频：微博庭审直播的发展

电视和网络庭审视频直播初步实现了可视正义。2013年以来，由于实现了更便捷的转发和共享，方便手机随时随地观看和回顾的"即视性正义"——微博庭审视频直播迅速发展开来。

2011年3月21日，山东省莱阳市人民法院微博现场直播了一起买卖合同纠纷案件的庭审过程，首开端绪。2012年8月，广西壮族自治区北海市中级人民法院在广西法院率先开通官方微博，2013年3月19日，首次通过微博直播一起抢劫案件。2013年8月，济南市中级人民法院通过150多条微博、近16万字的图文，直播了薄熙来案的审理，数亿人得以"旁听"庭审，是中国司法公开史上的重要一笔。

但早期微博直播庭审主要是图文直播，近两年，随着新浪微博与阿里巴巴云平台相结合推出司法云服务，微博庭审视频直播开始在全国推广开来，并以"即视性"的正义，成为庭审公开最有效、最便利的方式①。新浪微博的庭审视频直播从2015年3月26日正式开始推出，第一家接入法院是安徽省合肥市蜀山区法院。到10月底，全国共有319家法院开通了微博司法公开并进行了视频直播，其中高级人民法院8家，中级人民法院103家，专门法院5家，基层法院203家，主要分布情况为：华北地区中级法院8家、基层法院15家，东北地区高级法院1家、中级法院4家、基层法院5家，华东地区高级法院4家、中级法院49家、基层法院94家，华南地区中级法院10家、基层法院17家，华中地区高级法院2家、中级法院20家、基层法院27家，西北地区高级法院1家、中级法院5家、基层法院23家，西南地区中级法院7家、基层法院23家。

---

① 根据司法云平台网站的介绍，该平台可以提供庭审直播、微博司法公开、案件录像存储、涉诉信访系统四大服务，由南京新视云公司具体运营。参见 http://www.sifayun.com/index.html，最后访问日期：2015年12月10日。

截至 2015 年 10 月底，全国共有 23 个省、直辖市与新浪合作推出微博庭审直播工作，其中参加微博视频直播法院最多的前五名省份为：安徽省（52 家法院）、浙江省（34 家法院）、福建省（30 家法院）、陕西省（29 家法院）、江苏省（25 家法院）。4 个直辖市中，北京有 17 家法院、天津有 1 家法院、上海有 4 家法院、重庆有 9 家法院都已开通微博并进行了微博庭审直播，其中北京已庭审直播 63 场，天津 1 场、上海 5 场、重庆 12 场。可见，在微博庭审视频直播中，中部、东南部地区法院心态较为开放积极，陕西则成为西部地区司法公开的新高地。参加微博视频直播比例最高的前 5 个省份为：北京（74%）、安徽（40%）、浙江（33%）、福建（31%）、陕西（22%）。在高级法院中，湖南省和河南省高级法院各已经直播 2 场，陕西、安徽、山东、福建四家高级法院各直播了 1 场。在中级法院中，安徽六安中院已经直播 41 场，北京一中院 18 场，安徽宿州中院 12 场，西安中院 11 场，成都中院 8 场。

虽然仅仅推出半年多时间，新浪司法云服务团队与各级法院联手，已经开展了许多颇具特色和声势的庭审视频联播服务。其中大型活动两项，一是 6 月 26 日国际禁毒日，全国 21 个省 88 家法院携手新浪，开展以"阳光司法联动禁毒"为主题的涉毒案件庭审视频直播公益活动。活动当日就有超过 120 万人次观看各法院直播的审理或宣判过程。在活动中，"2015 国际禁毒日"话题阅读量达 200 万人次。27 万网络用户在了解毒品危害和涉毒罪行之后，点亮新浪特别设计的"禁毒誓言墙"，共同承诺珍爱生命、远离毒品。二是 2015 年 8 月 24 日至 28 日，新浪微博再次携手全国 16 省市 231 家法院开展以"阳光法院宣传周百万网友看庭审"为主题的司法公开大型网络巡展活动。活动期间，共有 240 场案件通过新浪法院频道及法院官方微博公开了庭审全过程，专题点击量达 3558870 次，直播期间视频观看人数达到 180 万人次，同时"阳光法院"话题阅读量达到 107.7 万人次。两次大型司法公开巡礼活动，集中展示了中国司法公开工作的最新成就，在很大程度上提高了司法透明度，提升了司法公信力。到 9 月份，实际有 17 个省 250 家法院参与了阳光司法宣传周活动，其效果是传统司法公开模式很难达到

的。

七项常规活动也取得了很好的效果,包括南宁"走进法庭——民间借贷法律风险防范宣传周"活动,河南"法制阳光美丽心灵"豫法阳光宣传周活动,郑州"阳光司法宣传周,百万粉丝看庭审"活动,来宾"阳光司法——庭审公开面面观"活动,乐山"阳光司法——乐山法院庭审直播月"活动,"阳光法院石狮周"活动,"陕西院长开庭月"活动。其中,11月由新浪微博与新浪法院频道联手陕西省三级法院共同开展的"陕西院长开庭月",共有50位院长参与,网络视频直播案件55场,新闻发布会1场,视频浏览量共计近194万人次,微博粉丝增长量达13万,互动转发5993次,评论6403条。创建的微博话题"陕西院长开庭月"阅读量更是高达113.1万人次,受到了不少网友的好评[①]。

## (三)值得称道的地方创新精神

一些地区的中级法院和基层法院的庭审直播走在该省前列,体现出了中国改革开放中弥足珍贵的地方创新精神。尤其在中西部地区,有些中级法院和基层法院进行司法公开创新更是难得。2013年10月31日,山西省太原市迎泽区法院就曾在新浪微博图文直播一起销售假伟哥案件;2015年12月2日,又通过官方微博视频直播一起"信用卡诈骗案"庭审过程。以声音、视频的方式,真实呈现以庭审为中心的审判现场,事实证据调查在法庭、定罪量刑辩论在法庭、裁判结果形成于法庭。法庭内外、线上线下同步直播,打破了时间、空间的限制,公众可以通过微博、微信等网络渠道以看得见的方式"旁听"案件整个审判过程,对人民群众了解司法、参与司法具有重要的示范意义。这是太原市法院系统首次开展庭审视频直播。2013年12月3日,甘肃省平凉市华亭县法院公开开庭审理了一起销售伪劣产品案,新浪官方微博@华亭县法院审务微博进行了现场实时播报。据悉,这是甘肃省基

---

① 贾明会:《"够公开,够公正,赞一个"——陕西法院"院长开庭视频直播月"活动纪实》,《人民法院报》2015年12月6日,第1版。

层法院首次对庭审案件进行微博直播,标志着该省法院在司法公开上又迈出了一步。

安徽在微博庭审视频直播上呈现中部崛起之势,不仅有全国第一所进行微博视频直播庭审的基层法院,而且接入微博直播系统的法院数量和庭审直播数量都在前列。2015年6月9日合肥市蜀山区法院就一起故意伤害案举行微博庭审直播,并在9~13日举行"网络庭审直播周",5天内进行10次庭审直播。合肥基层法院将全部启动网络庭审直播。陕西法院系统则已经树立起庭审视频直播的"西部高地",2014年8月以来全省三级法院院长、副院长通过网络视频和网络微博直播庭审5000多次,每天都有网络庭审直播案件,对推进司法公开、满足人民群众司法需求、开展法制宣传起到了积极作用,赢得了社会各界的好评。

### (四)微博庭审视频直播成效巨大

微博视频直播庭审给人民群众带来了可视化的正义,得到广泛认可。"凡是微博直播的案子,没有上访,息诉率为100%。法官面对网络直播,会全身心地投入,把案件办好,大大提高了办案质量。"①

第一,微博庭审视频直播关注度高,司法公开效果好。短短半年中,北京市海淀区法院审理的"全国首例股权众筹第一案"(8月20日)、北京市朝阳区法院审理的"两男子大屯飙车涉嫌危险驾驶罪案"(5月21日开审)、北京一中院审理的"方舟子与崔永元名誉权纠纷上诉案"(6月25日宣判)、杭州余杭区人民法院审理的"1040阳光工程特大传销案"(10月23日开审)等一批广受关注的案件通过微博视频直播庭审,极大地促进了司法公开,提升了司法透明度和公信力。比如,北京朝阳法院审理的大屯路隧道飙车危险驾驶案,在新浪微博和中国法院庭审直播网播出,浏览量超过300万次。4月15日,济南市市中区法院公开审理"专车第一案",全程微

---

① 温如军:《法院判决书今起全上网》,《法制晚报》2013年11月27日,第A04版。这篇新闻是对2013年11月27日全国法院司法公开工作推进会的报道。

博图文直播,虽然并非视频直播,仍有282万次的网民刷屏"旁听",监督法官庭审。新浪法院频道在新浪微博上开展的"庭审直播"话题,有6019.7万人次的访问量、27.9万人次的讨论量,这在任何其他司法公开平台都是不可想象的。

第二,微博庭审视频直播未引起严重负面舆情,反而有助于维持法庭秩序,促进调解或和解。在访谈中,各级法官整体上对微博视频直播持积极态度,认为微博庭审视频直播能够实现社会公众和诉讼参与人随时随地观看庭审,将真正实现阳光下的司法,从而提升司法透明度,倒逼司法公正。但也有一些法官存有疑虑,担心微博视频直播会导致社会公众片面解读,甚至造成重大负面舆情。但微博图文视频直播近五年来,微博视频直播近一年来,甚至包括庭审网络视频直播在内,全国各级各地法院在互联网上播出的庭审视频已达10万场次之多,但从无因网络庭审直播本身而引发严重负面舆情的现象。如前所言,凡是微博直播的案子,没有上访,息诉率为100%。相反,因对司法公开不够而产生不同意见的情况倒较常见。

实践中,微博庭审视频直播还有许多其他意想不到的作用。一是大大方便了相关当事人参与诉讼。在一起被告为中国台湾地区公民的案件中,借助微博视频直播,其在台湾的亲属不用来大陆,就能够直观地看到庭审情况,他们非常感慨大陆司法公开的进步。二是有利于维持庭审秩序,在许多基层法院的案件审理中,当事人"闹庭"是一个棘手的问题,但在引入微博庭审视频直播后,法庭一旦提醒闹庭者庭审正在直播,他们一般马上就会正襟危坐,老老实实参与庭审程序。三是有助于促进当事人调解或和解。在南京某区法院受理的某女演员起诉某整形医院形象侵权案中,法院做了很多努力也无法促成双方当事人接受调解或和解,但在开庭前得知有微博视频直播后,双方当事人立即向法庭申请调解。四是由于微博庭审视频直播面向公众且留存有视频信息,也能在一定程度上避免闹访、缠访,保护法官权益。

第三,网络和微博庭审视频直播将司法公开变被动为主动,而且有助于保持直播的科学完整与中立性。不同于西方国家要么限制或禁止新媒体进入法院,要么虽然允许新媒体视频庭审但却将其交给媒体界来进行,中国的网络和微博庭审视频直播都是各级各地法院主动进行的。微博庭审视频直播的主体是法院，视频直播的案件对象和范围也由法院选择和决定，这样，主动权在法院手中，在微博庭审视频直播初期，有助于法院权衡得失，选择合法、适当的案件直播，有助于微博直播的有序规范进行，避免了过犹不及，也避免了媒体或当事人直播所具有的倾向性，避免国外曾经出现过的媒体干扰法庭审理秩序的问题。

## （五）存在的问题

根据"中国司法公开新媒体应用研究报告（2015）"课题组的调研，并在2015年11月4～6日、9～10日、12日以及25日随机进行的7天微博视频直播实测，可以发现微博庭审视频直播发展极为迅速，但也存在一些需要克服的困难和问题。

第一，各级各地法院虽然都开通了官方微博，但认证名称不统一、不一致，有的直接以本法院的正式名称注册，而有的则以简称注册，或以"网名"注册，同样是高级人民法院，有的微博认证名为某某高院，有的认证为特定名称如"豫法阳光"等，不方便公众查询和使用。

第二，不少法院官方微博都没有设置专门的司法公开栏目，或者虽然设置司法公开栏目但无视频直播栏目。只有北京朝阳区法院、北京海淀区法院、广州和郑州中级法院官方微博，不仅能找到视频直播（回顾）栏目，还有简单的分类，虽然还不够健全、完善和便利，但值得称道。陕西、山东、成都等不少地方的法院有时候会将新闻发布会、学术或业务研讨会视频也发布在微博上，应予点赞，只是应做好视频栏目分类，最好不要与庭审视频混在一起。

第三，庭审微博视频直播对庭审提出了更高的要求，不仅法官的业务素质、审理水平、公正程度与程序严谨性受到考验，实际上也对法庭礼仪提出了更高的要求。从直播中可以发现，有些庭审视频中，开关门、拉桌子、扯凳子、小声议论现象未被完全禁止或消除，影响庭审及直播效果；书记员宣读法庭纪律方式及纪律内容不统一，有的法院是视频播放法庭纪律，有的法

院则是口头宣读，而且虽然内容并不完全一致；在进入法庭及就座时，大多数审判长与审判员显然未经训练，散漫、不一致，就座时，有的从两个椅子空隙挤进去，有的则拉开椅子进去，比较随意。

第四，虽然发展迅速，方兴未艾，但微博庭审视频直播目前总量还是太少，而且技术标准、音频与视频质量、直播完整性时不能得到保证或统一。不过，可喜的是，访谈中，许多法院都表示庭审微博视频直播是下一步司法公开的一个重点。比如，江苏常熟市连派出法庭都在推行视频直播，有自己的"三同步"系统，海虞人民法庭每年审理七八百件案件，直播约占1/5，微博视频直播是其下一步重点思考的方面。

第五，有些地方和部门观念过于保守和陈旧。2015年发生的有些社会关注度极高的案件，如"郭美美案""成都暴打女司机案"，都是司法公开的极佳素材，但由于有些部门的保守思维，虽然都是应依法公开审理的案件，但未能实现微博视频直播，不仅失去了一次很好地展示人民法院司法形象的机会，反而助长了舆论的猜疑。

总体来看，2013年之后，借助新媒体实施司法"微"公开的理念已经得以推行，至2014年11月10日，全国法院开通官方微博的总数为3636个，也即有超过90%的法院已经开始使用社交媒体（见《全国法院新浪微博运营报告》）。与之对比，2013年底开通官方微博的法院总数仅为1120个（见《2013年新浪政务微博报告》），进步不可谓不迅速。但仍有许多司法机关无法有效推进司法"微"公开。原因主要有两方面：其一，司法新媒体运营仍处于起步阶段，缺乏统一的官方指导性规范；其二，新媒体的运营者缺乏专业知识背景，对于新媒体的功能和局限认知不足，对司法新媒体运营中的"可为"和"禁忌"缺乏共识。其结果便是许多司法新媒体虽业已存在，但处于休眠状态，或者定期不痛不痒地发布名人名言，活跃度和传播度十分有限。

## 三 未来愿景：司法公开的六寸天堂

庭审网络直播，尤其是微博新媒体庭审视频直播为人民群众切实"感受"每一起司法个案提供了最佳的途径,应大力推行。

第一,坚持并继续推动微博视频直播更迅速地向纵深发展。相对于传统电视直播、网络直播,微博直播所具有的即时、共享、分散化,能更好地打破线上线下、时间空间限制等特征,最适合庭审视频直播的推广、传播和影响发挥,实现从可视化的正义到即视性的正义。而且,微博庭审视频直播技术在实践中得到了检验,印证了其可靠性。其一,调研发现,当前的微博视频直播通过采集原有科技法院摄像机的视频信号和音频信号,采用新浪提供的编码设备对音视频信号进行编码后发送到互联网,不与法院内网关联,能保障数据安全性。其二,相较于相对封闭、必须关注法院后才能看到直播的微信等其他新媒体工具,微博是一个更加开放的社交网络工具,可以直接观看,同时也支持把直播信号接入法院的微信公众号,实现微博、微信同步直播。其三,只要法院法庭内配备音视频采集设备,能接入2M上行的互联网,就能进行微博视频直播,因此视频直播的音视频信号来源于原有科技法庭的音视频采集设备,属于对原有设备的再次利用。其四,微博视频直播对于证据无特殊画面展示,所以当事人身份证号码、银行账号、证人等隐私性、非口述性信息不会被透露。其五,经过近4年的运用之后,经过实测和实践,已经证明新浪微博等庭审视频直播技术能满足庭审直播业务需求,运行效果稳定,达到了使用预期。

展望未来,微博等新媒体视频直播庭审将成为未来庭审公开的主渠道,小小智能手机或者其他便携式智能设备将带来司法公开最为丰富绚烂的"六寸天堂",随时随地为我们带来即视性的司法正义。

第二,继续修订和完善网络及微博庭审视频直播相关规定。其一,规范庭审视频直播,规定视频直播的主体只能是法院,视频直播的案件必须是依法应予公开审理的案件;其二,非经事先许可,禁止新闻媒体在法庭录音、录像或直播庭审;其三,非经依法许可,禁止任何诉讼参与人或旁听人员在法庭上进行录音、录像或进行任何直播活动;其四,在加大网络及微博视频直播力度的同时,也必须照顾当前阶段中国司法的现状以及民众的接受程度,应该合法、及时、有序地进行庭审视频直播,而不能不加选择,一哄而

上,防止欲速则不达;其五,逐渐要求庭审视频直播的常态化,不能时有时无。

还应该修订或完善既有相关规定。比如,《最高人民法院关于加强人民法院审判公开工作的若干意见》(法发〔2007〕20号)规定,"通过电视、互联网等媒体对人民法院公开审理案件进行直播、转播的,由高级人民法院批准后进行"。根据《司法公开示范法院标准》的规定,庭审微博视频直播在考核标准中至多只能占到2分左右,分值明显偏低。因此,在条件成熟时,应该将网络及微博庭审直播的决定权交给相关审理法院,哪怕是基层法院,甚至是主审法官;同时增加网络及微博视频直播在司法公开考核指标中的分值,以此作为指挥棒促进各地法院进一步推进庭审视频直播工作。

第三,加强法院人才队伍建设,构建能适应庭审直播新形势的高素质法官队伍。一是提高法官素质和司法能力。调研中发现,虽然接受视频直播的法官占大多数,但的确有少数法官还不具备庭审视频直播的素质和能力,庭审不够规范,不能严格依照法定程序掌控庭审秩序,有些法院甚至曝出了阴阳判决书的丑闻。二是更加重视法庭礼仪的培训。有些法官庭审水平不够高,法言法语水平不够,有跷二郎腿、抽烟、说脏话等不规范行为,有的仪表、言辞、程序掌控也存在缺陷。三是改变观念,逐步适应庭审视频直播常态化。调研中发现,有时候庭审视频直播给法官很大压力,微博视频直播常态化,将带来相关主审法官的平常心。四是通过网站和自媒体实现司法公开需要具有专门知识的人才来推动。如果下一步要极大扩展司法公开的范围,那么可以预见要投入大量的人力资源,是否在未来规划的时候结合法院人员分类管理,提出扩大法官辅助人员队伍,建立专门的新媒体运营人才库,就成为值得认真思考的问题。

第四,加强司法公开平台的统一和整合,以及技术标准的统一。一是以法院网站为基础,区分法院的政务网和业务网,在业务网上整合包括庭审视频在内的各种司法公开信息,并且形成全国法院系统互联互通、格式统一,最终建成全方位覆盖的庭审视频信息库,并注重检索功能建设。二是充分利用当前互联网的主流形态,在注重门户网的同时重视移动互联网建设,形成

"网站+微博+微信"三位一体的自管网络平台。三是在综合运用触摸屏、网站、微博、QQ空间、微信平台、手机客户端等载体进行司法公开，形成"一切先进方式皆为我用""一网打尽司法公开信息"全新格局的同时，也要避免贪多嚼不烂，而是有所侧重，避免过滥，在节约人力和财力资源的同时，也方便公众和当事人获取司法公开信息，免得"乱花渐欲迷人眼"。比如：法院业务网站是综合性的，应整合全部司法公开信息，最为基础的是司法公开平台；微博具有开放性，特别适合庭审视频直播；微信可以作为法院政务网的补充，公开法院政务信息；同时，网站、微博、微信要能够实现一个团队负责，司法公开信息既有分工又有统一，信息公开同步、统一。四是应借鉴中国裁判文书网做法，对网络和微博视频直播进行技术规范，一方面保障视频直播的安全有序与可持续发展，另一方面也统一视频的技术标准与规范，便利接入及互联互通，节约成本。五是应该通过各种形式发布开庭公告，公告中应该告知是否通过网络或微博直播，以及观看网络直播或微博的途径。六是应将法院微博庭审视频直播纳入国家的"互联网+"发展计划，发展无线宽带业务，降低资费标准，为微博视频直播事业的发展创造更好的网络环境。七是应充分运用政府和市场两个资源，在确保数据安全、保密可靠的前提下，最大化降低成本，提升效率。

总体上说，当前中国的司法公开，无论在深度、广度和现代化程度上，都正在向国际先进标准迈进，而网络或微博庭审视频直播，可能很快会实现对西方发达国家司法公开的"弯道超车"。

# B.8
# 《行政诉讼法》修改及实施展望

卢 超*

**摘 要：** 新修订的《行政诉讼法》与配套司法解释在2015年5月1日正式施行，新修订的《行政诉讼法》在受案范围、管辖权制度、规范性文件审查、判决类型等方面作出了具体且重要的变革，同时增设了复议机关作共同被告以及被诉行政机关负责人出庭应诉等诸多新制度，这将对行政诉讼未来的发展带来深远影响。从这些规范条款的形成中也可以看出中国行政诉讼从地方试验到中央立法承认的特殊政策过程。

**关键词：** 行政诉讼 立法修改 地方试验

## 一 《行政诉讼法》及其司法解释之修改

作为行政法领域最为重要的一部法律，2014年11月新修订的《行政诉讼法》于2015年5月1日正式施行；与新修订的《行政诉讼法》相配套，2015年4月20日，由最高人民法院审判委员会第1648次会议通过的《最高人民法院关于适用〈中华人民共和国行政诉讼法〉若干问题的解释》（法释〔2015〕9号）亦同时施行。《行政诉讼法》及其配套司法解释的修改，标志着民告官将从2015年起正式进入2.0时代。

2015年11月2日，十二届全国人大常委会第十七次会议第二次全体会

---

\* 卢超，中国社会科学院法学研究所助理研究员。

议听取了人民法院行政审判工作情况的专项汇报,这在《行政诉讼法》实施25年来尚属首次。报告指出,"2015年1~9月,各级人民法院受理各类行政案件40万件,同比上升47.6%,仅2015年5月份一个月期间,各级法院就受理行政诉讼案件2.6万件,同比上升221%"。行政案件数量的飙升意味着公众提升了对于行政诉讼的制度信任感,而这种制度信任的提升,很大程度上源自《行政诉讼法》自身程序装置的更新换代与政策创新。从《行政诉讼法》的条款创新中,可以看出从地方司法政策试验到中央立法吸纳的过程,而这些司法政策的创新在2015年以及今后将发生怎样的制度效果,是否能够满足权利救济以及合法性审查的双重需求,尚需司法实践的进一步检验。

## 二 《行政诉讼法》中的政策创新条款

### (一)行政诉讼受案范围的进一步扩大

行政诉讼区别于其他诉讼的一个重要制度特征在于受案范围的有限性,这意味着并非所有的行政争议均可以进入法院的审查视野,只有行政争议类型在法律规定的受案范围之内,适格原告才可以向法院提起行政诉讼,而旧《行政诉讼法》常为人所诟病的一个缺憾,便是受案范围过于狭窄且列举事项不够明确。与之前运行二十余年的旧《行政诉讼法》相比,2015年新修订实施《行政诉讼法》作出诸多重大制度创新,最为显著的是,对受案范围予以细化与扩张。新修订的《行政诉讼法》对之前已在受案范围之内的行政处罚、行政强制、行政许可与行政给付等行政行为类型进一步予以细化明确。譬如,行政强制行为中增加了"行政强制执行",行政许可行为中增加了"有关行政许可的其他决定",行政给付行为中在"抚恤金"之外增加了"最低生活保障待遇"与"社会保险待遇"。另外,在侵犯经营自主权的行政行为条款中增加了"侵犯农村土地承包经营权、农村土地经营权"的内容。尽管这些条款的细化补充并不涉及对受案范围的实质性扩张,但依据

现有行政诉讼的制度能力，新修订的《行政诉讼法》对于受案范围的进一步细化充实，有助于防止地方法院迫于各类政治压力，故意对某些规定不够明确的案件类型不予受理，从而更好地维护行政诉讼当事人的合法权益。

除了对受案范围条款的细化充实之外，新修订的《行政诉讼法》对于受案类型亦有实质性扩张。新修订的《行政诉讼法》增加列举了"确认土地、矿藏、水流、森林、山岭、草原、荒地、滩涂、海域等自然资源所有权或使用权的行为"、"滥用行政权力排除或限制竞争的行为"以及"涉及特许经营协议、土地房屋征收补偿协议等行政协议的行为"等事项，明确列举这几项行政行为首次明确进入受案范围。问题在于，尽管新《行政诉讼法》将自然资源确权行为纳入受案范围，但按照《行政复议法》第30条的规定，"根据国务院或者省、自治区、直辖市人民政府对行政区划的勘定、调整或者征用土地的决定，省、自治区、直辖市人民政府确认土地、矿藏、水流、森林、山岭、草原、荒地、滩涂、海域等自然资源的所有权或者使用权的行政复议决定为最终裁决"。这部分自然资源确权行为在《行政复议法》中被规定为行政终局行为，这与新《行政诉讼法》受案范围规定之间的矛盾如何解释，还需要全国人大及其常委会予以进一步明确。同时，尽管行政协议行为被首次明确进入受案范围，但新《行政诉讼法》仅仅明确了特许经营协议与土地房屋征收补偿协议两种类型，但对于其他种类的行政协议类型，如国有土地使用权出让协议，由于之前存在民事合同与行政合同的性质争议，此次修法是否意味着其毫无异议地进入行政诉讼受案范围，尚需要今后司法实践的进一步观察。

不仅如此，新《行政诉讼法》将旧规定受案范围中的兜底条款"侵犯其他人身权、财产权"的行为修改为"侵犯其他人身权、财产权等合法权益"的行为，这将行政诉讼救济的权利类型不再仅仅局限在人身权、财产权两类，"合法权益"在理论上甚至将包括劳动权、受教育权、文化权利、政治权利等权利类型，这可以视为对旧规定中受案范围的重大实质性扩充。但在司法实践中，法院真正能将字面意义上的"合法权益"类型全部纳入行政诉讼受案范围，仍然是一个极为漫长的发展过程。

## （二）跨行政区域管辖制度的政策创新

十八届四中全会作出的《中共中央关于全面推进依法治国若干重大问题的决定》指出，"最高人民法院设立巡回法庭，审理跨行政区域重大行政和民商事案件。探索设立跨行政区划的人民法院和人民检察院，办理跨地区案件。完善行政诉讼体制机制，合理调整行政诉讼案件管辖制度，切实解决行政诉讼立案难、审理难、执行难等突出问题"。

与之相呼应，新修订的《行政诉讼法》第18条新增规定："经最高人民法院批准，高级人民法院可以根据审判工作的实际情况，确定若干人民法院跨行政区域管辖行政案件。"行政诉讼跨行政区域管辖的这一制度创新，直面二十余年来行政诉讼司法实践中的最大困境——地方政府对于行政诉讼的干涉控制，而这一条款的设立也为今后地方层面进一步的政策试验提供了规范依据。

其实早在2013年1月最高人民法院就在发布的《最高人民法院关于开展行政案件相对集中管辖试点工作的通知》（法〔2013〕3号）中指出："行政案件相对集中管辖，就是将部分基层人民法院管辖的一审行政案件，通过上级人民法院统一指定的方式，交由其他基层人民法院集中管辖的制度。各高级人民法院应当结合本地实际，确定1~2个中级人民法院进行试点。"最高人民法院旨在通过政策试点的方式，在全国范围内探索行政案件跨行政区划集中管辖，而更早在多年前，浙江、广东等地区就已存在管辖制度改革的地方试点。

但是必须指出的是，与其他政策试点模式不同的是，《行政诉讼法》并没有通过具体条款来明确规定跨区域管辖的制度设置，新修订的《行政诉讼法》第18条关于跨行政区域管辖制度的条款，仅仅肯定了近几年跨区域管辖政策试点的探索方向。这意味着对于跨行政区域管辖制度的地方政策试验，尚没有最终形成值得全国统一推广的制度范式，今后仍将处于地方试验摸索的状态。毕竟由于跨行政区域管辖制度改革牵涉法院组织架构、人事任命、财政资金来源等一系列重大议题，这些难题并非单凭《行政诉讼法》

的条款修改就能解决。新修订的《行政诉讼法》能够将跨行政区域管辖制度改革实践吸纳至具体条款之中，已然值得充分肯定。

### （三）行政机关负责人出庭应诉义务的法定化

针对行政诉讼实践中长期存在的"告官不见官"现象，新《行政诉讼法》增设了行政首长出庭应诉条款。新修订的《行政诉讼法》第3条明确规定，"被诉行政机关负责人应当出庭应诉。不能出庭的，应当委托行政机关相应的工作人员出庭"。尽管修订前的《行政诉讼法》中并没有明确的条款规定，但从地方司法实践中观察，行政负责人出庭应诉的诉讼实践早已运行多年，并且各地规范性文件就出庭应诉的案件类型、出庭应诉程序、指标考核、法律后果等诸多方面进行了详细规定；《行政诉讼法》新增设的该项条款，尽管并未明确行政机关负责人未履行出庭应诉义务的法律责任，但在地方层面早已运行多年的规范细则中，行政机关负责人未能出庭应诉的法律责任均有细化规定。

其实早在修订前，在《行政诉讼法》缺乏任何具体条文规定的背景下，各地就已经出台了诸多规范性文件，对行政首长出庭应诉的案件类型、应诉程序等事项作出殊异化的界定。在这一政策试验与地方竞争的过程中，各地关于行政首长出庭应诉的规定也相互模仿借鉴，逐步表现出趋同化的特征①。值得注意的是，这类政策试验的发起者绝大部分并非司法机关，绝大多数是由地方行政机关倡导推行的，并且该政策创设得到了国务院的高度认可。

行政首长出庭应诉政策尽管已然在全国得到全面推广，但只有获得《行政诉讼法》的明确规定才算真正取得合法化的地位。然而《行政诉讼法修正案（草案）》一审稿中并没有涉及行政首长出庭应诉的内容，直到二审稿才增加一项规定："被诉行政机关负责人应当出庭应诉"，该项规定在三审稿中得以保留并获得最终通过。就此，行政诉讼中的行政首长出庭应诉制

---

① 章志远：《行政诉讼中的行政首长出庭应诉制度研究》，《法学杂志》2013年第3期。

度作为一种由地方自发主导的试验性政策，其制度实践最终获得新修订的《行政诉讼法》的吸纳并予以法定化，这种变迁模式仍然依循了当代中国从地方政策试验到中央立法承认的常规演化路径。但是新《行政诉讼法》确立的行政首长出庭应诉制度，在实践中究竟能有多大的功能价值，抑或仅仅是法制建设的形象工程，还需要通过今后的司法实践来进一步观察。

（四）简易程序与调解条款的修订

旧《行政诉讼法》中没有简易程序的规定，而司法实践中日益增多的案件数量与类型，使得仅仅依赖普通程序已经无法迅速解决行政争议，并造成了诉讼效率的低下以及司法资源的浪费。因此，新修订的《行政诉讼法》第82、83、84条对于简易程序的适用类型、裁判程序等事项作出了规定，以适应行政诉讼案件不断增长的现实需求。其实，行政诉讼简易程序的改革试验早已存在多年，早在2010年最高人民法院发布的《最高人民法院关于开展行政诉讼简易程序试点工作的通知》（法〔2010〕446号）中，就已对行政诉讼简易程序的改革试点进行了部署，并要求"各高级人民法院可以选择法治环境较好、行政审判力量较强和行政案件数量较多的基层人民法院开展行政诉讼简易程序试点，并报最高人民法院备案"。新修订的《行政诉讼法》中简易程序的这几项条款可以视为立法吸纳政策试验的结果。

但是，由于简易程序在《行政诉讼法》中仅有3项规定，而司法实践急需进一步细则化的规范指引，在新《行政诉讼法》已有的3项条款基础上，部分地方法院通过细化规则的方式，对行政诉讼简易程序进行了进一步的详细规范。最为典型的如，2015年11月5日上海市第三中级人民法院出台的《一审行政案件适用简易程序审理规则（试行）》（以下简称《简易程序规则》），该《简易程序规则》对于适用范围、电子送达方式、压缩举证期限、庭审方式改革以及裁判文书的简化等方面作出了详尽规定。尤其对于《行政诉讼法》中较为笼统的简易程序适用范围，《简易程序规则》第1条便以肯定方式列举了可适用简易程序的案件类型，第2条则进一步以否定方式列举了实践中不适宜采用简易程序的案件类型，包括"一方当事人众多、

要求一并解决民事争议"等类型案件。这一《简易程序规则》的出台与实践为其他地区行政诉讼简易程序的运作提供了借鉴文本。

同样,对于行政诉讼调解,旧法仅有第50条规定:"人民法院审理行政案件,不适用调解",这一禁止条款在司法实践中遭遇了诸多困境,新《行政诉讼法》对此进行了部分修正。新修订的《行政诉讼法》第60条规定:"人民法院审理行政案件,不适用调解。但是,行政赔偿、补偿以及行政机关行使法律、法规规定的自由裁量权的案件可以调解。调解应当遵循自愿、合法原则,不得损害国家利益、社会公共利益和他人合法权益。"这一规定将之前《行政诉讼法》中的禁止调解原则变更为有限调解,并对调解的案件类型与适用原则进行了严格限定。行政诉讼早年确立的禁止调解原则,旨在防范法院与被诉行政机关私下随意处置公权力,从而损害行政诉讼合法性审查的重要功能。尽管之前行政诉讼中调解被明文予以禁止,然而司法实践中却一直存在大量换了称谓的"协调和解"现象①,这种"协调和解"模式在矛盾容易激化的群体性行政纠纷中运用最为广泛。《最高人民法院关于妥善处理群体性行政案件的通知》(法〔2006〕316号)中专门强调:"对于农村土地征收、城市房屋拆迁等领域的群体性行政纠纷,各地法院尽可能通过协调方式予以解决。"行政诉讼调解这种规范与实践层面的巨大差异,鲜明体现了国家期望通过行政诉讼机制实现合法性审查之功能,然而在现有的地方发展型政府模式下,行政诉讼却缺乏相应制度能力的矛盾窘境②。

在新修订的《行政诉讼法》中,"禁止调解"的条款仍然予以保留,但对于行政赔偿、补偿以及自由裁量权案件予以网开一面。但不免令人疑问的是,司法实践中仍将继续存在的"协调和解"现象,显然超越了行政赔偿、补偿以及自由裁量权案件的范畴,也就意味着"协调和解"机制仍然继续

---

① 行政诉讼中"协调和解"的法律定位分析可见胡建淼、唐震《行政诉讼调解、和解抑或协调和解——基于经验事实和规范文本的考量》,《政法论坛》2011年第4期;林莉红:《论行政诉讼中的协调——兼评诉讼调解》,《法学论坛》2010年第5期。
② 汪庆华:《中国行政诉讼:多中心主义的司法》,《中外法学》2007年第5期。

被新《行政诉讼法》所忽视或默许，使得新《行政诉讼法》第60条的实际功能与价值被大大削弱。

### （五）引入规范性文件附带审查与司法建议条款

长久以来的司法实践中，按照旧《行政诉讼法》的规定，行政诉讼仅能审查具体行政行为的合法性，法院对于规范性文件等抽象行政行为没有审查的权限，新《行政诉讼法》在一定程度上突破了这一局限，通过附带审查的方式扩张了法院对抽象行政行为的审查范围与强度。新修订的《行政诉讼法》第53条规定："公民、法人或者其他组织认为行政行为所依据的国务院部门和地方人民政府及其部门制定的规范性文件不合法，在对行政行为提起诉讼时，可以一并请求对该规范性文件进行审查。"同时第64条规定"人民法院在审理行政案件中，经审查认为本法第53条规定的规范性文件不合法的，不作为认定行政行为合法的依据，并向制定机关提出处理建议"。同时，2015年4月通过的《最高人民法院关于适用〈中华人民共和国行政诉讼法〉若干问题的解释》（法释〔2015〕9号）第21条进一步规定："规范性文件不合法的，人民法院不作为行政行为合法的依据，并在裁判理由中予以阐明。作出生效裁判的人民法院应当向规范性文件的制定机关提出处理建议，并可以抄送制定机关的同级人民政府或者上一级行政机关。"该项规定可以视为新修订的《行政诉讼法》第64条的进一步具象化，指明了法院可在裁判理由中表明其对规范性文件合法性与否的个案效力判断，并明晰了司法建议所指涉的适用对象。尽管法院对于规范性文件只能行使附带审查权，而且审查的对象限于规章以下的规范性文件，但相比之前的规定无疑已经是巨大的进步，并且这一条款也扩张了司法建议在行政诉讼中的制度功能。

但是必须指出的是，无论是新修订的《行政诉讼法》抑或是《最高人民法院关于适用〈中华人民共和国行政诉讼法〉若干问题的解释》中均没有进一步说明，如果制定机关不予理睬法院所作出的司法处理建议将会承担何种法律后果，尤其是司法解释中抄送同级政府或者上级机关的程序设置，其实也就间接暗示了这类司法建议的法律效力仍然缺乏强制力的支撑。

总体而言，司法建议制度在新修订的《行政诉讼法》具体规范中有了进一步的功能扩展，或者更准确地说，新《行政诉讼法》第64条是对司法建议事实功能的一种法定化确认；自此之后，司法建议将成为规范性文件审查的重要政策工具，但这种扩展与确认亦是有相当局限性的，新《行政诉讼法》对于司法建议的拘束效力仍然缺乏精确定位，也并没有设定行政机关针对司法建议的法定回应权，这使得司法建议能否发生拘束效力完全取决于行政机关的自我裁量。新修订的《行政诉讼法》中关于司法建议的条款仍存有大量空白，司法建议的制定程序规范与效力保障机制等具体化的实践运作，仍然将主要依赖地方司法政策的进一步创新试验，这种制度留白也可以视为立法者刻意留出的政策试验空间。

### （六）新《行政诉讼法》中的其他政策创新机制

除上文提到的几项政策创新之外，新《行政诉讼法》还在立案登记制、复议机关作共同被告、起诉时限、先予执行、撤销判决的适用范围、证据规则以及再审程序等事项上有重要的制度革新。另外，新修订的《行政诉讼法》还在第73~78条增加了给付判决、确认判决、赔偿判决等多种判决形式，将适应行政国家的现实发展需求，更有利于当事人的合法权益获得充分救济，并且《行政诉讼法》第96条还新添了"罚款、公告、拘留"等执行机制以确保行政判决真正得到遵守。

这些政策创新机制鲜明反映了当代中国行政诉讼实践中面临的现实难题，带有明显的问题导向色彩。首先，新《行政诉讼法》中立案登记制的制度设置，明显就是针对修法之前"立案审查制"模式下大量纠纷争议在立案阶段就被法院排除在外的情形，立案登记制的创设有利于为当事人提供更为方便的救济途径，防止地方法院迫于各类压力，拒绝接收本应由其受理的行政争议。其次，如新《行政诉讼法》第96条第5款规定，"拒不履行判决、裁定、调解书，社会影响恶劣的，可以对该行政机关直接负责的主管人员和其他直接责任人员予以拘留；情节严重，构成犯罪的，依法追究刑事责任"，这一条款无疑是针对地方政府相关负责人经常无视败诉行政判决这一普遍现象。再如，新《行政诉讼法》第 26 条第 2 款规定，"经复议的案件，复议机关决定维持原行政行为的，作出原行政行为的行政机关和复议机关是共同被告；复议机关改变原行政行为的，复议机关是被告"。这一条款确立的复议机关作共同被告的制度，就是针对修法之前复议机关避免作被告而充当"维持会"这一不良现象，然而这种问题导向的条款创新，必须充分考虑制度的法理基础，以及与行政诉讼其他程序设计之间的体系配合，否则就有可能产生意料之外的负面效果[①]。

## 三 新修订《行政诉讼法》之未来展望

### （一）地方政策试验模式的进一步深入开展

尽管新《行政诉讼法》在受案范围、规范性文件审查、司法审查强度等方向的改革力度似乎没有达到之前预期，但必须承认的是，《行政诉讼法》的本次修订实施将进一步起到维护行政相对人合法权益、实现监督政府合法行政的目的。同时，从《行政诉讼法》的这次修订实施中亦可以窥探，中国行政诉讼从地方试验到中央立法承认的特殊政策过程，这种司法政策试验模式在行政诉讼简易程序、司法建议、行政首长出庭应诉制度以及管辖权条款中体现得极为明显。这种政策试验机制今后仍将是《行政诉讼法》进一步发展的主流模式，尤其在跨行政区域管辖等政策条款中，《行政诉讼法》刻意留下诸多制度空白，留待今后政策试验成熟以后予以进一步补充。就此亦可以推断，新《行政诉讼法》的修订只是一项阶段性总结，诸多制度政策仍然处于进一步试验探索阶段。

### （二）行政诉讼与其他救济机制的制度竞争

新修订的《行政诉讼法》未来仍然面临着各类纠纷解决机制的制度竞

---

① 章剑生：《关于行政复议维持决定情形下共同被告的几个问题》，《中国法律评论》2014 年第 4 期。

争，增设的诸多政策条款其功能尚有待实践检验，尤其深嵌在地方发展型政府的模式下，行政诉讼究竟能发挥多大的合法性审查制约功能，仍然存在巨大疑问。

对于普通公众而言，尽管《行政诉讼法》的修订，尤其是集中在程序装置、判决类型等方面的改革有利于维护当事人的合法权益，但与信访等救济机制相比，行政诉讼仍然存在救济程序冗长、经济成本高昂、判决类型与救济需求不相匹配等弊端。最为重要的是，正如新《行政诉讼法》第1条之规定："为保证人民法院公正、及时审理行政案件，解决行政争议，保护公民、法人和其他组织的合法权益，监督行政机关依法行使职权，根据宪法，制定本法"，行政诉讼机制担负着行政争议解决、权利救济与合法性审查、监督行政机关的多重制度使命，而这多项制度任务在实践操作中不免会产生矛盾与冲突，这在"禁止调解"条款与判决类型设置中体现得尤为明显。这种多重制度目标造成的价值冲突，将极易成为行政诉讼的制度劣势，在很大程度上也会将纠纷当事人排斥出行政诉讼程序，而选择信访等其他救济渠道。

尽管十八届四中全会作出的《中共中央关于全面推进依法治国若干重大问题的决定》指出，应当"健全社会矛盾纠纷预防化解机制，完善调解、仲裁、行政裁决、行政复议、诉讼等有机衔接、相互协调的多元化纠纷解决机制。……把信访纳入法治化轨道，保障合理合法诉求依照法律规定和程序就能得到合理合法的结果"，然而在运作实践中，信访、行政复议与行政诉讼等救济制度之间往往处于一种貌合神离、相互竞争排斥的状态。行政诉讼要充分发挥制度功能，就需要在多重制度目的中作出合理取舍，提供更多的政策创新机制，以体现自身竞争优势。

# B.9
# 2015年环境公益诉讼司法实践

何晶晶*

**摘　要：** 2015年，新修订的《环境保护法》正式实施。本报告对收集到的2015年1月1日至2015年12月1日国内环境公益诉讼案件进行梳理和分析，从案件地域分布、环境公益诉讼原被告类型、环境污染类型和已决案件的判决分析等方面来展示环境公益诉讼元年的司法实践状况。

**关键词：** 环境保护　环境公益诉讼　环境司法实践

## 引言

2015年注定是中国环境司法发展历程中具有里程碑意义的一年，新修订的《环境保护法》自1月1日起正式实施，这部被称为"有牙齿"的环保法因有了"环境公益诉讼"和"按日计罚"等利器而备受业界和学界期待，环境公益诉讼的司法实践效果如何，有什么成效和不足，值得回顾和总结。本报告根据从各级人民法院、中华环保联合会、中国生物多样性保护与绿色发展基金会（以下简称"绿发会"）[①]和新闻媒体收集的环境公益诉讼案件，对中国2015年环境公益诉讼司法实践情况作了梳理和分析，初步展示中国环境公益诉讼元年的司法实践状况。

---

\* 何晶晶，中国社会科学院国际法研究所助理研究员。
[①] 感谢最高人民法院环境资源审判庭魏文超审判长、中华环保联合会华南办事处金朗副主任、绿发会马勇副主任等对笔者收集环境公益诉讼相关资料和数据的鼎力支持。

## 一 环境公益诉讼相关法律法规

本报告所关注的环境公益诉讼主要是指环境民事公益诉讼，其主要法律依据是 2013 年 1 月 1 日起实施的新修改的《民事诉讼法》、2015 年 1 月 1 日起实施的新《环境保护法》、2015 年 1 月 7 日颁布实施的《最高人民法院关于审理环境民事公益诉讼案件适用法律若干问题的解释》以及 2015 年 7 月 2 日最高人民检察院发布的《检察机关提起公益诉讼改革试点方案》（以下简称《改革试点方案》）。

新修订的《民事诉讼法》的第 55 条是专门针对环境民事公益诉讼的条款[①]，该条款的加入标志着中国已经正式建立环境民事公益诉讼制度。2015 年 1 月 1 日生效的新《环境保护法》进一步确认了环境民事公益诉讼制度，其中第 58 条是针对环境公益诉讼的专门条款，对环境民事公益诉讼的主体资格进行了明确规定[②]。为更好地指导环境民事公益诉讼司法实践，最高人民法院颁布了《最高人民法院关于审理环境民事公益诉讼案件适用法律若干问题的解释》，该司法解释于 2015 年 1 月 7 日生效，是对新《民事诉讼法》和新《环境保护法》关于环境公益诉讼相关条款的重要补充性规定和解释。该司法解释对于如何认定《环境保护法》第 58 条规定的"社会组织""专门从事环境保护公益活动"以及"无违法记录"作了更为详尽的说明。除了对诉讼主体资格进行更为清晰的界定，该司法解释还对提起环境民事公益诉讼应当提交的材料、生态环境修复费用等事项作了指导性解释和说明。

《改革试点方案》为检察院提起环境公益诉讼提供了依据。与新《环境

---

① 《民事诉讼法》第 55 条规定："对污染环境、侵害众多消费者合法权益等损害社会公共利益的行为，法律规定的机关和有关组织可以向人民法院提起诉讼。"
② 新的《环境保护法》第 58 条对环境民事公益诉讼原告主体资格作了具体化的规定："对污染环境、破坏生态，损害社会公共利益的行为，符合下列条件的社会组织可以向人民法院提起诉讼：（一）依法在设区的市级以上人民政府民政部门登记；（二）专门从事环境保护公益活动连续五年以上且无违法记录。符合前款规定的社会组织向人民法院提起诉讼，人民法院应当依法受理。提起诉讼的社会组织不得通过诉讼牟取经济利益。"

保护法》和最高人民法院司法解释只涉及环境民事公益诉讼不同,《改革试点方案》规定检察机关既可以提起环境民事公益诉讼也可以提起环境行政诉讼,而且明确规定检察机关将重点对生态环境和资源保护领域的案件提起环境行政公益诉讼。《改革试点方案》对试点环境案件的范围、被告、诉讼请求和诉前程序等事项作了详细说明,明确检察机关在试点环境案件中的"公益诉讼人"身份。按照《改革试点方案》的相关规定,民事公益诉讼的被告包括损害社会公共利益的公民、法人或其他组织,行政公益诉讼的被告是违法行使职权或不作为的行政机关和组织。《改革试点方案》的出台标志着检察机关作为可以提起环境公益诉讼的主体,首次被正式纳入中国环境公益诉讼制度框架中。

## 二 环境民事公益诉讼司法实践状况

本报告所采集样本为2015年1月1日新《环境保护法》实施至2015年12月1日法院立案的环境公益诉讼案件。通过公开渠道,本报告采集到36起环境公益诉讼案件(见表1)。样本主要来自绿发会提供的材料、中华环保联合会材料、环保公益组织自然之友网站(http://www.fon.org.cn)等环保公益组织官方网站、中国裁判文书网(http://www.court.gov.cn/zgcpwsw/)、各级法院公开信息,以及人民网、《法制日报》等媒体的公开新闻报道。

### (一)环境民事公益诉讼案件地域分布

36起环境公益诉讼案件分布于17个省、自治区和直辖市,其中,贵州省的环境公益诉讼案件最多,有7件,占19.44%;其次为江苏与山东,各5件,占13.89%;福建4件,占11.11%;甘肃、辽宁各2件,各占5.56%;宁夏、四川、重庆、内蒙古、湖南、天津、北京、安徽、浙江、广东、海南各1件,各占2.78%(见图1)。

从东西区域分布上,2015年中国环境公益诉讼主要发生在西部、东部,

表1　2015年环境公益诉讼原告统计

单位：件

| 原告名称 | 提起案件数量 |
| --- | --- |
| 中华环保联合会 | 10 |
| 中国生物多样性保护与绿色发展基金会 | 9 |
| 中国红树林保育联盟、中国生物多样性保护与绿色发展基金会 | 1 |
| 贵阳公众环境教育中心 | 5 |
| 大连市环保志愿者协会 | 2 |
| 湘潭环保协会 | 1 |
| 镇江市生态环境公益保护协会 | 1 |
| 重庆绿色志愿者联合会 | 1 |
| 清镇市生态环保联合会、自然之友 | 1 |
| 北京市朝阳区自然之友环境研究所 | 2 |
| 自然之友、福建省绿家园环境友好中心 | 1 |
| 福建省绿家园环境友好中心 | 1 |
| 平川区环境保护局 | 1 |

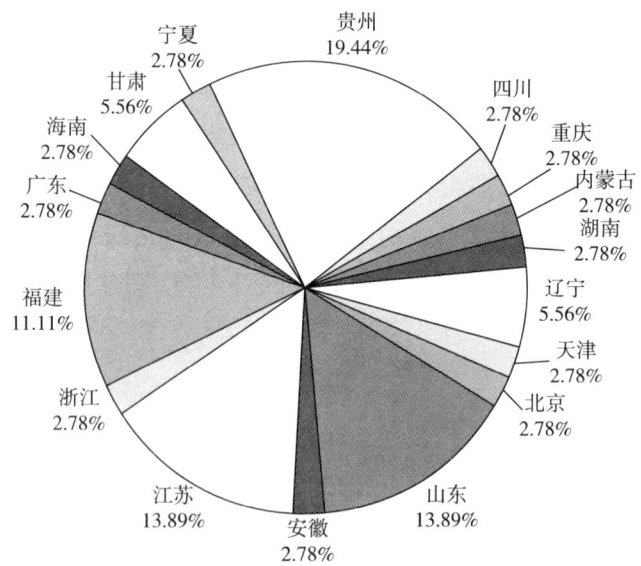

图1　2015年环境公益诉讼地域分布

中部和东北较少。2015年，在36起环境公益诉讼案件中，有13起发生在西部（内蒙古1起、甘肃2起、宁夏1起、贵州7起、四川1起、重庆1

起），占 36.11%；有 19 起发生在东部（北京 1 起、天津 1 起、山东 5 起、江苏 5 起、浙江 1 起、福建 4 起、广东 1 起、海南 1 起），占 52.78%；中部和东北地区（湖南 1 起、安徽 1 起、辽宁 2 起）发生了 4 起，占 11.11%。中国环境公益诉讼地图在一定程度上表明，相对于中部和东北地区，生态较好的西部和经济较为发达的东部对环境公益诉讼的重视程度较高。

环境公益诉讼在东部地区的分布，比在西部地区更为广泛。统计结果显示，西部六省市区的 13 起环境公益诉讼案件分布较为集中，贵州省占一半以上，这与贵州地区复杂的森林、水文等生态特点及对生态环境的重视密不可分。相比之下，东部八省份的环境公益诉讼案件除总体数量与省份数量高于西部外，案件的地区分布也更为均匀，山东、江苏、福建三省均有 4 起以上环境公益诉讼案件。以上对比可以从一定程度上反映出东部地区对于环境公益诉讼的重视程度与实践数量领先于中西部地区。

## （二）2015 年环境公益诉讼原告类型

2015 年，中国环境公益诉讼案件多由公益性环保组织提起。在 36 起环境公益诉讼中，有 35 起是由 11 家公益性环保组织提起的，占 97.22%；剩下的 1 起由行政单位提起。

第一，2015 年提起环境公益诉讼的原告仍以全国性、综合性环境公益组织为主。绿发会、中华环保联合会两家全国性公益组织起诉的案件分别为 9 件、10 件，二者之和占案件总数的 52.8%。此外，中国红树林保育联盟作为国内专门的红树林保护组织，也与绿发会作为共同原告向法院提起了一起专门针对红树林保护的环境公益诉讼。其中，贵州公众环境教育中心提起 5 起环境公益诉讼，北京朝阳区自然之友环境研究所起诉 2 起，大连市环保志愿者协会提起 2 起。此外，还有 5 家地方性环保组织各自提起了 1 起环境公益诉讼，分别是湘潭环保协会、镇江市生态环境公益保护协会、重庆绿色志愿者联合会、福建省绿家园环境友好中心和平川区环境保护局。地方性环保公益组织虽然组织数量较多，但受地方因素的制约，提起的诉讼总量有限。

第二，出现数件两个环保组织合作起诉的环境公益诉讼。在36起案件中，有3件的原告方为两个环保组织，如清镇市生态环保联合会及自然之友诉清镇前明铝铁矿山大气污染案、中国红树林保育联盟及绿发会诉海南红树林旅游股份有限公司生态破坏案和自然之友、福建省绿家园环境友好中心起诉的"福建南平生态破坏案"。该3起案件中，有1起是综合性环保公益组织与专业性环保公益组织合作提起，有2起属于地方环保组织合作提起。环保组织之间的合作，有利于优化公益诉讼资源，在实践中化解证据收集难、取证鉴定成本高等问题；而中国红树林保育联盟等专业性环保组织的参与，也可以在一定程度上弥补普通环保组织专业领域知识不足的问题。

第三，行政机关提起环境公益诉讼存在争议。在2015年平川区环境保护局诉兰州银轮运输有限公司皋兰分公司、中国人民财产保险股份有限公司兰州新区分公司环境污染责任纠纷案中，平川区环境保护局作为公益诉讼原告，委托律师和区政府法制办工作人员起诉，法院受理了此案。修订后的《环境保护法》第58条并未对行政机关提起环境公益诉讼进行明确授权，行政机关在中国环境公益诉讼制度框架下应该起到什么样的作用、发挥什么样的环境保护行政管理职能，值得进一步探索和深入讨论。

第四，提起环境公益诉讼的公益性组织数量占全国有资格提起环境公益诉讼的组织比例很小。事实上，到2014年9月底，在中国登记的环保类社会组织大概有7000个，其中具有提起公益诉讼主体资格的组织有700多个①。2015年提起诉讼的仅有11家，不到2%。

---

① 在2015年1月6日最高人民法院举行的"关于审理环境民事公益诉讼案件适用法律若干问题的解释"新闻发布会上，民政部国家民间组织管理局副局长廖鸿称，到2014年9月底，在我国登记的环保类社会组织大概有7000个，其中具有提起公益诉讼主体资格的组织有700多个。http：//tv.chinacourt.org/4481.html。最后访问日期：2015年11月30日。

### （三）2015年环境公益诉讼被告类型

在2015年的36起环境公益诉讼案件中，被告包括企业、自然人、事业单位等多种类型，既有单一被告也有共同被告，其中企业为被告的主要类型。36起案件中，企业被诉案件为30起，占36起环境公益诉讼案件的83.33%，其中包含单独被诉25起，共同被诉5起（见表2、图2）。自然人被诉案件为9起，包含共同被诉3起。企业与自然人共同被诉的"中华环保联合会诉新安化工下属建德化工二厂等六被告环境污染案""中华环保联合会诉东营市津瑞联电子材料公司、李国强环境污染案"和"中华环保联合会诉山东海科化工集团有限公司、王某等环境污染责任纠纷案"中，被诉的自然人均为帮助企业非法处理污染物的人员，均由中华环保联合会提起诉讼。

表2  2015年环境公益诉讼被告类型统计

单位：件

| 被告类型 | 案件数量 | 被告类型 | 案件数量 |
| --- | --- | --- | --- |
| 企业（包含营利性组织）* | 25 | 企业与事业单位 | 1 |
| 企业与自然人 | 3 | 行政事业单位与企业 | 1 |
| 自然人 | 6 | | |

说明："企业（包含营利性组织）"作为共同被告的案件中，有1件为生产合作社与企业共同被诉。整理时为避免过于零散，基于生产合作社的经济性，将其归类于"企业（包含营利性组织）"。

除了企业与自然人被告外，2015年的环境公益诉讼案件中被告也出现了两家具有公共事业管理职能的单位。"绿发会诉七里海保护区建设管理委员会、七里海文化旅游公司环境污染纠纷案"中，绿发会认为，七里海保护区建设管理委员会作为国家级自然保护区的管理机构在工程建设、旅游开发过程中没有遵守国家有关法律法规的规定，对保护区的生态环境和动植物资源造成了危险和一定程度的破坏，将其列为被告。在另一起"绿发会诉福建鼎信公司、福建环境科学研究院等海洋生态污染案"中，原告认为福建环境科学研究院应对另外两名被告严重污染海洋环境负连带责任。

将具有公共事业管理职能的单位作为环境公益诉讼案件的被告，有利于

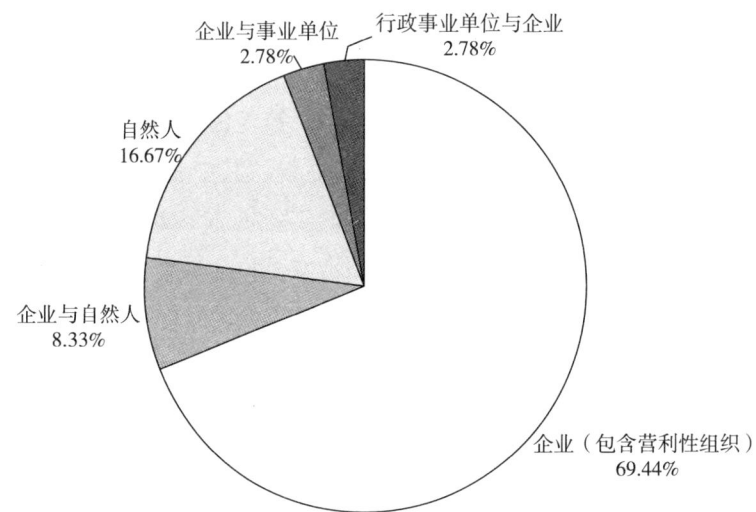

**图 2　2015 年环境公益诉讼被告类型分布**

督促相关单位、部门依法履行职责；同时，由于一些公共事业单位牵涉行政审批、管理等事项，将相关公共事业管理单位作为被告，也反映了环境诉讼民事、行政交叉的特征。

### （四）2015年环境公益诉讼案件环境污染类型

36 起环境公益诉讼案件所涉及的环境污染要素有大气污染、水污染、土壤污染以及以上三类要素的复合叠加，此外还有海洋污染、生态破坏、破坏濒危植物、多要素环境污染等复杂型环境污染（见表3）。

**表 3　2015 年环境公益诉讼案件污染环境要素统计**

单位：件

| 案件主要环境要素 | 案件数 | 案件主要环境要素 | 案件数 |
| --- | --- | --- | --- |
| 大气污染 | 2 | 水污染、土壤污染 | 2 |
| 水污染 | 14 | 海洋污染 | 3 |
| 土壤污染 | 5 | 生态破坏 | 4 |
| 水污染、大气污染 | 3 | 破坏濒危植物 | 1 |
| 土壤污染、大气污染 | 1 | 多要素环境污染 | 1 |

根据案件的污染要素是否具有单一性，在表 3 的基础上进行二次分类，得到单一环境要素案件和复合环境要素案件情况（见图 3）。

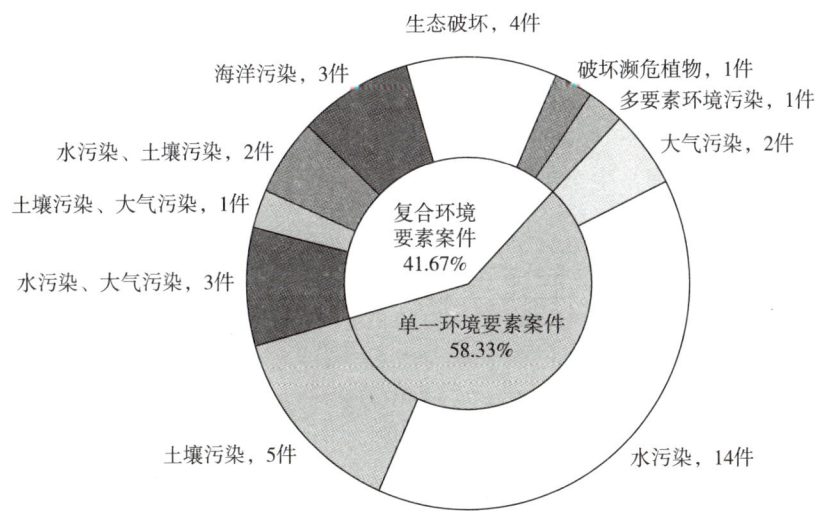

**图 3　2015 年环境公益诉讼案件污染环境要素统计及比例**

经过上述数据分析，36 起案件反映了环境公益诉讼所涉环境问题本身具有综合性与复杂性的特点。统计结果显示，复合环境要素案件所占比重为 41.67%，将近一半。而 15 起复合环境要素案件中，诸如以水污染与大气污染、土壤污染与大气污染、水污染与土壤污染为要素的简单复合环境要素案件有 6 起，不到一半；更多的是复杂的复合环境要素案件，如海洋污染、生态破坏、破坏濒危植物、多要素环境污染，共有 9 起。

涉案环境要素的复杂性，与环境本身的整体性、关联性、复杂性等特征相一致，这也给环境公益诉讼的审理带来新的挑战。一方面，复杂的环境要素给人民法院审理环境公益诉讼案件带来了一定困难；另一方面，环境问题关联性较强，增加了环境公益诉讼原告方的举证难度，更为重要的是，由于环境问题的复杂性，部分案件经判决生效后可能再发现新的损害结果或者危险，是否需要对"一事不再理"原则进行有限突破，又或是直接适用中国

《民事诉讼法》第124条第5款的规定①，借助再审程序，是在可预期的将来需要考虑的问题。

### （五）2015年环境公益诉讼案件已判决案件的判决分析

2015年法院审理的环境公益诉讼案件中，已经判决的仅有两例，一例是"江苏镇江市生态环境公益保护协会诉唐长海环境污染责任纠纷案"，另一例则是"福建南平生态破坏案"（两个案件的基本信息见表4）。

表4  2015年环境公益诉讼案件已判决案件基本信息

| 案件名称 | 受理时间 | 判决时间 | 审理法院 | 判决结果 | 判决书文号 | 备注 |
|---|---|---|---|---|---|---|
| 江苏镇江市生态环境公益保护协会诉唐长海环境污染责任纠纷案 | 2014年12月30日 | 2015年6月23日 | 江苏省镇江市中级人民法院 | 原告胜诉 | （2015）镇民公初字第00002号 | |
| 福建南平生态破坏案 | 2015年1月1日 | 2015年10月29日 | 福建省南平市中级人民法院 | 原告胜诉 | | 尚未到判决生效期 |

两个案件有如下共同点：均由地方性公益性环保组织提起，均有事先审理的同一环境刑事案件，被告均为自然人，案发地与审理地均为东部沿海地区，判决结果均为原告胜诉，判决中均将恢复被破坏的生态环境作为重点。

除了以上共同点外，两个案件也有诸多各自特点（见表5）。

表5  2015年环境公益诉讼案件已判决案件差异

| 案件名称 | 原告特点 | 环境要素 | 审理期间 | 补偿费用承担 | 补偿费外的赔偿 |
|---|---|---|---|---|---|
| 江苏镇江市生态环境公益保护协会诉唐长海环境污染责任纠纷案 | 单一地方性组织 | 土壤污染 | 约6个月 | 无条件直接承担 | 无 |
| 福建南平生态破坏案 | 地方性组织间合作 | 生态破坏 | 约10个月 | 附条件承担 | 有 |

---

① 《民事诉讼法》第124条第5款规定："对判决、裁定、调解书已经发生法律效力的案件，当事人又起诉的，告知原告申请再审，但人民法院准许撤诉的裁定除外。"

在诸多不同之中，判决中关于补偿费用的承担方式与恢复补偿外的赔偿在两案中的区别判决值得关注。在"江苏镇江市生态环境公益保护协会诉唐长海环境污染责任纠纷案"中，由于被告人当庭表示自己没有能力委托专业机构清污，法院判决被告人直接承担污染清理费用人民币53400元，并在判决书中写明该款项由法院移交扬州市环境保护局，由环保局在2个月内委托有资质的清理单位清污，并进行监督、向法院反馈，形成了完整的运作链条。在"福建南平生态破坏案"中，法院判决中关于生态恢复部分采取的是先要求被告方自己恢复被破坏林地的功能，如果不能在规定期间内修复林地植被，就需要赔偿生态环境修复费用共计110.19万元，但对该笔费用如何投入生态修复中去，尚未公开。此外，在"福建南平生态破坏案"中，法院支持了原告方请求被告赔偿生态环境受损恢复原状期间服务功能损失费用的诉讼请求。

## 三 环境公益诉讼司法实践特点

从上面的实证分析可以看到，环境公益诉讼制度施行一年来，司法实践展现如下显著特点。

第一，从环境公益诉讼的案件数量来看，虽然中国环境污染侵害事件时有发生，但是真正诉诸司法救济渠道的环境民事公益诉讼案件数量很少，许多地方的环境保护审判庭甚至出现了"无案可审"的情况。其中一个重要的原因是环境公益诉讼的时间、金钱和人力资源成本过高，真正有能力、有意愿提起公益诉讼的社会组织少之又少。许多小型的地方性环境公益社会组织虽然有"公益"的意愿，但是由于缺乏必要的专业水准，没有足够的技术和经济能力来开展有效的调查、取证并提起诉讼，在实践中往往被环境公益诉讼的隐形门槛挡住。如何真正使环境公益诉讼变成保护环境的利器，如何鼓励和支持社会公益组织积极参与进来，还有待进一步从制度和实践操作上进行完善。

第二，从案件发生的地域来看，案件并非均衡分布，环境公益诉讼在中国东部和西部的数量，远高于中部，尤其是贵州省的环境公益诉讼案件数量远超其他省份。环境公益诉讼案的地域相对集中情况在一定程度上反映了不同地区的公众环境保护意识、当地环境公益社会组织的活跃程度、地方政府对环境保护的重视程度和当地环境保护司法资源的完备程度的地区差异性。另外一个值得关注的情况是，环境案件常常呈现出跨区域性的特点，如何进一步发挥跨区法院不受行政区划限制、不容易受地方政府保护主义影响的优势来推进跨区域环境公益诉讼案件的审理，是一个值得探讨的问题。

第三，从环境民事公益诉讼的原告来看，虽然符合法律规定、具有环境民事公益诉讼主体资格的社会组织有700多家，但是真正提起诉讼的环保公益组织的数量非常有限，并且集中于几家规模较大的环境保护组织。中华环保联合会和绿发会两家全国性公益组织起诉的案件分别为10件、9件，二者之和占案件总数的52.8%。还需要指出的是，虽然检察机关已经被赋予提起环境公益诉讼的主体资格，但在《改革试点方案》公布之后至2015年12月初，还没有一起检察机关提起的环境公益诉讼①。检察机关应该以何种合适的方式在中国环境公益诉讼制度中发挥作用还值得进一步深入探讨。鉴于环境公益诉讼案件本身的复杂性、广泛性和社会影响性，以及该类案件在取证、调查和诉讼过程中专业性要求高的特点，检察机关因其高度的专业性和具有与行政机关相抗衡的诉讼能力的机构优势，对于推进中国的环境公益诉讼司法实践有重要意义。但是一些专家担心，检察机关作为法律监督机关，承担"公益诉讼人"的角色可能会"名不正言不顺"，在角色定位上会出现混乱。在《改革试点方案》的两年公益诉讼试点期结束后，检察机关是否应该被正式赋予提起环境公益诉讼的主体资格就成了亟须探讨的关键问题。

第四，从环境公益诉讼的被告来看，在2015年的36起环境公益诉讼案件中，被告包括企业、自然人、事业单位等多种类型，既有单一被告也有共同被告，其中企业为被起诉的主要类型。值得关注的是，虽然在新《环境

---

① 在本报告数据检索期间之外，即2015年12月后，中国已出现检察机关提起公益诉讼的案例，本报告未作统计，留待下一年度分析。

保护法》实施前有贵州省毕节市金沙县检察院起诉环保局这样有影响力的环境公益诉讼案件，但在新《环境保护法》实施以后就没有把行政机关作为被告的案件，这与新《环境保护法》第58条没有把行政机关列入被告范围的法律规定有关。当然，2015年7月最高人民检察院发布的《改革试点方案》赋予了检察机关起诉行政机关的行政公益诉讼主体资格，但是社会组织仍然无法依据现有法律法规来对行政机关提起诉讼。中国的环境行政公益诉讼制度该如何推进，如何更好地对地方行政机关的环保履责监督和相关问责作出公益诉讼制度上的安排，无疑是下一阶段理论界和实务界需要重点关注的问题。

第五，从两例已经有审判结果的案件可以看到，环境公益诉讼案件还会涉及生态修复赔偿金的问题，而新《环境保护法》对于生态修复费用的事项并未明确说明，公益诉讼赔偿金的归属和管理就成为另一个司法实践难题。当前，《最高人民法院关于审理环境民事公益诉讼案件适用法律若干问题的解释》第20条对生态环境修复费用作了初步说明①，但是对于修复费用归谁管理和如何对该费用的使用进行监督等问题，司法解释并未明确说明。一些专家建议可以由第三方机构负责监管生态环境修复费用，以确保这些赔偿金真正用于环境修复。但是什么样的第三方机构是合适的监管机构，政府和公众又如何监督这些机构的资金使用情况，都是亟待解决的环境公益诉讼司法实践难题。

---

① 《最高人民法院关于审理环境民事公益诉讼案件适用法律若干问题解释》第20条规定："人民法院可以在判决被告修复生态环境的同时，确定被告不履行修复义务时应承担的生态环境修复费用；也可以直接判决被告承担生态环境修复费用。生态环境修复费用包括制定、实施修复方案的费用和监测、监管等费用。"

# B.10 中国证券市场法治（2015）

姚 佳[*]

**摘 要：** 2015年，中国证券市场法治继续在证券立法、证券监管以及证券司法等不同维度中构建与展开。中国《证券法》正在经历第二次大修，其他证券法律规范供给充足，证券执法有序进行。"马乐案"最终由最高人民法院再审改判，以及投资者诉光大证券内幕交易案胜诉，昭示着证券司法的进步。2015年中国证券市场取得了较大发展，但也发生了异常波动，这考验着监管者，拷问着政府与市场之间的关系，更提出如何实现审慎、适度监管以及如何保护投资者等一系列难题。中国的证券市场法治不仅需要完善法律文本，更需要注重法律实施，尤其是应实现"监管"归位，如此才能真正为市场发展保驾护航，才能真正保护投资者利益。

**关键词：** 证券法治 证券监管 股市异常波动 投资者保护

中国目前正处于经济转型高速发展期，实体经济面临新机遇与新挑战，金融是为实体经济保驾护航的重要工具之一，其作用不可小觑，具有融资以及市场资源配置等基础性功能的证券市场，更是助推实体经济发展的重要工具。自2014年开始，中国股市十分活跃，股指持续攀升，全年涨幅超50%，位居全球之首。2015年，在"改革牛""融资牛""杠杆牛"等的轮

---

[*] 姚佳，中国社会科学院法学研究所副编审。

番推动下，2015年6月沪指更达到5178高点，前六个月涨幅高达57%。然而自2015年6月中旬开始，A股开始持续下跌，2015年6月至7月，中国证券市场更经历了罕见的异常波动。对于证券市场而言，股指涨跌本为正常现象，但是对于一向被认为是"政策市"① 而非"经济市"的中国证券市场而言，此种涨跌是否已给中国证券市场带来严重后果？市场参与主体是否真正遵守了市场的"游戏规则"？市场监管者是否真正奉行法治精神履行其监管职责？弱势的投资者是否得到应有的公平对待？这些问题拷问着监管者关于市场交易规则的建构、监管科学化与透明度，政府与市场的关系以及投资者保护等一系列深刻命题。

## 一 证券市场规则建构、证券监管与证券司法

证券市场法治是一个多向度的命题，涉及证券市场自身的规则构建、证券监管、证券监管部门的执法行为、与证券市场相关的司法活动以及证券监管主体与证券市场之间的关系，等等。通常意义上讲，证券法律法规的立、改、废，证券监管、证券执法以及与证券市场相关的司法活动等是证券市场法治的基础。

### （一）证券法律规范

证券法律规范是一个规范群，不仅包括作为证券法治核心和基本规则构建的《证券法》，还包括其他相关法律、法规、规章及规范性文件。《证

---

① 关于"政策市"的论述参见国芳《交易印花税——"政策市"的代价》，《经济导刊》2007年第7期；蔡亮：《A股"政策市"宿命》，《中国中小企业》2008年第4期；王曦、叶茂：《我国股票市场"政策市"现象的理论阐释》，《学术研究》2011年第1期；陈军梅：《我国股票市场之"政策市"特征浅析》，《知识经济》2012年第23期；钟林：《治市·救市·政策市》，《股市动态分析》2012年第18期；王茹、孟雪：《中国股票市场风险问题及化解思路》，《经济研究参考》2012年第45期；银国宏：《中国股票市场政策市特征正在从行政性向经济型转型》，《经济研究参考》2008年第66期；王文玲、潘慧峰：《重大政治事件对我国股票市场影响的实证研究》，《科学决策》2012年第9期。

券法》集证券发行、交易、收购等基本交易规则以及交易所、中介机构、监管机构等主体规制规则于一体,旨在发挥调整证券交易法律关系、证券监管法律关系等作用。《证券法》于1992年开始起草,是一部按照国际惯例、借鉴发达国家证券市场经验而制定的法律,1998年亚洲"金融危机"的爆发促成该法出台。从中国《证券法》的产生来看,法律文本的设计和立法预期超前于当时的经济发展状况,立法的规则理性高于实践理性。从近20年《证券法》的实施来看,效果并不理想,法律文本与法律实施之间存在一定落差。

《证券法》自1999年实施以来,分别于2004年8月、2013年6月、2014年8月对个别条款进行了修改,2005年10月曾进行较大幅度修订,自2014年又开始新一轮修法。全国人大财经委负责人2015年4月20日在十二届全国人大委员会第十四次会议上作《证券法(修订草案)》的说明时指出,随着中国证券市场的快速发展,改革创新的不断深入,现行《证券法》的许多内容已难以完全适应证券市场发展的新形势。本次修订草案修改内容较多,大致涉及16章338条,其中新增122条、修改185条、删除22条①,主要集中在扩大证券定义、注册制改革、小额股权众筹豁免注册以及投资者权益保护等几个关键问题,以及其他涉及信息披露和投资者保护等问题。《证券法(修订草案)》本应于2015年8月进行第二次审议,但由于本次《证券法》修改范围较广、幅度较大,加之股市自2015年6月开始异常波动,应当对此进行更多研究和吸取经验教训,因此原计划第二次审议的安排向后推迟②。《证券法》作为金融市场的重要法律之一,本次修改不仅关注市场行为的调整与校正,同时也在充分考虑一些意外或者特殊情况下的法律调整问题。可见,经济转型时期以及经济新常态下,《证券法》承载着更多的使命与责任。对《证券法》的修改无疑是证券法学界以及证券业界的大事,尽管证券市场诚信机制和良好秩序的构建并非一部证券法所能解

---

① 《确立股票发行注册法律制度》,《法制日报》2015年4月21日,第2版。
② 杜雨萌:《证券法修改草案有望明年推出》,《证券日报》2015年10月29日,第A2版。

决,但是在当前背景下,从法律文本上先行完善,再逐步矫正证券市场中存在的问题,无疑是当下最理性与最具可行性的发展路径之一。

从证监会的规范性法律文件层面来看,2015年出台的规章及规范性法律文件涉及证券市场禁入、行政和解、证券公司融资融券业务管理、公司债券发行与交易管理、股票期权交易试点管理、香港互认基金管理、境外交易者和境外经纪机构从事境内特定品种期货交易管理以及金融期货交易所交易规则等。从法律文本角度而言,证券法律规范总体供给较为充足,能够对证券市场实践予以一定回应,但是根据2015年证券市场的情况,证券法律规范仍需在市场异常波动以及可能引致系统性风险等方面予以规范,以及在一些金融产品创新领域予以及时回应。

## (二)证券监管

从二十多年的证券市场实践来看,中国证券监管理念与制度都在不断完善,监管水平也在不断提高,但是长期以来,证券监管机构也一直饱受重审批、轻监管的批评。"监管转型"曾是2014年资本市场的主题词,证券监管机构应该回到"监管田",而不能只管"审批地",全国范围内的审批制度改革是监管转型的基本前提[①]。2002~2015年,证监会清理取消的行政审批事项共计140余项。2015年12月27日,全国人大法律委员会表决通过注册制改革内容,注册制改革实际上更是监管转型的重要举措。

证券执法是当代证券市场监管体系不可或缺的组成部分,特别是在发展历史较长、制度较为完善的发达国家,其占据着比较重要的位置,在一定程度上决定了监管的绩效和目标的实现程度。根据证监会网站发布的《2015年度中国证监会稽查执法情况通报》,2015年1~12月,证监会系统共受理违法违规有效线索723件,较上年增长明显,新增立案案件共计345件,同比增长68%;新增涉外案件139起,同比增长28%;办结立案案件334件,

---

① 上海证券交易所法律部、资本市场研究所:《2014年证券市场法治述评》,《证券法苑》2015年第14卷,第459页。

同比增长54%。1~12月，证监会对内幕交易、利用未公开信息交易立案调查共计85起；对超比例持股立案调查53起；对信息披露违规及证券期货服务机构违法违规立案调查共计61起；重点打击惩处操纵市场案件，立案调查共计71起，案件数量创下近三年来新高；对非法经营证券业务、非法咨询立案调查24件。2015年4月末至7月初，针对股市快速上涨期间集中涌现的虚假陈述、操纵市场、编造虚假信息等突出问题以及新三板等领域出现的违法违规行为，证监会部署5批共计60起案件。2015年7月至年末，针对股市异常波动期间凸显的主要矛盾，分别针对场外配资领域违法违规、操纵市场行为，部署3批共计60起案件。

### （三）证券司法

检索法规数据库显示，2000年以来相关证券案件大约有4000件，2015年审结的一、二审案件近百件，涉及违法信息披露、证券欺诈和内幕交易等案由。2015年最值得关注的无疑是被称为最大基金"老鼠仓"的"马乐案"以及投资者诉光大证券内幕交易索赔案。

2015年12月11日，最高人民法院对马乐利用未公开信息交易案作出公开宣判，原审被告人马乐被改判有期徒刑3年，并处罚金人民币1913万元；违法所得人民币1912万余元依法予以追缴，上缴国库。"马乐案"是自2009年2月28日《刑法修正案（七）》公布实施以来，涉案从事"老鼠仓"交易时间最长、涉及股票数量最多、交易金额最大和盈利金额最多的基金"老鼠仓"案。2014年3月，该案由深圳市中级人民法院一审作出判决之后，检察机关曾两次向法院提出抗诉，于2015年作出最终判决。"马乐案"表现出国家对以违法行为侵害投资者权益事件绝不姑息容忍，以维护证券市场秩序。

2015年9月，上海市第二中级人民法院对原告张某等8名投资者诉光大证券有限公司证券、期货内幕交易责任纠纷案作出一审宣判，6名投资者胜诉。该案起因系2013年8月16日的"光大证券乌龙指"事件。本案当下的意义更在于对投资者的保护要通过司法手段，激活民事赔偿机制，给予投资者公平对待。

整体来看,证券市场投资者权益的保护以及证券市场秩序的维护仍是以证券执法和证券监管为基本路径,投资者以及市场主体运用司法手段维护权益的情形并不多,这也与中国《证券法》仍然潜在地带有"管制法"的特色相关,相关主体的维权意识较弱、维权成本较高,也是中国证券市场法治的特点之一。

## 二 超越市场与证券法律文本的未竟难题

中国证券市场的法治发展存在诸多问题,《证券法》要顺应社会和经济发展进一步修订完善。然而在2015年,股指迅速攀升转而急速下跌发生异常波动,国家"救市",采取各种措施平稳市场,在整个过程中,法律文本的完善似乎已退却其次,更重要的是市场如何重新恢复信心与活力、证券监管与投资者保护如何真正落实到位。

### (一)证券市场与证券监管的关系

中国证券市场已发展二十余年,若以2015年中国GDP总值67.67万亿元人民币计算,2015年底A股证券化率已达78.32%。高速增长的总市值、上市公司数、融资额、电子化和交易量等指标背后也始终伴随着被认为是"政策市"、并非是中国经济的"晴雨表"、与实体经济脱节以及市场操纵、投机违法等诟病[1]。但无论如何,这些数据已在一定程度上说明,中国的证券市场已经在中国经济中居于重要地位,其发展态势将直接或间接影响中国经济全局。2015年对于中国证券市场而言,是难忘的一年也必将是载于史册的一年,A股经历了暴涨与暴跌,不仅考验着监管机构的能力,更考验政府如何处理其与市场之间的关系。

---

[1] 戴文华、夏峰:《关于中国证券市场20年发展的基本分析与思考》,《证券市场导报》2014年第1期。

在中国国有企业改革过程中，特别强调政府与市场的关系，强调"有形之手"与"无形之手"之间的关系，而在证券市场与证券监管之间的关系上，也仍然要理顺"有形"与"无形"之间的关系。

中国股市一向被认为是"政策市"。对于普通民众而言，中国的证券市场不仅是每个上市公司的展示平台，市场本身就代表着一种"国家信用"，人们信赖甚至依赖监管层对市场发出的信号。尽管中国证券市场"政策市"这一特征的产生具有客观历史与社会原因，但是长期的"政策市"必将对市场的健康发展造成损害，只有"去政策市"特征、回归"市场市"或"经济市"这一本原状态，市场才能按照客观规律发展。"去政策市"就需要监管"归位"，与市场保持一定距离，理顺与市场之间的关系。然而，从实际情况来看，证券监管部门并未与市场保持合理距离，反而角色有所"错位"。

从《证券法》第 179 条规定的证监会职责范围来看，国务院证券监管机构即中国证监会履行职责的内在本质主要是诚信监管①。近年来，证券监管部门一直都在试图厘清其与市场之间的关系，秉承"加强监管，放松管制"的立法理念，通过颁布行政规章、自律规则和规范性文件等各种方式，积极推动资本市场发展的规范化和市场化②。换言之，无论是证券监管部门自身的职责所在，还是因其已经意识到管制过多而必须转型，仅从发布的政策上看，证券监管部门正在试图回归原位，成为真正意义上的裁判者。然而，事实是否如此？

2014~2015 年上半年，A 股连续上涨，市场不断掀起投资热潮，A 股开户人数环比不断增加，市场几乎处于一种不太正常的狂热状态，机构与市场不断炒作与唱多，以各种改革为题材、以杠杆为契机，中国似乎进入"全民炒股时代"。2015 年全国两会期间，证监会负责人在接受采访时认为"改革牛"或"杠杆牛"，这两个观点都有道理③。与此同时，媒体也不断提出

---

① 陈甦、陈洁：《证券法的功效分析与重构思路》，《环球法律评论》2012 年第 5 期。
② 武俊桥：《2011 年中国证券市场法治述评》，《证券法苑》2012 年第 6 卷，第 486~487 页。
③ 《证监会主席肖钢赞同 A 股上涨是"改革牛"》，《证券日报》2015 年 3 月 11 日，第 A1 版。

"股市将替代房地产市场成为国家战略"①"4000点是牛市新的起点"② 等观点。其后的三个月左右，A股从3000多点一路飙升到6月12日的最高点5178点，涨幅接近50%。2015年6月13日，有消息报道称，6月12日，证监会负责人在中央党校的讲座中提出：第一，改革牛理论成立；第二，市场不差钱；第三，实体经济越差股市越涨的判断没道理，牛市建立在政府有能力保7%的预期基础上③。此消息一出，市场以及投资者更是异常兴奋，认为牛市将继续攀升创新高。但非常遗憾的是，自2015年6月15日开始，股指开始持续下跌，并在6月15日至7月8日发生股指异常波动，其间，上证综指跌32%，创业板跌42%，两市市值蒸发20多万亿元。从事后来看，在股指异常波动前后，受经济回升预期和流动性陷阱的影响，货币政策从此前的宽松转向观望，6月历来是资金紧张的季节（如近几年第二季度末都会出现"钱荒"）。就算股指异常波动可能存在客观原因，但是监管部门与主流媒体在此前后不断对市场的走势予以预测和评价，向公众提出"改革牛""杠杆牛"等概念，对于一个本身就贴有"政策市"标签的证券市场而言，监管部门的行为是否适当？政府与市场的界限到底在哪里？监管部门是否角色"错位"？答案是不言自明的。证券监管部门和主流媒体的相关言论不仅影响市场的发展，更影响到投资者，对于中国的投资者而言，人们虽然关注市场本身的状况，但在"政策市"的大背景下，人们更加习惯于观察政策动向，甚至极度相信与依赖相关部门发表的言论。因此，从监管部门自身的行为来看，虽然其意在保持与市场之间的理想距离，但事实上并未厘清二者之间的关系，反而适得其反。

另外，中国证券市场还有一个独特现象，即主流媒体也无法与市场保持一定理想距离。毋庸置疑，主流媒体代表着政策风向标甚至市场风向标，但

---

① 于卫国：《股市将接替楼市成为国家战略》，新浪网，http://finance.sina.com.cn/zl/stock/20150408/095521906564.shtml，最后访问时间：2015年9月21日。
② 王若宇：《4000点才是A股牛市的开端》，人民网，http://finance.people.com.cn/stock/n/2015/0421/c67815-26880528.html，最后访问时间：2015年10月16日。
③ 《肖钢："改革牛"成立 市场不差钱》，央广网，访问地址：http://finance.cnr.cn/txcj/20150613/t20150613_518839884.shtml，最后访问时间：2015年9月30日。

从2015年证券市场发展来看，主流媒体所发挥的作用并不理想。如上所述，2015年上半年，主流媒体以及有影响力的媒体在股指上升期间以各种形式报道预测评判股市，而在股市异常波动期间，却并没有起到应有的作用。此间，有的媒体虽然持续报道了近期与远期的救市措施，如"央行降息降准""养老金入市""减少新股发行"等等，但并未正面提及此事对股市的不利影响，而仍在用"促进稳增长、调结构、降低社会融资成本"等过于概括和间接的言论进行评价①，这使广大投资者无法及时了解市场异常波动的不利后果以及无法激励市场恢复信心。对于主流媒体而言，由于其在政策面上的影响力尤甚，因此其应当与市场保持一定的距离，无论市场如何，如非必要的正面激励或重大事件客观报道，就不参与报道，这也是中国证券市场逐渐"去政策市"特征的方式之一；如若参与报道，就应十分谨慎，由于所报道的信息可能存在不对称性，因此要注意考量信息可能会给市场以及投资者造成何种影响。

### （二）适度监管应如何把握"度"

国际证监会组织（IOSCO）在国际范围内提出了监管的主要目标，即保护投资者，保证市场的公平、有效和透明，减少系统性风险。各国也在自己的监管体系内尽可能地做到审慎监管与适度监管。对于中国证券监管而言，也同样面临着监管适度与适当等问题。

其一，去杠杆与配资之"度"。2015年的"牛市"在一定程度上被认为是"杠杆牛"的推动，在股指攀升之时，融资融券、杠杆交易工具都在其中起到重要作用，但在股市异常波动及其后的一段时间，在市场尚未企稳、信心尚未恢复之时，监管部门对市场的清理配资与去杠杆也同时给股市带来较大震动。违法配资与过度加杠杆在短时间内能给市场带来巨大资金量，但同时也会给市场以及投资者带来风险，甚至可能造成一定损害。防范风险是证

---

① 李师荀：《〈人民日报〉股灾期间的救市宣传报道研究》，《新闻研究导刊》2015年第15期。

券监管部门的重要职责，清理配资和去过度杠杆本无可厚非，但是证券监管部门却忽略了一个问题——如何把握进退有度。股市异常波动之后，市场流动性不足，严重缺乏信心和活力，而证券监管部门却要求在两三个月之内必须清理大规模的配资和杠杆，使市场动荡加剧。美国较为成熟的证券市场去杠杆尚且用了五年左右时间，而中国A股如此庞大体量的市场去杠杆竟然仅仅用了五六个月，A股巨震在所难免，尤其是让2015年7月初开始的国家大规模"救市"效果大打折扣。适度监管本为证券监管的重要原则和方式之一，但是如何把握进退之"度"已成为证券监管实践中的重大难题之一。

其二，新股发行之"度"。新股申购冻结资金对股市的"抽血效应"极其明显，从2015年中国证券市场实际情况来看，每次新股申购基本都会引起股指震荡。2015年上市的新股共200余只，同时证监会对IPO核准的速度在加快，新股欲借"牛市"大势的上市速度也在加快。新股申购冻结资金主要是在短时间内影响股市的流动性，但是在股市异常波动期间，连续数日千股跌停，流动性尽失。在此种情况下，新股申购与IPO核准不仅仅影响的是流动性，更重要的是严重影响了投资者对市场的信心。2015年7月4日，中国证监会公布IPO暂停的公告，但当时股市异常波动已持续数日，悲观情绪急剧蔓延，虽有提振市场信心之功，但是收效甚微。暂停IPO不到五个月，2015年11月末又重启新股申购，"抽血效应"仍对市场具有一定负面影响。因此，从2015年整体证券市场发展来看，证券监管部门对新股发行之"度"的把握仍需反思。

其三，股指期货之"度"。股指期货于2010年4月正式上市交易，其后，国务院和证监会先后颁布实施了包括《期货交易管理条例》等在内的一系列行政法规、部门规章、规范性文件及自律规则等。对于中国证券市场而言，股指期货属于新鲜事物，当时并未特别引人注目，但是在2015年6月至7月的股市异常波动中，其被归结为罪魁祸首之一，即有人利用股指期货的做空机制对现货市场施加影响，从而影响现货市场的指数。此间，市场以及相关人士已经意识到股指期货做空现货市场会影响股指，但是证券监管部门却并没有提出紧急应对预案。时隔近两个月，中国金融期货交易所

（以下简称"中金所"）于9月2日发布了《关于调整沪深300、上证50、中证500股指期货交易保证金的通知》以及《关于调整股指期货手续费标准的通知》，通过提高保证金以及手续费等方式，使得做空者几无操作余地，至此，股指期货对现货市场施加影响已几无可能。从中金所调整保证金以及手续费等方式可知，证券监管部门已经意识到股指期货系年中股市异常波动原因之一，也欲亡羊补牢，但是该事件所造成的影响和损失已在一定程度上无法弥补，这不得不让人反思证券监管之中的适度与适当问题。

其四，"熔断机制"之"度"。2015年6月至7月，股指发生了异常波动，连续多个交易日千股跌停，流动性尽失（见表1）。2015年9月7日，上交所、深交所和中金所宣布证券市场拟实施"熔断机制"，并发布征求意见稿，以应对市场的非理性大幅波动，保护投资者利益。熔断机制在发达国家的资本市场中多有适用，形式上借鉴此制度并无难度，但发达国家与中国的情况不尽相同。比如，美国的股票交易规则为T+0，无涨跌停板，而中国的股票交易规则为T+1，涨跌停有限制，因此域外制度直接接入中国到底效果如何，尚有待观察。上交所于2015年12月4日发布了《关于〈上海证券交易所交易规则〉增加第四章第五节"指数熔断"的通知》，决定该熔断机制自2016年1月1日起实施。然而事实并不如所愿，2016年1月4日与1月7日，A股分别发生四次熔断（两次触发5%熔断阈值，两次触发7%熔断阈值），两次休市，流动性尽失，创造了A股的历史，也造成了巨大的破坏力，上证指数下跌488.87点，深成指下跌了2018.26点，创业板指数下跌了436.66点。据统计，2016年的前四个交易日A股蒸发市值逾6万亿元，按A股持仓投资者数量5026.28万人算，每个投资者亏损的数额为10.53万元①。6万亿元与2008年国际金融危机爆发后，国家拟进一步扩大内需、促进经济平稳较快增长的"4万亿投资"相比，在数字上庞大得多。2016年1月8日，熔断机制被监管层紧急宣布暂停实施。各界不得不感叹

---

① 《证监会深夜叫停熔断机制 155分钟A股蒸发6万亿》，新华网，http://news.xinhuanet.com/finance/2016-01/08/c_128607240.htm，最后访问时间：2016年1月8日。

理论与实践距离之大。因此,措施之"度"、借鉴之"度"、理论之"度"与实践之"度"如何衔接与衡量,似乎是市场中永远持续的难题。

表1 2015年股市异常波动期间沪、深300跌幅与沪、深两市个股跌停数量

| 日期 | 沪、深300跌幅(%) | 沪、深两市跌停个股数量(只) |
| --- | --- | --- |
| 2015年6月19日 | -5.95 | 1096 |
| 2015年6月26日 | -7.87 | 2049 |
| 2015年6月29日 | -3.34 | 1578 |
| 2015年7月1日 | -4.92 | 941 |
| 2015年7月2日 | -3.41 | 1525 |
| 2015年7月3日 | -5.41 | 1475 |
| 2015年7月6日 | 2.90 | 964 |
| 2015年7月7日 | -1.76 | 1765 |
| 2015年7月8日 | -6.75 | 915 |
| 2015年7月15日 | -3.54 | 1287 |
| 2015年7月27日 | -8.56 | 1861 |
| 2015年8月18日 | -6.19 | 1647 |
| 2015年8月24日 | -8.75 | 2179 |
| 2015年8月25日 | -7.10 | 2018 |
| 2015年9月1日 | -0.13 | 1159 |
| 2015年9月14日 | -1.97 | 1446 |

中国虽然是一个经济后发和市场后发的国家,但是市场一旦发展,就会远远跑在监管之前,新鲜事物与技术手段频出,因此,作为监管部门不仅要尽可能地跑在市场之前,更要秉承"适度监管"之理念,把握好其中的"度"。事实上,监管过度必然会抑制创新,成为导致证券和金融创新供给不足的主要障碍,但是监管不足又可能放大证券市场的运作风险、损害市场稳定和投资者利益,因此,监管是否适度会直接影响市场的发展,不容小觑。

(三)投资者保护

中国的证券市场虽然在20世纪90年代就已建立,但是近十几年才进入急速发展期,个人投资者的比例也在持续增加,从监管部门的职责来看,保护投资者利益是重中之重。从实践来看,中国证监会内设投资者保护局

（同时设有中国证券投资者保护基金有限责任公司），中国银监会内设银行业消费者权益保护局，中国保监会内设消费者权益保护局，这些金融监管机构的设置表明，中国目前对投资者的保护尤其是对以消费者样态出现的中小投资者的保护非常重视。但是，对投资者或金融消费者的保护，是一个长期的系统工程，并非设置专门机构就能解决全部问题，其更关涉监管机构对欺诈发行、信息披露违规、内幕交易等失信行为的查处力度，以及市场诚信体系的有效构建。

另外，对投资者或者金融消费者的保护还体现在相应的救济以及法律责任上。在证券法律制度的实现机制上，民事法律关系的实现机制与行政法律关系的实现机制互相干扰，尤其是前者受到后者的过度压抑以致取代。事实上，《证券法》于2005年修订时，特别强化了民事责任制度，对于虚假陈述、内幕交易、操纵市场等行为都明文规定了相应的民事责任条款。当时许多论者为此欢呼，以为如此强化了证券法律制度实施的民法机制。但实际上，真正通过民事诉讼成功追究虚假陈述、内幕交易、操纵市场者民事责任的案例少之又少。究其原因，并不是投资者不知道法律规定或不愿意利用这些规定追究虚假陈述、内幕交易、操纵市场者的民事责任，而是行政监管的过度控制在制度上和实施效果上都压缩了司法机制的作用空间①。因此，对投资者或金融消费者权益的保护不仅要完善证券法律法规，更要在法律文本之外，去解决历史和社会现实形成的"中国式难题"，只有解决了这些难题，才能实现真正意义上对投资者或金融消费者权益的保护。

## 三 展望：证券市场如何真正实现法治

证券市场法治是一个宏观与微观兼具的命题，社会主义市场经济是法治经济，证券市场作为社会主义市场经济的有机组成部分，更应当是法治经

---

① 陈甦、陈洁：《证券法的功效分析与重构思路》，《环球法律评论》2012年第5期，第8~9页。

济，但从目前的情况来看，证券市场实现真正意义上的法治尚需时日，在这个过程中，不仅需要完善证券法律文本和规则，更需要注重法律实施，并且需要实现真正意义上的监管，划清政府与市场的边界，以发挥证券市场在推动经济发展中的基础性作用。

### （一）法律制度完善

证券法律文本的完善无疑是构建证券市场法治的重要前提与基础。实际上，对于中国这种市场后发、经济后发和法治后发的国家而言，某些领域发展较为迅速而立法相对滞后应当是一种正常现象。在中国社会主义市场经济发展初期，很多立法都超前于当时的经济发展，《证券法》就是典型例子。1999年实施的《证券法》基本上是借鉴西方发达国家的证券立法经验而制定，无论在内容上还是立法技术上均比较先进和超前，但是近十几年证券市场发展迅速，立法则呈现出相对滞后的现象，实际上，此种更迭交替是一种正常现象，这也体现了社会事实与法律调整二者之间的内在张力，如何客观看待以及如何调适二者之间的关系，是我们当下所面临的重要问题之一。因此，要以完善《证券法》为核心与基础，完善相关行政法规、规范性文件以及自律机构的市场业务规则，以构建一个多层次、立体化的证券法律规范体系。

### （二）注重法律实施

从法律文本角度而言，形式上完备仅仅是基础，更重要的是法律实施，从近年来证券法的实施来看，其效果并不理想。之所以出现这种情况，一方面是由证券市场本身的特性所决定的，由于证券市场所蕴含的不确定性和风险性较一般产品劳务市场大得多，其市场特性以及运行机制上的特点，决定了证券市场在本质上是最大的诚信市场，证券市场对诚信的要求要远远高于一般商品市场和其他金融市场。而中国目前总体上尚未构建较为成熟的社会信用体系和诚信体系，证券市场在这一大环境中也很难独善其身，因此《证券法》实施效果并不理想也情有可原。另一方面，由于目前个体信用缺

失以及契约精神缺乏，在证券市场中，不实披露、欺诈以及内幕交易等行为屡禁不止。有学者认为，如果在证券市场中欺诈行为横行，虚假信息充斥，违法违规活动蔓延，这种证券市场必定萎缩，一时的兴旺也必定是畸形的，不可能获得持续发展①。因此，对个体的约束就要加强法律实施，使法律的权威性并非停留于文本之上，而是要真正起到威慑与调整作用。因此，注重法律实施是当下《证券法》发展的重中之重。

### （三）监管"归位"与监管适当

中国证券监管机构为实施《证券法》付出了巨大努力，以期保障证券发行和证券交易等活动有序展开，防范证券市场的风险以及维护证券投资者权益。但也应看到，证券市场上的违法行为依然很严重，投资者对证券市场的信心明显低于对中国经济的信心，证券监管存在监管不足与监管过度的双重现象，监管成本不断上升而监管效能却未获得相应增长。2015年中国证券监管机构的表现并不理想，在股指上升期间，其角色"错位"，并未处理好政府与市场之间的关系，而在应对股市异常波动等重大事件以及实施相关措施（如熔断机制）等方面又存在监管失误和不当，监管层既没有认识到理论与实践之间的差距与鸿沟，也没有预测到股市异常波动所带来的不利后果，在紧急应对之时也足显被动与力不从心。"误政猛于虎"，在一定程度上，金融决策失误比贪腐的影响更为严重。因此，监管必须"归位"，实现"管制"向"监管"的转型，分清政府与市场的界限；监管必须适当，以审慎监管与适度监管为基本行为方式，实施有"度"，进退有"度"；监管必须走"中国实践道路"，这条道路不是美国的、不是欧洲的，而是真正符合中国证券市场发展的道路，唯其如此，监管才能真正为市场健康发展保驾护航。

---

① 陈甦、陈洁：《证券市场诚信机制的运行逻辑与制度建构》，《证券法苑》2012年第7卷，第3页。

# B.11
# 民间借贷阳光化、规范化及其展望

谢鸿飞 吴 刚*

**摘　要：**《最高人民法院关于审理民间借贷案件适用法律若干问题的规定》是近年来最重要的司法解释之一。它从司法审判角度将民间借贷予以一定程度的合法化，并间接确认了中国非正式金融的部分合法性。基于各种社会政策的考虑，它对民间借贷利息采取了"两线三区"（年利率24%和36%）的客观主义调整方法。整体上，它为非正式金融的制度化和规范化提供了一定的基础。但是，中国目前普遍存在的投资难、债权投资风险大和融资难、融资成本高等社会问题，还需要根本性的金融改革才能有效缓解。为此，亟须确立融资权是一种新型人权的理念，建立更为开放和公平的金融市场，将非正式金融全面纳入法治轨道。

**关键词：**民间借贷　非法集资　普惠金融　非正式金融

## 导言

在中国，很少有哪个经济现象像民间借贷[①]一样，激发了经济界和法律

---

\* 谢鸿飞，中国社会科学院法学研究所研究员；吴刚，中国社会科学院研究生院博士研究生。
① 本文的"民间借贷"主要指的是企业与企业之间的借贷。自然人与自然人之间的借贷本身并不违反法律，《合同法》规定的合法民间借贷，就是指这种借贷，本文不予讨论。

界持续如此多年的热议。在司法实践中,《最高人民法院关于如何确认公民与企业之间借贷行为效力问题的批复》(1999)认定,自然人与企业之间的借贷属于民间借贷,本身亦不违法①,唯一存在问题的是它与非法集资的区隔。因此,民间借贷的主要争议是企业间借贷,其最大的争议有二:一是其合法性,二是其利息限制的合理性及其标准。2015年颁行的《最高人民法院关于审理民间借贷案件适用法律若干问题的规定》(以下简称《规定》)为实践中海量的民间借贷诉讼提供了裁判规范和标准②,更重要的是,它使民间借贷得以较为普遍地合法化,同时又限制了最高利息。《规定》从司法审判角度,尽可能纾解了中国改革开放以来就存在的两大痼疾:居民储蓄高、投资无门和中小企业融资难、融资成本高。然而,《规定》毕竟只能解决民间借贷的司法救济问题,无法解决与民间借贷相关的其他问题。唯有进行以金融制度为主线的综合改革,才能从根本上解决中国目前的金融压抑问题。

## 一 企业间借贷何以曾经是违法的

在中国的法律实践中,企业间借贷长期被视为违法行为。然而,它违反的到底是什么法?或者说,它无效的理由到底是什么?长期以来,这个看似当然之理的问题其实并不明确。因此,探究何以企业借贷过去一律无效,对理解中国对企业间借贷管制的来龙去脉、《规定》的出发点及民间借贷未来的发展,具有相当重要的意义。

实际上,中国法律并未明确禁止企业之间的借贷。《中国人民银行法》并未禁止企业相互进行借贷,《商业银行法》第11条也只是禁止非金融机

---

① 但司法实践中,自然人与企业之间的借贷也往往被法院判决为无效合同。
② 民间借贷纠纷已经成为继婚姻家庭纠纷之后居第二位的民事诉讼类型。2014年,全国法院系统审结民间借贷案件102.4万件,同比增长19.89%;2015年上半年已经审结52.6万件,同比增长26.1%。《最高法发布关于审理民间借贷案件司法解释》,http://www.court.gov.cn/zixun-xiangqing-15147.html,最后访问日期:2015年12月1日。

构从事"吸收公众存款等商业银行业务"。唯一可能涉及禁止企业借贷的法律是《银行业监督管理法》第19条,即从事金融机构的"业务活动"必须获得银监会的许可。可见,企业之间的借贷是否违法,关键在于界定它是否属于"吸收公众存款"的行为,或者向企业贷款是否专属于银行的业务。从法律文义解释的角度,很难得出肯定结论。

在行政法规层面,《非法金融机构和非法金融业务活动取缔办法》(1998)第4条与《银行业监督管理法》第19条类似,明确列举了非法金融业务活动的范围,包括非法吸收或变相吸收公众存款、非法发放贷款等业务。同样,若将企业之间的借贷理解为"发放贷款"的行为,也可以认定企业之间的借贷无效。

唯一明确规定企业间借贷无效的,是中国人民银行的部门规章——《贷款通则》。其第61条直接规定,企业间"不得违反国家规定"从事或者变相从事借贷业务,至于"国家规定"的内容是什么,则语焉不详。但即使认定它禁止企业间的借贷行为,违反《贷款通则》的企业间借贷行为也并不因此无效。因为《合同法》第52条第5项将"违法"无效合同限定于违反"法律、行政法规的强制性规定"的合同。换言之,违法无效的合同违反的只能是全国人大及其常委会制定的"法律"和国务院制定的"行政法规"。最高人民法院《关于适用〈中华人民共和国合同法〉若干问题的解释(一)》第4条也明确指出:违反地方性法规、行政规章的合同,不能认定其因"违法"而无效。

然而,自20世纪90年代以来,最高人民法院就通过诸多司法解释性质的文件,确认企业间的借贷无效,如《关于审理联营合同纠纷案件若干问题的解答》[法(经)发〔1990〕27号]首次认定"明为联营,实为借贷"的合同无效,《关于对企业借贷合同借款方逾期不归还借款的应如何处理的批复》(法复〔1996〕15号)重申企业间的借贷无效。两者的理由都是企业间借贷违反了"有关金融法规"。

到底企业间借贷违反了什么金融法规?中国人民银行函复最高人民法院经济审判庭的《关于对企业间借贷问题的答复》(银条法〔1998〕13号)认为,企业借贷违反的是《银行管理暂行条例》第4条,即非金融机构不

能从事经营金融业务。可见，它明确将企业间借贷行为视为金融活动。依据《贷款通则》，贷款人必须符合两个条件才能从事金融活动：一是持有银监会颁布的"金融机构法人许可证"或"金融机构营业许可证"，二是经工商行政管理部门核准登记。因此，非金融企业之间的借贷合同也会因为违反了特许经营的规定而无效。

矛盾的是，一些法律和司法解释又间接承认了企业借贷的法律效力。在中国，典当行业是合法的，它从事的是以抵押和质押为基础的借贷业务。再如，《最高人民法院关于审理建设工程施工合同纠纷案件适用法律问题的解释》第6条许可建筑公司垫资从事建筑工程施工活动，建筑公司有权请求业主按照约定返还垫资及其利息。垫资明显是企业间的借贷行为，该规定也迂回地肯定了建筑领域内施工企业和发包企业之间的借贷合同的合法性。《最高人民法院印发〈关于为加快经济发展方式转变提供司法保障和服务的若干意见〉的通知》（2010）第7条明确了企业间借贷的一般处理原则："依法保护合法的民间借贷和企业融资行为，维护债权人合法权益，拓宽企业融资渠道。"这里的"民间借贷"并未将企业间的借贷行为排除在外。

表1展示了中国有关企业借贷的法律规范对企业借贷的态度。

表1 中国有关企业借贷的法律规范效力

| 法律规定 | 企业间借贷的效力 |
| --- | --- |
| 国务院《借款合同条例》(1985)第2条 | 未明确 |
| 国务院《银行管理暂行条例》(1986)第4条 | 未明确 |
| 最高人民法院《关于审理联营合同纠纷案件若干问题的解答》(1990) | 不允许 |
| 最高人民法院《关于人民法院审理借贷案件的若干意见》(1991)第1条 | 不允许 |
| 中国人民银行《贷款通则》(1996)第61条 | 不允许 |
| 中国人民银行函复最高人民法院经济审判庭《关于对企业间借贷问题的答复》(1998) | 不允许 |
| 《合同法》(1999)第196条 | 未明确 |
| 法律规定 | 企业间借贷的效力 |
| 《公司法》(1999)第60条、第214条 | 不允许 |
| 《商业银行法》(1995)第11条 | 未明确 |
| 《银行业监督管理法》(2003)第19条 | 未明确 |

在司法实践中，法院基本上都认定企业间借贷合同无效。其依据是《合同法》第52条第5项，即企业间的借贷合同违反了法律、行政法规的强制性规定，但正如前所述，到底违反的是什么法律和行政法规，法院通常不具体说明，而是将其视为当然之理。也有法院以《合同法》第52条第4项为依据，认为企业间的借贷合同损害了公共利益，应归于无效。

可见，企业间借贷之所以被认定为无效，无论其理由是违反了金融管制法，还是损害了公共利益，其实质都假定金融业务必须由国家垄断经营，唯有国家许可的金融机构才能从事借贷业务。换句话说，只有银行有资格通过借贷活动获得资本使用的利润，其他主体都没有这种资格。这或许是司法解释认定企业间借贷无效的真正理由。

企业间借贷何以会损害公共利益，理论上或可总结如下。一是中国社会融资难的环境决定了企业融资成本高，相应地，从事放贷业务的利润率相当高，若放开企业借贷，受高利润率的激励，资金宽裕的企业可能以放贷为业，甚至放弃主业。这无疑将使金融行业的准入和业务监管成为空谈。此外，通过信贷政策促进产业结构优化的政策目的也将落空。二是中国以往长期严格管制贷款利率，客观上造成了管制利率低于市场利率的经济现实，许可企业间借贷，可能会使从金融机构获得贷款的企业，通过高利转贷牟利。三是可能对企业本身的资产和债务造成不良影响。一方面，资金宽裕的企业虽不具备专业金融机构的贷款风险控制措施和制度，但基于高利率的刺激完全可能盲目放贷，导致资金回收困难，使企业陷入财务困境；另一方面，企业可能因为借款容易而盲目追求规模效应，通过大量举债放大财务杠杆而迅速扩张（在公司存在"委托—代理"结构，股东和经理人分离的情形尤其如此），企业可能因资产负债率过高存在经营隐患，最后因资金链断裂而破产的案例并不鲜见。可见，金融准入管制在一定程度上有助于规范企业的经营范围，有助于降低企业负债率进而稳定整个经济环境。

如果企业间借贷无效，那么，在借贷双方之间发生何种效力？按照最

高人民法院、中国人民银行的观点，企业间借贷损害了国家金融秩序，因此，应适用《民法通则》第61条或《合同法》第59条，即合同双方恶意串通，损害国家利益的，因此取得的财产收归国家所有。借款合同的本金可以返还，违法收益却应被收缴，至少利息应在收缴之列。以往的诸多司法解释基本确认了这种规则，具体而言：对贷款方，收缴其按照合同已取得或应取得的利息；对借款方，处以与银行同期贷款利息相当数量的罚款。一些管制性规范还明确了违法借贷的行政责任，如《贷款通则》第73条规定，对违法借贷中的出借方，央行可以处以违规收入1~5倍的罚款。

悖谬的是，在司法实践中，法院一方面认定企业间的借贷合同无效，一方面又不仅判决返还本金，甚至还判决借款人支付利息，其标准多为同期存款利息，也有法院依贷款利息为标准。结合前文对企业间借贷合法性的讨论，似乎可以看出法院的犹疑态度：一方面，囿于金融垄断和严格管制的现状，难以径直认定企业间借贷有效；另一方面，严格按照现行法，收缴借贷合同涉及的利息甚至本金，确实未免过苛。

## 二 民间借贷新规改变了什么

整体上看，《规定》的突破和创新主要体现在以下方面。

### （一）民间借贷的效力

《规定》适用范围是非金融机构的借贷活动，即民间借贷。在中国，金融机构的牌照由银监会颁发，其从事的借贷业务不适用《规定》。但政府金融办批准设立并监管的小贷公司、担保公司等非正式金融机构从事的借贷活动，也应适用或至少是参照适用《规定》。

《规定》第1条认可了自然人、法人、其他组织之间借贷及其相互之间借贷行为的合法性。但是，应当明确，《规定》允许企业之间借贷融资，绝非意味着对企业之间的借贷完全放开。《规定》第11条、12条重申：法人之间、其他组织之间以及其相互之间的借贷合同生效的前提是"为生产、经营需要"，即为解决资金困难或生产急需偶然为之的借贷。这一限制依然是以金融业的准入管制为前提的。若企业以借贷为其持续性的营业，其经营范围明显违反特许经营的管制规范，自然无效。这种限制的具体目的一方面是解决借款企业融资难和贷款企业闲散资金的问题，即社会上大量存在的"投资难"问题；另一方面，也使企业无须通过虚构交易（如虚构买卖以掩盖借贷）、委托贷款、信托等迂回方式暗度陈仓，使借贷关系合法化，有助于减少企业的交易成本，强化企业民间借贷合法的预期。从权限上说，《规定》作为司法解释也不可能突破现行的金融体制，只能从司法角度入手，在规则林立的管制中找到民间借贷合法的缝隙。

《规定》第14条还专门规定了民间借贷合同无效的五种情形，该规定脱胎于《合同法》第52条有关无效合同的规定。该条从两方面明确了民间借贷无效的情形。其一，在贷款人方面，明确禁止高利转贷和牟利转贷行为，以保障金融体系安全。这些借贷的无效均以借款人事先知道或者应当知道为要件，实际上是《合同法》规定的"恶意串通"在民间借贷合同中的应用。其二，在借款人方面，明确禁止违法借贷行为，即借款人借款的目的是从事违法犯罪活动。这种情形的无效也以出借人知情为前提。这些规定基本是对现行法内容的重申，或依法理推演出的结论。

《规定》还明确了民间借贷与非法集资犯罪交叉时的审理程序。民间借贷是民事法律关系，仅涉及民事责任，非法集资则涉及刑事责任。在司法实践中，民间借贷多与非法吸收公众存款、集资诈骗等案件交织。《规定》第5条采用了实践中通行的"先刑后民"原则，即法院在审理民间借贷案件时，发现涉嫌非法集资犯罪线索的，裁定驳回起诉，并将涉嫌非法集资犯罪的线索、材料移送公安或者检察机关。第7条规定，民间借贷的基本案件事实必须以刑事案件审理结果为依据，在刑事案件审结之前，民事诉讼中止。当然，如果民间借贷涉及的是与非法集资无关的犯罪，如伪造公章借贷等，就不适用"先刑后民"原则。

## （二）民间借贷的利息

利率规制是民间借贷的核心问题。《合同法》第204条只规定了金融机构贷款的利率按央行规定的贷款利率确定，对民间借贷的利息未予规定。司法实践也依据央行的利率标准，为民间借贷设定了最高利率限制。这就是1991年最高人民法院《关于人民法院审理借贷案件的若干意见》第6条规定的"银行同类贷款利率的四倍（包含利率本数）"。超过这一标准的利息部分，法律不予保护。该司法解释也指出，虽然不能超过四倍标准是刚性的，但法院可以根据地区实际情况，将最高标准调整到四倍以下。

《规定》最重要的创新之一也是利率问题，这主要体现为"两线三区"的规定。"两线"即年利息24%和36%。"两线"又引出了三个区域，即不超过24%的、处于24%～36%的、高于36%的。年利率不超过24%的约定有效，利率受法律保护；年利率在24%～36%的部分为自然债务，出借人不得请求法律强制执行这部分利息，但借款人已经履行的，出借人有权保有这部分利益，借款人不能请求返还；年利率超过36%的部分无效，不受法律保护，借款人已经支付的，有权请求返还。

24%的年利息相当于每个月2分利，是民间借贷较常用的标准。它接近以往司法解释中的"银行同期贷款利率的四倍"标准，因为央行货币政策司的统计数据显示，2002年2月～2015年2月，中国贷款基准利率基本在6%左右，"四倍利率"高限也大约是24%。按照《规定》起草人之一的解释，确定民间借贷利率管制的边界，需要考虑两个重要因素：一是利率与国民经济的整体情况匹配，重点考虑高利率是否会阻碍实体经济的发展；二是利率与利率市场化的形成机制匹配。当然，民间借贷作为一种市场行为，当然要考虑契约自由因素，所以《规定》最终确定民间借贷的利率可以适当高于金融市场平均利率，但是不能过分高于实体经济的利润率。《规定》最大的创新，是设定了年利率24%～36%这个利率区间。对此，司法的态度是不干预，既不支持，也不反对，以便在未来利率市场化后，为民间利率标准的调整预留空间。"两线三区"使中国的民间借贷利率更为灵活，从以往的单一标准和严格管制模式，逐渐过渡到相对柔和的"管制+市场化"的模式①。

《规定》对民间利率采取的是客观标准，即以具体数字为标准。在比较法上，民间借贷利息的限制主要有两种。一是客观主义模式，即法律明确年利率上限，如法国的33%，中国台湾地区的20%。通常，法律还进一步区分民间借贷的目的和种类，如消费借贷和营业借贷，并对利率作不同限制。二是主观主义模式，即法律并不预先规定年利率的上限，而是授权法院在个案中综合整个案情，酌定年利率的合理限制。按照《规定》起草人之一的解释，《规定》采取客观主义模式的主要原因是审判者的知识结构：法官普遍缺乏金融领域的专业知识，而且获得金融信息的能力也有限，若采用主观主义模式，授权法官调整年利率，难免令其捉襟见肘，难以作出迅速和准确的裁判②。

## （三）P2P网络借贷

近年来，仰赖互联网技术的迅猛发展，中国金融业务最大的发展之一就是互联网金融的兴起。其中，P2P网络借贷因回应了中国借贷旺盛的需求，大有破竹之势。《中国支付清算行业运行报告2015》披露，2014年全国P2P网络借贷成交额为3291.94亿元，较2013年增长268.83%，月复合增长率12.50%③。可见，P2P在中国已成为企业债权融资和股权融资的新途径之一。

P2P原意为"peer to peer"，专指个人与个人间的小额资金交易，属于直接融资的范畴。在这种模式中，专业的电子商务网络平台作为媒介，发现借贷双方的需求，撮合双方形成借贷关系：借款人通过网络平台发布借款信

---

① 参见王林清《民间借贷利率的法律规制：比较与借鉴》，《比较法研究》2015年第4期。
② 参见王林清《民间借贷利率的法律规制：比较与借鉴》，《比较法研究》2015年第4期。
③ 见《2014年全国P2P网络借贷成交额3291.94亿元》，http://www.chinairn.com/news/20150522/162540734.shtml，最后访问日期：2015年12月2日。

息，包括借款金额、资金用途、利息、还款方式和时间等，寻求出借人；出借人则根据借款人发布的信息，筛选最优借款人缔约。其优势主要是：一方面，它使投资人通过网络平台寻求到可靠的借款人，贷款利息通常也较银行存款利息高出不少；另一方面，它让有资金需求的借款人在 P2P 平台快速、便捷地获得借款，极大提高了借款效率。更重要的是，P2P 作为草根"小金融"的一种，成功突破了中国金融管制的铜墙铁壁，也预示着民间借贷普遍合法化时代的到来。也可以说，它是互联网技术深刻改变社会生活的例子：它通过技术而不是国家权力使中国在普惠金融方面前进了一大步。普罗大众可以通过集腋成裘的方式，实现对自己财务的有效管理，同时满足资金使用人的需要。而且，对于政府相关部门而言，P2P 的所有交易数据都透明可查，监控和监管都非常便利。

作为一个新兴的交易手段，P2P 网络借贷的操作规范还处于形成过程中，尤其重要的是，各网贷平台的作用并不一致。《网络借贷信息中介机构业务活动管理暂行办法（征求意见稿）》将网络平台定位为信息中介，但实践中，大多数网贷平台都发挥了信用中介的作用。鉴于此，《规定》分别规定了两种不同角色的 P2P 网络平台在借贷过程中产生的法律关系，重点为网贷平台是否应当承担以及如何承担民事责任。依照《规定》第 22 条，如果平台只是提供了媒介服务，即促成了借贷双方的信息流通并进而达成了借贷关系，则不承担对该借贷的担保责任；如果平台通过网页、广告或者其他媒介，明示或者有其他证据证明其为借贷提供担保，则需承担担保责任。

毋庸置疑，对实践中纷繁复杂的 P2P 网络借贷交易，《规定》只涉及冰山一角。但它透露了一个重要信息：P2P 本身并不违法，它产生的借贷关系受法律保护。这是中国司法向互联网金融发出的积极信号。

## 三 民间借贷还需要法律改变什么

中国社会的资金问题可以总结为一对矛盾关系：一方面是弱势群体融资

难、融资成本高；一方面是社会资金大量闲置，难觅良好的投资渠道。长期以来，中国的金融垄断体制、银行与中小企业信息不对称和中小企业经营风险大等因素的合力，不断将中小企业推向融资难的困境。与此同时，中国的实际存款利率为负值，社会闲散资金大量进入民间借贷市场，信托、担保公司等从事"影了银行"业务的数量剧增，推高了民间借贷的实际利率。据《2014年中国家庭金融调查》统计，在全国约5800万家小微企业中，25.8%的小微企业有借贷需求[①]。民间借贷利率两极分化：83.3%的民间借贷没有利息；但一旦收取利息，利率都非常高，平均利率36.2%[②]。其实，中小企业融资难并非中国独有，而是全球性的问题。民间借贷很大程度上缓解了中小企业的资金饥渴，在融资体系中的地位也越来越重要。甚至可以说，改革开放30多年来，民间借贷市场的快速发展，已经取代了传统乡土社会中亲友之间基于某种感情的互助性借款方式，补充了金融机构不能或者不愿提供贷款的空缺，构成了金融市场的重要组成部分。从这个意义上说，《规定》的出台可谓恰逢其时。但是，单靠《规定》解决目前中国的金融困局，无疑是不可能的。相关制度必须跟进，中国的金融困局才可能有突破的曙光。

（一）普惠金融

现代社会发展对国家治理伦理提出的新要求之一，就是保障中小企业和个人尤其是弱势群体的融资权。获得融资的权利即使不是一种独立的基本权利，也可以将其纳入个人在生活困难时获得国家经济帮助的权利。这种权利无法完全通过市场来实现，还要求国家为所有人提供方便快捷、价格合理的基础金融服务，使人们公正地享有接受信贷服务和获得金融融资渠道的机会，消除金融服务歧视和不公，实现金融公正。从广义上看，普惠金融属于现代国家的"普遍服务"义务之一。在任何国家，它都有存在的意义，在

---

① http://www.199it.com/archives/230230.html，最后访问日期：2015年12月2日。
② 万静：《地方落实涉企收费规定不到位 部分中小企业融资成本高达20%》，《法制日报》2015年7月2日，第6版。

发展中国家尤其如此。

中国从根本上解决金融抑制问题，建构普惠金融体系的重点如下。

1. 鼓励创设更多金融机构，确认非正式金融方式的合法地位

中国要真正提升对企业的金融支持力度，关键在于放开准入限制，允许民间资本设立银行。唯有如此，社会货币金融存量才能被盘活，企业融资难题才能真正破解。2015年政府工作报告提出，对民营银行的成立，政府的态度是"成熟一家，批准一家，不设限额"，这是中国金融改革过程中相当重要的一环。这将消除金融壁垒，鼓励民间资本以平等身份进入金融服务领域，社会将因此产生大批民营中小银行和其他贷款性金融机构。除了取消准入限制之外，对民营和国营金融机构一视同仁，也是题中应有之义。只有自由全面放开民间资本设立金融机构，使其与国有银行充分竞争，普惠金融才可能真正有所发展。此外，普惠金融还要求建构多层次金融机构和发展微型金融，扩大金融覆盖面，重点建设服务地方的小型金融机构、面向中小企业融资的政策性银行、小贷公司和担保公司等。在放开金融准入管制的过程中，政府应担当重要职责，如制定各种激励政策，使银行有能力持续为中小企业、小微企业、贫困和低收入人群提供合适的金融服务和产品。

中国对非正式金融的严格管制政策，很大程度上背离了保护财产权的宪法精神，因为它实际上限制了私人对货币的完整权利。非正式金融不可能因为法律禁止而消失，社会对资金的苛求和闲散资金的投资无门，必然使非正式金融转入地下。在《规定》将民间借贷相对普遍地合法化和阳光化之后，法律可进一步将非正式金融全面纳入合法化轨道，同时，废除以往对地下金融各种不合理的限制和制裁性规定。

2. 通过互联网金融改变授信模式

在互联网金融出现之前，普惠金融发展难的原因之一，是资金使用方和出借方的结构性信息不对称。互联网金融的发展很大程度上解决了这一问题，它还可以有效实现"私人定制金融"。

目前，大多数银行都对融资企业的经营规模和担保品提出了很高的要

求,这是形成中小企业信贷约束和融资困境的重要原因。银行授信多采用"LAPP"指标,即资产流动性(Liquidity)、活动性(Activity)、赢利性(Profitability)、潜力(Potentialities)。与之相对,民间借贷的门槛低,期限灵活,手续简单,便于中小企业融资。在实践中,放贷人对企业信息的甄别,往往采取诸多具有中国特色的授信调查方式,如"三品(产品、担保品和人品)四表(能耗表、工资表、纳税表、银行收入明细表)"。此外,借贷双方因为地域、职业和血缘等缘故,也频繁接触,出借人可以获得借款人的经营状况和还款可能性等信息。债权人还可以运用社会裙带关系,增加债务人还款的压力。在金融市场竞争不充分的情形下,银行对中小企业多采取"惜贷"的态度,但在金融竞争充分形成后,即使在没有国家补贴的情形下,银行也将愿意向中小企业贷款。为此,银行应借鉴民间借贷的方式,精简贷款审批程序,提高信息鉴别效率,缩短放贷时间,为中小企业提供多元化、个性化的服务。在条件成熟时,甚至可以考虑许可银行向中小企业投资,取得股权。

3.建立健全与金融改革相关的制度

同其他改革一样,金融领域的任何改革都是牵一发而动全身的系统工程。发展普惠金融,至少以下配套制度应当跟进。

一是社会信用征信机制和体制的建设。中国尚处于社会信用体系初建时期,官方和民间的征信系统都远未臻于完善,这是民间金融尤其是P2P交易发展的最大瓶颈。单靠市场难以自发形成征信系统,政府在这方面应大有可为。二是监管重点应从准入监管(机构监管)转向行为监管。对于监管机构而言,准入监管是最省事的,但它已不适应非正式金融风起云涌的现实情境。实践中网贷平台公司、担保公司的大股东或实际控制人"跑路"现象频发,监管机构难辞其咎,唯有监管机构的监管方式从准入限制转向对金融行为的持续监管,才能有效遏制非法集资行为。

## (二)利息管制

利息管制尤其是民间借贷利息存废之争,由来已久。

毋庸置疑,从长远来看,在利率市场化完成后,金融机构借贷和民间借

贷的利率都应主要由市场调节而非政府管制。但是，一步到位取消民间借贷利率的管制是不现实的。《规定》对民间借贷利息的"两线三区"限制符合目前国情。理由如下。

其一，民间借贷的利息法定限制标准过高或过低都不利于中国经济的发展。若利息过高，在中国金融市场的竞争没有充分形成之际，将可能挤压实体经济的利润，有可能导致经济泡沫，最终影响实体经济的发展。有学者指出，若民间借贷利率为34.9%时，90%的企业将面临亏损，社会经济将面临极大的挑战[①]。反之，如果利率标准过低，民间放贷机构则将因利润过低而被迫退出金融市场。

其二，在中国市场利率的形成机制不完善的阶段，法律可以比较客观地预先设定年利息的最高标准。利息是金钱债权，依据各行业的平均利润水平，确定一个相对客观的价值是可行的。在民间借贷市场完善后，民间利率水平会呈现内在的均衡性、合理性和稳定性，法律可依据客观情况调整。

《规定》的缺陷之一是没有区分经营信贷和消费信贷。在比较法上，各国都对消费信贷作严格的利率管制，但对企业信贷则相对宽容。早在1990年，最高人民法院颁布的《关于贯彻执行〈民法通则〉若干问题的意见（修改稿）》就区分了生活性和生产性两种民间借贷，并分别规定了不同的利率上限。前者不能超过银行同类贷款利率的两倍，后者则为四倍。这种方案虽然未被司法解释采纳，但考虑到经营信贷和消费信贷的差异，两者应该有所区分。

## 结　语

中国的民间借贷问题根本上是金融机制和体制问题。金融是一国经济的命脉，其重要性无论如何强调都不过分，但是，金融的重要性并不意味着金融必须由国家垄断经营。从这个意义上说，《规定》在民间借贷改革的道路

---

① 参见胡援成《贷款基准利率4倍的界限合理吗？》，《当代财经》2012年第5期。

上前进了一大步。

  《规定》的宗旨有四：一是在借贷案件中满足人们对借贷安全和公平正义的追求；二是满足广大中小微企业对阳光融资的渴求，同时满足大众正当投资的渴求；三是为法院审理民间借贷案件提供统一裁判标准，保证法律的安定性；四是从审判角度回应金融市场化改革①。从前文的分析来看，《规定》基本上实现了这些目的。但是，作为司法解释，《规定》对民间借贷的影响是局部性的，仍有若干问题亟须解决。

---

① 《最高法发布关于审理民间借贷案件司法解释》，http://www.court.gov.cn/zixun-xiangqing-15147.html，最后访问日期：2015年12月1日。

# B.12
# 互联网商业模式专利保护制度的现状与完善建议

杨延超*

**摘 要：** 商业模式的创新是互联网创业型企业的核心竞争力。虽然专利保护可以真正起到保护作用，从根本上杜绝仿冒现象，但中国商业模式的专利保护，无论在审查技术还是立法水平等方面，都还存在一系列的问题。为此，中国有必要针对互联网商业模式的专利保护作出专门规范，并就其"新颖性""创造性"等问题给予清晰界定；同时，在互联网商业模式专利审查方面也需要进行系列改革，以期全面提高互联网商业模式专利保护水平。

**关键词：** 互联网 商业模式 知识产权 专利

## 一 问题的提出

2015年6月16日，国务院发布《国务院关于大力推进大众创业、万众创新若干政策措施的意见》，一时间，"大众创业、万众创新"潮流席卷全国。2015年7月4日，国务院印发《国务院关于积极推进"互联网+"行动的指导意见》，该指导意见要求进一步发挥互联网对创业的促进作用。在

---

\* 杨延超，中国社会科学院法学研究所副研究员。

国家一系列鼓励创新、创业优惠政策的支持下，互联网创业企业也迎来了前所未有的大好机遇，包括电子商务、影视、互联网金融、网络咨询等互联网型企业，如雨后春笋，层出不穷。

大量互联网创新型企业，对传统商业模式进行了全面颠覆，诸多传统领域也由此形成了"互联网+"业态。然而，好的商业模式一经推出又会面临被大量模仿的局面，于是，互联网企业又会千方百计地保护自己的商业模式，一旦遇有模仿现象，还可能诉诸法律保护。早在2000年3月，艺龙网就被上海卓尚信息公司提起诉讼，被诉抄袭"互联网奥斯卡竞猜活动"，上海卓尚信息公司要求艺龙网赔偿损失19.8万元。电子商务网站"亚马逊"的i-didk技术，允许在线用户仅通过一次点击便完成整个购买过程，该商业模式也被其他网站模仿从而引发诉讼，最终，法官向被告发出了初步禁令，要求其立即停止使用"亚马逊"销售方式。当下，大量的互联网创业型企业正处于紧锣密鼓融资、扩大发展时期，随着创新型商业模式的蓬勃发展，互联网商业模式的法律保护也将成为"大众创业、万众创新"背景下关系企业创业成败的关键命题。

着眼于商业模式保护的司法案例，企业总是试图通过知识产权诉讼或者反不正当竞争诉讼来保护自身的合法权益，如"大众点评网"与"爱帮网"的不正当竞争法律诉讼、小米与乐视有关内容平台的法律争议、各大新闻网站与"今日头条"的版权争议。参考现有商业模式司法保护的判决，法院大都试图通过反不正当竞争法、商标法或者版权法等法律来保护商业模式，然而上述法律在保护互联网商业模式时却又受到诸多限制。版权法保护作品的表达，侧重于对互联网商业模式源代码的保护，如果使用者更换源代码重新编写商业模式（互联网程序），在版权法看来，这样的使用将很难认定为侵权。商标法或反不正当竞争法同样难以对互联网商业模式发挥强有力的保护作用，商标法或反不正当竞争法侧重于对品牌的保护，如果使用者更换其他品牌却使用相同商业模式，利用商标法或反不正当竞争法同样难以发挥彻底保护作用。相比较而言，在保护互联网商业模式方面，专利法则可以达到更好的效果，专利法侧重于保护创新的思想，如果通过专利法保护互联网商业模式,纵然模仿者改头换面,但只要其商业模式反映的核心思想没有变化,权利人依然可以主张专利法的保护,这是版权法和商标法难以达到的保护效果。

随着计算机技术的发展以及"互联网+"概念的迅速推广,在很多领域互联网都实现了对传统商业模式的颠覆,创业者对互联网商业模式专利保护的需求也越发迫切。尤其是在2012年之后,中国互联网商业模式专利申请总量更是呈现井喷式增加(见图1)。

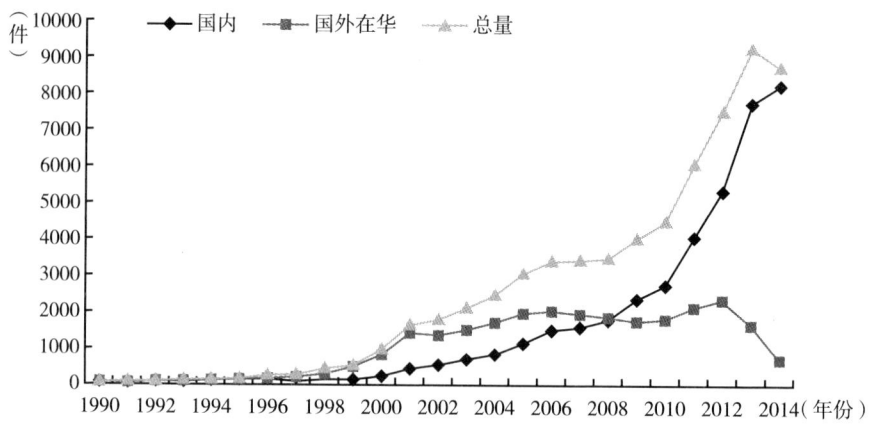

**图1 1990~2014年中国互联网商业模式专利申请量变化趋势**

数据来源:参见《我国在商业方法领域专利申请数据分析》,国家知识产权局网站,http://www.sipo.gov.cn/ztzl/ywzt/zlsd/201509/t20150923_1179189.html。

从图1可以发现,在1999年以前,国内商业模式专利申请量每年只有几件或几十件,这主要还是受到当时中国计算机技术发展水平的限制。截至1999年,国外在华涉及商业模式专利申请总量为1386件,远超过国内申请总量。随着中国互联网技术的蓬勃发展,国内商业模式专利申请量开始稳步增长。2000~2008年,国内专利申请量从2000年的154件增长到2008年的1533件,截至2008年,国内商业模式专利申请总量已达到7656件。从图1可见,2008年,国内与国外在华商业模式专利申请量基本持平。随后几年,国内商业模式专利申请量进入快速增长阶段,自2010年起,国内商业模式的专利申请量呈直线上升趋势。2010~2014年，更以每年近2000件左右的增长速度飞速发展。截至目前，国内商业模式专利申请总量已达到3.5959万件，是国外在华专利申请总量（2.5324万件）的1.4倍。

尽管互联网商业模式专利申请量持续增加，但摆在创业者面前的问题也是有增无减。直至今天，仍有不少创业者困惑：互联网商业模式能够受到专利保护吗？产生如此困惑的原因还在于中国《专利法》缺少对商业模式的法律规范，长期以来，有关商业模式的专利保护无章可循。面对越发迫切的社会需求，国家知识产权局在2000年之后开始探索商业模式专利保护，与华为、中兴通讯、雅虎、腾讯、百度等大型企业以及中国银行、中国建设银行等银行机构以及电子商务企业进行广泛交流与探讨。国家知识产权局于2009年1月就"商业模式专利的审查方式"作出尝试性规范，但由于缺少法律的明确定位，仍然没能有效解决社会公众普遍关心的"互联网商业模式能否申请专利，以及如何申请专利"等重要问题。为此《国务院关于大力推进大众创业、万众创新若干政策措施的意见》，再一次把"研究商业模式等新形态创新成果的知识产权保护办法"作为当前亟待解决的重要问题。

## 二 中国商业模式专利保护的主要问题

### （一）中国互联网商业模式专利保护的法律依据不明确

中国现行《专利法》（2008年12月27日修正）并没有对商业模式专利保护给予专门规定，国家知识产权局2010年修订《专利审查指南》时也没有明确规定商业模式的专利地位。当然，虽未明确规定商业模式的专利地位，《专利法》以及《专利审查指南》也没有明确将商业模式排除在专利保护范围之外。在此之前，国家知识产权局于2004年出台的《商业方法相关发明专利申请的审查规则（试行）》，算是一份与商业模式专利授权最紧密的文件，但后来受到美国次贷危机的影响，该文件于2008年4月废止，此

后中国便再没有出台有关商业模式专利申请的专门文件。直至2009年，为了应对实践中商业模式专利保护的需求，国家知识产权局在其内部的《审查操作规程》①中规定了商业模式发明专利申请的相关事项，并将商业模式分为两种：纯粹的商业模式和与互联网技术相关的发明。

因为缺少有关商业模式专利申请的专门规范，企业在申请商业模式专利时参考的还主要是一般发明专利的相关规定。然而，普通发明与商业模式专利之间又存在重大区别，这也使得发明者在申请商业模式专利时有些无所适从。既然没有专门规范，发明人所要参考的最佳选择便是国家知识产权局公布的《专利审查指南》中最近似的规定了。《专利审查指南》在第二部分第九章就计算机程序发明专利申请作出专门规定，即"关于涉及计算机程序的发明专利申请审查的若干规定"。就互联网商业模式专利特点而言，其与计算机程序发明专利最为近似，尤其是其技术创新点主要体现在计算机程序领域。当然，二者也有不同，互联网商业模式侧重于商业模式领域的创新，而计算机程序专利的范围则更加广泛。无论如何，对计算机软件程序专利的研究对于当下互联网商业模式专利保护会发挥重要的参考作用。

表1为《专利审查指南》第九章"关于涉及计算机程序的发明专利申请审查的若干规定"中所列举的案例，对相关案例的实证分析对互联网商业模式专利保护不无启发，甚至可以总结出中国当前对互联网商业模式专利保护的法律现状。

**表1　《专利审查指南》第九章所列案例**

| 序号 | 举例 | 能否授予专利 | 理由 |
|---|---|---|---|
| 1 | 利用计算机程序求解圆周率的方法以及一种自动计算动摩擦系数的方法 | 否 | 属于《专利法》第25条所说的情况，被排除在专利保护范围之外 |
| 2 | 一种全球语言文字通用转换方法，它是利用世界语作为中介进而实现全球语言之间的互译 | 否 | 在本质上依然属于智力规则的范畴，不属于专利保护范围 |

---

① 这是个内部审查文件，具体为《实质审查分册》第九章第4部分。

续表

| 序号 | 举例 | 能否授予专利 | 理由 |
|---|---|---|---|
| 3 | 一种控制橡胶模压成形工艺的方法（通过计算机程序对橡胶硫化时间进行控制,利用的是遵循自然规律的技术手段） | 是 | 属于《专利法》保护范围 |
| 4 | 一种扩充移动计算设备存储容量的方法 | 是 | 属于《专利法》保护范围 |
| 5 | 一种去除图像噪声的方法 | 是 | 属于《专利法》保护范围 |
| 6 | 一种利用计算机程度测量液体黏度的方法 | 是 | 属于《专利法》保护范围 |
| 7 | 一种计算机游戏方法 | 否 | 不属于《专利法》保护范围 |
| 8 | 一种以自定学习内容的方式学习外语的系统 | 否 | 不属于《专利法》保护范围 |

显然,从上述《专利审查指南》给出的计算机专利申请的案例分析中,对倾向于纯粹智力规则的专利申请均被排除在专利授权范畴之外（表1中的1、2、7、8）；而对于那些技术方案意义上的专利申请,包括对外部物理状态改变的技术方案,抑或是提升计算机内部功能的技术方案,均被纳入专利授权的范畴（表1中的3、4、5、6）。尤其是解释汉字编码方法能否授权的案例时,《专利审查指南》也进行了评析,如果仅仅是计算机汉字输入方法,则属于《专利法》第25条第2项规定的智力活动规则,不属于《专利法》保护的对象。但如果与键盘相结合,构成计算机文字的输入方法,则属于专利的保护范畴。按照国家知识产权局审查的原则,就互联网商业模式专利申请而言,如果该商业模式仅仅相对于传统规则或者方法上变化,而没有体现在技术方案领域的创新,类似申请难以获得授权；反之,如果商业模式体现的是一种"技术方案",包括对计算机本身性能的提升,或者是对外部状态的改变,将被纳入专利授权的范畴。总之,有关互联网商业模式专利申请及授权方法还有待法律以及国家知识产权局进一步明确规范。

## （二）中国商业模式专利审查方法不科学

中国最早给予商业模式专利授权的案例可以追溯到2002年、2003年，国家知识产权局先后对美国花旗银行的两项商业方法授予专利。其中一项是电子货币系统，该项专利于2002年底被授予发明专利权，2007年初因未缴年费而被终止；另一项是数据管理的计算机系统和操作该系统的方法，2003年初被授予专利权，后来被申请专利无效，国家知识产权局于2009年5月18日宣告其无效，无效理由为：商业方法缺少新颖性和创造性。显然，在互联网商业模式专利申请过程中，专利的"新颖性"和"创造性"是审查员审查的重点内容。

与其他类型的专利相比，商业模式专利极容易落入中国《专利法》第25条的禁止情形，即《专利法》第25条将智力规则和方法排除在专利保护范围之外，或者说，《专利法》所保护的专利必须是某种形式的技术方案，而不保护纯粹的智力规则。如果商业模式没有体现出某一领域或某一方面的技术方案，仅仅属于智力规则的范畴，审查员一般会根据《专利法》第25条认定其不属于《专利法》保护的客体，并据此驳回其专利申请。2003年花旗银行申请的"数据管理的计算机系统和操作该系统的方法"虽被认为属于《专利法》保护的客体，但最终仍因缺少"新颖性"和"创造性"而无效，其原因在于《专利法》针对技术方案发明专利，还规定了"新颖性""创造性"等授权要求，对于没有达到《专利法》所规定的"新颖性""创造性"标准的技术方案，同样无法获得专利授权。

2008年之后，国家知识产权局针对商业模式专利审查方式提出了3种并行的审查思路：根据专利说明书所描述的背景技术或公知常识来判断是否属于专利保护客体；根据专利检索结果，通过引证对比文件来判断是否属于专利保护客体；依据检索到的现有技术来评述新颖性或创造性。上述三种审查思路中，第一种思路仅依据审查员的公知常识即作出判断，相对直接和简单，审查员多以此种思路处理商业模式类专利审查。经过对计算机商业模式专利508个驳回案件的分析后发现，在与计算机程序相关的商业模式专利驳回理由中，使用对比文件和未使用对比文件的分别占7.5%和92.5%[①]。这也说明，在大多数商业模式专利申请被驳回的案例中，审查员并没有引用证据进行评价。由于缺少检索数据作为有力说明，驳回决定的科学性和说服力不足，为此也备受诟病。相比较而言，第二、三种审查思路依据检索到的现有技术作为论据进行说明，其方法更为严谨。

### （三）互联网商业模式专利的"新颖性""创造性"缺乏标准

即便是使用第二、三种审查思路审查商业模式专利，实践中还存在检索困难的问题。检索分析的难点在于，要确定互联网商业模式的"新颖性"和"创造性"。所谓"新颖性"，是相对于现有技术而言的。如果在申请日之前现有技术中没有，则被视为有新颖性；或者说在申请日之前相关技术没有公开，则被视为具有新颖性。按照《专利法》规定，技术公开的方式有很多，包括出版物公开或者使用公开等多种形式。至于公开的标准，又有本国公开标准、世界公开标准等不同标准；世界各国普遍采用的世界公开标准，即在申请日之前在世界范围内被公开了，该项专利即失去新颖性。互联网商业模式专利的新颖性是较难查询的，因为它不会像其他类型的专利一样，记载于申请日之前的文献（论文或出版物）中，所以如何准确确定互联网商业模式的新颖性是审查过程中的一个难题。

此外，有关互联网商业模式"创造性"的审查，同样是决定其能否获得专利授权的关键问题。一般而言，判断一项发明是否具有创造性，首先是确定最相近的已有技术；然后从最相近的技术出发，判断该发明对同一领域的一般技术人员而言是不是显而易见的。这里的技术人员是一种假设的人，是指所属技术领域内一般的、中等水平的技术人员，对于不同的技术领域这里假设人的标准也会有所区别，但无论如何，这里的假设人总是有"现实人"作为参考的。然而，在涉及互联网商业模式专利时，问题会变得比较

---

① 引自《涉及商业方法的专利申请的审查思路》，国家知识产权局网站，http://www.sipo.gov.cn/mtjj/2014/201406/t20140625_970979.html。

复杂。它所涉及的领域既包括"商业领域",又包括了"计算机领域",实质上同时掌握这两个领域技术的人员在现实中十分少见,一个商业模式往往是一个团队共同完成的,所以如何确立这样的"假设人"的标准,还值得认真研究。

## 三 进一步完善互联网商业模式知识产权保护的具体建议

### (一)国家知识产权局应当就互联网商业模式专利申请作出专门规定

国家知识产权局有必要出台单独文件或者在其后修订的《专利审查指南》中将"互联网商业模式专利申请问题"单独规范,并结合当前国家知识产权局已经受理、授权或者驳回的具体案例,就互联网商业模式专利申请的相关问题展开详细说明,重点解决什么样的商业模式能够申请专利以及如何申请专利等关键问题,从而为发明者做好专利保护指明方向。

有关互联网商业模式专利保护的规范应当尽可能细化,可逐一针对不同形式的互联网商业模式是否具有专利性予以论证。并针对实际情况,对申请者需要提交的"权利要求书"和"技术说明书"这两项重要申请文件的写作方法给予指引。

在"计算机程序发明专利"方面,《专利审查指南》曾明确,计算机软件既可以作为一种方法来申请专利,也可以作为一种装置来申请专利,但这里的"装置"并非真正的"装置",而只是解决问题的功能模块。那么,在互联网商业模式专利申请中,申请者是以"方法"的形式来申请,还是以"装置"的方式来申请,都还需要进一步明确规范。

对互联网商业模式的技术说明书撰写,同样也必须作出详细规范。原则上也不需要提交源代码,只是需要用自然语言对该计算机程序所涉及的步骤进行描述，直至本领域的技术人员能够根据说明书（及附图）编写出达到技术效果的计算机程序。

## （二）建立互联网商业模式专利审查的二分法

根据《专利法》第 2 条第 2 款的规定，涉及计算机程序发明专利申请，只有构成"技术方案"才是专利保护的客体。根据国家知识产权局《专利审查指南》的要求，如果一项权利要求仅仅涉及一种算法或数学计算规则或者计算机程序本身，或仅仅是记录在载体上的计算机程序或者游戏的规则和方法等，则该权利要求属于智力活动的规则和方法，不属于专利保护的客体。既有智力规则又有技术方案，不属于第 25 条排除的范围。因此，互联网商业模式必须落入"技术方案"的范畴才可能受到《专利法》的保护。

在涉及互联网商业模式专利审查时，可以使用"二分法"：第一，如果互联网商业模式属于"智力活动的规则和方法"，应严格根据《专利法》第 25 条的规定，将其排除在《专利法》的保护范畴之外；第二，如果互联网商业模式在用户体验方面归属为解决一个具体的技术问题，而不仅仅是"智力活动的规则和方法"，则可将其纳入《专利法》保护的范畴，进而再对其"新颖性"和"创造性"进行审查。

在涉及互联网商业模式专利"新颖性"的审查中，仍然要遵守《专利审查指南》对技术领域、所要解决的技术问题、技术方案和预期效果四个方面的审查原则。在判断商业模式是否具有"创造性"时，重点审查该商业模式到底解决了怎样的技术问题。对于所属技术领域的人员而言，仅仅是现有技术的简单组合，或者是对数据的简单搜索，这一切都是显而易见的，都意味着它不具备"创造性"特征。

## （三）明确互联网商业模式专利"新颖性"和"创造性"的法定标准

互联网商业模式能否最终获得授权还取决于对"新颖性"和"创造性"的判断。就"新颖性"而言，这取决于申请专利与现有技术的比较，然而

由于现在还没有建立互联网商业模式技术数据库,所以在新颖性的判断上难免缺乏科学性和准确性。为此,中国有必要建立互联网商业模式数据库,并与美国、欧洲、日本等的相关数据库建立合作关系,以实现互联网商业模式专利新颖性的准确查询,提升相关专利授权质量。

与此同时,中国仍有必要建立互联网商业模式"创造性"的法定标准。如果互联网商业模式和计算机技术两方面均具有创造性,那么可视为其整体具有创造性;如果商业模式和计算机技术均没有创造性,但组合在一起具有创造性,也可以视为具有创造性;如果商业模式和计算机技术都是现有技术,只是简单组合在一起,那么该专利将被视为缺少创造性。

# B.13
# 2015年中国婚姻家庭法治

邓 丽*

**摘　要：** 2015年中国婚姻家庭法治在保持婚姻家庭主体制度稳定的同时，在反对家庭暴力、保护儿童权益等方面实现了重大突破，呈现出家庭规范增多、社会干预加强、儿童权益凸显、民主推动趋多的特点和趋势。当前，民法典的编纂成为中国婚姻家庭法治面临的重大挑战和历史机遇，对过往经验的总结和对现行制度的反思都将为民法典婚姻家庭编的起草提供宝贵的经验和支持。

**关键词：** 儿童　反家庭暴力　民法典

婚姻家庭法治或许是中国法治战略实施中最平易、最温和的领域。这是因为，早在20世纪30年代，中国共产党即秉持平等、自由等现代文明理念在革命根据地领导和组织了婚姻家庭领域反封建、反压迫的解放运动，不遗余力地破除男尊女卑、夫贵妇贱的封建制度残余。新中国建立以后，1950年《婚姻法》、1980年《婚姻法》以及2001年《婚姻法》一脉相承，不断地巩固并强化推崇夫妻平等、倡导互敬互爱的婚姻家庭法律制度。婚姻家庭领域的法治理念早已融入社会主流价值观，并在国家和社会的公共意志表达中广泛普及。以平等理念为例，中国婚姻家庭立法已完全摒弃了性别歧视的有色眼镜，在任何可能涉及性别差异的层面，法律文件都有效地避免了对不

---

* 邓丽，中国社会科学院法学研究所副研究员。

同性别的区别对待。

然而,新中国成立以后60余年的婚姻家庭法律实践以其丰富而曲折的历程表明:虽然法律制度乃至法律体系都可以随着革命的发展而发生翻天覆地的遽变,国民生活根植其中的民族文化、历史传统、社会观念却非一朝一夕就能改变,相反,它们源远流长,以隐秘而深刻的方式影响着现实生活——中国的婚姻家庭法治就在这样的背景中向纵深发展。2015年,中国婚姻家庭法治在保持整体制度框架稳定的同时,在反家庭暴力、儿童权益保护方面取得实质性的突破和发展,同时也迎来了民法典编纂的时代浪潮和历史机遇,在立法、司法和执法各个层面都呈现出新气象、新局面。

## 一 立法层面的多方突破与重大挑战

中国婚姻家庭法治是以婚姻家庭法律体系的完备为前提和基础的。现行婚姻家庭法律体系是以《婚姻法》《收养法》《继承法》等法律文件为核心构建起来的调整婚姻家庭法律关系的规范体系,包括宪法和其他法律法规中的相关法律规范。其内容除了婚姻、收养、继承法律关系之外,也辐射到婚姻家庭领域中妇女、老年人、未成年人的权益保障等方面。自2001年对《婚姻法》进行修订以来,中国婚姻家庭领域的主体法律制度保持基本稳定,没有进行根本性、全局性的修改或调整。但是在2015年,关联领域的立法动态如《刑法修正案(九)》出台、《反家庭暴力法》征求意见并于年底通过,尤其是民法典编纂工作的启动,无疑对婚姻家庭领域产生了重大的、积极的影响,推动婚姻家庭法治向更加丰富、更加广阔的领域发展。

2015年8月29日第十二届全国人民代表大会常务委员会第十六次会议通过、自2015年11月1日起施行的《刑法修正案(九)》对于妇女、儿童、老年人权益乃至婚姻家庭秩序都进行了强化保护。一是完善了收买被拐卖妇女、儿童罪,规定"收买被拐卖的妇女、儿童的,处三年以下有期徒刑、拘役或者管制",有其他犯罪行为的一并定罪处罚,从摧毁拐卖妇女、儿童交易链条的角度更加有力地打击此类犯罪行为,更加有效地保障妇女、儿童的人身安全及其婚姻家庭安宁。二是突破虐待罪自诉传统,增设监护、看护主体虐待罪,着力保护婚姻家庭成员的人身权益。长期以来,由于虐待罪属于告诉才处理的自诉案件,相当多的虐待案件难以进入司法程序,《刑法修正案(九)》规定,"被害人没有能力告诉,或者因受到强制、威吓无法告诉的除外",将使得公诉机关、司法机关在保护包括儿童在内的婚姻家庭成员权益方面有更多的干预和作为。而增设监护、看护主体虐待罪使得被监护、看护的未成年人、老年人、患病的人、残疾人都受到公权力的更多关注和保护,也有助于消除婚姻家庭领域此类成员受到的歧视和损害。三是取消嫖宿幼女罪,规定"奸淫不满十四周岁的幼女的,以强奸论,从重处罚",清除对受害女童的污名化措辞,从国家责任的角度加强对女童的保护力度,对于性别保护、家庭维护都有积极的意义。四是关注对婚姻制度的整体维护,在强力打击暴恐犯罪的规范中明确规定,利用极端主义煽动、胁迫群众破坏国家法律确立的婚姻等制度实施的,要处以相应的刑罚。

2014年11月25日国务院法制办公室发布《反家庭暴力法(征求意见稿)》之后,反家庭暴力立法工作的进度骤然加快。2015年7月28日国务院第100次常务会议讨论通过、8月24日提交第十二届全国人民代表大会常务委员会第十六次会议审议的《反家庭暴力法(草案)》在一定范围内继续向理论界和实务界专家征询意见。自1995年联合国第四次世界妇女大会在中国召开以来,中国反家庭暴力工作已开展了整整20年,取得了相当大的进展和成效,但是仍然缺乏有力的制度支持和制度保障。此次反家庭暴力立法工作进行了多方面的经验总结和制度创新,通过强调反家庭暴力宣传和预防、建立家庭暴力强制报告机制、推广公安机关告诫制度、创设人身安全保护令等,提高全社会的反家庭暴力意识和能力、加大反家庭暴力工作的力度,力图有效预防和依法处置家庭暴力,对于保护受害人权益、促进家庭和谐和社会稳定有非常重要的意义。在社会各界的积极参与和倾力推动下,反家庭暴力立法工作成效卓著,正式法律文件已于2015年12月27日经立法

机关审议通过。

2015年，中国婚姻家庭法治迎来又一重大的立法机遇——中国民法典的编纂。在新中国的历史上，此前曾有四次起草民法、民法典的动议，但都由于某些方面的原因而遭搁浅。此番第五次启动民法典编纂工作的依据源自《中共中央关于全面推进依法治国若干重大问题的决定》。从大陆法系的传统来看，婚姻家庭法当然属于民法的范畴。由于新中国的法制建设进程有一定的特殊性，1950年颁布首部《婚姻法》，时隔30余年，直到1986年才出台《民法通则》，长期以来不断出现主张婚姻家庭法是独立法律部门的声音，但是总体来看，将婚姻家庭法纳入民法典、通过编纂民法典促进婚姻家庭法的改革与完善是学术界和实务界的主流观点。因此，在十八届四中全会提出编纂民法典且现行《婚姻法》自2001年修订后实施已达15年的时代背景下，全面总结婚姻家庭法律制度实施与适用中的得与失，探索如何将婚姻家庭法律制度的内部完善与民法典的整体建构相结合，是当前中国婚姻家庭法治面临的重大挑战。

## 二 司法层面的能动探索与锐意进取

由于婚姻家庭是典型的私领域，有关争议和纠纷主要通过私人诉讼的形式进入司法系统，故以最高人民法院为代表的司法机关向来在中国婚姻家庭法治建设中起着非常关键和重要的作用。一个显而易见的佐证是，最高人民法院在2001年修订《婚姻法》后先后发布的三个司法解释文件，不仅被各级人民法院奉为审理婚姻家庭纠纷案件的权威指导文件，也受到社会公众的广泛关注，甚至引发激烈的舆论争锋。2015年，围绕《婚姻法》和三个核心司法解释文件的适用，司法界、学术界、律师界的交流和互动仍在继续。与此同时，司法机关在婚姻家庭法治领域又展开了新的探索和尝试，2015年司法干预的重点表现为婚姻家庭领域中弱势群体的权益保护。

2014年底发布、自2015年1月1日起实施的《关于依法处理监护人侵害未成年人权益行为若干问题的意见》是最高人民法院、最高人民检察院、公安部、民政部联合发布的规范性文件，旨在有效遏制和处理监护人侵害未成年人权益的行为，以切实维护未成年人合法权益，确保未成年人得到妥善监护照料。根据这一规定，被申请人有性侵、出卖、遗弃、虐待、暴力伤害未成年人，教唆、利用未成年人实施违法犯罪行为，胁迫、诱骗、利用未成年人乞讨，以及不履行监护职责严重危害未成年人身心健康等情形的，人民法院可以判决撤销其监护人资格。

与此相呼应，在2015年4月初进入公众视野、9月底作出一审判决的南京虐童案中，被告人因在养育过程中对儿童实施暴力行为而被认定为故意伤害罪并获刑六个月，充分表现出司法机关积极保护儿童权益、能动干预家庭暴力的决心和立场。从法理来看，该案提出了诸多值得关注的问题：应如何认定没有进行收养登记的事实收养关系？抚养人出于教育的目的对儿童实施暴力行为是否构成犯罪？被抚养人及其监护人（本案中的生父母）对抚养人的伤害行为表示谅解具有何种法律意义？公权力对看护人、监护人履行职责负有怎样的监督和干预职能？该案的审理受到媒体和公众的密切关注，不仅引发了各种观点和主张的争锋，还促使司法程序增强了透明度和民主化，在某种意义上也是对保护儿童权益、抵制家庭暴力的法治宣传引导。

基于对涉家庭暴力案件审判经验的总结，2015年3月2日，最高人民法院、最高人民检察院、公安部、司法部印发《关于依法办理家庭暴力犯罪案件的意见》（法发〔2015〕4号），提出要严格履行职责、充分运用法律、积极预防和有效惩治各种发生在家庭成员之间以及具有监护、扶养、寄养、同居等关系的共同生活人员之间的家庭暴力犯罪，并提出办理此类犯罪案件的四项基本原则：依法及时、有效干预；保护被害人安全和隐私；尊重被害人意愿；对未成年人、老年人、残疾人、孕妇、哺乳期妇女、重病患者进行特殊保护。紧接着，最高人民法院发布5起涉家庭暴力犯罪典型案例：其中2起案件的被告人因实施家庭暴力殴打无自卫能力的病残老人和孱弱儿童致死而被认定为故意伤害罪，一被判处死刑、剥夺政治权利终身，一被判处无期徒刑、剥夺政治权利终身；1起案件的被告人因不堪忍受被害人实施

的家庭暴力而实施过度的防卫行为被认定为故意伤害罪，判处有期徒刑三年、缓刑五年；1起案件的被告人因虐待共同生活的前配偶致被害人自杀身亡而被认定为虐待罪，判处有期徒刑五年；1起案件的未成年被告人因未婚先孕后遗弃自己刚出生的婴儿并致婴儿死亡而被认定为故意杀人罪，判处有期徒刑三年。

从上述审判实践和司法文件来看，司法机关对于家庭暴力的认定是比较开放的，不仅指向家庭成员之间的暴力行为，也涵盖其他主体在共同生活（如寄养等）或特殊关系（如前配偶等）中发生的暴力行为，能够较为有效地惩治和遏制社会生活中由亲密身份关系而衍生的暴力行为。与此相对照，《反家庭暴力法》仅将家庭成员之间的侵害行为界定为家庭暴力，对家庭成员以外共同生活的人之间实施的暴力行为，则参照该法执行。

## 三 执法层面的灵活作为与理性放权

立法、执法和司法是实现法治秩序最重要的三个环节，一般而言，行政机关的主动执法居于非常核心和重要的地位。但是如前所述，由于婚姻家庭是典型的私领域，公权力的行使是相当克制的，所以行政机关在婚姻家庭法治中既要灵活作为也要理性放权。

继2014年12月1日《家庭寄养管理办法》正式实施以后，儿童救助和儿童福利工作继续向前推进。2015年这项工作的最大亮点在于打拐解救儿童安置机制的完善。过去，由于制度和技术方面的多重原因，中国打拐解救儿童工作存在重解救轻安置的倾向，在帮助获救儿童寻亲和妥善安置获救儿童方面机制不畅、效果不佳，导致相当一部分获救儿童在脱离危险处境之后却陷入无处回归的窘境，既找不到生父母回不去原生家庭，也无法通过合法收养程序融入收养家庭，只好长期滞留在社会福利机构和救助保护机构。2015年8月20日，民政部、公安部联合印发《民政部、公安部关于开展查找不到生父母的打拐解救儿童收养工作的通知》（民发〔2015〕159号）。该文件明确提出，要建立更加有效的打拐解救儿童查找生父母机制，并且完善长期查找不到生父母的打拐解救儿童收养的相关程序规定，最终使获救儿童回到家庭生活环境（原生家庭或收养家庭）中，确保其在充满亲情、慈爱的家庭氛围中健康快乐成长。

相关具体措施包括，采集失踪儿童父母和打拐解救儿童的血样，检验后录入全国打拐DNA信息库比对，寻找儿童的生父母。社会福利机构或者救助保护机构在接收打拐解救儿童后，在报纸和全国打拐解救儿童寻亲公告平台上发布儿童寻亲公告。发布寻亲公告满30日后无人认领的，救助保护机构应当在7日内将儿童及相关材料移交当地社会福利机构，社会福利机构应尽快为儿童办理入院手续、申报落户手续。如在12个月后仍未查找到生父母或监护人，公安机关应当向社会福利机构出具查找不到生父母或其他监护人的证明。社会福利机构收到此类证明后，对于符合收养条件的儿童应及时进行国内送养。这样就使得公安机关、救助保护机构和社会福利机构的工作机制有效对接，建立起完备而高效的打拐解救儿童寻亲及安置机制，有利于获救儿童尽早回归家庭生活。目前看来，新的机制运行顺畅，前景看好①。

虽然总体上行政执法工作需要向更有作为的方向努力，但也存在一些过度作为的环节，需要进行简政放权的改革，如婚姻登记记录证明或无婚姻登记记录证明。所谓婚姻登记记录证明是为了证明个人已经在民政部门登记结婚或离婚，而无婚姻登记记录证明则是证明个人没有办理过结婚或离婚登记（即俗称的"单身证明"），两者统称为婚姻状况证明。实际上，2003年开始实施的《婚姻登记条例》已取消了结婚登记需要提交婚姻状况证明的规定，但是由于长期的制度惯性，民众在办理户口迁移、购房贷款、出国留学、移民手续等时，往往会被有关部门要求提交符合其格式要求的婚姻状况证明（不能以结婚证、离婚证代替）。这种程序上的要求最终传导至民政婚姻登记部门，使得其不得不耗费大量的行政资源承担为公众开具（无）婚姻登记记录证明的工作。

---

① 宋利彩：《全国打拐解救儿童寻亲平台运行5天访问量破490万》，《中国妇女报》2015年9月25日。

为顺应科学行政、简政放权的改革要求，2015年8月27日，民政部发布《民政部关于进一步规范（无）婚姻登记记录证明相关工作的通知》（民函〔2015〕266号），规定除对涉台和本通知附件所列清单中已列出国家的公证事项仍可继续出具证明外，各地民政部门不再向任何部门和个人出具（无）婚姻登记记录证明。当然，如果只有作为证明供给方的民政部门单方进行改革，而无提出证明要求的机构来配合和支持，改革反而给民众带来更多困扰。所以文件也强调，各地要会同相关部门落实部门间信息核对的具体措施，使此项简政放权的工作真正惠及广大人民群众，以彻底免除民众的证明义务、切实减轻当事人的负担。这最终得益于民政部门多年来推动的婚姻登记信息化建设工作，2015年这项工作也取得了相当大的成效：民政部数据显示，除港澳台地区之外，全国其他省（自治区、直辖市）均实现了婚姻登记信息省级联网；同时，全国联网试点——北京、上海、陕西三地的婚姻登记信息已实现了共享[1]。婚姻登记信息数据库建设不仅有助于减轻当事人证明负担，而且有利于预防重婚、骗婚等违法行为，更好地维护婚姻家庭法治秩序。

除了上述几个方面的重大推动之外，2015年中国婚姻家庭法治领域还有很多动态值得关注，如司法审判领域进一步肯定和推广家事诉讼专业化试点经验[2]、社会保障领域关注养老金个人账户余额可否继承[3]等。概括言之，主要呈现如下四个方面的特点。

第一，从范畴上来说，家庭规范逐渐增多，冲击了长期以来偏重婚姻规范的制度现状。同大多数国家一样，中国婚姻家庭法律体系是以婚姻法律制度为主建构的，从法律文件的名称到法律规范的比重均体现出重婚姻关系而轻家庭关系的倾向。但是近年来，家庭成员的权益和家庭关系的规范逐渐受

---

[1] 李泽伟：《京沪陕婚姻登记信息实现共享　有望实现全国联网》，《北京青年报》2015年8月22日。
[2] 谢勇：《积极转变家事审判理念　大力推进家事审判改革》，《人民法院报》2015年7月10日。
[3] 李唐宁、赵婧：《养老金个人账户面临亏损风险"个人账户可继承"引广泛争议》，《经济参考报》2015年5月6日。

到更多的关注，2015年反家庭暴力立法的推动、监护法律举措等都体现出"婚姻之外还有家庭""夫妻之外还有家庭成员"的视角和思维，有助于推动家庭成员权益的维护和家庭法律规范体系的充实。

第二，从属性上来说，社会干预不断加强，改变了过去家事不入法门的观念和认知。就传统的法域划分而言，婚姻家庭法是典型的私法领域，为了保持个人及家庭生活的私密和安宁，公权力对于介入家庭事务和家庭纠纷向来持谨慎立场，中国的传统文化和社会观念更是强调家事自便。但随着个人权利的张扬和社会文明的推进，婚姻家庭领域中的严重侵权行为、违法犯罪行为等逐渐进入法律的视野，公权力和社会干预机制的介入成为制止这类侵权违法行为的有效路径。《刑法修正案（九）》对于妇女、儿童、老人权益乃至婚姻家庭秩序的强调和保护宣示了新时代的法律精神和法律立场：婚姻家庭绝非违法犯罪行为的庇护所！

第三，从主题上来说，儿童权益日益凸显，注重从监护、收养等方面切实保障儿童在家庭中的健康成长。1949年以后，中国的《婚姻法》在历次沿革中都一以贯之地保障婚姻关系主体的平等和自由，但在贯彻离婚自由的司法实践中，社会各界越来越警醒地认识到儿童权益的脆弱以及儿童对家庭关系的依赖，由此延伸至对"儿童最佳利益原则"的肯认和探讨。2015年司法机关在保护被监护人权益方面的探索、行政机关在促成打拐解救儿童回归家庭方面的努力都体现出通过多机构联动机制积极维护儿童权益、务实解决儿童困境的社会共识和制度担当。

第四，从路径上来说，民主推动更加有力，公众和媒体提出的焦点问题和观点争鸣能够有效地推动制度优化。2015年度，《刑法修正案（九）（草案）》和《反家庭暴力法（草案）》在立法过程中面向社会公开征求意见，不仅在立法程序上力求严谨缜密，而且在立法内容上积极吸收公众意见，相关内容的修改和完善体现出婚姻家庭法治进程的民主性。监护人侵害未成年人权益案件处理机制、打拐解救儿童寻亲及收养新政策、婚姻记录登记证明退出历史舞台等，则是司法机关和行政机关对于多年来媒体、人大代表对有关问题持续关注和积极呼吁的回应。由于婚姻家庭法律问题固有的普遍性和广泛性，婚姻家庭法治建设的民主性必将随着现代传媒技术的发展和公民参政意识的提高而进一步彰显。

所有这些努力都会推动中国婚姻家庭法治体系的综合构建：在公权力的必要保护和充分保障之下，婚姻家庭遵循私法原则在成员间的共处和互动中臻于亲睦和谐。2015年，中国婚姻家庭法治在个体权益维护与社会适度干预方面取得了重大突破，但这些发展与进步还有待在更高层次、更高位阶的法律制度体系中予以肯认和深化。对于立意承继法典传统的中国来说，民法典亲属编或婚姻家庭编当属婚姻家庭法律体系的最佳表现形式，而民法典编纂工作本身则为婚姻家庭法治的前进提供强劲动力。基于回归民法典的需要，婚姻家庭法必然面临深层次的、体系化的完善与整合，而过往和当下的婚姻家庭法律实践已经并将继续为之提供有效且有益的积累和沉淀。可以预见，在不久的将来，民法典中婚姻家庭法律规范的出台将成为中国婚姻家庭法治的制高点和新起点。

# 法治指数

Indices of the Rule of Law

## B.14
## 中国政府透明度指数报告（2015）
### ——以政府网站信息公开为视角

中国社会科学院法学研究所法治指数创新工程项目组*

摘　要：本文选取54家国务院部门、31家省级政府、49家较大的市政府，围绕政府信息公开专栏、规范性文件、财政信息、行政审批信息、环境保护信息、政府信息公开年度报告、依申请公开，对评估对象公开政府信息的情况进行了观察，分析了当前政府信息公开制度实施中取得的进展和存在的问题，并就未来完善政府信息公开制度提出了建议。

---

\* 项目组负责人：田禾，中国社会科学院法学研究所研究员、国家法治指数研究中心主任。项目组成员：吕艳滨、王小梅、栗燕杰、徐斌、刘雁鹏、缪树蕾、刘迪、赵千羚、马小芳、曹雅楠、杨芹、张多、张爽、赵凡、周震、宁妍、徐蕾、刘永利、宋君杰、庞悦、彭悦、陈钰艺、王梓涔、李越、王笛、郭海姣、周俊、蔡瑞高、段啸安、王素敏、阮雨晴、邱强、李蔚、张铁男、许默等。执笔人：吕艳滨、田禾，中国社会科学院法学研究所研究员。刘迪、周震、宁妍、刘永利、徐蕾、宋君杰等参与了部分内容的写作。

**关键词：　透明　法治指数　政府网站　政府信息公开**

2015年，中国社会科学院法学研究所法治指数创新工程项目组（以下简称"项目组"）继续从政府网站公开政府信息的情况入手，对《政府信息公开条例》（以下简称《条例》）的落实情况进行了调研和评估，本报告对此次调研和评估情况进行总结分析。

## 一　评估对象、指标及方法

2015年的评估对象包括54家国务院部门、31家省级政府、49家较大的市的政府。最初选择49家较大的市是因为按照修订前的《立法法》，其拥有地方立法权，虽然《立法法》修订后，所有设区的市都已经取得立法权，但项目组仍暂时以原49家较大的市为评估对象。

根据2015年政府信息公开的重点领域以及制度实施情况的新进展、新要求，2015年的评估指标相比此前作了较大调整。

国务院部门的评估指标包括5个部分：政府信息公开专栏、规范性文件、财政信息、政府信息公开年度报告、依申请公开（见表1）。

省级政府的评估指标包括7个部分：政府信息公开专栏、规范性文件、财政信息、行政审批信息、环境保护信息、政府信息公开年度报告、依申请公开（见表2）。

较大的市的评估指标包括7个部分：政府信息公开专栏、规范性文件、财政信息、行政审批信息、环境保护信息、政府信息公开年度报告、依申请公开（见表3）。

评估采取观察各评估对象门户网站发布相关信息及实际发送政府信息公开申请进行验证的方法。评估时间从2015年3月10日开始，12月31日截止。其中，年度报告的调研时间为2015年3月10日至4月1日。依申请公开的评估为评估对象作出答复预留了多于法定答复期限的时间。为慎重起见，

表1 政府透明度指数指标体系（国务院部门）

| 一级指标及权重 | 二级指标及权重 |
|---|---|
| 政府信息公开专栏(15%) | 政府信息公开依据(20%) |
| | 政府信息公开目录(40%) |
| | 政府信息公开指南(20%) |
| | 政府信息公开年度报告(20%) |
| 规范性文件(25%) | 栏目设置(30%) |
| | 效力标注(30%) |
| | 草案公开(40%) |
| 财政信息(20%) | 预算信息(40%) |
| | 决算信息(40%) |
| | "三公"经费决算(20%) |
| 政府信息公开年度报告(15%) | 报告可获取性(30%) |
| | 新颖性(10%) |
| | 报告内容(60%) |
| 依申请公开(25%) | 申请渠道畅通性(20%) |
| | 答复时效性(30%) |
| | 答复规范性(50%) |

表2 政府透明度指数指标体系（省级政府）

| 一级指标及权重 | 二级指标及权重 |
|---|---|
| 政府信息公开专栏(10%) | 政府信息公开依据(20%) |
| | 政府信息公开目录(40%) |
| | 政府信息公开指南(20%) |
| | 政府信息公开年度报告(20%) |
| 规范性文件(15%) | 栏目设置(30%) |
| | 效力标注(30%) |
| | 草案公开(40%) |
| 财政信息(15%) | 预算信息(40%) |
| | 决算信息(40%) |
| | "三公"经费决算(20%) |
| 行政审批信息(15%) | 行政审批目录(30%) |
| | 行政审批服务指南(40%) |
| | 行政审批办理结果(30%) |

续表

| 一级指标及权重 | 二级指标及权重 |
|---|---|
| 环境保护信息(15%) | 建设项目环境影响评价信息(40%) |
|  | 核辐射安全信息(40%) |
|  | 重点污染企业信息(20%) |
| 政府信息公开年度报告(10%) | 报告可获取性(30%) |
|  | 新颖性(10%) |
|  | 报告内容(60%) |
| 依申请公开(20%) | 申请渠道畅通性(20%) |
|  | 答复时效性(30%) |
|  | 答复规范性(50%) |

表3 政府透明度指数指标体系（较大的市）

| 一级指标及权重 | 二级指标及权重 |
|---|---|
| 政府信息公开专栏(10%) | 政府信息公开依据(20%) |
|  | 政府信息公开目录(40%) |
|  | 政府信息公开指南(20%) |
|  | 政府信息公开年度报告(20%) |
| 规范性文件(15%) | 栏目设置(30%) |
|  | 效力标注(30%) |
|  | 草案公开(40%) |
| 财政信息(15%) | 预算信息(40%) |
|  | 决算信息(40%) |
|  | "三公"经费决算信息(20%) |
| 行政审批信息(15%) | 行政审批目录(30%) |
|  | 行政审批服务指南(40%) |
|  | 行政审批办理结果(30%) |
| 环境保护信息(15%) | 建设项目环境影响评价信息(40%) |
|  | 核辐射安全信息(40%) |
|  | 重点污染企业信息(20%) |
| 政府信息公开年度报告(10%) | 报告可获取性(30%) |
|  | 报告新颖性(10%) |
|  | 报告内容(60%) |
| 依申请公开(20%) | 申请渠道畅通性(20%) |
|  | 答复时效性(30%) |
|  | 答复规范性(50%) |

凡是调查人员无法找到信息内容、无法打开网页的,均由其他调查人员再次进行确认,采取更换计算机及上网方式、变更上网时间等方式进行验证。在提交政府信息公开申请方面,项目组对邮寄渠道的有效性和畅通性进行了验证。

## 二 2015年政府信息公开工作概况

2015年,国家高度重视政府信息公开工作,政府信息公开贯穿于政府管理各领域,政府信息公开成效明显。

第一,政府信息公开成为政府治理必不可少的手段。首先,政府信息公开在法治政府建设中的作用得到进一步确认。中共中央、国务院印发的《法治政府建设实施纲要(2015~2020年)》明确提出坚持以公开为常态、不公开为例外的原则,推进决策公开、执行公开、管理公开、服务公开、结果公开,完善政府信息公开制度,拓宽政府信息公开渠道,进一步明确政府信息公开范围和内容。其次,国家将公开政府信息作为鼓励创新的重要手段。中共中央办公厅、国务院办公厅《关于加强中国特色新型智库建设的意见》提出,加强公开工作,方便智库及时获取政府信息。《促进大数据发展行动纲要》《国务院关于积极推进"互联网+"行动的指导意见》《国务院关于规范国务院部门行政审批行为 改进行政审批有关工作的通知》《国务院办公厅关于简化优化公共服务流程 方便基层群众办事创业的通知》等都涉及以公开促创新的内容。再次,国家将政府信息公开作为加强监督的重要手段。中共中央办公厅、国务院办公厅印发《关于推行地方各级政府工作部门权力清单制度的指导意见》以及《国务院办公厅关于推广随机抽查规范事中事后监管的通知》《国务院办公厅关于加强安全生产监管执法的通知》,提出通过公开加强对行政机关的监督;《国务院办公厅关于全面推开县级公立医院综合改革的实施意见》《国务院办公厅关于加强和改进企业国有资产监督 防止国有资产流失的意见》等也提出,通过公开发挥社会监督的作用。最后,将公开政府信息作为一种全新的监管手段。《国务院办公厅关于运用大数据加强对市场主体服务和监管的若干意见》《国务院办公厅关于加强互联网领域侵权假冒行为治理的意见》《2015年全国打击侵犯知识产权和制售假冒伪劣商品工作要点》等提出，大力推进市场主体信息公示，构筑市场诚信环境。

第二，自上而下的指导督促助推政府信息公开工作。2015年，国务院办公厅继续发布《2015年政府信息公开工作要点》，对各级政府机关做好政府信息公开工作作出了要求和安排。2015年11月18日，国务院办公厅政府信息与政务公开办公室就国务院国有资产监督管理委员会信息公开办公室在《关于商请明确依申请公开办理程序有关问题的函》中提出的，收到信息公开申请的时点确定问题和补正期间停止计算期限问题，作出了答复。

第三，政府信息公开的要求越来越高，越来越细。例如，《2015年政府信息公开工作要点》要求，细化预决算公开内容，各级政府及部门预决算在公开到支出功能分类项级科目的基础上，一般公共预算基本支出逐步公开到经济分类款级科目，对下专项转移支付预决算公开到具体项目。财政部《关于做好政府采购信息公开工作的通知》对政府采购信息公开提出了极为明确细致的要求。

第四，第三方评估成为推进政府信息公开的又一新抓手。2014年国务院办公厅政府信息公开与政务公开办公室首次委托中国社会科学院法学研究所对全国政府信息公开工作开展第三方评估[①]，2015年对社会发布了评估报告。2015年，国务院办公厅政府信息公开与政务公开办公室继续引入第三方评估机制。此外，山东、黑龙江等地也纷纷引入第三方评估机制。开展第三方评估有助于改变政府机关自我评价的弊端，有力推动了全国的政府信息公开工作。

---

① 见《中国政府信息公开第三方评估报告》，中国社会科学出版社，2015。

## 三 总体评估情况

2015年,国务院部门中评估结果排在前列的有:海关总署、交通运输部、中国证券监督管理委员会、国家食品药品监督管理总局、国家信访局、水利部、教育部、国家发展和改革委员会、国家安全生产监督管理总局、国家体育总局(见表4)。省级政府中排在前列的有:上海、北京、河南、福建、江苏、四川、浙江、安徽、湖北、山东(见表5)。较大的市中排在前列的有:厦门、成都、宁波、淄博、汕头、杭州、福州、南昌、长沙、苏州(见表6)。

表4 2015年政府透明度总体测评结果(国务院部门)

单位:分

| 排名 | 国务院部门 | 政府信息公开专栏(15%) | 规范性文件(25%) | 财政信息(20%) | 政府信息公开年度报告(15%) | 依申请公开(25%) | 总分(满分100分) |
|---|---|---|---|---|---|---|---|
| 1 | 海关总署 | 76.00 | 75.00 | 95.00 | 93.25 | 100.00 | 88.14 |
| 2 | 交通运输部 | 76.00 | 60.00 | 100.00 | 85.30 | 100.00 | 84.20 |
| 3 | 中国证券监督管理委员会 | 90.00 | 49.50 | 100.00 | 88.05 | 100.00 | 84.08 |
| 4 | 国家食品药品监督管理总局 | 76.00 | 64.50 | 100.00 | 93.25 | 90.00 | 84.01 |
| 5 | 国家信访局 | 100.00 | 51.00 | 95.00 | 88.48 | 87.50 | 81.90 |
| 6 | 水利部 | 76.00 | 45.00 | 100.00 | 93.16 | 100.00 | 81.62 |
| 7 | 教育部 | 76.00 | 45.00 | 100.00 | 91.20 | 100.00 | 81.33 |
| 8 | 国家发展和改革委员会 | 76.00 | 56.20 | 100.00 | 79.62 | 90.00 | 79.89 |
| 9 | 国家安全生产监督管理总局 | 76.00 | 54.55 | 100.00 | 81.24 | 90.00 | 79.72 |
| | 国家体育总局 | 76.00 | 49.50 | 100.00 | 72.96 | 100.00 | 79.72 |
| 11 | 中国民用航空局 | 76.00 | 63.30 | 95.00 | 87.61 | 80.00 | 79.37 |
| 12 | 中国气象局 | 100.00 | 37.80 | 97.50 | 81.24 | 90.00 | 78.64 |
| 13 | 国家林业局 | 76.00 | 55.50 | 100.00 | 62.94 | 92.50 | 77.84 |
| 14 | 中国银行业监督管理委员会 | 56.00 | 45.00 | 100.00 | 86.43 | 100.00 | 77.61 |

续表

| 排名 | 国务院部门 | 政府信息公开专栏（15%） | 规范性文件（25%） | 财政信息（20%） | 政府信息公开年度报告（15%） | 依申请公开（25%） | 总分（满分100分） |
|---|---|---|---|---|---|---|---|
| 15 | 工业和信息化部 | 76.00 | 45.00 | 100.00 | 81.21 | 90.00 | 77.33 |
| 16 | 商务部 | 76.00 | 25.50 | 95.00 | 100.00 | 100.00 | 76.78 |
| 17 | 中国保险监督管理委员会 | 76.00 | 49.50 | 100.00 | 85.33 | 77.50 | 75.95 |
| 18 | 国家宗教事务局 | 76.00 | 21.00 | 100.00 | 93.70 | 100.00 | 75.71 |
| 19 | 国家测绘地理信息局 | 76.00 | 21.00 | 100.00 | 90.01 | 100.00 | 75.15 |
| 20 | 国家卫生和计划生育委员会 | 76.00 | 21.00 | 100.00 | 93.25 | 90.00 | 73.14 |
| 21 | 住房和城乡建设部 | 76.00 | 45.00 | 100.00 | 51.42 | 90.00 | 72.86 |
| 22 | 财政部 | 60.00 | 45.00 | 100.00 | 77.61 | 83.75 | 72.83 |
| 23 | 国家外汇管理局 | 66.00 | 21.00 | 100.00 | 81.05 | 100.00 | 72.31 |
| 24 | 环境保护部 | 66.00 | 49.50 | 100.00 | 82.41 | 70.00 | 72.14 |
| 25 | 国家能源局 | 66.00 | 40.50 | 97.50 | 86.40 | 77.50 | 71.86 |
| 26 | 人力资源和社会保障部 | 56.00 | 25.50 | 100.00 | 77.61 | 100.00 | 71.42 |
| 27 | 科技部 | 56.00 | 25.50 | 97.50 | 79.26 | 100.00 | 71.16 |
| 28 | 国家民族事务委员会 | 76.00 | 21.00 | 95.00 | 86.37 | 90.00 | 71.10 |
| 29 | 外交部 | 80.00 | 25.50 | 97.50 | 71.22 | 90.00 | 71.06 |
| 30 | 中国人民银行 | 56.00 | 21.00 | 100.00 | 81.25 | 100.00 | 70.84 |
| 31 | 国家税务总局 | 76.00 | 40.50 | 100.00 | 65.64 | 77.50 | 70.75 |
| 32 | 民政部 | 76.00 | 34.95 | 97.50 | 89.56 | 67.50 | 69.95 |
| 33 | 国家旅游局 | 76.00 | 12.00 | 100.00 | 69.24 | 100.00 | 69.79 |
| 34 | 国家新闻出版广电总局 | 71.00 | 21.00 | 100.00 | 75.87 | 90.00 | 69.78 |
| 35 | 国家粮食局 | 76.00 | 36.00 | 100.00 | 82.86 | 67.50 | 69.70 |
| 36 | 国家统计局 | 46.00 | 21.00 | 95.00 | 88.05 | 100.00 | 69.36 |
| 37 | 国家知识产权局 | 66.00 | 12.00 | 90.00 | 86.43 | 100.00 | 68.86 |
| 38 | 公安部 | 56.00 | 21.00 | 95.00 | 90.46 | 90.00 | 68.72 |
| 39 | 国家外国专家局 | 56.00 | 39.90 | 100.00 | 70.86 | 77.50 | 68.38 |

续表

| 排名 | 国务院部门 | 政府信息公开专栏（15%） | 规范性文件（25%） | 财政信息（20%） | 政府信息公开年度报告（15%） | 依申请公开（25%） | 总分（满分100分） |
|---|---|---|---|---|---|---|---|
| 40 | 国家质量监督检验检疫总局 | 100.00 | 49.50 | 100.00 | 100.00 | 20.00 | 67.38 |
| 41 | 国家铁路局 | 56.00 | 21.00 | 97.50 | 60.42 | 100.00 | 67.21 |
| 42 | 审计署 | 56.00 | 21.00 | 100.00 | 71.22 | 90.00 | 66.83 |
| 43 | 国家工商行政管理总局 | 56.00 | 36.00 | 90.00 | 79.65 | 77.50 | 66.72 |
| 44 | 中国地震局 | 56.00 | 12.00 | 100.00 | 76.24 | 77.50 | 62.21 |
| 45 | 国家海洋局 | 46.00 | 16.50 | 100.00 | 78.01 | 77.50 | 62.10 |
| 46 | 司法部 | 56.00 | 12.00 | 92.50 | 59.07 | 90.00 | 61.26 |
| 47 | 国家邮政局 | 76.00 | 36.00 | 100.00 | 86.40 | 20.00 | 58.36 |
| 48 | 文化部 | 66.00 | 45.00 | 100.00 | 81.21 | 20.00 | 58.33 |
| 49 | 国土资源部 | 76.00 | 36.00 | 100.00 | 82.41 | 20.00 | 57.76 |
| 50 | 农业部 | 66.00 | 28.80 | 100.00 | 79.65 | 20.00 | 54.05 |
| 51 | 国家中医药管理局 | 76.00 | 12.00 | 90.00 | 84.61 | 20.00 | 50.09 |
| 52 | 国家文物局 | 66.00 | 12.00 | 100.00 | 86.37 | 10.00 | 48.35 |
| 53 | 国有资产监督管理委员会 | 76.00 | 21.00 | 97.50 | 59.34 | 10.00 | 47.55 |
| 54 | 国家烟草专卖局 | 76.00 | 25.50 | 0.00 | 87.99 | 20.00 | 35.97 |

表5 2015年政府透明度总体测评结果（省级政府）

单位：分

| 排名 | 省级政府 | 政府信息公开专栏（10%） | 规范性文件（15%） | 财政信息（15%） | 行政审批信息（15%） | 环境保护信息（15%） | 政府信息公开年度报告（10%） | 依申请公开（20%） | 总分（满分100分） |
|---|---|---|---|---|---|---|---|---|---|
| 1 | 上海 | 76.00 | 81.75 | 58.33 | 89.00 | 93.00 | 100.00 | 100.00 | 85.91 |
| 2 | 北京 | 76.00 | 55.50 | 73.33 | 98.00 | 100.00 | 90.75 | 100.00 | 85.70 |
| 3 | 河南 | 100.00 | 57.75 | 53.33 | 88.00 | 100.00 | 95.95 | 100.00 | 84.46 |
| 4 | 福建 | 76.00 | 65.50 | 66.67 | 92.00 | 100.00 | 79.50 | 100.00 | 84.18 |
| 5 | 江苏 | 100.00 | 51.75 | 51.67 | 77.00 | 100.00 | 95.95 | 100.00 | 81.66 |
| 6 | 四川 | 86.00 | 49.50 | 46.67 | 80.00 | 100.00 | 100.00 | 100.00 | 80.03 |
| 6 | 浙江 | 76.00 | 55.50 | 46.67 | 94.00 | 100.00 | 100.00 | 90.00 | 80.03 |
| 8 | 安徽 | 76.00 | 55.50 | 58.47 | 86.00 | 100.00 | 93.52 | 90.00 | 79.95 |

续表

| 排名 | 省级政府 | 政府信息公开专栏（10%） | 规范性文件（15%） | 财政信息（15%） | 行政审批信息（15%） | 环境保护信息（15%） | 政府信息公开年度报告（10%） | 依申请公开（20%） | 总分（满分100分） |
|---|---|---|---|---|---|---|---|---|---|
| 9 | 湖北 | 76.00 | 49.50 | 45.00 | 100.00 | 100.00 | 95.95 | 90.00 | 79.37 |
| 10 | 山东 | 76.00 | 55.50 | 57.08 | 92.00 | 100.00 | 100.00 | 80.00 | 79.29 |
| 11 | 广东 | 76.00 | 85.90 | 60.00 | 61.00 | 93.00 | 81.10 | 90.00 | 78.70 |
| 12 | 辽宁 | 100.00 | 27.75 | 52.50 | 86.00 | 88.00 | 100.00 | 100.00 | 78.14 |
| 13 | 贵州 | 76.00 | 55.50 | 58.33 | 85.00 | 67.00 | 95.95 | 100.00 | 77.07 |
| 14 | 湖南 | 56.00 | 55.50 | 53.33 | 77.00 | 100.00 | 85.56 | 100.00 | 77.03 |
| 15 | 内蒙古 | 76.00 | 54.00 | 57.50 | 77.00 | 86.00 | 100.00 | 90.00 | 76.78 |
| 16 | 天津 | 66.00 | 40.50 | 50.00 | 94.00 | 86.00 | 94.80 | 100.00 | 76.66 |
| 17 | 河北 | 76.00 | 21.00 | 60.00 | 92.00 | 100.00 | 91.90 | 90.00 | 75.74 |
| 18 | 黑龙江 | 76.00 | 58.00 | 60.00 | 92.00 | 100.00 | 85.17 | 80.00 | 75.62 |
| 19 | 甘肃 | 66.00 | 81.75 | 45.00 | 65.00 | 80.00 | 100.00 | 90.00 | 75.36 |
| 20 | 陕西 | 100.00 | 25.50 | 40.00 | 83.00 | 100.00 | 100.00 | 90.00 | 75.28 |
| 21 | 重庆 | 56.00 | 55.50 | 53.33 | 68.00 | 100.00 | 97.57 | 90.00 | 74.88 |
| 22 | 云南 | 46.00 | 49.50 | 53.33 | 77.00 | 100.00 | 76.80 | 100.00 | 74.26 |
| 23 | 江西 | 56.00 | 18.75 | 47.50 | 92.00 | 100.00 | 95.95 | 90.00 | 71.93 |
| 24 | 山西 | 76.00 | 49.50 | 35.83 | 80.00 | 100.00 | 84.07 | 60.00 | 67.81 |
| 25 | 吉林 | 66.00 | 25.50 | 20.00 | 82.00 | 74.00 | 91.90 | 100.00 | 66.02 |
| 26 | 青海 | 76.00 | 16.50 | 26.67 | 87.00 | 100.00 | 95.95 | 70.00 | 65.72 |
| 27 | 广西 | 56.00 | 25.50 | 27.50 | 77.00 | 100.00 | 89.61 | 62.50 | 61.56 |
| 28 | 新疆 | 66.00 | 21.00 | 33.75 | 73.00 | 94.00 | 76.10 | 70.00 | 61.47 |
| 29 | 海南 | 80.00 | 25.50 | 43.33 | 59.00 | 80.00 | 90.75 | 10.00 | 50.25 |
| 30 | 宁夏 | 40.00 | 25.50 | 29.17 | 75.00 | 100.00 | 70.72 | 20.00 | 49.52 |
| 31 | 西藏 | 56.00 | 21.00 | 15.00 | 34.00 | 63.00 | 94.80 | 20.00 | 39.03 |

表6　2015年政府透明度总体测评结果（较大的市）

单位：分

| 排名 | 较大的市 | 政府信息公开专栏（10%） | 规范性文件（15%） | 财政信息（15%） | 行政审批信息（15%） | 环境保护信息（15%） | 政府信息公开年度报告（10%） | 依申请公开（20%） | 总分（满分100分） |
|---|---|---|---|---|---|---|---|---|---|
| 1 | 厦门 | 100.00 | 79.50 | 46.67 | 92.00 | 74.00 | 92.80 | 90.00 | 81.11 |
| 2 | 成都 | 80.00 | 57.30 | 53.33 | 73.00 | 100.00 | 100.00 | 100.00 | 80.55 |
| 3 | 宁波 | 76.00 | 70.90 | 40.00 | 92.00 | 74.00 | 100.00 | 100.00 | 79.14 |
| 4 | 淄博 | 100.00 | 79.50 | 43.33 | 94.00 | 54.00 | 100.00 | 90.00 | 78.63 |

续表

| 排名 | 较大的市 | 政府信息公开专栏（10%） | 规范性文件（15%） | 财政信息（15%） | 行政审批信息（15%） | 环境保护信息（15%） | 政府信息公开年度报告（10%） | 依申请公开（20%） | 总分（满分100分） |
|---|---|---|---|---|---|---|---|---|---|
| 5 | 汕头 | 80.00 | 63.70 | 43.33 | 92.00 | 100.00 | 67.26 | 90.00 | 77.58 |
| 6 | 杭州 | 100.00 | 49.50 | 36.67 | 92.00 | 67.00 | 100.00 | 100.00 | 76.78 |
| 7 | 福州 | 76.00 | 49.50 | 30.00 | 98.00 | 88.00 | 92.80 | 100.00 | 76.71 |
| 8 | 南昌 | 76.00 | 49.50 | 43.33 | 92.00 | 74.00 | 91.90 | 100.00 | 75.62 |
| 9 | 长沙 | 100.00 | 55.50 | 46.67 | 92.00 | 57.00 | 78.36 | 100.00 | 75.51 |
| 10 | 苏州 | 76.00 | 51.40 | 46.67 | 74.00 | 100.00 | 79.08 | 90.00 | 74.32 |
| 11 | 青岛 | 76.00 | 64.50 | 41.25 | 92.00 | 60.00 | 95.95 | 90.00 | 73.86 |
| 12 | 南京 | 100.00 | 44.55 | 20.00 | 83.00 | 86.00 | 94.80 | 90.00 | 72.51 |
| 13 | 吉林 | 66.00 | 79.50 | 6.67 | 95.00 | 80.00 | 88.30 | 90.00 | 71.61 |
| 14 | 大连 | 100.00 | 40.50 | 40.00 | 72.00 | 60.00 | 95.95 | 100.00 | 71.47 |
| 15 | 沈阳 | 46.00 | 55.50 | 31.67 | 94.00 | 74.00 | 84.72 | 100.00 | 71.35 |
| 16 | 深圳 | 100.00 | 49.50 | 40.00 | 75.00 | 81.00 | 85.15 | 80.00 | 71.34 |
| 17 | 合肥 | 66.00 | 55.50 | 52.08 | 75.00 | 100.00 | 88.32 | 67.50 | 71.32 |
| 18 | 郑州 | 56.00 | 27.75 | 48.54 | 80.00 | 87.00 | 91.90 | 100.00 | 71.28 |
| 19 | 石家庄 | 56.00 | 42.75 | 46.67 | 92.00 | 79.00 | 85.94 | 90.00 | 71.26 |
| 20 | 无锡 | 76.00 | 39.90 | 40.00 | 77.00 | 60.00 | 94.80 | 100.00 | 69.62 |
| 21 | 徐州 | 76.00 | 45.00 | 46.67 | 65.00 | 72.00 | 95.95 | 90.00 | 69.50 |
| 22 | 邯郸 | 100.00 | 21.00 | 43.33 | 79.00 | 66.00 | 79.90 | 100.00 | 69.39 |
| 23 | 济南 | 66.00 | 40.50 | 42.50 | 90.00 | 46.00 | 94.80 | 100.00 | 68.93 |
| 24 | 鞍山 | 76.00 | 42.30 | 40.00 | 95.00 | 46.00 | 91.90 | 90.00 | 68.29 |
| 25 | 武汉 | 66.00 | 25.50 | 53.33 | 92.00 | 61.00 | 82.90 | 92.50 | 68.17 |
| 26 | 哈尔滨 | 66.00 | 79.50 | 53.33 | 60.00 | 40.00 | 83.95 | 90.00 | 67.92 |
| 27 | 广州 | 100.00 | 95.50 | 46.67 | 77.00 | 86.00 | 87.60 | 10.00 | 66.54 |
| 28 | 淮南 | 66.00 | 27.00 | 57.50 | 63.00 | 74.00 | 86.32 | 90.00 | 66.46 |
| 29 | 珠海 | 56.00 | 52.80 | 50.00 | 81.00 | 34.00 | 79.50 | 92.50 | 64.72 |
| 30 | 南宁 | 46.00 | 21.00 | 40.00 | 85.00 | 67.00 | 91.90 | 90.00 | 63.74 |
| 31 | 海口 | 46.00 | 21.00 | 41.67 | 99.00 | 40.00 | 95.95 | 90.00 | 62.45 |
| 32 | 包头 | 100.00 | 21.00 | 16.67 | 90.00 | 57.00 | 54.48 | 90.00 | 61.15 |
| 33 | 西安 | 76.00 | 75.00 | 36.67 | 85.00 | 73.00 | 90.75 | 20.00 | 61.13 |
| 34 | 兰州 | 66.00 | 27.75 | 35.00 | 92.00 | 37.00 | 72.50 | 90.00 | 60.61 |
| 35 | 大同 | 66.00 | 25.50 | 36.67 | 96.00 | 32.00 | 70.90 | 90.00 | 60.22 |
| 36 | 齐齐哈尔 | 100.00 | 40.50 | 60.00 | 88.00 | 66.00 | 78.75 | 20.00 | 60.05 |
| 37 | 长春 | 66.00 | 40.50 | 10.00 | 90.00 | 32.00 | 86.70 | 90.00 | 59.15 |
| 38 | 呼和浩特 | 40.00 | 21.00 | 33.33 | 77.00 | 60.00 | 79.45 | 90.00 | 58.65 |
| 39 | 洛阳 | 76.00 | 21.00 | 35.00 | 75.00 | 100.00 | 83.50 | 20.00 | 54.60 |

续表

| 排名 | 较大的市 | 政府信息公开专栏（10%） | 规范性文件（15%） | 财政信息（15%） | 行政审批信息（15%） | 环境保护信息（15%） | 政府信息公开年度报告（10%） | 依申请公开（20%） | 总分（满分100分） |
|---|---|---|---|---|---|---|---|---|---|
| 40 | 贵阳 | 90.00 | 25.50 | 52.92 | 77.00 | 48.00 | 100.00 | 20.00 | 53.51 |
| 41 | 抚顺 | 66.00 | 49.50 | 21.67 | 84.00 | 60.00 | 91.40 | 20.00 | 52.02 |
| 42 | 昆明 | 26.00 | 45.00 | 38.33 | 77.00 | 74.00 | 91.90 | 20.00 | 50.94 |
| 43 | 唐山 | 70.00 | 21.00 | 21.67 | 30.00 | 58.00 | 59.88 | 90.00 | 50.59 |
| 44 | 本溪 | 66.00 | 49.50 | 25.00 | 67.00 | 51.00 | 88.75 | 20.00 | 48.35 |
| 45 | 西宁 | 46.00 | 42.75 | 30.00 | 77.00 | 52.00 | 83.95 | 20.00 | 47.26 |
| 46 | 太原 | 76.00 | 21.00 | 40.00 | 60.00 | 67.00 | 69.10 | 20.00 | 46.71 |
| 47 | 拉萨 | 66.00 | 21.00 | 30.00 | 32.00 | 4.00 | 84.27 | 90.00 | 46.08 |
| 48 | 乌鲁木齐 | 46.00 | 25.50 | 40.42 | 87.00 | 40.00 | 46.50 | 20.00 | 42.19 |
| 49 | 银川 | 0.00 | 45.00 | 0.00 | 62.00 | 29.00 | 65.13 | 20.00 | 30.91 |

## 四 政府信息公开专栏

政府信息公开专栏主要对各评估对象在门户网站设置政府信息公开专栏并配置政府信息公开目录、政府信息公开依据（主要是发布本行政机关制定的公开依据）、政府信息公开指南和政府信息公开年度报告栏目的情况进行了评查。

本次评估未对政府信息公开目录本身进行重点分析。近几年的评估中，项目组发现，政府机关普遍存在门户网站发布信息与政府信息公开目录发布信息不一致的情况，其根源在于门户网站与政府信息公开目录分属不同的信息管理系统，容易造成信息重复发布，影响公开效果。随着网站搜索技术的逐步成熟，公众查找所需信息可主要通过门户网站搜索功能检索获取，从长远来看，门户网站应与政府信息公开专网、专栏等有机融合，门户网站的栏目设置也可以承担政府信息公开目录的大部分作用。因此，2015年度开始不再对政府信息公开目录设置作重点评估。

评估发现，评估对象门户网站普遍配置政府信息专栏，但仍有网站缺少栏目要素。政府信息公开依据、政府信息公开目录、政府信息公开指南、政府信息公开年报栏目是政府信息公开专栏的组成要素。此次评估发现，多数评估对象在门户网站设置政府信息公开专栏，并同时配置上述4项栏目要素。39家国务院部门、23家省级政府和35家较大的市的政府门户网站均设置了公开依据、目录栏目、指南栏目、年报栏目，占比分别为72.22%、74.19%、71.43%。当然，也可以看出，仍有相当比例的评估对象没有在门户网站上全面配置这些栏目要素。

在政府信息公开专栏中发布政府信息公开依据的情况普遍还不理想。本次评估设定的标准是，不仅要在政府信息公开专栏发布《政府信息公开条例》及上级机关发布的相关规定，更要公开本机关制定的涉及政府信息公开的规定。但评估发现，13家国务院部门、8家省级政府、13家较大的市的政府没有在门户网站的政府信息公开专栏中公开政府信息公开依据。政府信息公开依据的评估中，普遍出现的问题是：一些评估对象公开的不是本部门、本级政府的政府信息公开依据，更多是《条例》或者是上一级政府机构的规定。

## 五 规范性文件

公开规范性文件有助于公众知晓办事依据，明确自身权利义务边界，这也是政府依法行政的重要评价指标。本次评估的内容包括：门户网站是否设置链接有效的规范性文件的栏目，是否存在多个栏目发布规范性文件的情况，是否对所发布的规范性文件进行了分类，是否公开规范性文件草案，是否对规范性文件草案制定背景或制度设计进行说明，是否公开意见征集渠道，是否公开征集到的意见的汇总情况，是否公开对征集到的意见的采纳情况，是否公开了采纳与否的理由，是否公开本部门规范性文件清理信息，是否标注了规范性文件的有效性。

评估发现，所有评估对象普遍设置了规范性文件栏目，集中发布规范性文件。但规范性文件的公开也存在一些问题。

首先，栏目设置不够规范。某些评估对象存在多个栏目同时发布规范性文件的情况，在国务院部门中这个问题较为突出，有14家门户网站有多个栏目同时发布规范性文件，占25.93%。而在地方政府中，则分别各有3家存在类似情况，分别占9.68%、6.12%。而且，规范性文件放置杂乱无章，与政策法规、规章制度等混在一起，难以查找。

其次，不少评估对象没有发布规范性文件草案的意见征集及意见反馈情况。本次评估采取了较为宽松的标准，只要在2015年度内发布过一次规范性文件草案、反馈过一次征集意见情况即视作符合标准。但国务院部门、省级政府、较大的市的政府中，分别有30家（占55.56%）、20家（占64.52%）、28家（占57.14%）没有通过门户网站公布规范性文件草案。即使网站公布了规范性文件草案，也普遍还没有公开规范性文件草案征集意见的汇总情况、采纳情况。仅1家国务院部门、3家省级政府、4家较大的市政府公布了意见征集汇总情况，其中，仅国家发展改革委公开了意见征集的采纳情况。只征集意见，但对于征集了哪些意见、采纳了哪些意见、为什么采纳某些意见而未采纳其他意见不作说明，这一方面不利于公众监督政府决策，另一方面不利于取信于民。

最后，普遍未标注规范性文件的有效性。规范性文件不标注有效性，会给公众带来一定的误导。然而，仅有极少数评估对象的门户网站标注了规范性文件的有效性，如海关总署、重庆市、湖南省、上海市、山东省、广东省和吉林市、西安市、广州市、厦门市等。

## 六 财政信息

财政信息的评估指标主要包括预算信息、决算信息和"三公"经费信息，具体包括以下内容：网站是否公开2015年预算说明，一般公共预算支出表是否公开到功能分类的项级科目，预算支出总表是否公开到功能分类的项级科目；一般公共预算基本支出表是否公开到经济分类的款级科目；网站是否公开2014年决算说明，一般公共决算支出表是否公开到功能分类的项级科目,决算支出总表是否公开到功能分类的项级科目;"三公"经费中是否公开因公出国的组团数和人数,是否公开公务用车的购置数和保有量,是否提供国内公务接待的批次和人数,是否公开"三公"经费增减原因的说明。其中,31个省级政府和49个较大的市的财政预决算说明不仅应公布在本级政府网站里,也应公布在本级财政部门的网站中。

评估发现,国务院部门预决算信息公开相对细致。有53家国务院部门公开了2015年预算说明和2014年决算说明,并且表格都细化到位,实现功能分类到项级科目、经济分类到款级科目。

但是,评估中也发现财政信息公开的一些问题。

第一,预决算信息公布不规范,信息放置混乱、公布形式不统一。首先,少数国务院部门和地方政府没有设置专门的财政预决算栏目,有些预决算信息发布在《政务公告》《公告信息》或者《要闻发布》栏目中。其次,部分国务院部门和地方政府设置了财政资金栏目,但是信息未放置在该栏目中,有的放置在通知公告栏目中,有的放置在信息动态栏目中。

第二,省级政府和较大的市的预决算说明的公开情况有待加强。有25家省级政府和27家较大的市在政府门户网站和财政网站公布了2015年预算说明,比例分别为80.65%和55.10%。有18家省级政府和21家较大的市在政府门户网站和财政网站公布了2014年决算说明,比例只有58.06%和42.86%。

第三,省级政府和较大的市公布的预决算表格细化程度比较低,普遍未做到功能分类到项级科目、经济分类到款级科目。评估考察的表格有6张,包括一般公共预(决)算支出表、预(决)算支出总表以及一般公共预(决)算基本支出表。评估主要发现了以下几点问题。首先,大部分地方政府表格不够全面。9家省级政府和13家较大的市没有一般公共决算支出表,3家省级政府和11家较大的市没有一般公共预算支出表。其次,部分地方政府的经费项目公布不够规范。比如,只有11家省级政府和2家较大的市的一般公共预算基本支出表公开到经济分类的款级科目,只有1家较大的市的一般公共决算基本支出表公开到经济分类的款级科目。

第四,部分评估对象"三公"经费的说明不详细。只有35家国务院部门、2家省级政府在门户网站和财政网站完整地公布了"三公"经费使用说明。部分地方政府只公布了"三公"经费的大致说明。部分国务院部门和地方政府的"三公"经费公布不完整,遗漏了一些重要信息。1家国务院部门、26家省级政府和45家较大的市没有公开因公出国(境)的组团数和人数;10家国务院部门、26家省级政府和44家较大的市没有公布2014年车辆的购置数,6家国务院部门、25家省级政府和45家较大的市没有公布2014年车辆的保有量,有10家国务院部门、27家省级政府和47家较大的市没有公布国内公务接待的批次和人数。而且"三公"经费增减原因说明往往被忽略。有3家国务院部门、18家省级政府和40家较大的市没有公布"三公"经费增减原因。

## 七 环境保护信息

环境保护信息的评估内容包括环境保护部门关于建设项目环境影响评价、建设项目竣工环境保护验收、辐射项目环评审批、辐射项目环保验收、辐射安全许可证、2015年重点排污单位或环境重点监管对象等政府信息。

评估发现,环境保护信息公开方面有如下亮点。

1. 省级环境保护信息公开水平整体较高

在建设项目环境影响评价、建设项目环保验收、辐射安全审批及发证情况以及重点排污单位和环境重点监管对象的信息公开方面,省级环保部门均较大幅度领先较大的市的政府。例如,建设项目环境影响评价审批后信息以及建设项目竣工环境保护验收审批后公告信息,省级环保部门均是100%按时公开。

2. 建设项目环境影响评价公开情况较好

30家省级环保部门和44家较大的市的环保部门公开了2015年内建设项目环境影响评价受理公示信息,分别占96.77%、89.80%。30家省级环保部门和47家较大的市的环保部门公开了2015年内建设项目环境影响评价审批前公示信息，分别占96.77%、95.92%。31家省级环保部门和42家较大的市的环保部门公开了2015年内建设项目环境影响评价审批后公告信息，分别占100%和85.71%。29家省级环保部门和38家较大的市的环保部门公开了2015年内建设项目竣工环境保护验收受理公示信息，分别占93.55%和77.55%。30家省级环保部门和37家较大的市的环保部门公开了2015年内建设项目竣工环境保护验收审批前公示信息，分别占96.77%和75.51%。31家省级环保部门和42家较大的市的环保部门公开了2015年内建设项目竣工环境保护验收审批后公告信息，分别占100%和85.71%。

3. 重点污染企业信息公开较为理想

31家省级环保部门和40家较大的市的环保部门公开了2015年本省内重点排污单位或环境重点监管对象信息，分别占100%和81.63%。

4. 辐射安全审批及许可证发放信息公开较好

25家省级环保部门公开了2015年内辐射项目环评审批结果信息，占80.65%；23家省级环保部门公开了2015年内辐射项目环保验收结果信息，占74.19%；25家省级环保部门公开了2015年辐射安全许可证发证情况，占80.65%。成都、合肥、汕头、苏州、洛阳等完整公开了2015年度辐射项目环评审批结果信息、辐射项目环保验收结果信息及辐射安全许可证发证信息。

环境保护信息公开方面主要发现下列问题。

1. 较大的市的辐射安全信息公开整体欠佳

辐射安全信息包括辐射项目环评审批结果信息、辐射项目环保验收结果信息及辐射安全许可证发证信息。评估发现，较大的市的环保部门发布辐射安全信息的总体状况欠佳。有34家较大的市的环保部门未公开辐射项目环评审批结果信息，占69.39%。仅有12家公开了2015年内辐射项目环评审批结果信息，占24.49%。有36家未公开辐射项目环保验收结果信息，占73.47%。仅有9家公开了2015年内辐射项目环保验收结果信息，占18.37%。有25家未公开辐射安全许可证信息，占51.02%。仅有18家公开了2015年内辐射安全许可证发证信息，占36.73%。

### 2. 环境保护信息公开渠道仍需加强整合

越来越多的政府门户网站在原有信息公开专栏的基础上增加了重点领域信息公开专栏，并将环境保护信息作为其中的公开重点。但是，有的专栏仅是罗列信息，没有进行有效的分类，给公众查阅相关信息带来了不便；有的地方环保部门与政府信息公开专栏公开的信息不一致，反而令公众无所适从。

## 八　行政审批信息

行政审批信息的评估内容主要包括：观察门户网站是否公开本级的行政审批事项目录，行政服务指南是否具备许可依据、申报条件、申报材料、办理流程、办理期限和收费标准等各项信息，是否公开了行政审批办理结果。

行政审批信息公开方面大致有如下亮点。

### 1. 行政审批事项目录公开情况较好

31家省级政府和47家较大的市的门户网站公开了审批事项清单，公开率分别达100%和95.92%。

### 2. 部分评估对象栏目设置清晰明了，查找方便快捷

部分评估对象部门网站首页醒目位置有权力清单和责任清单，行政审批栏目设置非常便于查找，并且清单按照相应政府部门进行划分，行政审批程序一目了然。办事大厅服务指南的查找同样方便快捷，服务指南完整规范。以河北省、河南省和珠海市、济南市等为例，这些评估对象门户网站合理地设置规划网站首页的布局，不仅更为直观地突出行政审批的栏目，而且更为优化地分类呈现不同种类的行政审批事项，增强了用户体验。黑龙江省网站设计美观大方、简洁明了，非常容易查找到权责清单，界面上方可以按照职权类型查询，左侧可以选择部门，为公众的查找和搜寻提供了极大的便利。

### 3. 绝大多数公开了行政审批的依据、申报条件、申报材料、办事流程等

24家省级政府的审批依据直接公布于审批项目清单中，占77.42%，有4家未公布于审批项目清单中，但是公布于办事栏目中，其余3家的部分行

政审批项目中公布了许可依据；47家较大的市的门户网站公布了审批依据，占95.92%，其中39家的审批依据直接公布于审批项目清单中，8家未公布于审批项目清单中，但是公布于办事栏目中。

有22家省级政府公布了申报条件，占70.97%，其中有2家直接公布于审批项目清单中，20家公布于办事栏目中；39家较大的市公布了申报条件，占79.59%，其中有8家直接公布于审批项目清单中，31家公布于办事栏目中。

24家省级政府公布了申报材料，占77.42%，其中有3家直接公布于审批项目清单中，21家公布于办事栏目中；44家较大的市公布了申报材料，占89.80%，其中12家直接公布于清单中，32家公布于办事栏目中。

24家省级政府公布了办事流程，占77.42%，其中5家直接公布于审批项目清单中，19家公布于办事栏目中，另外还有5家的部分审批事项公布了办理流程；有44家较大的市公布了办理流程，占89.80%，其中13家公布于审批项目清单中，31家公布于办事栏目中。

4. 抽查的评估对象绝大多数公开了办理结果

省级政府的审批结果抽查评估了安全生产监督管理部门，结果显示，有28家公开了审批结果，占评估总数的90.32%；较大的市抽查了食品药品监督管理部门，结果显示，有47家公开了审批结果，占评估总数的95.92%。

同时，评估也发现了如下问题。首先，服务指南的准确性不佳。公布的行政审批事项清单中的办事指南与在线办事栏目中对应的办事指南应当具有一致性。但评估显示，行政审批清单的办事指南与在线办事栏目对应的办事指南普遍存在着较大的出入。仅8家省级政府的行政审批清单的办事指南与该省级政府在线办事栏目对应的办事指南一致，占25.81%；8家审批清单的办事指南与该省政务服务中心对应的办事指南一致，占25.81%。17家较大的市的行政审批清单的办事指南与其门户网站在线办事栏目对应的办事指南一致，占34.69%；16家审批清单的办事指南与该市政务服务中心对应的办事指南一致，占32.65%。

其次，大多数网站未设置审批办理结果的栏目。仅17家省级政府门户网站或省级行政服务中心网站设置了审批办理结果栏目，占评估的省级政府总数的54.84%，其中有15家的办理结果栏目设置在省级政府网站，2家设置在省级行政服务中心网站；23家较大的市的门户网站或其政务服务中心设置了办理结果栏目，占46.94%，其中有19家在较大的市的政府网站设置了办理结果栏目，4家在较大的市的政务服务中心设置了办理结果栏目。

## 九 依申请公开

依申请公开指标包括申请渠道的畅通性和依法答复情况。项目组以个人名义于2015年11月10日通过挂号信的方式向54家国务院部门、31家省级政府的价格主管部门、49家较大的市的民政部门提出了政府信息公开申请。其中，向54家国务院部门申请的信息各不相同，向31家省级政府的价格主管部门申请的信息均为"省内5A级游览参观点现行门票价格及园中园票价（包括但不限于旅游景点名单和每个旅游景点对应的旺季和淡季的价格及其园中园的价格，并附上定价依据）"，向49家较大的市的政府的民政部门申请的信息均为"在市政府注册登记的现有公益慈善类社会组织的名单"。项目组自行政机关收到政府信息公开申请的第二个工作日起算，观测其是否在15个工作日内答复申请。

评估发现，各行政机关在如下方面做得较为规范。

1. 信函申请渠道普遍畅通

53家国务院部门、30家省级政府的价格主管部门、48家较大的市的政府的民政部门提供的信函申请渠道畅通，项目组寄出的挂号信均被上述行政机关签收，分别占98.15%、96.77%、97.96%。国家文物局、海南省物价局、广州市民政局提供的信函申请渠道不畅通。其中，项目组向国家文物局寄出的挂号信由于"迁移新址不明"被退回；寄往海南省物价局的挂号信由于"物业保安拒收"后因"逾期"被退回；寄往广州市民政局的挂号信由于"保安拒收"后"逾期"被退回。

2. 大多数行政机关的答复及时

多数行政机关在法定期限以信函或电子邮件的方式提供了正式答复。41家国务院部门、23家省级政府的价格主管部门、37家较大的市的政府的民政部门，在收到申请后的15个工作日内以书面或数据电文的形式答复了申请，分别占75.93%、74.19%、75.51%。

3. 多数行政机关答复的格式规范

在本次评估中，以信函方式提供的答复，其格式普遍规范，均盖有行政机关的公章。以电子邮件方式提供答复的行政机关中，多数行政机关的答复格式规范，或以邮件附件的方式提供盖有行政机关公章的答复书电子文档，或在邮件正文中清楚标注发件机关的抬头或落款。具体说来，在仅以电子邮件方式答复申请的26家国务院部门、18家省级政府的价格主管部门、34家较大的市的政府的民政部门中，23家国务院部门、9家省级政府的价格主管部门、13家较大的市的政府的民政部门以电子邮件方式提供的答复格式规范。另外，从上述数据可以看出，相对于省级政府的价格主管部门和较大的市的政府的民政部门，国务院部门在答复格式规范化方面表现较好。

4. 在省级政府的价格主管部门和较大的市的政府的民政部门的答复中，大多数行政机关公开了所申请的信息

在本次评估中，项目组向省级政府的价格主管部门和较大的市的政府的民政部门申请的上述信息均为可公开的政府信息，或已主动公开或可依申请公开。在作出答复的27家省级政府的价格主管部门、37家较大的市的政府的民政部门中，23家省级政府的价格主管部门、35家较大的市的政府的民政部门，在答复中或全部公开或部分公开了所申请信息。剩余的4家省级政府价格主管部门中，其中1家答复信息不存在，另外3家答复非本机关政府信息公开范围。剩余2家较大的市的政府的民政部门中，其中1家答复部分公开，剩余1家答复信息不存在。

但评估也发现依申请公开存在以下问题。

**1. 个别行政机关在信函申请渠道的畅通性方面表现不佳**

个别行政机关提供的信函申请渠道不畅通或有所延误。其中一方面原因在于其政府信息公开指南中关于依申请公开受理机构的地址信息未及时更新。例如，国家文物局退信的理由是"迁移新址不明"，这表明其政府信息公开指南中受理机构的地址并未及时更新。又如，国家测绘地理信息局，项目组于2015年11月10日向该行政机关邮寄出申请信函，该行政机关于2015年12月18日签收，12月21日在与项目组的电话沟通中，其工作人员表示，由于地址错误，刚刚收到申请。这表明，其指南中受理机构的地址也未更新。另一方面原因在于政府信息公开指南中提供的依申请公开受理机构地址不准确。例如，项目组于2015年11月10日按照国家知识产权局指南中的地址向其寄出了申请信函，但其工作人员在2015年12月1日与项目组的电话沟通中表示，由于收件地址书写有误，写的是信访室，转交时间长，收到申请较晚。

**2. 少数行政机关未在法定期限内答复申请**

4家省级政府的价格主管部门超过法定期限答复申请。8家国务院部门、2家省级政府的价格主管部门、11家较大的市的政府的民政部门，共21家行政机关未答复申请。1家国务院部门和1家省级政府的价格主管部门要求补充申请，3家国务院部门要求补充用途证明。另外，个别行政机关拒不提供书面答复。例如，昆明市民政局在与项目组的电话沟通中表示，只能通过电话回复，拒绝通过其他方式回复，原因不明，最终，昆明市民政局未提供正式答复。

**3. 少数行政机关以电子邮件方式提供的答复格式仍不规范**

本次评估中，在仅提供电子邮件方式答复申请的26家国务院部门、18家省级政府的价格主管部门、34家较大的市的政府的民政部门中，3家国务院部门、9家省级政府的价格主管部门、21家较大的市的政府的民政部门，以电子邮件方式提供的答复格式不规范。其表现为，或以附件方式提供的答复未有行政机关的公章，或邮件正文未显示注有行政机关名称的抬头或落款。例如，哈尔滨市民政局提供的答复邮件中，其使用的是QQ邮箱，邮件正文仅提供一条链接，无其他任何文字，如果不打开链接查看，无法判断该邮件的发件人是何机关。

4. 部分行政机关答复内容不规范

就作出答复的41家国务院部门而言，18家国务院部门在答复中公开了所申请信息，2家答复部分公开，1家答复不予公开，3家答复非政府信息公开范围，4家答复信息不存在，7家答复非本机关政府信息公开范围，1家答复不负责加工汇总，1家答复所申请的部分信息不存在和另一部分信息不属于本机关公开范围，3家答复所提申请属于咨询，1家答复所申请信息不属于应公开的政府信息范围。作出答复的27家省级政府的价格主管部门中，23家答复公开，1家答复信息不存在，3家答复非本机关政府信息公开范围。作出答复的37家较大的市的政府的民政部门中，35家答复公开，1家部分公开所申请信息，1家答复信息不存在。

部分行政机关未在答复中明确已主动公开的信息链接、查询渠道，未告知作出答复的法律依据和救济渠道。个别行政机关提供的救济途径中关于行政诉讼时效的表述不准确。《行政诉讼法》中行政诉讼的时效已经修改为6个月，部分行政机关未在答复书中更新这一内容，如中国地震局。个别行政机关在答复内容上表现退步。例如，2014年政府信息公开评估时，财政部在提供给项目组的政府信息公开申请补正通知书中留下了财政部办公厅财政信息公开办公室的联系电话，但项目组多次拨打该电话均无人接听；2015年，财政部在寄给项目组的补正通知书中未留下联系电话。

5. 个别行政机关对政策咨询的范围定义过于宽泛

在本次评估中，项目组向国税总局申请有关政策内容的信息，国税总局并未与项目组进行电话沟通，而是直接邮件回复该申请属于政策咨询，建议项目组补充申请或直接去网上查询。政策本身是行政机关对外进行行政行为的依据，属于政府信息。当申请人申请有关政策的内容时，行政机关应当将其作为政府信息公开申请来对待；当申请人对政策内容产生不解时，行政机关才可将其作为政策咨询来对待。

## 十 政府信息公开年度报告

政府信息公开年度报告的评估内容为，年度报告发布情况、年度报告是否具有新颖性，以及报告的内容是否对主动公开和依申请公开作出详细说明。2015年4月1日前，项目组完成了对年度报告发布情况的评估工作。

评估显示，绝大部分政府机关能在规定的时间内发布年度报告。项目组在各政府机关网站对其年度报告进行了检索。截止到2014年3月31日24点，仅司法部未按时发布上一年度的年度报告，省级政府及较大的市全部按时发布。但后期，司法部补发了年度报告，且将发布时间标注为2015年3月31日。

评估对象普遍对2014年的主动公开情况作了总结分析。53家国务院部门、31家省级政府、47家较大的市政府均对主动公开的信息汇总数据情况进行了公开说明。

评估对象普遍公布了收到的申请数量和答复政府信息公开的总体情况。公开收到政府信息公开申请总体情况的有54家国务院部门、31家省级政府和48家较大的市；公开申请答复情况的有54家国务院部门、28家省级政府和45家较大的市。

同时，年度报告发布方面也存在如下问题。

第一，部分年度报告的栏目设置与发布情况不够规范。例如，银川市政府在网站首页设置了《信息公开》专栏，但未设置信息公开年报栏目，该市政府的2014年信息公开年报在公示公告专栏中发布，年报查找费时较长。呼和浩特市政府网站首页设置了《政务公开》栏目，但未设置信息公开年报栏目，未在本级政府网站上公开2014年年报，但在内蒙古自治区网站的年报目录中公开了2009年至2014年年报，呼和浩特市政府部门或区县的部分年报在市级政府网站的《公文公报》《旗县区动态》《部门动态》栏目中公布。此外，湖北省信息公开年报栏目下只有2014年年报，其他年报未在年报栏目下公开，但可从百度搜索中获取；湖南省年报目录下不仅有本级政府的信息公开年报，还有各部门、各市区的年报，各年度各政府部门的年报混杂一起，未作分类，不便于查找。

第二，部分政府2014年信息公开年报的内容与往年的有较大重复。项目组比对发现，中国地震局、国家外汇管理局、国家中医药管理局、新疆维吾尔自治区政府的2014年年报与2013年年报的内容高度重复。

第三，政府信息公开年度报告相关事项的数据公开不详。部分2014年年度报告未在年报中公开政府信息公开申请数量居前的事项，涉及35家国务院部门、8家省级政府、21家较大的市。又如，部分政府未在年报中公开申请信息公开的答复处理结果的分类数据情况，缺乏对申请信息公开的处理结果数据统计分析，涉及25家国务院部门、5家省级政府、10家较大的市。

## 十一 完善建议

2016年，中共中央办公厅、国务院办公厅印发了《关于全面推进政务公开工作的意见》，对全面推进政务公开工作作出了明确要求。未来，如何进一步落实公开要求，提升公开效果，是目前摆在各级政府机关面前的课题。建议从如下方面加强政府信息公开工作。

第一，以法治思维、法治方式推进政府信息公开工作。全面梳理现行法律法规，根据当前的社会形势、管理需要，结合《政府信息公开条例》的修订，对其中涉及公开、保密的规定以及各政府机关的公开权责进行全面审查，及时填补制度空白、修改过时规定，加强相关法律法规之间的协调。

第二，注重提高公开的标准化、规范化程度。国务院部门、省级政府应当注重顶层设计，加强对本行业、本地区政府信息公开工作的指导，出台公开工作的细则要求。同时，针对不同层级的政府机关的职能职责，明确各自的公开义务和公开责任，防止对公开工作提要求时大而化之。此外，建议分行业逐步梳理主动公开清单，明确公开的主体、对象、范围、方式、时限等具体要求，确保同类信息按照同类标准公开。

第三，将政务公开工作与法治政府建设同步推进，以公开为常态来审视

决策、执行全流程。行政机关的所有管理环节，包括一些纯内部事务，在作出最终决定前都不仅要进行合法性审查、社会风险评估，还应当进行公开属性的审查。要以所有环节都可能在未来被公众提出申请或者要主动公开为标准，审核各管理环节固化下来的信息是否可以经得住未来的公开考验。

第四，将公众需求作为公开工作的起点和落脚点。必须彻底转变以自我为本位的公开理念和公开模式，要通过公众参与、需求调查、政府信息公开申请态势分析等，摸清公众希望了解政府管理的哪些事项，掌握和研判公开工作面临的形势，变政府部门"端菜"为人民群众"点菜"，按照公众需求的内容、希望的方式，准确、全面、及时、有效地向公众公开政务活动及相关信息。甚至要区分不同人群的信息需求和信息获取能力，有针对性地主动推送政务信息，对发达地区及善于、愿意使用信息化手段获取信息的公众，要依托政府门户网站、微平台等做好公开工作，对于落后地区及没有使用信息化手段能力的公众，则要用好传统的宣传栏、宣传册等手段。

# B.15
# 中国司法透明度指数报告（2015）
## ——以法院网站信息公开为视角

中国社会科学院法学研究所法治指数创新工程项目组*

摘　要：　2015年，中国司法透明度指数评估发现，在最高人民法院的推动下，中国司法公开处于快速发展阶段，部分法院表现出后发优势，司法行政信息更加透明，裁判文书不上网数据公开取得突破，部分法院重视公开司法统计数据。但司法公开也存在平台重复建设、信息准确性差、有偿公开、数据公开尚处于初级阶段、司法改革透明度有待提高等问题，必须适应大数据应用需求，以公众为本位对司法公开进行顶层设计，包括构建集约化平台，逐步确立依申请公开机制，摈弃公共信息牟利思维，引入司法公开救济机制，建立司法大数据等。

关键词：　司法透明度　指数　大数据　信息化

司法公开作为司法改革的突破口，其深入开展能够有效推动司法改革进程，同时，通过公开也可以检验司法改革各项制度措施的落实情况。为全面总结最高人民法院以及地方各级人民法院2015年司法公开工作，用数据展

---

\* 项目组负责人：田禾，中国社会科学院法学研究所研究员，国家法治指数研究中心主任。项目组成员：吕艳滨、王小梅、栗燕杰、徐斌、刘雁鹏、赵千羚、马小芳、王旭、刘迪、杨芹、曹雅楠、张多、赵凡、周震、宁妍、徐蕾、刘永利、张誉、宋君杰等。执笔人：王小梅，中国社会科学院法学研究所副研究员；田禾。本报告在指标设计、优化、调研和报告写作过程中，得到了许多学者、法官、律师的支持与帮助，在此一并致谢。

法治蓝皮书

示和衡量中国司法透明度,探究司法公开存在的深层次问题,中国社会科学院法学研究所法治指数创新工程项目组(以下简称"项目组")继续以法院门户网站为视角对中国法院的司法公开情况进行年度评估。这是继2011年之后开展的第五次司法透明度指数年度评估。

# 一 评估对象与指标体系

## (一)评估对象

2015年中国司法透明度指数的评估对象仍为81家法院,覆盖最高人民法院和31家省、自治区、直辖市的高级人民法院以及《立法法》修改前有地方立法权的49家较大的市(省、自治区人民政府所在地的市、经济特区所在地的市和经国务院批准的18家较大的市)的中级人民法院三个层次。评估对象虽然不包括基层法院,但是项目组在评估过程中也关注基层法院有关司法公开的新举措,将基层法院好的经验吸纳到指标体系中加以推广。

## (二)指标体系

1. 指标体系设定的"三原则"

中国司法透明度指数指标体系的设计秉承三项原则:一是依据法律和依据法理相结合的原则,不仅要涵盖现行法律、司法解释等对司法透明的具体要求,也要符合促进司法透明、维护司法公正、保障公众知情权的基本原理;二是客观中立的原则,所有指标的设定及评估均完全从是否符合法律与法理、是否有助于公众获取信息的角度考虑,所有指标细化为明确具体且仅可作出"有"和"无"选择的题目,而不作主观价值判断及满意度评价,最大限度地排除评估中的主观性;三是立足现状并有所前瞻的原则,不仅要体现中国法院在推进司法透明方面的实际状况,更要通过评估,提出司法透明度未来的发展方向,为法院进一步提高司法透明度提供对策建议。项目组充分研究了中国有关司法公开的现行法律、司法解释等文件以及中国各地法院、境外法院的实际做法,并广泛征求了法官、律师、学者的意见,站在公众以及当事人对司法信息需求的角度确定指标体系。

2. 2015年指标体系的优化

指标体系每年都会根据中国司法的发展阶段进行优化、调整。2015年项目组对指标体系作了较大幅度的调整。

首先,增加了两项一级指标。往年的指标体系由"审务公开""立案庭审公开""裁判文书公开"和"执行信息公开"四个一级指标构成。为适应大数据的时代背景和司法改革的要求,2015年增加了"数据公开"和"司法改革信息公开"两个一级指标。

其次,对二级指标进行增删。①"审务公开"下辖"平台建设""人员信息""规范性文件"三个二级指标,其中"规范性文件"为新设指标,主要评估法院公开其制度文件的情况。②"立案庭审公开"下辖"诉讼指南""开庭公告""旁听规则""庭审直播""减刑、假释"等五个二级指标,其中,对"减刑、假释"进行了简化。由于最高人民法院建有"全国减刑、假释、暂予监外执行信息网",对全国法院的减刑、假释信息进行集中、标准化公开,因此,2015年仅考察各法院网站与"全国减刑、假释、暂予监外执行信息网"的链接情况。③进一步压缩"裁判文书公开"的二级指标。随着"中国裁判文书网"的开通和升级改版,各级各地法院的裁判文书公开日益标准化,因此2015年的指标体系在2014年的基础上进一步简化"裁判文书公开"二级指标,对上网的裁判文书仅考察信息处理的规范性和上网率。各法院对拟不上网的裁判文书实行审批制度,为防止审批流于形式,倒逼文书公开,在2014年试行的基础上,2015年的"裁判文书公开"指标加大了对裁判文书不上网数据的公开度评估,考察法院是否公开不上网裁判文书的数量、案号和理由。④"执行信息公开"项下除了继续考察"执行指南""执行曝光""执行举报"之外,还增加了"执行惩戒"的公开性考察。"执行难"困扰法院已久,提高司法执行的强制性是破解"执行难"的必由之路,2015年指标体系增加了"执行惩戒"信息公开,目的是便于社会监督,倒逼法院提升执行惩戒措施的适用力度,同时也能够在社会上营造"逃避执行必受惩戒"的氛围。⑤"数据公开"下辖"财务信息"和"司法统计数据"两个二级指标。财务信息包括预决算和"三公"经费,司法统计数据涵盖法院工作报告、年报、专题报告或白皮书、案件统计数据等信息。⑥"司法改革信息公开"主要考察司法改革栏目设置以及司法改革方案、立案登记制、法官员额制、律师权益保护、案外干预记录等事项的公开情况。推进和落实司法改革是法院2015年工作的重中之重。司法改革关乎全社会的利益,法院应将司法改革的方案文件以及立案登记制、法官员额制的落实和进展情况向社会公开,另外案外干预记录的落实,也只有靠公开方能推动。

最后,"司法改革信息公开"指标未设置权重,不计入分值。现阶段司法改革的部分措施还仅限于试点法院,据报道,全国已有三批试点法院,但是具体是哪些法院,项目组未能从公开渠道查到确切信息。因此,2015年评估仅对司法改革公开情况进行观察,该指标暂不计算分值。

经过优化和调整,2015年中国司法透明度指数指标体系涵盖"审务公开""立案庭审公开""裁判文书公开""执行信息公开""数据公开""司法改革信息公开"6个一级指标和"平台建设"等22个二级指标(见表1)。

表1 中国司法透明度指标体系(2015)

| 一级指标及权重 | 二级指标及权重 |
| --- | --- |
| 审务公开(20%) | 平台建设(40%)<br>人员信息(40%)<br>规范性文件(20%) |
| 立案庭审公开(25%) | 诉讼指南(40%)<br>开庭公告(20%)<br>庭审直播(10%)<br>旁听规则(20%)<br>减刑、假释(10%) |
| 裁判文书公开(15%) | 裁判文书处理规范性(75%)<br>裁判文书上网率(10%)<br>裁判文书不上网数据(15%) |

续表

| 一级指标及权重 | 二级指标及权重 |
|---|---|
| 执行信息公开(20%)* | 执行指南(40%)<br>执行曝光(40%)<br>执行惩戒(10%)<br>执行举报(10%) |
| 数据公开(20%) | 财务信息(40%)<br>司法统计数据(60%) |
| 司法改革信息公开 | 司法改革方案<br>立案登记制<br>法官员额制<br>律师权益保护<br>案外干预记录 |

\* 由于执行信息公开不适用于最高人民法院，因此，最高人民法院该指标的权重分配给了其他一级指标，审务公开、立案庭审公开、裁判文书公开和数据公开的权重分别为30%、30%、20%和20%。

### （三）评估方法

评估采取观察和验证的方法，比照指标体系对评估对象门户网站的相关栏目和信息内容进行观察，并对搜索引擎、12368热线进行验证。为慎重起见，凡是评估人员无法找到的信息、无法打开的网页，均由其他评估人员利用互联网上的多家主要搜索引擎进行信息查找，采取更换计算机及上网方式、变更上网时间等方式进行多次验证。评估人员完成评估后，将评估结果交由复核人员进行复查。为保障评估的客观公正，也为了便于回查，评估和复查过程中均对网页进行截屏、存档。本次评估的时间为2015年10月15日至12月15日。

## 二 总体评估结果

81家法院司法透明度指数的平均分为56.52分，30家法院得分在60分以上，占比为37.04%。排名前20位的法院依次是广州中院、宁波中院、

成都中院、北京高院、浙江高院、石家庄中院、深圳中院、海口中院、吉林高院、杭州中院、上海高院、广西高院、吉林中院、四川高院、南京中院、最高人民法院、湖南高院、福建高院、江苏高院、安徽高院。中国法院司法透明度指数评估结果见表2。

### (一)平台建设处于大发展阶段

在最高人民法院的推动下,各地法院纷纷开通门户网站、司法公开平台、网上诉讼服务中心、12368诉讼服务热线等,司法公开处于快速发展阶段。首先,评估对象建网率达到100%。评估显示,81家评估对象的建网率从2013年的93.83%提高到2014年的97.5%,进而提高到2015年的100%(拉萨中院的信息集中在西藏高院网站上发布)。其次,半数以上的法院开通司法公开平台。评估发现,有47家法院建有司法公开平台或网上诉讼服务中心,占58.02%。最后,近七成法院有效开通了12368诉讼服务平台。为扩展司法公开形式,法院纷纷开通12368诉讼服务平台,有效整合立案咨询、案件查询、执行举报、投诉信访等功能。项目组通过电话验证发现,有56家法院有效开通了12368诉讼服务平台,占69.14%,其中50家法院提供人工服务,占61.73%。值得注意的是,上海法院12368诉讼服务平台集成热线、短信、网络、微信、微博、窗口六种服务方式,具备联系法官、查询案件、诉讼咨询、投诉信访、接收意见建议、心理咨询、社会评价、督察考核等功能。

### (二)部分法院保持司法公开先发优势

在最高人民法院统一推进司法公开之前,不少法院先行先试,司法公开走在前列。项目组经过连续五年的司法透明度指数评估发现,部分法院能够保持传统的司法公开先发优势,在评估结果排名中稳居前列。例如,广州中院、宁波中院、成都中院、北京高院、浙江高院、深圳中院、海口中院、杭州中院、上海高院、四川高院、湖南高院、福建高院、南京中院等13家法院连续两年(2014年、2015年)排名进入前20位,其中,宁波中院、成都中院、浙江高院、杭州中院、南京中院、海口中院、广州中院、深圳中院、上海高院等9家法院连续三年（2013年、2014年、2015年）排名进入前15位。

### （三）个别法院异军突起、后来居上

随着三大公开平台建设的推进，全国法院司法透明度的格局悄然发生变化，个别传统上在司法公开方面不具有优势的法院异军突起，后来居上，进步明显。例如，2015年，石家庄中院、吉林高院、广西高院、吉林中院、最高人民法院纷纷跻身前20位，其中石家庄中院和吉林高院还进入了十强。评估还发现，个别法院一级指标的透明度有不俗表现。例如，"审务公开"排名中，齐齐哈尔中院、合肥中院、淮南中院、郑州中院成绩较好；石家庄中院、湖南高院和广西高院的执行信息透明度名列前三位。

### （四）最高人民法院"灯下黑"现象消失

最高人民法院作为司法公开的推动者，制定了大量司法公开制度文件，并积极搭建全国性司法公开平台。但是，往年的中国司法透明度指数评估显示，最高人民法院通过门户网站进行司法公开的情况并不理想，排名均在20位以后，出现所谓"灯下黑"现象。2015年，随着中国审判流程信息公开网于2014年底开通并投入使用，最高人民法院的司法透明度提升明显，得分为66.18分，在81家被测评法院中排名第16位，首次进入排名前20位。

### （五）中国司法公开指数地图梯队明显

2015年中国司法公开指数地图呈东高西低，中部地区的法院居中下游，除个别法院外，东北地区整体处于司法公开的洼地。项目组将最高人民法院之外的80家地方法院按照排名分为四个梯队（每个梯队20家法院），并对东部、西部、中部和东北地区的法院在这四个梯队中的分布情况进行了统计。首先，近八成的东部法院分布在第一、二梯队。在33家东部地区的法

院中,分别有 13 家法院在第一、二梯队,各占 39.39%,18.18%(6 家)在第三梯队,3.03%(1 家)在第四梯队。其次,西部法院超过四成在第四梯队,且排名后五位的法院均为西部法院。在 22 家西部法院中,13.64%(3 家)在第一梯队,18.18%(4 家)在第二梯队,27.27%(6 家)在第三梯队,40.91%(9 家)在第四梯队。再次,中部地区法院居中下游。在 12 家中部法院中,第一梯队和第二梯队分别有 2 家,各占 16.67%,25%(3 家)在第三梯队,41.67%(5 家)在第四梯队。最后,除个别法院外,整体上东北地区处于司法公开的洼地。在东北地区 13 家法院中,除了 3 家跻身第一、二梯队外,剩余的 10 家均在第三、四梯队,占 76.92%。

表 2 中国司法透明度指数评估结果(满分:100 分)

单位:分

| 排名 | 评估对象 | 审务公开(20%) | 立案庭审公开(25%) | 裁判文书公开(15%) | 执行信息公开(20%) | 数据公开(20%) | 总分 |
|---|---|---|---|---|---|---|---|
| 1 | 广州中院 | 94.40 | 70.00 | 95.50 | 74.00 | 84.10 | 82.33 |
| 2 | 宁波中院 | 92.00 | 70.00 | 75.00 | 66.00 | 81.70 | 76.69 |
| 3 | 成都中院 | 62.00 | 75.00 | 75.00 | 82.00 | 67.60 | 72.32 |
| 4 | 北京高院 | 65.60 | 80.00 | 75.00 | 76.00 | 61.40 | 71.85 |
| 5 | 浙江高院 | 68.00 | 70.00 | 75.00 | 82.00 | 65.10 | 71.77 |
| 6 | 石家庄中院 | 71.20 | 65.00 | 75.00 | 92.00 | 52.00 | 70.54 |
| 7 | 深圳中院 | 79.20 | 65.00 | 75.00 | 56.00 | 78.70 | 70.28 |
| 8 | 海口中院 | 71.20 | 65.00 | 80.25 | 74.00 | 63.80 | 70.09 |
| 9 | 吉林高院 | 69.10 | 65.00 | 75.00 | 62.00 | 79.30 | 69.58 |
| 10 | 杭州中院 | 72.00 | 65.00 | 75.00 | 66.00 | 72.20 | 69.54 |
| 11 | 上海高院 | 63.20 | 65.00 | 75.00 | 82.00 | 60.80 | 68.70 |
| 12 | 广西高院 | 71.20 | 70.00 | 75.00 | 86.00 | 42.00 | 68.59 |
| 13 | 吉林中院 | 73.10 | 60.00 | 82.50 | 82.00 | 48.50 | 68.10 |
| 14 | 四川高院 | 79.20 | 65.00 | 75.00 | 40.00 | 78.60 | 67.06 |
| 15 | 南京中院 | 70.00 | 70.00 | 75.00 | 58.00 | 61.50 | 66.65 |
| 16 | 最高人民法院 | 69.60 | 65.00 | 75.00 | — | 54.00 | 66.18 |
| 17 | 湖南高院 | 57.60 | 75.00 | 75.00 | 86.00 | 36.00 | 65.92 |
| 18 | 福建高院 | 45.90 | 75.00 | 75.00 | 56.00 | 76.00 | 65.58 |
| 19 | 江苏高院 | 56.00 | 70.00 | 75.00 | 40.00 | 87.70 | 65.49 |

续表

| 排名 | 评估对象 | 审务公开(20%) | 立案庭审公开(25%) | 裁判文书公开(15%) | 执行信息公开(20%) | 数据公开(20%) | 总分 |
|---|---|---|---|---|---|---|---|
| 20 | 安徽高院 | 75.20 | 55.00 | 75.00 | 76.00 | 48.00 | 64.84 |
| 21 | 湖北高院 | 47.20 | 70.00 | 75.00 | 70.00 | 61.80 | 64.55 |
| 22 | 山东高院 | 47.20 | 65.00 | 75.00 | 72.00 | 58.40 | 63.02 |
| 23 | 珠海中院 | 44.00 | 65.00 | 75.00 | 40.00 | 92.40 | 62.78 |
| 24 | 合肥中院 | 75.20 | 55.00 | 75.00 | 44.00 | 64.00 | 61.64 |
| 25 | 海南高院 | 59.20 | 65.00 | 75.00 | 50.00 | 58.00 | 60.94 |
| 26 | 云南高院 | 59.20 | 60.00 | 75.00 | 66.00 | 48.00 | 60.89 |
| 26 | 重庆高院 | 63.20 | 60.00 | 75.00 | 66.00 | 44.00 | 60.89 |
| 28 | 甘肃高院 | 68.00 | 50.00 | 75.00 | 71.00 | 46.40 | 60.83 |
| 29 | 厦门中院 | 59.50 | 65.00 | 75.00 | 52.00 | 54.40 | 60.68 |
| 30 | 邯郸中院 | 61.20 | 65.00 | 75.00 | 40.00 | 64.00 | 60.54 |
| 31 | 长春中院 | 59.50 | 60.00 | 75.00 | 56.00 | 50.80 | 59.51 |
| 32 | 济南中院 | 67.20 | 70.00 | 75.00 | 50.00 | 36.00 | 59.39 |
| 33 | 陕西高院 | 68.00 | 65.00 | 75.00 | 50.00 | 40.00 | 59.10 |
| 34 | 天津高院 | 68.00 | 60.00 | 75.00 | 40.00 | 50.70 | 57.99 |
| 35 | 河北高院 | 63.20 | 60.00 | 75.00 | 72.00 | 21.40 | 57.57 |
| 36 | 徐州中院 | 62.00 | 60.00 | 75.00 | 48.00 | 45.60 | 57.37 |
| 37 | 太原中院 | 59.20 | 45.00 | 75.00 | 82.00 | 26.40 | 56.02 |
| 38 | 河南高院 | 47.60 | 60.00 | 75.00 | 40.00 | 60.00 | 55.77 |
| 39 | 广东高院 | 60.00 | 45.00 | 75.00 | 40.00 | 66.00 | 55.70 |
| 40 | 唐山中院 | 55.20 | 55.00 | 75.00 | 50.00 | 48.00 | 55.64 |
| 41 | 淄博中院 | 40.00 | 65.00 | 75.00 | 58.00 | 40.00 | 55.10 |
| 42 | 南宁中院 | 43.20 | 70.00 | 75.00 | 48.00 | 40.00 | 54.99 |
| 43 | 内蒙古高院 | 53.60 | 55.00 | 75.00 | 60.00 | 36.00 | 54.92 |
| 44 | 黑龙江高院 | 69.60 | 55.00 | 75.00 | 50.00 | 29.60 | 54.84 |
| 45 | 哈尔滨中院 | 71.20 | 50.00 | 75.00 | 56.00 | 25.60 | 54.31 |
| 46 | 兰州中院 | 61.20 | 65.00 | 75.00 | 50.00 | 22.00 | 54.14 |
| 47 | 淮南中院 | 75.20 | 50.00 | 75.00 | 40.00 | 36.00 | 53.99 |
| 48 | 青海高院 | 69.60 | 40.00 | 75.00 | 50.00 | 44.00 | 53.97 |
| 49 | 武汉中院 | 67.60 | 65.00 | 75.00 | 40.00 | 24.00 | 53.82 |
| 50 | 无锡中院 | 60.00 | 50.00 | 75.00 | 50.00 | 38.40 | 53.43 |
| 51 | 苏州中院 | 71.20 | 55.00 | 75.00 | 40.00 | 30.40 | 53.32 |
| 52 | 郑州中院 | 73.60 | 55.00 | 75.00 | 40.00 | 26.40 | 53.00 |
| 53 | 沈阳中院 | 46.00 | 50.00 | 75.00 | 40.00 | 60.00 | 52.95 |
| 54 | 贵州高院 | 56.00 | 50.00 | 75.00 | 40.00 | 49.80 | 52.91 |
| 55 | 福州中院 | 45.90 | 65.00 | 75.00 | 56.00 | 24.40 | 52.76 |
| 56 | 青岛中院 | 40.00 | 65.00 | 75.00 | 48.00 | 36.00 | 52.30 |

续表

| 排名 | 评估对象 | 审务公开(20%) | 立案庭审公开(25%) | 裁判文书公开(15%) | 执行信息公开(20%) | 数据公开(20%) | 总分 |
|---|---|---|---|---|---|---|---|
| 57 | 辽宁高院 | 58.00 | 55.00 | 75.00 | 40.00 | 36.00 | 51.80 |
| 58 | 长沙中院 | 48.00 | 60.00 | 75.00 | 40.00 | 36.80 | 51.21 |
| 59 | 宁夏高院 | 32.00 | 60.00 | 75.00 | 53.00 | 36.00 | 50.45 |
| 60 | 西安中院 | 36.00 | 55.00 | 75.00 | 40.00 | 46.00 | 49.40 |
| 61 | 昆明中院 | 41.20 | 50.00 | 75.00 | 50.00 | 36.00 | 49.19 |
| 62 | 江西高院 | 53.20 | 65.00 | 75.00 | 40.00 | 14.80 | 49.10 |
| 63 | 汕头中院 | 51.20 | 45.00 | 75.00 | 40.00 | 40.00 | 48.74 |
| 64 | 西宁中院 | 52.00 | 45.00 | 75.00 | 40.00 | 38.80 | 48.66 |
| 65 | 洛阳中院 | 41.60 | 60.00 | 75.00 | 40.00 | 26.00 | 47.77 |
| 66 | 鞍山中院 | 40.00 | 50.00 | 75.00 | 40.00 | 40.00 | 47.75 |
| 67 | 齐齐哈尔中院 | 81.20 | 45.00 | 75.00 | 40.00 | 0.00 | 46.74 |
| 68 | 大连中院 | 45.60 | 50.00 | 75.00 | 40.00 | 26.00 | 46.07 |
| 69 | 大同中院 | 53.20 | 55.00 | 75.00 | 40.00 | 12.00 | 46.04 |
| 70 | 抚顺中院 | 44.00 | 35.00 | 75.00 | 40.00 | 45.60 | 45.92 |
| 71 | 新疆高院 | 32.00 | 50.00 | 75.00 | 40.00 | 36.00 | 45.35 |
| 72 | 乌鲁木齐中院 | 32.00 | 50.00 | 75.00 | 40.00 | 31.20 | 44.39 |
| 73 | 本溪中院 | 40.00 | 45.00 | 75.00 | 40.00 | 27.60 | 44.02 |
| 74 | 南昌中院 | 54.00 | 45.00 | 75.00 | 40.00 | 12.00 | 43.70 |
| 75 | 银川中院 | 36.00 | 55.00 | 75.00 | 53.00 | 0.00 | 42.80 |
| 76 | 山西高院 | 44.00 | 35.00 | 75.00 | 40.00 | 29.60 | 42.72 |
| 77 | 包头中院 | 43.60 | 50.00 | 75.00 | 40.00 | 4.00 | 41.27 |
| 78 | 呼和浩特中院 | 38.00 | 45.00 | 75.00 | 40.00 | 12.00 | 40.50 |
| 79 | 西藏高院 | 39.20 | 45.00 | 75.00 | 40.00 | 0.00 | 38.34 |
| 80 | 贵阳中院 | 30.00 | 45.00 | 75.00 | 40.00 | 0.00 | 36.50 |
| 81 | 拉萨中院 | 28.00 | 45.00 | 75.00 | 40.00 | 0.00 | 36.10 |

## 三 评估发现的亮点

### （一）司法行政信息更加透明

司法行政信息包括法院的人事、财务等信息。相对审判、文书、执行公开，司法行政信息尽管不是司法公开的主流，但也是提高法院司法透明度的关键环节,对于保障公众知情权及监督审判、执行权的运行意义重大。

1. 法院普遍重视人员信息公开

评估显示,法院普遍公开了法院领导及审判人员的信息。有60家法院公开了法院正副院长的信息,占74.07%。其中,21家法院公开了法院领导的分工,占25.93%;15家法院公开了正副院长的工作经历,占18.52%。有50家法院公开了审判人员信息,占61.73%。其中,32家法院公开了审判人员的法官级别,占39.51%;6家法院公开了审判人员的学习或工作经历,占7.41%。纵向比较,公开审判人员信息的法院数量从2013年的10家和2014年的36家上升到2015年的50家,提升明显。

2. 法院财务信息透明度大幅提升

法院作为公共财政供养部门,其预决算信息、"三公"经费信息应公开透明。从2013年开始,项目组连续三年对本年度预算信息、上年度决算信息和"三公"经费信息的公开情况进行了考察。评估显示,法院财务信息公开的广度、深度和集中度均有所提升。

(1)法院财务信息透明渐成常态。在2014年度的评估中,50%左右的法院同时公开了本年度预算信息及编制说明、上年度决算及对支出进行的说明和"三公"经费支出信息,2015年,这一比例上升到74.07%。2015年,66家法院公开了本年度预算信息,占比由2013年的38.27%、2014年的69.13%上升到81.48%;72家法院公开了"三公"经费信息,占比由2013年的30.81%、2014年的79.02%上升到88.89%;64家法院公开了上年度决算信息,占比为79.01%,比2014年的61.72%提升了17.29个百分点。

(2)法院财务信息公开更加细化。以决算信息公开为例,评估显示,2015年法院公开的决算信息的内容更加全面和丰富。有39家法院在决算公开中同时提供了"收入支出决算总表""收入决算表""支出决算表""公共预算财政拨款支出决算""非税收入征缴情况""行政经费支出情况"等六张决算信息表。其中,广州中院公开的决算报告中,公布了部门人员的详细构成和变动情况①,使得决算信息更加明确,还重点公开了出国考察相关行程、活动、费用及考察报告,便于社会监督。

(3)法院财务信息公开集中、便民。2015年,有35家法院改变了将司法财务信息放在新闻动态栏目予以零星发布的做法,对司法财务信息进行专栏集中公开,方便公众查阅。2014年则只有福建高院、武汉中院、厦门中院、海南高院、苏州中院等少数法院对财务信息进行了集中发布。

(4)涉案款物公开初见端倪。虽然基层法院不在评估范围,但是调研发现个别基层法院在司法财务信息公开方面的做法也值得肯定和推广。例如,浙江省丽水市庆元县人民法院拓宽司法公开范围,促进案款管理阳光透明。涉案款物是人民法院在办理各类案件时,由当事人或案外人向人民法院缴纳,或人民法院依职权采取扣押、提取、变价等方式收缴,并由人民法院暂为保管,应在案件审理或执行程序中按规定发还相关当事人、上缴相关单位或由本院依法处理的款项和物品。庆元县人民法院在门户网站开设涉案款物管理栏目,并于网站首页显要位置予以展示,按月以表格形式公开诉讼费预收、预收结算、直接结算、退费清单等案款收结信息。

## (二)审判、执行公开有重大创新

审判、执行公开是司法公开的核心环节,在2015年取得重大创新。首先,越来越多的法院提供了旁听预约服务。2015年,提供旁听预约服务的法院由2014年的4家提升到8家,分别是广东高院、海南高院、成都中院、武汉中院、南京中院、济南中院、海口中院、乌鲁木齐中院。其次,个别法院实现了电子卷宗的公开。例如,兰州中院在审判流程公开栏目中公开了案件的卷宗,包括诉讼费缴费通知、起诉书、询问笔录、开庭笔录、宣判笔录

---

① 2013年末,广州中院人员编制人数为641人,其中行政编577人,事业编64人;年末实有人数857人,其中在职人员607人,离休人员22人,退休人员228人。财政预算拨款(补助)开支人数857人,其中在职人员607人(行政政法机关人员544人,事业财政补助人员63人),离休人员22人,退休人员228人。另外,编外人员(合同工、长期聘用人员等)186人。

以及送达回证等,实现了从形式公开向实质公开的转变。最后,个别法院公开了执行惩戒信息。石家庄中院的执行公开较为全面,不仅公开了双限制名单,还公开了被罚款人名单、涉嫌拒不履行判决裁定罪名单。

### (三)裁判文书不上网数据公开取得突破

《最高人民法院关于人民法院在互联网公布裁判文书的规定》第4条将"其他不宜在互联网公布的"作为裁判文书公开的例外情形。兜底条款给司法机关留下自由裁量空间,为了防止不上网审批流于形式,倒逼裁判文书上网率的提高,2014年中国司法透明度指数评估开始尝试推动法院公开不上网裁判文书的数量、案号、理由。与2014年相比,2015年文书不上网信息的公开在个别法院取得突破。广州中院按月、按年度公开了广州市两级法院裁判文书上网情况统计信息,并公开了不上网裁判文书的数量和理由。例如,广州中院门户网站披露了2015年7月21日至2015年8月31日(统计截止时间:2015年9月14日17:00)广州中院及下属的11家基层法院的生效裁判文书的数量、上网数量、上网率以及依照规定不上网的数量,并对不上网的理由进行详细分类,如涉及国家秘密、商业秘密、个人隐私,涉及未成年人犯罪,以调解、和解方式结案,依法不公开审理,案件信息敏感,上网公布可能产生不良影响,当事人申请裁判文书不上网公开并经法院准许,等等。2015年1月,广州中院的网站还公开了2014年度(2013年12月21日至2014年12月20日)广州市两级法院裁判文书上网情况统计信息。除了广州中院之外,吉林中院也公开了不上网文书的数量和理由,海口中院公开了一例不上网文书的案号和理由。

### (四)部分法院重视公开司法统计数据

早在2011年和2012年,中国司法透明度指标体系曾经将司法统计数据作为司法公开的一级指标,但是评估结果非常不理想,法院普遍不重视司法统计数据的公开。2015年,在大数据时代背景下,中国司法透明度指标体系再次将司法统计数据的公开作为一级指标。评估显示,部分法院较为重视

司法统计数据的公开。

1. 工作报告公开度较高

法院每年向同级人民代表大会汇报工作，接受人民代表的监督。法院应通过门户网站公开工作报告全文，让公众了解法院过去一年的司法工作成就、问题以及来年的工作展望。评估显示，有24家法院在网站上设置栏目，对工作报告进行集中公开，占29.63%；有38家法院公开了最新一年的年度工作报告，占46.91%；个别法院的工作报告内容极为丰富，如宁波中院的工作报告不仅增加了2000~2014年审判执行数据公开，还对2010~2014年部分市人大代表建议的办理情况进行了说明。

2. 部分法院专栏公开专题报告

评估发现，深圳中院在《审判执行白皮书》栏目公开了涉及知识产权保护、行政审判、未成年人刑事审判、破产审判、劳动争议审判等领域白皮书，宁波中院在《审判白皮书》栏目公开学生伤害事故、提供劳务者受害责任纠纷、专利民事纠纷、危害药品安全犯罪等案件的司法白皮书以及涉诉信访法治化工作、诉讼服务中心建设、审判工作安全状况等白皮书，宁波中院和广州中院均在法院网站首页设置专栏公开"司法建议"信息。

3. 个别法院尝试年报公开

年报（annual report）最早起源于企业，是企业向股东及其他利益群体提供企业经营活动和财务状况的年度综合性报告，上市公司的年报须向社会公开。不仅企业，越来越多的公共机构、机关团体也开始编制和公开年报，向社会介绍和展现其业绩。与工作报告相比，年报的内容更加全面、综合。评估发现，珠海中院、福建高院公开了年报。珠海中院公开的2014年年报分为三编，第一编涵盖2014年全市法院工作概述、审判执行、司法改革、队伍建设、全市法院表彰奖励创先争优、司法服务、信息化建设、交流往来、重大典型案件，第二编包括珠海中院工作报告、关于行政审判工作的报告、2014年度大事记、重要文件，第三编公开了基层法院的情况和工作报告以及基层法院院长名单。福建高院公开的是2011年年度工作报告，虽然名称是年度工作报告，但是相较于2011年向福建省人大做的工作报告，内容要更加丰富详细。

## （五）司法改革个别环节透明度较高

司法改革是关系全社会的重大改革，因此，在推进过程中应该保持公开透明，让公众能够了解司法改革的方案及进展情况。另外，一些改革措施要落实只有靠公开进行倒逼。以案外干预记录为例，《人民法院第三个五年改革纲要》、十八届四中全会均提出建立案外干预备案登记制度，2015年最高人民法院也制定了相应的实施办法，但要落实该制度，必须依靠司法公开，将有无案外干预的情况进行公开。《关于司法公开的六项规定》也要求法院将"违反规定程序过问案件的情况"向社会和当事人公开，意图以公开手段减少不当的过问，遏制违法干预法院办案的行为。

2015年中国司法透明度指数评估对司法改革透明度考察的具体内容包括：门户网站是否设置了司法改革相关栏目；是否公开了中央司法改革方案、本级司法改革方案细则，是否公开国家关于立案登记制的相关规定、本院关于落实立案登记制的相关文件以及立案的阶段性数据（标准较宽泛，有相关的新闻报道即可），是否出台了律师权益保护的规定，是否公开了案外干预记录等。评估显示，立案登记制的透明度较高。9家法院公开了立案登记制的相关文件，占11.11%；19家法院公开了本院关于立案登记制的相关规定，占23.46%；43家法院公开或在新闻报道中公开了立案登记的阶段性数据，占53.09%。

## （六）个别法院尝试完善司法公开机制

完整的信息公开包括主动公开和依申请公开两种形式。《中国司法透明度指数报告（2014）》曾经指出，"与政府信息公开相比，中国的司法公开制度还主要限于主动公开，虽然实践中公众也会向司法机关提出信息公开申请，但是由于缺乏明确的制度规定，司法机关的回应五花八门，随意性强"。广州中院先行先试，制定《关于办理司法信息公开申请的实施办法

（试行）》，明确司法信息依申请公开形式及其收费机制，为司法公开制度的顶层设计供给鲜活营养。广州中院在《关于办理司法信息公开申请的实施办法（试行）》中规定，"少量的、公益性的司法信息公开申请，可以免收检索费、复制费"，但"对于商业用途的信息公开申请，可以适当提高检索费、复印费等成本收费标准"。广州中院关于司法公开费用的规定显示司法公开的公益色彩，可以看到权利本位的端倪。

## 四 评估发现的问题

### （一）平台分散重复建设愈演愈烈

随着司法公开意识的加强和信息化的发展，尤其是最高人民法院提出推动三大平台建设之后，网站的公开本位凸显，公开的内容更加丰富，但与此同时，公开平台分散重复建设的问题更加突出。

1. 部分网站沦为"僵尸网站"

评估发现，人民法院网地方频道与各地法院的门户网站并存，不少网站沦为"僵尸网站"，长期鲜有更新。早期，地方法院依托人民法院网搭建地方频道，定位于新闻宣传，一定程度上也起到了司法公开效果。随着司法公开的发展，由于人民法院网地方频道的栏目设置无法满足社会对司法信息的需求，许多法院纷纷改版，甚至另起炉灶，建立新的政务网站。在越来越多的司法信息向政务网站集中的同时，人民法院网的许多地方频道并未关闭，其栏目陈旧，信息处于半更新或不更新状态，"僵尸化"趋势明显。这些网站的存在对公众查询法院官方权威信息形成干扰，增加了法院信息化的成本，其信息陈旧不全也影响法院的公开、务实形象。

2. 平台的政务、公开、服务等功能割裂

评估发现，不少法院在门户网站上开通司法公开平台、诉讼服务网，平台之间功能交叉叠加。最高人民法院提出推进三大平台建设的要求之后，各地法院纷纷开通了司法公开平台。有的法院将三大平台整合到门户网站上的做法值得肯定，如北京高院建有三级法院共享的北京法院审判信息网，融合三大平台功能；珠海中院的网站页面很整洁，直接集中了三大平台的栏目。但更多的法院是在门户网站之外建立新的司法公开平台。2014年最高人民法院颁布《最高人民法院关于全面推进人民法院诉讼服务中心建设的指导意见》，推进网上诉讼服务平台建设。在最高人民法院"中国法院诉讼服务网"（susong.chinacourt.org）的引领下，法院纷纷建设网上诉讼平台或司法服务网，有的司法服务网建在商业网站下，公众很难从网址上判断是否是法院的官方信息。无论是法院门户网站，还是单独的司法公开平台和诉讼服务网，都不可能承担单一的功能，如最高人民法院明确将诉讼服务网定位为"全国法院司法公开、民意沟通和方便群众提供诉讼服务"。由于功能上的交叉重叠，同一项司法信息需要同时上传到不同的平台，不仅增加信息公开的成本，也不利于公众快速查询信息。

3. 政务网站与专项平台缺乏整合

评估发现，全国专项司法公开平台林立，地方与全国平台的链接不理想。为推动一些信息在全国范围内集中公开，最高人民法院建立了不少专项信息公开平台。2014年项目组曾经对这些全国专项司法平台做过梳理，如人民法院诉讼资产网（www.rmfysszc.gov.cn）、人民法院知识产权审判网（www.court.gov.cn/zscq）、中国知识产权裁判文书网（ipr.court.gov.cn）、中国裁判文书网（www.court.gov.cn/zgcpwsw）、中国审判流程信息公开网（www.court.gov.cn/zgsplcxxgkw）、全国法院被执行人信息查询网站（zhixing.court.gov.cn）、中国执行信息公开网（shixin.court.gov.cn）、全国人民法院减刑、假释、暂予监外执行信息网（www.court.gov.cn/qgfyjxjszyjwzxxxw）、公告网（rmfygg.court.gov.cn）、中国法院庭审直播网（ts.chinacourt.org）、中国法院视频网（tv.chinacourt.org）、人民法院工作人员违纪违法举报中心网站（jubao.court.gov.cn）等。还有的法院建有庭审直播网、执行公开网等地方专项信息公开平台，平台建设进一步复杂化。专项司法平台的建立，有助于专项信息在全国或地方范围内集中统一发布，为公众提供一站式服务。

但是，评估发现，信息公开平台缺乏整合。法院面对这些全国性专项司法平台有不同的做法：有的法院会在本院网站和全国专项司法平台上同时发布信息；有的法院以前者为主，后者为辅；还有的法院选择仅在本院网站或全国专项司法平台发布。无论哪种情况，法院都应该在本院网站建立全国司法平台的链接，但是评估发现，地方法院与全国专项平台无链接的现象普遍。2015年项目组专门考察了法院网站与"全国减刑、假释、暂予监外执行信息网"建立链接的情况。评估显示，只有7家法院提供了"全国减刑、假释、暂予监外执行信息网"链接，其中仅2家法院（河北高院和鞍山中院）能够直接显示"全国减刑、假释、暂予监外执行信息网"的本院页面。另外，从信息类型看，有些信息，如庭审直播，受制于上传速度和储存空间等因素，并不适合在全国层面集中发布。法院网站分散重复建设是司法公开大发展的产物，体现了法院对司法公开的高度重视，但其弊端也是显而易见的，不仅使得司法公开成本高企，也不利于公众快速、准确查找信息。随着司法公开从大发展阶段向成熟阶段的过渡，这种分散重复建设模式亟待向集约化模式转变。

### （二）信息准确性不佳

司法公开有几个重要的维度，其中准确性是信息公开最基本的要求，否则会误导公众，有损法院公正严谨的形象。评估发现，法院公开的信息的准确性并不理想。首先，公开的信息未及时更新。以诉讼指南为例，随着法律文件的修改，诉讼指南应该及时更新，但是评估发现不少法院的诉讼指南未及时更新，依据仍然是修改前的法律规定。2015年5月1日，新的《行政诉讼法》开始实施，一些重要的时限发生了变化，如起诉期限由3个月改为6个月；一审审理期限由3个月改为6个月，并增加简易程序为45天；被告答辩、举证时间从10天改为15天；二审的审理期限由2个月改为3个月；等等。评估发现，有49家法院公开的诉讼指南未对行政诉讼相关信息进行更新，占60.49%。其次，信息录入不准确。以案件节点信息为例，信息公开的前提是系统中存在相应的信息，在信息化不到位的情况下，案件的节点信息主要依赖人工录入,因此难免会出现错误而导致节点信息录入不准确,进而影响公开信息的质量。最后,技术故障导致数据信息瑕疵。以庭审录像为例,一旦录像设备出现技术故障,或者工作人员操作失误,就会出现录像无声音或者庭审录像不完整等诸多问题,进而影响公开效果。

### (三)公报、白皮书有偿公开

司法信息是法院在履行职责过程中制作、获取的信息,法院无权借公开信息获利,因此,免费发布信息应成为司法公开新常态,尤其是在"互联网+"时代,更应防止因收费阻碍信息公开与分享。《中国司法透明度指数报告(2014)》曾指出,"创收"成为制约司法公开的一大因素。但2015年评估发现,法院公报、白皮书等司法官方信息有偿公开的现象依旧存在。

信息公开起源于公报公开。公报是党政机关和人民团体公开发布重大事件或重要决定事项的报道性公文,是党和国家经常使用的重要文种。法院公报的内容主要涵盖重要法律、司法解释、司法文件、任免事项、文献和案例等。《中国司法透明度指数报告(2014)》曾经指出,法院公报应予以网上免费公开。2015年,适逢《最高人民法院公报》创刊30周年,相关报道称,《最高人民法院公报》与《全国人大常委会公报》《国务院公报》《最高人民检察院公报》并列为中国四大权威发布,《中华人民共和国国徽法》还授权其封面印有国徽图案;然而,在"互联网+"背景下,在司法公开的纵深发展阶段,在人大、政府纷纷通过门户网站免费发布公报全文的情况下,《最高人民法院公报》依然实行有偿公开。姑且不论印有国徽图案的官方文件是否应该有偿销售,在互联网共享精神引领下,《最高人民法院公报》也应该顺应"互联网+"大趋势,通过网络免费供社会查阅。《最高人民法院公报》创刊30周年新闻报道还称,"各界群众自发订阅公报的数量大大超过法院系统内的订阅量",这恰好说明人民群众对法院公报信息需求旺盛。为回应社会关切,《最高人民法院公报》应该列入主动公开范畴,由最高人民法院门户网站免费对外发布,让其真正成为"法院工作密切联系人民群众的重要纽带和桥梁"。

为全面展现法治成就，深入推进"阳光司法"，最高人民法院于2015年3月18日发布《人民法院工作年度报告（2014）》（白皮书）。最高人民法院将之定位于"全面展现我国法治建设成就，主动接受社会各界监督，深入推进司法公开的重要举措"，是"人民法院向全国人民交出的一份司法审判'账目'"。然而，人民要查阅这份"账目"，必须向出版社购买，因为最高人民法院的网站只公开了《人民法院工作年度报告（2014）》执法办案篇简版介绍、管理创新篇简版介绍、改革发展篇简版介绍，完整的《人民法院工作年度报告（2014）》则由法律出版社出版，对外有偿发行（定价35元）。

### （四）数据公开尚处于初级阶段

2015年党的十八届五中全会提出国家大数据战略，司法大数据作为国家大数据的重要组成部分，应在党政决策中发挥更大的作用。项目组专门将数据公开作为一级指标进行考察，然而评估显示，除了司法财务数据、法院工作报告公开常态化之外，数据公开尚处于初级阶段，甚至个别法院该指标得零分，距离大数据战略的要求还很远。

1. 法院普遍不重视年报的公开

年报作为司法公开的集大成者，应该得到法院的重视，在司法公开中扮演重要角色。但是评估显示，法院普遍不重视年报的撰写和公开，除了福建高院和珠海中院之外，79家法院未公开年报，占97.53%。

2. 白皮书、专题报告的公开率偏低

法院根据案件审理情况，往往会撰写专题报告或白皮书，如行政诉讼白皮书、知识产权司法保护状况等，这些专项报告、白皮书的公开，有助于社会了解相关案件的审理情况，对于党政机关准确作出反应、决策有重要的参考价值。然而，评估显示，专题报告或白皮书的公开率较低，仅有22家法院公开了专题报告或白皮书，占27.16%。

3. 案件统计数据公开度不够

案件统计数据是司法数据中的核心数据，其公开对于全面了解各类案件的发生情况、掌握审判执行案件的规律具有重要意义。2015年项目组对案件统计数据公开的考察项目很细,不仅考察法院是否公开了案件统计数据,还考察是否公开了民事、刑事、行政的一审、二审、再审以及国家赔偿、知识产权案件、执行案件的统计数据。调研发现,公开案件统计数据的法院较少,仅有17家法院公开了案件统计数据,占20.99%,其中公开刑事一审案件分类数据的法院有12家,占14.81%;公开刑事被告人判决类型数据的法院有9家,占11.11%;公开青少年犯罪案件数据的法院有5家,占6.17%;公开民事一审案件分类数据的法院有15家,占18.52%;公开行政一审案件分类数据的法院有13家,占16.05%;公开国家赔偿案件数据的法院有12家,占14.81%;公开知识产权案件数据的法院有7家,占8.64%;公开二审、再审、执行案件数据的法院均有13家,占16.05%;公开上述各类案件数据的法院有3家,占3.70%。

### (五)司法改革透明度亟待提升

尽管个别法院有意识地通过法院门户网站公开司法改革相关信息,但是整体而言,司法改革透明度不高,主要表现在三个方面。首先,司法改革栏目设置率很低,仅7家法院在网站首页设置了司法改革相关栏目。其次,司法改革方案透明度低,中央司法改革方案在法院网站上难觅踪影。再次,律师权益保护相关规定的公开度低,只有1家公开了本院关于律师权益保护的规定,有4家法院在新闻报道中提到律师权益保护规定。复次,法官员额制已经分三批在法院进行了试点,但是只有1家公开了法官员额制的相关规定,只有1家公开了员额遴选委员会的组成和遴选程序,只有6家法院公开了进入员额制的法官数量或名单。最后,案外干预记录公开率低,只有1家公开了案外干预记录。

## 五 展望:以公众为导向对司法公开进行顶层设计

党的十八届四中全会提出"构建开放、动态、透明、便民的阳光司法

机制"。为落实党中央的改革目标要求，最高人民法院继续推动审判流程公开、裁判文书公开、执行信息公开"三大平台"建设，并于2014年11月正式开通中国审判流程信息公开网。2015年3月，最高人民法院发布《中国法院的司法公开》白皮书，这是中国历史上首部司法公开白皮书。为响应党的十八届五中全会关于网络强国战略的部署，最高人民法院研究制定了《人民法院信息化建设"十三五"发展规划》，提出打造人民法院信息化建设3.0版。现阶段的司法公开主要依靠最高人民法院的推动和地方各级法院的摸索，因此，司法公开表现出权力本位，公开什么、如何公开往往是从有利于法院工作的角度出发，由司法机关掌控主动权，公众处于被动接受的地位。这种权力主导型的司法公开会制约该项制度的深层次发展。司法公开不仅是司法权力的运行方式，更是公民的一项基本权利。未来，应明确司法公开的"权利"属性，以"公众"为导向进行制度重构和顶层设计，实现从权力主导型向权利主导型的转变。

### （一）构建集约化平台

司法公开平台集约化建设应以用户的需求为导向，服务于公众便捷、准确查询信息的需要，降低司法公开成本。第一，统一网站的功能，将法院的新闻宣传网、司法公开网、诉讼服务网统一整合到政务网，把法院的政务网建成立体式、全方位、一站式、互动性的网站，集公开、宣传、服务、互动等功能于一身。第二，在地方构建三级法院共享的政务网站，方便公众查询本地法院的所有信息。第三，在地方法院政务网站上建立与全国专项司法公开平台的链接，方便公众登陆本地法院网站即可了解全国范围内的专项信息。

### （二）确立依申请公开机制

为便于公民、法人或者其他组织知晓司法信息，应借鉴广州中院的做法，确立司法信息依申请公开机制。在设计司法信息依申请公开时，还应借鉴《政府信息公开条例》中关于依申请公开的制度规定，在已有经验的基础上有所超越。《政府信息公开条例》关于申请人的"生产、生活、研究"三需要的规定,在实践中问题较多。是否应该对信息公开申请人的身份和用途进行核查,理论界也存在较大争论,但是从权利本位看,只要属于保密范围之外的公共信息,公民均有权申请公开,信息公开义务主体仅应在信息涉及第三人时方可对申请人的身份和用途进行核实。

### (三)摈弃公共信息牟利思维

司法公开的权利主导型,意味着司法信息本质上属于人民,不是法院私有的,其公开是基于满足公民知情权和监督权的需要,因此除了工本费之外不得另行收费。对于法院公报、白皮书、专项工作报告这些属于法院主动公开范围的信息,更应该免费在网上公开,法院不得将之作为私产予以销售牟利。

### (四)引入司法公开救济机制

权利具有可救济的属性,获取司法信息作为公民权利应该有一定的救济机制作为保障。救济机制包括两种类型,一种是举报投诉机制,一种是复议诉讼机制。就目前而言,举报投诉机制在理论上是畅通的,但是应该进一步明确受理举报投诉的机关以及相应的程序。至于司法公开行为是否可以复议和诉讼,尤其是可诉性,实践中存在较大障碍,值得深入研究分析。

### (五)建立民享的司法大数据

2015年,党的十八届五中全会提出了实施国家大数据战略,国务院亦于2015年8月底出台《促进大数据发展行动纲要》,提出"得数据者得未来"。在国家大数据战略中,司法大数据无论从数量还是从质量上看,都是国家治理能力赖以提升的富矿。要构建司法大数据,必须继续深化司法公开,借助信息化提升司法公开的效率和质量,做到数据的准确真实、互联互通、社会共享。最高人民法院高度重视信息化建设,将信息化提到"另外一场革命"的高度,提出2017年底建成中国特色的人民法院信息化3.0版。

2015年,最高人民法院出台《人民法院数据集中管理技术规范(2015)》,提出对审判数据、司法人事和政务数据进行集中管理,确保全国法院数据上下联动、互联互通。最高人民法院的该项技术规范还应该与司法公开相结合,让全社会共享司法数据,从而建立符合国家大数据战略需求的司法大数据。

#  B.16
# 中国检务透明度指数报告（2015）

## ——以检察院网站信息公开为视角

中国社会科学院法学研究所法治指数创新工程项目组*

**摘　要：** 2015年，中国社会科学院法学研究所法治指数创新工程项目组依据相关法律文件，修正完善测评指标体系，继续对最高人民检察院和31家省、自治区、直辖市的人民检察院及49家较大的市人民检察院网站的检务公开工作进行测评，总结了2015年中国检务公开工作取得的进步和存在的问题，并提出了相应的完善建议。

**关键词：** 检务透明度　检务公开　检察院网站

为考察检务公开的最新进展，2015年，中国社会科学院法学研究所法治指数创新工程项目组（以下简称"项目组"）连续第四年对检务透明度情况进行测评。

## 一　测评指标与测评对象

在前三年测评的基础上，根据最高人民检察院2015年2月发布的《关

---

\* 项目组负责人：田禾，中国社会科学院法学研究所研究员、国家法治指数研究中心主任。项目组成员：吕艳滨、田夫、王小梅、栗燕杰、徐斌、刘雁鹏、宋君杰、赵千羚、刘迪、杨芹、曹雅楠、马小芳、周震、宁妍、徐蕾、刘永利、陈钰艺、李越、张俏、丁桉、庞悦。执笔人：田夫，中国社会科学院国际法研究所助理研究员；田禾。宋君杰参与了部分内容的写作。

于全面推进检务公开工作的意见》，2015年测评指标进行了优化组合，设置了四项一级指标，即平台建设、检察政务信息、检察队伍信息、检察案件信息，各指标权重分别为20%、25%、20%、35%，总计100分（见表1）。

表1 检务透明度测评指标体系

| 一级指标及权重 | 二级指标及权重 | 三级指标及权重 |
| --- | --- | --- |
| 平台建设(20%) | 网站设置(50%) | 门户网站(40%) |
| | | 友好性(30%) |
| | | 便民性(30%) |
| | 微平台客户端(30%) | 微博(35%) |
| | | 微信(35%) |
| | | 新闻客户端(30%) |
| | 专栏设置(20%) | 网上咨询平台(30%) |
| | | 新闻发布会或情况通报会(20%) |
| | | 检察宣传日(10%) |
| | | 检察长接待日(10%) |
| | | 检务指南(30%) |
| 检察政务信息(25%) | 机构设置(10%) | 机构设置(100%) |
| | 工作流程(25%，较大的市为30%) | 自侦案件须知(10%) |
| | | 刑事简易程序须知(10%) |
| | | 刑事申诉须知(10%) |
| | | 民事申诉须知(5%) |
| | | 行政申诉须知(5%) |
| | | 刑事不起诉须知(10%) |
| | | 监所检察须知(10%) |
| | | 国家刑事赔偿须知(10%) |
| | | 刑事诉讼法律援助须知(10%) |
| | | 诉讼权利义务须知(10%) |
| | | 司法警察职权义务须知(10%) |
| | 信访举报(10%) | 信访规定(40%) |
| | | 举报须知(30%) |
| | | 举报电话(30%) |
| | 检察工作报告(15%，较大的市为20%) | 工作报告栏目(20%) |
| | | 2013年工作报告(25%) |
| | | 2014年工作报告(25%) |
| | | 2015年工作报告(30%) |

续表

| 一级指标及权重 | 二级指标及权重 | 三级指标及权重 |
|---|---|---|
| 检察政务信息(25%) | 检察改革进展情况（适用于最高人民检察院和省级人民检察院，10%） | 检察官遴选方案(50%) |
| | | 检察官遴选委员会(50%) |
| | | 若为司法改革试点，前两项权重各占25%，司法改革试点工作方案占50% |
| | 职务犯罪预防(15%) | 职务犯罪预防栏目(30%) |
| | | 职务犯罪查扣冻处理情况(70%) |
| | 财政信息(15%) | 年度预决算(60%) |
| | | "三公"经费(40%) |
| 检察队伍信息(20%) | 人员信息(50%) | 院领导(25%) |
| | | 人民监督员(25%) |
| | | 特约检察员(25%) |
| | | 专家咨询委员(25%) |
| | 队伍管理(50%) | 检察官的任职资格和管理规定(40%) |
| | | 检察人员的任职回避和公务回避(30%) |
| | | 检察工作纪律和检察官职业道德(30%) |
| 检察案件信息(35%) | 信息公开网链接(10%) | 信息公开网链接(100%) |
| | 案件查询系统(10%) | 案件查询系统(100%) |
| | 辩护与代理预约申请平台(10%) | 辩护与代理预约申请平台(100%) |
| | 重要案件信息(15%) | 典型案例公开(50%) |
| | | 重大案件查办情况公开(50%) |
| | 法律文书(30%) | 起诉书(20%) |
| | | 量刑建议书(10%) |
| | | 检察建议(10%) |
| | | 检察意见(10%) |
| | | 抗诉书(20%) |
| | | 不起诉决定书(20%) |
| | | 刑事申诉复查决定书(10%) |
| | 申诉审查(15%) | 刑事不起诉公开审查(50%) |
| | | 刑事申诉公开审查(50%) |
| | 行贿案件档案查询(10%) | 行贿案件档案查询(100%) |

平台建设是网站的基本构架，测评网站，首先就要测评其平台建设情况。平台建设分为网站设置、微平台客户端、专栏设置三项二级指标。网站设置包含门户网站、友好性、便民性三项三级指标。门户网站设置与否，关

系互联网时代公众对检务公开工作的第一印象；友好性检测的是网站是否设有站内搜索引擎，有效的搜索引擎，便于公众迅速获得相关信息；便民性检测的是网站是否设有浮动窗口并且是否可以关闭，设置浮动窗口便于公众留意到具有及时性、重要性的信息，但如不能正常关闭，则会妨碍对网站的访问。2015 年新增对检察院"两微一端"与网站链接有效性的测评，并将其作为平台建设的一部分。近年来，随着检务公开的发展，很多网站纷纷将网上咨询平台等栏目固定化，进而构成平台建设的重要组成部分，这种变化有利于公众查询相关信息。2015 年测评指标优化组合的一个较大变化就是，在平台建设下设置"专栏设置"这一项二级指标，并将与网上咨询平台等栏目对应的三级指标纳入。

2015 年度测评为检察政务信息设置了机构设置、工作流程、信访举报、检察工作报告、检察改革进展情况、职务犯罪预防、财政信息七项二级指标。检察改革进展情况是 2015 年新设的一项二级指标。对最高人民检察院和省级人民检察院测评设立检察官遴选方案和检察官遴选委员会的信息公开情况；针对第一批司法体制改革试点省市，另设了检察改革进展情况这一项三级指标。

检察队伍信息包括检察机关领导班子成员任免情况，检察委员会委员、检察员等法律职务任免情况，领导班子成员分工情况，机构和人员编制情况，检察人员统一招录和重要表彰奖励情况，检察机关有关队伍管理的纪律规定，检察人员违法违纪的处理情况和结果。2015 年测评新设置了人员信息、队伍管理两项二级指标。人员信息包括院领导、人民监督员、特约检察员、专家咨询委员四项三级指标。

检察案件信息包括重要案件信息、生效法律文书、案件程序性信息，具有指导性、警示性、教育性的典型案例，以及对久押不决、超期羁押问题和违法或不当减刑、假释、暂予监外执行的监督纠正情况等。2015 年测评为检察案件信息设置了信息公开网链接、案件查询系统、辩护与代理预约申请平台、重要案件信息、法律文书、申诉审查、行贿案件档案查询七项二级指标。其中，重要案件信息包括典型案例公开和重大案件查办情况公开两项三级指标。

项目组自2015年10月25日至2015年12月31日对81家检察院网站的检务公开情况进行测评，它们分别是最高人民检察院和31个省、自治区、直辖市的人民检察院以及49个较大的市人民检察院。需要说明的是，2015年修正的《立法法》和《地方各级人民代表大会和地方各级人民政府组织法》删除了"较大的市"这一概念，但基于2015年测评与2014年测评的一致性以及相关原因，2015年还是将测评的市一级检察院限定为原来的49个较大的市的人民检察院。

## 二 总体测评结果

从测评总体结果来看，81家被测评检察院中，排名前10位的依次为：最高人民检察院（68.9分）、上海市人民检察院（65.2分）、湖北省人民检察院（62.07分）、吉林省人民检察院（60.51分）、重庆市人民检察院（59.94分）、广州市人民检察院（59.76分）、河北省人民检察院（59.41分）、贵州省人民检察院（58.41分）、汕头市人民检察院（58.16分）、成都市人民检察院（55.94分）。省级人民检察院中，排名前5位的依次为：上海、湖北、吉林、重庆、河北。较大的市人民检察院中，排名前10位的依次为：广州、汕头、成都、石家庄、南宁、长沙、厦门、武汉、洛阳、苏州。最高人民检察院在本项目测评中连续四年位居第一，说明其不仅是检务公开的领导者，而且还是身体力行的践行者。从各个板块的得分来看，平台建设得分居首位的是武汉市人民检察院，为96分；检察政务信息得分最高的是山西大同市人民检察院，为79分；检察队伍信息得分最高的是湖北省人民检察院，为71.25分；检察案件信息得分最高的是最高人民检察院，为65.25分。由于2015年测评指标作了一些调整，有的指标测评更加严格，2015年仅有4家检察院得分超过60分。

表2 全部被测评人民检察院透明度总体结果（满分：100分）

单位：分

| 排名 | 检察院 | 平台建设（20%） | 检察政务信息（25%） | 检察队伍信息（20%） | 检察案件信息（35%） | 总分 |
|---|---|---|---|---|---|---|
| 1 | 最高人民检察院 | 82.50 | 73.25 | 56.25 | 65.25 | 68.90 |
| 2 | 上海 | 88.50 | 74.75 | 50.00 | 53.75 | 65.20 |
| 3 | 湖北 | 79.50 | 60.13 | 71.25 | 48.25 | 62.07 |
| 4 | 吉林省 | 79.50 | 68.00 | 56.25 | 46.75 | 60.51 |
| 5 | 重庆 | 76.50 | 57.00 | 50.00 | 58.25 | 59.94 |
| 6 | 广州 | 72.00 | 67.75 | 36.25 | 60.50 | 59.76 |
| 7 | 河北 | 66.00 | 67.38 | 56.25 | 51.75 | 59.41 |
| 8 | 贵州 | 88.50 | 65.13 | 33.75 | 50.50 | 58.41 |
| 9 | 汕头 | 84.00 | 73.00 | 68.75 | 26.75 | 58.16 |
| 10 | 成都 | 85.50 | 44.00 | 42.50 | 55.25 | 55.94 |
| 11 | 石家庄 | 55.50 | 69.25 | 56.25 | 46.00 | 55.76 |
| 12 | 安徽 | 88.50 | 48.75 | 56.25 | 41.50 | 55.66 |
| 13 | 湖南 | 70.50 | 65.88 | 62.50 | 32.75 | 54.53 |
| 14 | 南宁 | 69.50 | 55.50 | 56.25 | 43.00 | 54.08 |
| 15 | 天津 | 52.50 | 62.50 | 68.75 | 40.50 | 54.05 |
| 16 | 长沙 | 58.50 | 51.00 | 62.50 | 48.75 | 54.01 |
| 17 | 广东 | 87.00 | 52.00 | 6.25 | 62.00 | 53.35 |
| 18 | 厦门 | 87.00 | 64.75 | 25.00 | 40.00 | 52.59 |
| 19 | 河南 | 48.00 | 55.63 | 68.75 | 43.00 | 52.31 |
| 20 | 武汉 | 96.00 | 51.00 | 12.50 | 50.63 | 52.17 |
| 21 | 洛阳 | 55.50 | 65.50 | 56.25 | 37.25 | 51.76 |
| 22 | 苏州 | 84.00 | 52.50 | 12.50 | 53.00 | 50.98 |
| 23 | 大连 | 78.50 | 55.50 | 6.25 | 53.25 | 49.46 |
| 24 | 甘肃 | 66.00 | 48.63 | 62.50 | 31.00 | 48.71 |
| 25 | 辽宁 | 82.50 | 68.50 | 56.25 | 10.00 | 48.38 |
| 26 | 大同 | 81.00 | 79.00 | 6.25 | 31.75 | 48.31 |
| 27 | 呼和浩特 | 72.00 | 50.50 | 21.25 | 46.75 | 47.64 |
| 28 | 无锡 | 72.00 | 34.50 | 18.75 | 58.75 | 47.34 |
| 29 | 广西 | 48.50 | 66.50 | 56.25 | 27.63 | 47.24 |
| 30 | 包头 | 69.00 | 42.50 | 36.25 | 41.75 | 46.29 |
| 31 | 四川 | 67.50 | 46.25 | 32.50 | 36.75 | 44.43 |
| 32 | 江苏 | 66.00 | 53.63 | 6.25 | 46.50 | 44.13 |

续表

| 排名 | 检察院 | 平台建设（20%） | 检察政务信息（25%） | 检察队伍信息（20%） | 检察案件信息（35%） | 总分 |
|---|---|---|---|---|---|---|
| 33 | 内蒙古 | 79.50 | 55.25 | 6.25 | 36.25 | 43.65 |
| 34 | 南昌 | 63.00 | 52.50 | 6.25 | 46.75 | 43.34 |
| 35 | 淄博 | 77.00 | 30.25 | 50.00 | 28.75 | 43.03 |
| 36 | 山东 | 73.50 | 51.50 | 12.50 | 36.75 | 42.94 |
| 37 | 南京 | 73.50 | 31.75 | 6.25 | 53.75 | 42.70 |
| 38 | 徐州 | 42.50 | 38.25 | 13.75 | 58.75 | 41.38 |
| 39 | 邯郸 | 66.00 | 47.00 | 0.00 | 46.75 | 41.31 |
| 40 | 济南 | 58.50 | 50.00 | 13.75 | 40.50 | 41.13 |
| 41 | 新疆 | 63.00 | 48.50 | 56.25 | 13.75 | 40.79 |
| 42 | 兰州 | 51.50 | 46.50 | 42.50 | 28.75 | 40.49 |
| 43 | 北京 | 52.50 | 53.63 | 6.25 | 43.50 | 40.38 |
| 44 | 长春 | 49.50 | 51.75 | 0.00 | 48.75 | 39.90 |
| 45 | 沈阳 | 63.00 | 50.25 | 6.25 | 38.00 | 39.71 |
| 46 | 黑龙江 | 52.50 | 65.50 | 0.00 | 34.25 | 38.86 |
| 47 | 郑州 | 43.50 | 39.25 | 26.25 | 40.75 | 38.03 |
| 48 | 海南 | 72.00 | 36.63 | 35.00 | 21.25 | 37.99 |
| 49 | 杭州 | 73.50 | 47.50 | 6.25 | 27.50 | 37.45 |
| 50 | 宁夏 | 63.00 | 52.00 | 6.25 | 25.75 | 35.86 |
| 51 | 深圳 | 55.00 | 54.75 | 12.50 | 23.75 | 35.50 |
| 52 | 福建 | 53.00 | 36.50 | 28.75 | 28.00 | 35.28 |
| 53 | 西安 | 45.50 | 43.00 | 50.00 | 15.00 | 35.10 |
| 54 | 珠海 | 68.00 | 58.25 | 0.00 | 18.75 | 34.73 |
| 55 | 云南 | 57.00 | 51.50 | 0.00 | 29.50 | 34.60 |
| 56 | 唐山 | 45.00 | 37.25 | 0.00 | 41.75 | 32.93 |
| 57 | 哈尔滨 | 37.50 | 34.50 | 50.00 | 17.25 | 32.16 |
| 58 | 宁波 | 45.50 | 49.00 | 18.75 | 19.75 | 32.01 |
| 59 | 银川 | 58.50 | 28.00 | 0.00 | 35.25 | 31.04 |
| 60 | 江西 | 58.50 | 41.25 | 22.50 | 12.50 | 30.89 |
| 61 | 陕西 | 63.00 | 40.75 | 0.00 | 22.25 | 30.58 |
| 62 | 昆明 | 48.50 | 33.25 | 6.25 | 31.75 | 30.38 |
| 63 | 浙江 | 54.00 | 38.00 | 18.75 | 16.25 | 29.74 |
| 64 | 吉林市 | 45.50 | 45.00 | 21.25 | 8.75 | 27.66 |
| 65 | 山西 | 33.50 | 49.00 | 12.50 | 16.25 | 27.14 |
| 66 | 海口 | 51.50 | 35.00 | 12.50 | 13.75 | 26.36 |

续表

| 排名 | 检察院 | 平台建设（20%） | 检察政务信息（25%） | 检察队伍信息（20%） | 检察案件信息（35%） | 总分 |
|---|---|---|---|---|---|---|
| 67 | 青岛 | 41.00 | 49.25 | 0.00 | 16.25 | 26.20 |
| 68 | 太原 | 63.00 | 23.25 | 7.50 | 16.25 | 25.60 |
| 69 | 齐齐哈尔 | 52.50 | 32.50 | 12.50 | 11.25 | 25.06 |
| 70 | 青海 | 63.00 | 32.25 | 0.00 | 12.00 | 24.86 |
| 71 | 贵阳 | 48.50 | 39.75 | 6.25 | 8.75 | 23.95 |
| 72 | 合肥 | 50.00 | 30.25 | 6.25 | 3.75 | 20.13 |
| 73 | 淮南 | 42.50 | 26.25 | 0.00 | 3.75 | 16.38 |
| 74 | 福州 | 41.00 | 20.50 | 6.25 | 5.00 | 16.33 |
| 75 | 西宁 | 42.50 | 5.00 | 6.25 | 14.25 | 15.99 |
| 76 | 抚顺 | — | 15.00* | — | — | 3.75 |
| 77 | 西藏 | — | — | — | — | — |
| 77 | 鞍山 | — | — | — | — | — |
| 77 | 本溪 | — | — | — | — | — |
| 77 | 拉萨 | — | — | — | — | — |
| 77 | 乌鲁木齐 | — | — | — | — | — |

\* 抚顺未发现官网，但有平台发布若干信息，仅该项得分。

## （一）2015年度检务公开工作的主要成效

### 1. 检务公开制度化程度不断提升

2015年，中国检务公开制度化程度不断提升。党的十八届三中、四中全会对深化司法体制改革进行了全面部署，最高人民检察院于2015年2月发布了《关于深化检察改革的意见（2013～2017年工作规划）》（2015年修订版），并要求："构建开放、动态、透明、便民的阳光检察机制，进一步深化检务公开。"2015年1月，最高人民检察院印发了《关于全面推进检务公开工作的意见》，要求以加强办案过程中的信息公开为重点，进一步拓展检务公开范围，丰富检务公开形式，健全检务公开机制，强化检务公开保障，提升检务公开效果。该意见对新形势下检察机关全面推进检务公开工作的基本原则、目标任务、内容范围、方式方法、制度机制等提出明确要求，提出了"三个转变"的具体目标，即着力推动检务公开工作从侧重宣传的一般事务性公开向案件信息公开转变，从司法依据和结果的静态公开向办案过程的动态公开转变，从单向宣告的公开向双向互动的公开转变。2015年6月底，最高人民检察院印发配套性文件《最高检机关贯彻落实〈关于全面推进检务公开工作的意见〉分工方案》，确保检务公开改革的各项任务得到有效落实。截至11月中旬，全国已有20余个省级检察院制定出台了具体的实施办法。

2. 信息公开网建设有较大进步

网站是公开检务信息的第一平台。《人民检察院案件信息公开工作规定（试行）》第3条规定："最高人民检察院依托国家电子政务网络建立统一的人民检察院案件信息公开系统，各级人民检察院依照本规定，在该系统办理案件信息公开的有关工作。各级人民检察院互联网网站应当与人民检察院案件信息公开系统建立链接。"加速建设统一的案件信息公开系统，有利于检察工作的统一协调发展。省级人民检察院网站中，有28家能链接到人民检察院案件信息公开网，比2014年的25家增加了3家，占已开通网站省级人民检察院的93.33%；较大的市人民检察院网站中，有32家能链接到人民检察院案件信息公开网，比2014年的23家增加了9家，占已开通网站较大的市人民检察院的72.73%。

3. 重视新闻发布工作

新闻发布会是公开检务信息的重要平台，2015年测评发现，不少检察院十分重视新闻发布工作，注重通过新闻发布会对外发出权威的声音。省级人民检察院网站中，显示有27家自2014年1月1日以来召开过新闻发布会或情况通报会，比2014年的12家（自2013年1月1日以来）增加了15家，占已开通网站省级人民检察院的90%；较大的市人民检察院网站中，显示有27家自2014年1月1日以来召开过新闻发布会或情况通报会，比2014年的16家（自2013年1月1日以来）增加了11家，占已开通网站较大的市人民检察院的61.36%。这有利于社会各界及时了解检察工作的进展，更好地监督检察工作。

### 4. 检务微平台发展迅猛

自2014年3月以来,检察系统大力开展"两微一端"(微博、微信、新闻客户端)建设,截至2015年11月初,全国检察机关共开通微博3960多个、微信2640多个、新闻客户端1500多个。全国检察新媒体总粉丝数达8000余万,已发布信息300余万条。检察新媒体矩阵已初步建成并联动发力,重大检察信息发布实现巨大传播效应①。

### 5. 越来越多的检察院公开了法律文书

起诉书、抗诉书、不起诉决定书等法律文书是检察院开展公诉这一主导性工作的基本法律文书,加快这些文书的公开,有利于提升公诉工作的质量。21家省级人民检察院公开了起诉书,比2014年的15家增加了6家,占已开通网站省级人民检察院的70%;28家较大的市人民检察院公开了起诉书,比2014年的19家增加了9家,占已开通网站较大的市人民检察院的63.64%。19家省级人民检察院公开了抗诉书,比2014年的15家增加了4家,占已开通网站省级人民检察院的63.33%;26家较大的市人民检察院公开了抗诉书,比2014年的4家增加了22家,占已开通网站较大的市人民检察院的59.09%。20家省级人民检察院公开了不起诉决定书,比2014年的1家增加了19家,占已开通网站省级人民检察院的66.67%;29家较大的市人民检察院公开了不起诉决定书,比2014年的5家增加了24家,占已开通网站较大的市人民检察院的65.91%。20家省级人民检察院公开了刑事申诉复查决定书,比2014年的8家增加了12家,占已开通网站省级人民检察院的66.67%;26家较大的市人民检察院公开了刑事申诉复查决定书,比2014年的6家增加了20家,占已开通网站较大的市人民检察院的59.09%。

### 6. 检察院财务信息、"三公"经费信息公开较好

多数检察院公布了年度决算和预算信息及2014年和2015年度"三公"经费的情况。

---

① http://www.spp.gov.cn/zdgz/201511/t20151113_107435.shtml,最后访问时间:2016年1月11日。

## （二）当前检务公开工作存在的主要问题

检察院网站建设在取得明显进步的同时，也还存在不足之处。从81家人民检察院得分的情况来看，81家检察院总分最高分为68.9分，平均分为38.95分。从各个板块的得分来看，81家检察院平台建设的平均分为58.51分，检察政务信息的平均分为45.52分，检察队伍信息的平均分为24.2分。相比项目组测评同类地区法院司法公开的情况，检务信息的公开明显滞后于人民法院的信息公开，不仅总分不高，平均分均较低，其中队伍信息的公开度最低。

1. 仍然有一些检察院没有建立门户网站

在信息时代，门户网站在公开检务信息方面的作用巨大，没有门户网站，不利于检务信息公开工作的推进。但经过反复查找、核实，检察机关没有建门户网站的地区有：西藏、鞍山、本溪、抚顺、拉萨、乌鲁木齐。除了民族地区外，未建门户网站的城市都在东北地区。

2. 部分网站运行不稳定

测评中个别网站时有无法打开的情况，如甘肃省人民检察院、哈尔滨市人民检察院在测评时可以打开，但进行复查时却无法打开。也有网站存在站内链接时而有效时而无效的情况。网站的不稳定性无疑会影响到使用网站查找信息的及时性。

3. 部分网站栏目设置不规范

测评中发现，检察院门户网站存在栏目设置不规范的情况。检务指南等类似栏目重复设置，查找相关信息需要各个栏目都搜索一遍，在便利性上仍有巨大提升空间。除此之外还存在栏目虚设情况，实质上没有内容或者栏目无效，如合肥市检察院网站首页设有《检察指南》栏目，但点击后仍然跳回首页，大同市人民检察院网站的律师预约平台点击链接后仍然跳回首页。

4. 网站发布内容不规范，信息分类不科学

内容不规范的首要体现是发布信息不准确，这说明在信息发布的核对等环节存在缺漏。例如，最高人民检察院网站发布的《关于人民检察院直接

受理立案侦查案件立案标准的规定（试行）》中"贪污贿赂犯罪案件立案标准"部分将"暂扣款物"发布为"暂扩款物"①。多家网站对所公开信息分类凌乱。一些网站虽有栏目，但缺乏相关内容，甚至以新闻信息作为补充，存在多个栏目打开都是新闻报道的现象，看似网站内容充实，实则可用信息寥寥。部分网站公开比重最大的是文化建设信息，充满了大量的检察院内部文化交流、职工文体活动等信息，对群众了解检察办案并无实质帮助。

5. 检务信息公开发展不平衡

测评显示，同一检察院在不同板块中，得分差距较大。以武汉市人民检察院为例，其平台建设得分最高，为96分，检察政务信息51分，检察案件信息50.63分，检察队伍信息却只有12.5分；再以辽宁省人民检察院为例，其平台建设为82.5分，检察政务信息68.5分，检察队伍信息56.25分，检察案件信息却只有10分。这说明一些检察院在推进检务信息公开时，未做到整体推进，存在明显的"偏科"现象。

6. 一些信息的发布不理想

不少检察院未公开检察人员信息。有11家检察院的检察队伍信息公开得分为0分，它们是黑龙江、陕西、云南、青海省人民检察院及邯郸、长春、珠海、唐山、银川、青岛、淮南市人民检察院。其中，珠海、青岛这样的发达地区也未公开相关信息，说明检务公开与经济发展没有必然的联系，更多的是认识问题与重视程度问题。

## 三　各板块测评结果

### （一）平台建设

从网站设置上看，与2014年相比，31个省级人民检察院中，西藏依

---

① 《关于人民检察院直接受理立案侦查案件立案标准的决定（试行）》，http：//www.spp.gov.cn/site2006/2006-02-22/00024-104.html，最后访问时间：2015年12月31日。

然没有开通门户网站；49个较大的市人民检察院中，鞍山、本溪、拉萨依然没有开通门户网站，乌鲁木齐则关闭了门户网站。抚顺市人民检察院网页上只有财政信息，测评中将财政信息计分，但视为未开通网站。2015年12月31日前，项目组根据当地114查询了西藏、鞍山、本溪、抚顺、乌鲁木齐五地人民检察院办公室的电话，拨打后无一家检察院接听电话。

表3 测评期间未建有门户网站的检察院（含曾建有网站之后关闭的）

| 类型 | 数量（家） | 名单 |
| --- | --- | --- |
| 省级人民检察院 | 1 | 西藏 |
| 较大的市 | 5 | 鞍山、本溪、抚顺、拉萨、乌鲁木齐 |

2015年新增了对"两微一端"，即微信、微博和新闻客户端的测评，但基于本报告的测评对象是网站，因此，测评"两微一端"的重点放在了测评其与网站链接的有效性上。有21家省级人民检察院网站提供了微博链接，且可以登陆，占已开通网站省级人民检察院的70%；有26家较大的市人民检察院网站提供了微博链接，且可以登陆，占已开通网站较大的市人民检察院的59.09%。有15家省级人民检察院网站提供了微信二维码，且可以登陆，占已开通网站省级人民检察院的50%；有20家较大的市人民检察院网站提供了微信二维码，且可以登陆，占已开通网站较大的市人民检察院的45.45%。有6家省级人民检察院网站提供了新闻客户端链接，且可以登陆，占已开通网站省级人民检察院的20%；有5家较大的市人民检察院网站提供了新闻客户端链接，且可以登陆，占已开通网站较大的市人民检察院的11.36%。

### （二）检察政务信息

从工作流程这项二级指标来看，已有不少省级人民检察院和较大的市人民检察院公布了相关工作流程，但同时也存在继续发展的空间。

自侦案件须知应列明贪污贿赂犯罪、渎职侵权犯罪的立案标准和流程，

测评发现有18家省级人民检察院公开了自侦案件须知,占已开通网站省级人民检察院的60%;有7家较大的市人民检察院公开了自侦案件须知,占已开通网站较大的市人民检察院的15.91%。

刑事简易程序须知应说明刑事简易程序的适用范围和流程。有13家省级人民检察院公开了刑事简易程序须知,占已开通网站省级人民检察院的43.33%;有7家较大的市公开了刑事简易程序须知,占已开通网站较大的市人民检察院的15.91%。

刑事申诉须知应提供刑事申诉流程和相关联系方式。有22家省级人民检察院公开了刑事申诉须知,占已开通网站省级人民检察院的73.33%;有22家较大的市人民检察院公开了刑事申诉须知,占已开通网站较大的市人民检察院的50%。

民事申诉须知和行政申诉须知应分别提供民事案件和行政案件的申诉流程和相关联系方式。各有18家省级人民检察院公开了民事申诉须知和行政申诉须知,均分别占已开通网站省级人民检察院的60%;各有14家较大的市人民检察院公开了民事申诉须知和行政申诉须知,均分别占已开通网站较大的市人民检察院的31.82%。

刑事不起诉须知应提供刑事不起诉案件的公开审查流程。各有9家省级人民检察院和较大的市人民检察院公开了刑事不起诉须知,分别占已开通网站省级人民检察院和较大的市人民检察院的30%和20.45%。

监所检察须知应列明收监交付执行、新收押人员、在押人员权利义务和监所检察工作流程、联系方式。有6家省级人民检察院公开了监所检察须知,占已开通网站省级人民检察院的20%;有4家较大的市人民检察院公开了监所检察须知,占已开通网站较大的市人民检察院的9.09%。

国家刑事赔偿须知应提供国家刑事赔偿办案流程。有18家省级人民检察院公开了国家刑事赔偿须知,占已开通网站省级人民检察院的60%;有12家较大的市人民检察院公开了国家刑事赔偿须知,占已开通网站较大的市人民检察院的27.27%。

刑事诉讼法律援助须知应提供申请法律援助的条件和流程。有15家省级人民检察院公开了刑事诉讼法律援助须知,占已开通网站人民检察院的50%;有15家较大的市人民检察院公开了刑事诉讼法律援助须知,占已开通网站较大的市人民检察院的34.09%。

诉讼权利义务须知应列明犯罪嫌疑人、被害人、证人及其他诉讼参与人的权利义务。有19家省级人民检察院公开了诉讼权利义务须知,占已开通网站省级人民检察院的63.33%;有23家较大的市人民检察院公开了诉讼权利义务须知,占已开通网站较大的市人民检察院的52.27%。

司法警察职权义务须知应列明检察机关司法警察的职权义务和执法程序。有7家省级人民检察院公开了司法警察职权义务须知,占已开通网站省级人民检察院的23.33%;有2家较大的市人民检察院公开了司法警察职权义务须知,占已开通网站较大的市人民检察院的4.55%。

检察改革进展情况是2015年针对最高人民检察院和省一级人民检察院新增的测评指标,以考察检察院网站在公布检察改革进展方面的成绩。《关于深化检察改革的意见(2013~2017年工作规划)》(2015年修订版)要求:"健全检察官统一招录、有序交流、逐级遴选机制。初任检察官由省级检察院统一招录,一律在基层检察院任职,上级检察院的检察官一般从下一级检察院的优秀检察官中遴选。建立检察官遴选委员会制度。"但遗憾的是:包括最高人民检察院在内的绝大多数人民检察院,均未公布检察官的遴选方案和遴选委员会名单;第一批七家司法改革试点省市人民检察院也无一家公布司法改革试点方案。但特别值得肯定的是江苏省人民检察院,其网站在2015年10月9日公布了江苏检察官法官遴选委员会人才库组成人员名单,完整地公布了组成人员的性别、出生年月、学历、职务,这在全国独此一家[1]。

2015年,检察院网站在财政信息公开方面表现较好。在年度预决算方面,26家省级人民检察院公布了2015年度预算和2014年度决算信息,占

---

[1] 《江苏司法改革成立检察官法官遴选委员会 人才库组成人员揭晓》,http://jsjcw.jschina.com.cn/toutiao/201510/t2431379.shtml,最后访问时间:2015年12月31日。

已开通网站的86.67%，此外，还有2家省级人民检察院公布了2015年度预算但未公布2014年度决算，3家公布了2014年度决算但未公布2015年度预算；35家较大的市人民检察院公布了2015年度预算和2014年度决算。此外，还有4家公布了2015年度预算但未公布2014年度决算，2家公布了2014年度决算但未公布2015年度预算。

在"三公"经费方面，26家省级人民检察院公布了2014年度和2015年度"三公"经费，占已开通网站省级人民检察院的86.67%，此外，还有2家仅公布了2014年度"三公"经费，2家仅公布了2015年度"三公"经费；35家较大的市人民检察院公布了2014年度和2015年度"三公"经费。此外，还有3家仅公布了2014年度"三公"经费，2家仅公布了2015年度"三公"经费。

### （三）检察队伍信息

院领导领导检察院工作，公开其基本信息的意义自不待言。需要稍加说明的是另外三项指标。根据《最高人民检察院关于实行人民监督员制度的规定》，人民检察院办理直接受理立案侦查案件，实行人民监督员制度，人民监督员对人民检察院办理直接受理立案侦查案件活动实施监督；省级、地市级人民检察院应当将选任的人民监督员名单向社会公布；人民监督员的任期为五年，连任不得超过两个任期。根据《最高人民检察院、中共中央统战部关于聘请民主党派成员和无党派人士担任特约检察员的意见》，特约检察员的职责任务是：对检察业务工作中的专业性问题提供咨询；反映人民群众对检察机关建设和执行政策、法律情况，以及检察干部遵纪执法情况的批评和建议；反映或转递人民群众对国家工作人员违法犯罪问题的检举、控告和不服刑事处罚的申诉情况或材料；经检察院领导指派，参加有关案件的审查、复查和调查；参与讨论研究有关政策、法律和检察工作的某些重大事项；参与有关案件的讨论；宣传社会主义法制和检察制度。关于特约检察员的聘请期限，原则上由聘请检察院决定，但每届以不超过三年为宜；在聘任期满后，根据工作和本人情况可以续聘或解聘，聘任一般不超过两届。根据

《最高人民检察院专家咨询委员会工作办法》，专家咨询委员会的工作主要是对检察工作中遇到的重大问题开展咨询活动，包括对检察工作中的重大理论问题进行研究，对重大疑难复杂案件的相关问题进行论证，对最高人民检察院起草的工作报告、司法解释和有关规范性文件提供专家咨询意见，开展专题调研，协助培养高级专门人才等；专家咨询委员会委员每届任期为五年，可以连续聘任。

从院领导基本信息这一指标来看，提供该项信息的省级人民检察院网站有21家，占已开通网站省级人民检察院的70%，其中，还有19家未完整提供本院领导姓名、职务、管理范围、教育背景、工作经历等信息；提供该项信息的较大的市人民检察院网站有28家，比2014年的23家增加5家，占已开通网站较大的市人民检察院的63.64%，其中，有27家未完整提供本院领导姓名、职务、管理范围、教育背景、工作经历等信息。

从人民监督员基本信息这一指标来看，提供该项信息的省级人民检察院网站有6家，比2014年的9家减少3家，占已开通网站省级人民检察院的20%，其中，还有4家未完整提供本院人民监督员姓名、工作单位、教育背景等信息；提供该项信息的较大的市人民检察院网站有11家，占已开通网站较大的市人民检察院的25%，其中，还有9家未完整提供本院人民监督员姓名、工作单位、教育背景等信息。

从特约监察员基本信息这一指标来看，提供该项信息的省级人民检察院网站有5家，比2014年的2家增加3家，占已开通网站省级人民检察院的16.67%，其中，还有4家未完整提供本院特约监察员姓名、工作单位、教育背景等信息；提供该项信息的较大的市人民检察院网站有5家，比2014年的4家增加1家，占已开通网站较大的市人民检察院的11.36%，而且，这5家均未完整提供本院特约监察员姓名、工作单位、教育背景等信息。

从专家咨询委员基本信息这一指标来看，提供该项信息的省级人民检察院网站有4家，比2014年的2家增加2家，占已开通网站省级人民检察院的13.33%，而且4家均未完整提供本院专家咨询委员名单、工作单位、教育背景等信息。

测评结果显示，院领导这一项指标无疑是透明度最高的，但依然有相当一部分检察院网站未提供任何信息，即便是很多提供了信息的检察院，在提供信息的完整性上也还不理想。较之于院领导，人民监督员、特约检察员、专家咨询委员这三项指标的透明度就很低了。一般而言，检察院网站都有固定的院领导基本信息栏目，但一般都没有人民监督员、特约检察员、专家咨询委员这三项指标的基本信息栏目，测评只能以零星分布的各种信息为根据。这一问题在2013年的报告中就已指出，但至今可以说仍无解决的迹象。

### （四）检察案件信息

《人民检察院案件信息公开工作规定（试行）》第11条第1款规定："人民检察院应当及时向社会发布下列重要案件信息：（一）有较大社会影响的职务犯罪案件的立案侦查、决定逮捕、提起公诉等情况；（二）社会广泛关注的刑事案件的批准逮捕、提起公诉等情况；（三）已经办结的典型案例；（四）重大、专项业务工作的进展和结果信息；（五）其他重要案件信息。"法律文书包括起诉书、量刑建议书、检察建议、检察意见、抗诉书、不起诉决定书、刑事申诉复查决定书七项三级指标，《人民检察院案件信息公开工作规定（试行）》第18条第1款规定："人民检察院制作的下列法律文书，应当在人民检察院案件信息公开系统上发布：（一）人民法院所作判决、裁定已生效的刑事案件起诉书、抗诉书；（二）不起诉决定书；（三）刑事申诉复查决定书；（四）最高人民检察院认为应当在该系统发布的其他法律文书。"申诉审查包括刑事不起诉公开审查和刑事申诉公开审查两项三级指标。《最高人民检察院关于全面推进检务公开工作的意见》要求："完善公开审查制度。对存在较大争议或在当地有较大社会影响的拟作不起诉案件、刑事申诉案件，实行公开审查。"

在案件查询系统方面，检务公开进展迅速。《人民检察院案件信息公开工作规定（试行）》第3条规定："人民检察院应当通过互联网、电话、邮件、检察服务窗口等方式,向相关人员提供案件程序性信息查询服务,向社会公开重要案件信息和法律文书,以及办理其他案件信息公开工作。"自2014年10月1日全面上线运行一年来,人民检察院案件信息公开系统共发布案件程序性信息2046552件、重要案件信息65695件、法律文书505094份,受理辩护与代理预约22837件[1]。

具体到法律文书方面,检务公开的发展呈现出非均衡性的特征。上文已述,在起诉书、抗诉书、不起诉决定书、刑事申诉复查决定书等文书公开方面,发展较快。而在量刑建议书、检察建议、检察意见等文书公开方面,发展仍显缓慢。30家省级人民检察院均未公开量刑建议书;43家较大的市人民检察院未公开量刑建议书,占已开通网站较大的市人民检察院的97.73%。

在申诉审查方面,检务公开工作可谓任务艰巨。已开通网站的30家省级人民检察院和44家较大的市人民检察院均未公开刑事申诉公开审查信息。29家省级人民检察院未公开刑事不起诉公开审查信息,占已开通网站省级人民检察院的96.67%。43家较大的市人民检察院未公开刑事不起诉公开审查信息,占已开通网站较大的市人民检察院的97.73%。

## 四 完善建议

综上所述,2015年,检察院网站建设在推动检务公开方面取得了很大的进步,但也存在不少有待改进之处。总体而言,需要进一步落实《关于全面推进检务公开工作的意见》的要求,以加强办案过程中的信息公开为重点,继续推动"三个转变",即着力推动检务公开工作从侧重宣传一般事务性公开向案件信息公开转变,从司法依据和结果的静态公开向办案过程的动态公开转变,从单向宣告的公开向双向互动的公开转变。

第一,从观念上,要将推动检务公开与深化检察改革结合起来。要树立

---

[1] 《最高检通报全国检察机关检务公开工作情况》,http://www.spp.gov.cn/zdgz/201511/t20151113_107464.shtml,最后访问时间:2015年12月31日。

推动检务公开是深化检察改革的有机组成部分的意识,在检察改革中推动检务公开,通过检务公开促进检察改革。只有将检务公开与检察改革结合起来,才能避免将检务公开视为可有可无的"花架子"的错误倾向,啃下检务公开这块检察改革路上的"硬骨头"。

第二,进一步明确检务公开内容、细化检务公开标准。《关于全面推进检务公开工作的意见》是指导今后一个时期检务公开工作的纲领性文件,建立起了将检务公开内容分为检察案件信息、检察政务信息、检察队伍信息的基本框架。这个框架可以发展为未来规范检察院网站栏目设置、公开内容、公开标准的原则,从而推动检察院网站的规范化建设。

第三,继续促进检察院网站准确、及时公开信息。公开信息是检察院网站建设的核心工作,要实现专人领导、专人负责,做到公开工作专业化,及时更新相关信息,避免目前某些网站集中几个月公布信息,而后又几个月无任何更新的现象,保证社会公众可以第一时间了解所需信息。

第四,为了保证检察院网站准确、及时公开信息,应尝试建立强制公开制度。事实上,相关法律文件已经确立了公开检察信息的规范依据,但由于缺乏配套的强制性措施,导致实践效果较差。所以应通过制定配套措施、加强监督考核、委托社会评估等多种手段,逐步建立和完善检察信息的强制公开制度。

第五,注重从形式上规范检察院网站的建设,实现内容与形式的统一。当前,检察院网站建设呈现形式多样的特征,这本是一件好事,但与此同时,要注意检察院网站毕竟承担着树立检察机关官方形象、公布权威性检察信息的重要使命,应注重内容与形式的统一,避免一些检察院网站上存在的内容与形式不一致的现象。

第六,加强对网站的技术维护,加强新媒体公共平台建设。建议为网站建设拨付专项资金,购置必要的技术设备,为网站正常运转提供充实的物质和技术基础。同时,要密切关注互联网时代的最新进展,加强以"两微一端"为代表的新媒体公共平台建设,促进网站与"两微一端"的良性互动,积极探索检务公开的新形式。

# B.18
# 中国海事司法透明度指数报告（2015）

## ——以海事法院网站信息公开为视角

中国社会科学院法学研究所法治指数创新工程项目组*

摘　要： 2015年，在优化和调整了中国海事司法透明度指数测评指标体系后，中国社会科学院法学研究所法治指数创新工程项目组对全国10家海事法院的司法公开情况进行了第三次评估。评估结果显示，中国海事司法透明度稳中有升，表现为信息化水平不断提高、公开的方式日益多元、国际化色彩更加浓厚。中国要建设成为具有较高影响力的国际海事司法中心，需要进一步加大海事司法公开力度，打造统一的海事司法公开平台，发布年度海事审判白皮书、年度典型案例和精品文书。

关键词： 海事法院　司法公开　透明度　法治指数

适逢2014年中国设立海事法院30周年之际，《中国海事审判白皮书（1984~2014）》宣布，最高人民法院于1997年提出"在2010年前将中国建设成为亚太地区海事司法中心"的目标已经实现。2015年12月，最高人

---

\* 项目组负责人：田禾，中国社会科学院法学研究所研究员、国家法治指数研究中心主任。项目组成员：吕艳滨、王小梅、栗燕杰、徐斌、刘雁鹏、张文广、赵千羚、马小芳、刘迪、曹雅楠、杨芹、郑元昊等。执笔人：张文广，中国社会科学院国际法研究所副研究员。本报告在指标设计、调研和报告写作中，得到了许多学者、法官、律师的支持和帮助，在此一并致谢。

民法院提出"把我国建设成为具有较高国际影响力的国际海事司法中心"的新目标。这一目标对中国海事司法透明度提出了更高的标准和要求。

为评估中国海事司法透明度的发展状况,2015年中国社会科学院法学研究所法治指数创新工程项目组(以下简称"项目组")继续以中国海事法院网站的信息公开为视角,对中国海事司法透明度进行了第三次调研和测评。

## 一 指标体系与评估方法

### (一)评估对象

与2013、2014年相同,2015年中国海事司法透明度指数的评估对象为10家海事法院:广州海事法院、大连海事法院、上海海事法院、青岛海事法院、天津海事法院、武汉海事法院、宁波海事法院、厦门海事法院、海口海事法院和北海海事法院。

2015年度测评的重点是:海事法院门户网站建设水平、海事法院与全国性司法公开平台的链接状况、裁判文书内容处理规范性、典型案例的公开以及检索功能。

### (二)指标体系

在指标体系设计方面,中国海事司法透明度指标体系与中国司法透明度指数指标体系保持一致,即坚持依据法律和依据法理相结合的原则、客观中立的原则、立足现状并有所前瞻的原则。

2015年度评估的板块设置与2014年度相同,但板块权重和二级指标则有所调整。测评的板块及权重如下:审务公开占20%,立案庭审公开占30%,裁判文书公开占30%,执行信息公开占20%。每一板块满分100分。二级指标方面则有增有删。其中,审务公开板块增加了"工作报告"和"规范性文件"方面的内容;立案庭审公开板块中增加了"旁听"和"发布制度";文书公开板块删除了"裁判文书网上更新性",增加了"典型案例的发布""裁判文书上网数据"和"公开不上网裁判文书的相关情况";执行公开板块删除了"拍卖公告"和"被执行人信息查询渠道",增加了"执行惩戒"和"失信被执行人信息查询"。因此,中国海事司法透明度指数测评指标体系(2015)共计有4个一级指标、25个二级指标(见表1)。

表1 中国海事司法透明度指数测评指标体系

| 一级指标及权重 | 二级指标及权重 |
| --- | --- |
| 审务公开(20%) | 平台建设(35%) |
| | 人员信息(15%) |
| | 财务信息(15%) |
| | 工作报告与统计数据(25%) |
| | 规范性文件(10%) |
| 立案庭审公开(30%) | 诉讼指南(20%) |
| | 开庭公告(20%) |
| | 旁听(20%) |
| | 庭审直播(20%) |
| | 发布制度(5%) |
| | 庭审笔录(5%) |
| | 案件查询系统(10%) |
| 裁判文书公开(30%) | 裁判文书栏目(10%) |
| | 中国裁判文书网链接(10%) |
| | 裁判文书内容完整性(10%) |
| | 裁判文书内容信息处理(30%) |
| | 典型案例发布(20%) |
| | 裁判文书上网数据(10%) |
| | 公开不上网裁判文书的相关情况(10%) |
| 执行信息公开(20%) | 执行栏目或执行网页(10%) |
| | 执行指南(15%) |
| | 执行曝光(40%) |
| | 执行惩戒(10%) |
| | 执行举报(15%) |
| | 失信被执行人信息查询(10%) |

## （三）评估方法

评估主要采取观察和验证的方法。自2015年11月1日至12月31日，项目组人员对全国10家海事法院的门户网站及其在全国性司法公开平台上的链接与更新状况进行了测评。为慎重起见，凡是调查人员无法找到信息内容、无法打开网页的，均由其他评估人员利用互联网上的多个主要搜索引擎进行查找，采取更换计算机及上网方式、变更上网时间等进行多次验证。

为保持评估结果的准确性和客观性，项目组内设了两道"防火墙"：第一，评估工作和复核工作由不同的人完成；第二，实施评估的人不参与分析报告的撰写，撰写分析报告的人不参与网站的评估。

## 二 评估结果

评估结果显示，宁波、北海、广州海事法院仍然排名前三位。全国10家海事法院中，2家海事法院得分在70分以上，1家海事法院得分在60～69分，4家海事法院得分在50～59分，1家海事法院得分在40～49分，2家海事法院得分在30～39分（见表2）。

表2 中国海事司法透明度指数测评结果（满分：100分）

单位：分

| 排名 | 海事法院 | 审务公开 | 立案庭审公开 | 裁判文书公开 | 执行信息公开 | 总分 |
| --- | --- | --- | --- | --- | --- | --- |
| 1 | 宁波 | 91.5 | 70.0 | 80.0 | 65.0 | 76.3 |
| 2 | 北海 | 99.0 | 70.0 | 80.0 | 45.0 | 73.8 |
| 3 | 广州 | 83.5 | 65.0 | 60.0 | 50.0 | 64.2 |
| 4 | 海口 | 70.5 | 50.0 | 62.0 | 55.0 | 58.7 |
| 5 | 青岛 | 51.5 | 60.0 | 64.0 | 50.0 | 57.5 |
| 6 | 上海 | 50.0 | 65.0 | 60.0 | 30.0 | 53.5 |
| 7 | 天津 | 39.0 | 65.0 | 60.0 | 30.0 | 51.3 |
| 8 | 厦门 | 56.5 | 35.0 | 46.0 | 45.0 | 44.6 |
| 9 | 大连 | 47.0 | 20.0 | 42.0 | 45.0 | 37.0 |
| 10 | 武汉 | 38.5 | 20.0 | 50.0 | 10.0 | 30.7 |

需要指出的是，鉴于项目组对测评的指标及权重进行了调整，本次测评得分与前两次测评得分之间没有直接的可比性。对于一些指标，项目组仅进行了形式审查，没有进行实质审查，没有设置最低门槛。因此，有的海事法院网站公开的内容不多，但由于板块设计相对合理，得分相对较高。有的海事法院网站内容较为丰富，更新相对及时，但由于栏目设置存在问题及与省级、全国性司法公开平台之间缺乏有效链接，得分反而不够理想。

评估发现，2015年度，中国海事司法透明度总体趋势向好，稳步提升。

第一，特色得到保留，亮点不断出现。2015年度，广州、北海、宁波、上海海事法院坚持发布年度海事审判白皮书并将全文在网上公开；北海海事法院坚持在网站上公开庭审笔录；宁波海事法院坚持公开司法统计数据，法律法规栏目更新及时。2015年度，海事司法公开中重要的亮点有：广州海事法院的英文网站日益完善，成为世界了解中国海事司法的重要窗口；上海海事法院发布了中英文海事审判白皮书，微信公众平台运作良好；海口海事法院门户网站虽然开通较晚但起点较高，其诉讼服务平台令人印象深刻。

第二，信息化水平不断提高，服务功能日益凸显。2015年度，海口海事法院开通了门户网站，武汉海事法院也对其网站进行了改版，尽管最终排名不甚理想，但其努力仍值得肯定。北海海事法院推行"互联网＋海事诉讼"，上海海事法院打造"互联网＋海事审判"新格局，宁波海事法院首创通过淘宝网拍卖船舶，广州海事法院诉讼档案一律实现电子化，青岛海事法院推出了司法公开"三大平台"手机APP，天津海事法院通过微博直播了栾树海等21名原告诉被告康菲公司、中海油公司海上污染损害责任纠纷一案的一审宣判。

第三，司法公开视野更加开阔，国际影响力不断上升。2015年度，上海海事法院首次发布了中英文海事审判白皮书。广州海事法院完善了英文网站，将海事审判白皮书、部分生效裁判文书英文译本上网公开，录制并公开了法官说法，搭建了司法国际化公开的平台，受到了国际社会的广泛关注。

但是，评估发现，海事法院司法公开中也存在以下不足。

第一，信息查询不够方便。目前海事司法网上公开的平台有海事法院网

站、省级司法公开平台、中国涉外商事海事审判网,以及全国性司法公开平台。目前,中国涉外商事审判网的运行状况堪忧,大多数省级司法公开平台和全国性司法公开平台也没有专门设置《海商海事》栏目。在搜索引擎功能还不完善的情形下,海事海商案件信息,尤其是由高级人民法院和最高人民法院审理的海事海商案件信息,查询起来并不方便。随着《最高人民法院关于海事法院受理案件范围的规定》和《最高人民法院关于海事诉讼管辖的规定》的实施,海事法院将对海事行政案件行使管辖权,海事案件类型由原来的63项增加至108项,相关信息的查询可能更加困难。

第二,内容更新不够及时。有些海事法院网站的栏目在2015年度没有更新任何信息。其中的原因可能是:有内容但没更新、没内容故没更新。如果确实没有相关信息需要公开,则应该在栏目里进行说明。例如,在2014年度,广州海事法院即在其《限制高消费被执行人名单信息》栏目注明"目前无采取限制高消费的被执行人名单"。令人遗憾的是,这种做法在2015年度没有得到坚持。新版中国裁判文书网于2015年12月15日开通。然而,截至2016年1月15日,仍有3家海事法院没有更新其网站上的链接,原有链接实际上成为无效链接。项目组曾给3家海事法院网站上的"院长邮箱"写信,询问相关信息,但除了海口海事法院外,其余2家海事法院一直没有回复。

第三,微博"刷屏"现象较为普遍。2015年度,部分海事法院的微博相对活跃,更新的速度较快,内容较多,给公众了解海事法院的工作提供了新的渠道。但遗憾的是,也有一些海事法院官方微博发布的信息,原创的不多,转发的信息不少都与海事审判甚至与法律无关,导致有用的信息查找起来更加困难。

## 三 各板块评估结果

### (一)审务公开

2015年度,随着海口海事法院门户网站的开通,全国10家海事法院均有了独立的门户网站和官方微博，并且处于有效运作状态。武汉海事法院和青岛海事法院对其网站进行了改版。上海海事法院网站增设了《海事审判白皮书》栏目。截至 2015 年 12 月 31 日，上海、武汉、北海、青岛、天津和海口 6 家海事法院开通了微信。其中，上海海事法院的微信公众平台做得最好，信息发布及时有效，并在一定程度上完善了门户网站的功能，值得在全国范围内推广。

在电话平台方面，共有 8 家海事法院开通了 12368 平台或其他客服号，并且整合了立案咨询、案件查询、执行举报等功能；另有 1 家海事法院虽然在其官方网站上公开了电话号码，但在验证时并未开通。

在人员信息方面，9 家海事法院在网站上公开了所有院领导的姓名，其中有 3 家海事法院同时公开了所有院领导的学历和工作经历。9 家海事法院在网站上公开了审判人员姓名，其中有 3 家同时公开了审判人员的任职时间或法官级别、学历或工作经历。5 家海事法院在网站上同时公布了人民陪审员的姓名、工作单位或职业。书记员的公开状况较差，仅有 2 家海事法院在网站上公布了书记员的姓名。

2015 年度，海事法院财务信息公开状况并不理想。仅有 5 家海事法院发布了本年度预算和上年度决算信息，5 家海事法院公开了"三公"经费信息并对经费变动情况予以说明。财务信息公开状况不理想的原因有二：其一，重视程度不够，可以公开的没有公开；其二，管理体制不同，有的海事法院属于二级财政，由其上诉审高级人民法院负责公开。在全部 10 家海事法院中，北海海事法院的财务信息公开做得最好，值得在全国范围内推广。

2015 年度，广州、宁波、上海、北海、厦门、海口等 6 家海事法院发布了海事审判白皮书。至此，全国 10 家海事法院中，已有 8 家海事法院公开发布过海事审判白皮书。最高人民法院和山东省高级人民法院曾在 2014 年度发布过海事审判白皮书。大连海事法院曾通过《大连海事法院审判年鉴》发布过年度海事审判白皮书。截至 2015 年 12 月 31 日，《山东海事审判三十年白皮书》和大连海事法院《海事审判白皮书》尚未将全文上网，公众也难以通过其他渠道获取全文。项目组认为，上海、广州、宁波和北海海事法院连续发布年度海事审判白皮书并将全文在网上公开的做法值得嘉许。

在工作报告方面，6家海事法院在网站上公布了上年度的工作报告。2015年8月11日，上海海事法院在其网站上公开了《上海海事法院2015年上半年工作报告》。这是上海海事法院首次在其网站上发布类似的报告。在规范性文件方面，仅有4家海事法院集中发布本院规范性文件。

### （二）立案庭审公开

立案庭审公开板块中，做得最好的是诉讼指南公开。仅有1家海事法院没有公开诉讼指南信息，但也提供了有效的省级司法公开平台的链接。开庭公告的公开则不甚理想，仅有4家海事法院未发现晚于开庭前3天通过网络发布开庭公告。

在旁听方面，仅有3家海事法院在网站上公布旁听规则，1家海事法院提供电话预约，2家海事法院提供网络预约。在庭审直播方面，仅有2家海事法院通过网络对庭审进行文字直播，5家海事法院通过网络对庭审进行视频直播。在案件查询系统方面，4家海事法院提供了案件审理进度查询系统，且系统链接有效。另外，值得一提的是，北海海事法院公开庭审笔录的做法，使得公开内容进一步增加，值得向全国推广。

### （三）裁判文书公开

裁判文书公开是上两次海事司法透明度测评的重点。2015年度，裁判文书公开的权重虽然有所下降，但仍与立案庭审公开并列为第一大权重的指标。

2015年度，仍有5家海事法院的网站没有建立与中国裁判文书网的链接。其他5家海事法院网站虽然建立了链接，但更新不够及时，随着新版中国裁判文书网的开通，其中3家海事法院的链接已经成为无效链接（考虑到新版中国裁判文书网开通时已近年底，在旧版中国裁判文书网点击这3家海事法院原有链接能直接显示本院裁判文书，故没有扣分）。

裁判文书内容信息处理相对规范。项目组对评估对象发布的裁判文书进行了抽查，结果发现，仅有1家海事法院的裁判文书对公司的住址作了处理，1家海事法院对村民小组的地址作了处理。

2015年度，仅有2家海事法院公开了裁判文书上网的数据，另有1家海事法院网站设置了《文书上网情况通报》栏目，但是内容为空。截至2015年12月31日，尚无海事法院公开不上网裁判文书的相关情况。

典型案例的公开状况也不能令人满意。有海事法院在海事审判白皮书中公开了典型案例；有海事法院在网站上公开了高级人民法院和最高人民法院的典型案例，却没有公布本院的典型案例；有海事法院虽然公布了典型案例，但数量很少；有海事法院虽然公开了典型案例，但落款没有公开时间；也有海事法院全年没有更新一个典型案例。

## （四）执行信息公开

执行信息公开做得较好的是执行栏目或执行网页。仅有1家海事法院网站没有设置有效的执行栏目，也没有提供省级司法公开平台的有效链接。但是，该法院在其微信平台上有省级司法公开平台的有效链接，从而在一定程度上弥补了这方面的缺憾。在执行指南方面，8家海事法院提供了执行常识，包括执行风险、当事人权利义务告知、执行须知等，其中还有2家海事法院提供了执行流程或流程图。1家海事法院提供了省级诉讼服务网链接，但点击该链接后并没有发现执行指南。

执行曝光与中国执行信息公开网的链接配置情况不尽理想。截至测评结束，尚无海事法院能够公开执行惩戒信息、能够在调研之前3个月内更新"限制高消费"和"限制出境"相关信息。仅有3家海事法院公开了执行悬赏信息。5家海事法院提供公开执行线索的受理电话或被执行人举报电话或邮箱。在与中国执行信息公开网的链接方面，仅有2家海事法院网站提供了有效链接；另有3家海事法院提供了全国被执行人信息查询系统的链接，其中有1家海事法院网站提供的是错误链接。

## 四 完善建议及下一年度测评的重点

随着海洋强国和"一带一路"等多个国家战略的深入推进，各种要素进一步向中国集聚，越来越多海事审判将肩负着更加重要的司法保障任务。提高海事司法透明度，有利于提升中国海事司法公信力，助力国际航运中心建设。

第一，加强部门协调，完善工作机制。从三次评估的结果看，海事司法透明度评估排名靠前的法院，往往也是院领导尤其是"一把手"重视司法公开的法院。海事司法公开是重要的系统工程，仅靠单个部门无法完成。中国需要进一步完善海事司法公开制度，形成"一把手"总负责、各部门分工负责的工作机制。

第二，明确网站为司法公开的基础平台，努力做到内外网功能合理区分，核心栏目相对固定。目前，10家海事法院网站的栏目繁简不一。一些内容在内网上公布的效果可能会更好。建议各家海事法院将门户网站定位为政务网站、司法公开的基础平台，重要新闻和重大案件可以采取多种方式发布，但也应在网站上有所体现。

第三，打造全国统一的海事诉讼服务平台。统一的服务平台可以更加开放、透明、便民，可以更加充分利用大数据，进行专项分析，为司法决策服务。中国涉外商事海事审判网基础较好，知名度较高，但运行状况尚不能令人满意，建议最高人民法院将中国涉外商事海事审判网重新恢复为中国海事审判网，专门负责公开海事海商案件的全部信息。

第四，发布海事海商指导性案例、参考性案例和典型案例，发布年度海事审判白皮书，推出"中国海事审判报告"。新加坡、伦敦是全球公认的国际航运中心和国际海事司法中心，其共同的特点是法治环境完善，案例发布及时。最高人民法院应增加海事海商指导性案例的发布，海事法院所在地的高级人民法院应增加参考性案例的发布，海事法院应增加典型案例和精品文书的发布。为了扩大中国海事司法的国际影响，中国应将《海事审判白皮书》的发布常态化、制度化，适时推出"中国海事审判报告"。

2016年中国海事司法透明度测评的重点包括但不限于：信息发布的时效性、年度海事审判白皮书的发布、年度典型案例和精品文书的公开、与全国性司法公开平台之间的有效链接以及网站检索功能的完善。

海事司法公开永远在路上，只有进行时，没有完成时。项目组将进一步推动中国海事司法透明度指标体系的科学性和客观性，提升测评的真实性和准确性，与各界一起努力，共同推动中国海事司法公开向前发展。

# B.18
# 浙江法院阳光司法指数报告（2015）

中国社会科学院法学研究所法治指数创新工程项目组*

**摘 要：** 受浙江省高级人民法院委托，中国社会科学院法学研究所法治指数创新工程项目组2015年继续从审务公开、立案庭审公开、裁判文书公开和执行信息公开4个方面，对全省三级105家法院司法公开的情况进行了测评。测评显示，2015年，浙江各级法院将阳光司法与法院权力规范化运行紧密衔接，各法院司法公开工作水平整体提升。但司法公开各项工作以及各法院之间的司法公开情况仍不均衡，未来应进一步依托信息化提升公开水平，将推进司法公开与提升司法能力同步推进。

**关键词：** 司法公开 阳光司法 浙江法院 法治指数

受浙江省高级人民法院的委托，中国社会科学院法学研究所法治指数创新工程项目组（以下简称"项目组"）2015年继续对浙江省三级105家法院进行阳光司法指数测评。本报告是对总体测评情况的分析。

---

* 项目负责人：田禾，中国社会科学院法学研究所研究员，国家法治指数研究中心主任。项目组成员：吕艳滨、王小梅、栗燕杰、徐斌、刘雁鹏、赵千羚、赵凡、刘迪、许倩、姜瑞、杨芹、马小芳、曹雅楠、慕寿ében、张爽、张多、周震、宁妍、徐蕾、宋君杰、李家琛等。执笔人：吕艳滨、田禾，中国社会科学院法学研究所研究员。赵千羚、刘迪、曹雅楠、杨芹、马小芳等参与了部分内容写作。

## 一 测评内容

本年度测评包括4个一级指标,分别是审务公开、立案庭审公开、裁判文书公开和执行信息公开,权重分别为15%、35%、25%、25%(见表1)。

其中,审务公开板块的测评内容包括门户网站建设、12368平台、人员信息、法官职业规范、法院投诉渠道、工作报告、统计数据7项内容,权重分别为20%、20%、30%、5%、5%、10%、10%。考虑到在互联网时代,门户网站是司法公开的第一平台,而12368平台则是进一步体现司法为民、落实司法公开工作的重要平台,项目组将原测评指标中的"司法公开平台"板块拆分为门户网站和12368平台两个板块,以突出两者的重要性。

表1 2015年度浙江法院阳光司法指数指标体系

| 一级指标及权重 | 二级指标 | 权重(%) |
| --- | --- | --- |
| 审务公开(15%) | 门户网站 | 20 |
|  | 12368平台 | 20 |
|  | 人员信息 | 30 |
|  | 法官职业规范 | 5 |
|  | 法院投诉渠道 | 5 |
|  | 工作报告 | 10 |
|  | 统计数据 | 10 |
| 立案庭审公开(35%) | 诉讼指南 | 20 |
|  | 权利义务及重大事项告知 | 30 |
|  | 档案电子化 | 20 |
|  | 庭审公开 | 30 |
| 裁判文书公开(25%) | 归纳诉辩主张 | 20 |
|  | 回应诉求 | 20 |
|  | 证据采信说理 | 25 |
|  | 法律适用说理 | 25 |
|  | 列举法律依据 | 10 |
| 执行信息公开(25%) | 执行指南 | 30 |
|  | 执行措施透明度 | 40 |
|  | 司法网拍 | 30 |

立案庭审公开包括诉讼指南、权利义务及重大事项告知、档案电子化、庭审公开4项内容，权重分别为20%、30%、20%、30%。其中，庭审公开部分包括庭审旁听保障、同步录音录像率、庭审录像质量、庭审过程规范化程度4项内容。

裁判文书公开的具体测评内容包括：裁判文书是否全面归纳了诉辩主张；对当事人的诉求是否均作出了回应；对双方当事人提供的证据经质证意见不一的，裁判文书是否说明应否采信及其理由；裁判文书是否阐述了针对案件事实适用某法律规定的理由，即是否说明了适用的法律条文以及为什么适用该法律条文；裁判文书是否附有所适用的法律条文依据。5个部分的权重分别为20%、20%、25%、25%、10%。

执行信息公开包括执行指南公开、执行措施透明度、司法网拍三项，其权重分别为30%、40%、30%。

与2013年和2014年度相比，2015年的测评无论是内容，还是具体测评标准，抑或是测评点及指标权重的设定都更加注重实质性内容的公开，测评内容越来越细致，测评要求也越来越严格。

在核算分数的过程中，原拟将法院一线法官人均办案量作为系数，以体现向人均办案量多的法院倾斜的目的，但项目组经反复论证后认为，阳光司法指数测评所设定的指标中，与人均办案量有紧密关系的权利义务及重大事项告知、执行措施透明度等测评内容均是法定应当公开和告知的事项，无论人均办案量是高还是低，法院都负有法定告知的义务，否则即属于程序违法。为此，最终项目组未以人均办案量来核算阳光司法指数。

## 二 测评结果

### （一）总体情况

根据4大板块的测评结果以及权重分配，项目组核算并形成了浙江省105家法院的总体测评结果（见表2），各板块得分情况见表3~6。

表2 2015年度阳光司法指数测评总体结果（满分100分）

单位：分

| 排名 | 法院 | 得分 | 排名 | 法院 | 得分 | 排名 | 法院 | 得分 |
|---|---|---|---|---|---|---|---|---|
| 1 | 余姚 | 74.34 | 37 | 绍中 | 65.27 | 72 | 普陀 | 60.39 |
| 2 | 椒江 | 73.60 | 38 | 衢江 | 65.26 | 73 | 萧山 | 59.88 |
| 3 | 青田 | 73.18 | 39 | 温中 | 65.06 | 74 | 淳安 | 59.64 |
| 4 | 北仑 | 72.62 | | 开化 | 65.06 | 75 | 泰顺 | 59.53 |
| 5 | 江北 | 71.96 | 41 | 余杭 | 65.01 | 76 | 嵊泗 | 59.50 |
| 6 | 东阳 | 71.95 | 42 | 文成 | 64.49 | 77 | 建德 | 59.41 |
| 7 | 缙云 | 70.93 | | 金中 | 64.49 | 78 | 滨江 | 59.32 |
| 8 | 南浔 | 70.78 | 44 | 宁海 | 64.45 | | 瓯海 | 59.32 |
| 9 | 吴兴 | 70.75 | 45 | 衢中 | 64.42 | 80 | 义乌 | 59.28 |
| 10 | 慈溪 | 70.17 | 46 | 洞头 | 64.25 | 81 | 金东 | 59.02 |
| 11 | 景宁 | 70.16 | 47 | 杭中 | 64.08 | 82 | 柯桥 | 58.88 |
| 12 | 海曙 | 69.67 | | 舟中 | 64.08 | 83 | 兰溪 | 58.87 |
| 13 | 临海 | 69.46 | 49 | 嘉善 | 63.98 | 84 | 西湖 | 58.58 |
| 14 | 上城 | 69.42 | 50 | 平阳 | 63.64 | 85 | 象山 | 58.44 |
| 15 | 永嘉 | 69.06 | 51 | 龙游 | 63.51 | 86 | 柯城 | 58.40 |
| 16 | 遂昌 | 68.59 | 52 | 台中 | 63.26 | 87 | 龙湾 | 58.18 |
| 17 | 龙泉 | 68.51 | 53 | 常山 | 63.10 | 88 | 江干 | 58.13 |
| 18 | 海宁 | 68.44 | | 平均分 | 62.92 | 89 | 桐乡 | 58.10 |
| 19 | 仙居 | 68.43 | 54 | 海盐 | 62.87 | 90 | 婺城 | 57.61 |
| 20 | 镇海 | 68.41 | 55 | 拱墅 | 62.82 | 91 | 诸暨 | 57.14 |
| 21 | 宁中 | 68.38 | 56 | 新昌 | 62.70 | 92 | 鹿城 | 57.10 |
| 22 | 丽中 | 68.37 | 57 | 温岭 | 62.57 | 93 | 江山 | 56.89 |
| 23 | 德清 | 68.14 | 58 | 玉环 | 62.11 | 94 | 越城 | 56.28 |
| 24 | 鄞州 | 67.90 | 59 | 路桥 | 62.10 | 95 | 临安 | 56.06 |
| 25 | 平湖 | 67.52 | 60 | 磐安 | 61.71 | 96 | 桐庐 | 55.97 |
| 26 | 长兴 | 67.07 | 61 | 南湖 | 61.67 | 97 | 定海 | 55.05 |
| 27 | 安吉 | 67.03 | 62 | 海事 | 61.64 | 98 | 奉化 | 55.04 |
| 28 | 嵊州 | 66.99 | 63 | 下城 | 61.57 | 99 | 乐清 | 54.39 |
| 29 | 湖中 | 66.90 | | 莲都 | 61.57 | 100 | 永康 | 53.95 |
| 30 | 高院 | 66.85 | 65 | 经开 | 61.19 | 101 | 富阳 | 52.00 |
| 31 | 嘉中 | 66.73 | 66 | 云和 | 60.95 | 102 | 秀洲 | 51.65 |
| 32 | 黄岩 | 66.64 | 67 | 苍南 | 60.82 | 103 | 江东 | 51.45 |
| 33 | 三门 | 66.62 | 68 | 瑞安 | 60.63 | 104 | 浦江 | 49.26 |
| 34 | 岱山 | 66.46 | | 天台 | 60.63 | 105 | 铁路 | 38.93 |
| 35 | 庆元 | 66.10 | 70 | 松阳 | 60.48 | | | |
| 36 | 上虞 | 65.46 | 71 | 武义 | 60.40 | | | |

说明：中级法院采用简称，如"杭州中院"简称为"杭中"，下同。

表3 2015年度阳光司法指数"审务公开"板块测评结果(满分100分)

单位：分

| 排名 | 法院 | 得分 | 排名 | 法院 | 得分 | 排名 | 法院 | 得分 |
|---|---|---|---|---|---|---|---|---|
| 1 | 乐清 | 74.56 | 37 | 鄞州 | 66.54 | 72 | 武义 | 60.94 |
| 2 | 南浔 | 74.18 | 38 | 遂昌 | 66.37 | 73 | 苍南 | 60.56 |
| 2 | 长兴 | 74.18 | 39 | 海宁 | 65.81 | 74 | 宁海 | 60.46 |
| 4 | 余姚 | 73.65 | 40 | 龙泉 | 65.68 | 75 | 海盐 | 60.29 |
| 5 | 义乌 | 72.91 | 41 | 上虞 | 65.55 | 76 | 桐乡 | 60.08 |
| 6 | 缙云 | 72.90 | 42 | 云和 | 64.98 | 77 | 瑞安 | 60.06 |
| 7 | 慈溪 | 72.81 | 43 | 龙湾 | 64.34 | 78 | 嘉善 | 60.03 |
| 8 | 平阳 | 72.58 | 44 | 安吉 | 64.16 | 79 | 镇海 | 59.76 |
| 9 | 吴兴 | 72.56 | 45 | 嘉中 | 63.72 | 80 | 磐安 | 59.50 |
| 10 | 东阳 | 72.38 | 46 | 丽中 | 63.68 | 81 | 南湖 | 59.47 |
| 11 | 玉环 | 71.92 | 47 | 衢中 | 63.20 | 82 | 椒江 | 59.45 |
| 12 | 龙游 | 71.18 | 47 | 鹿城 | 63.20 | 83 | 金东 | 59.40 |
| 13 | 松阳 | 71.17 |  | 平均分 | 63.07 | 84 | 永康 | 59.22 |
| 14 | 越城 | 71.16 | 49 | 海事 | 62.94 | 85 | 新昌 | 59.18 |
| 15 | 诸暨 | 71.02 | 50 | 三门 | 62.88 | 86 | 奉化 | 58.91 |
| 16 | 下城 | 70.70 | 50 | 常山 | 62.88 | 87 | 洞头 | 58.83 |
| 17 | 永嘉 | 70.56 | 52 | 瓯海 | 62.75 | 88 | 上城 | 58.70 |
| 17 | 路桥 | 70.56 | 53 | 临海 | 62.56 | 89 | 定海 | 58.49 |
| 19 | 江干 | 70.54 | 54 | 淳安 | 62.51 | 90 | 庆元 | 58.40 |
| 20 | 余杭 | 70.20 | 55 | 嵊州 | 62.43 | 91 | 兰溪 | 58.20 |
| 21 | 北仑 | 69.79 | 56 | 江北 | 62.27 | 92 | 婺城 | 58.00 |
| 21 | 泰顺 | 69.79 | 57 | 仙居 | 62.24 | 93 | 建德 | 57.90 |
| 23 | 舟中 | 69.58 | 58 | 黄岩 | 62.09 | 94 | 金中 | 56.60 |
| 24 | 衢江 | 69.56 | 59 | 青田 | 62.08 | 94 | 拱墅 | 56.60 |
| 25 | 经开 | 69.16 | 60 | 台中 | 62.06 | 96 | 桐庐 | 56.52 |
| 26 | 普陀 | 68.86 | 61 | 滨江 | 61.98 | 97 | 萧山 | 55.82 |
| 27 | 景宁 | 68.75 | 62 | 岱山 | 61.84 | 98 | 西湖 | 55.50 |
| 28 | 高院 | 68.68 | 63 | 温岭 | 61.74 | 99 | 海曙 | 54.37 |
| 29 | 莲都 | 68.45 | 64 | 开化 | 61.73 | 100 | 江东 | 53.08 |
| 30 | 江山 | 68.34 | 65 | 德清 | 61.68 | 101 | 临安 | 50.44 |
| 31 | 文成 | 67.95 | 66 | 柯桥 | 61.66 | 102 | 浦江 | 44.68 |
| 32 | 宁中 | 67.15 | 67 | 平湖 | 61.45 | 103 | 富阳 | 44.54 |
| 33 | 温中 | 67.11 | 68 | 天台 | 61.27 | 104 | 秀洲 | 36.58 |
| 34 | 绍中 | 66.94 | 69 | 柯城 | 61.11 | 105 | 铁路 | 12.80 |
| 35 | 杭中 | 66.84 | 70 | 嵊泗 | 61.04 |  |  |  |
| 36 | 湖中 | 66.66 | 71 | 象山 | 60.96 |  |  |  |

表4 2015年度阳光司法指数"立案庭审公开"板块测评结果（满分100分）

单位：分

| 排名 | 法院 | 得分 | 排名 | 法院 | 得分 | 排名 | 法院 | 得分 |
|---|---|---|---|---|---|---|---|---|
| 1 | 江北 | 75.33 | 37 | 安吉 | 64.01 | 72 | 新昌 | 57.36 |
| 2 | 北仑 | 74.00 | 38 | 奉化 | 63.80 | 73 | 温岭 | 57.31 |
| 3 | 海曙 | 73.60 | 39 | 云和 | 63.45 | 74 | 平阳 | 57.14 |
| 4 | 衢中 | 71.97 | 40 | 海盐 | 63.44 | 75 | 舟中 | 56.83 |
| 5 | 慈溪 | 69.99 | 41 | 瑞安 | 63.22 | 76 | 婺城 | 56.16 |
| 6 | 景宁 | 69.93 | 42 | 余杭 | 63.15 | 77 | 江山 | 56.11 |
| 7 | 余姚 | 69.76 | 43 | 鹿城 | 62.84 | 78 | 金东 | 56.04 |
| 8 | 龙泉 | 69.73 | 44 | 海事 | 62.35 | 79 | 建德 | 56.00 |
| 9 | 下城 | 69.72 | 45 | 松阳 | 62.30 | 80 | 龙游 | 55.94 |
| 10 | 东阳 | 69.55 | 46 | 三门 | 61.96 | 81 | 泰顺 | 55.90 |
| 11 | 磐安 | 69.40 | 47 | 湖中 | 61.50 | 82 | 嘉善 | 55.65 |
| 12 | 青田 | 68.92 | 48 | 嵊泗 | 60.97 | 83 | 经开 | 55.55 |
| 13 | 宁中 | 68.90 | 49 | 莲都 | 60.86 | 84 | 秀洲 | 55.47 |
| 14 | 高院 | 68.00 | 50 | 龙湾 | 60.79 | 85 | 柯桥 | 55.36 |
| 15 | 嵊州 | 67.85 | 51 | 江东 | 60.67 | 86 | 金中 | 55.35 |
| 16 | 庆元 | 67.76 | 51 | 柯城 | 60.67 | 87 | 临安 | 53.91 |
| 17 | 开化 | 67.27 | 53 | 台中 | 60.58 | 88 | 苍南 | 53.89 |
| 18 | 淳安 | 67.17 | 54 | 岱山 | 60.54 | 89 | 兰溪 | 53.26 |
| 19 | 温中 | 67.11 | 55 | 杭中 | 60.51 | 90 | 仙居 | 53.12 |
| 20 | 吴兴 | 66.75 | 56 | 南浔 | 60.43 | 91 | 象山 | 52.99 |
| 21 | 上城 | 66.41 |  | 平均分 | 60.34 | 92 | 路桥 | 52.19 |
| 22 | 永嘉 | 66.37 | 57 | 衢江 | 60.21 | 93 | 桐乡 | 52.03 |
| 23 | 镇海 | 66.28 | 58 | 丽中 | 60.20 | 94 | 天台 | 51.98 |
| 24 | 洞头 | 66.21 | 59 | 南湖 | 60.00 | 95 | 上虞 | 51.79 |
| 25 | 萧山 | 66.09 | 60 | 黄岩 | 59.85 | 96 | 武义 | 50.74 |
| 26 | 临海 | 65.93 | 61 | 宁海 | 59.66 | 97 | 诸暨 | 50.32 |
| 27 | 海宁 | 65.92 | 62 | 桐庐 | 59.62 | 98 | 富阳 | 49.47 |
| 28 | 椒江 | 65.88 | 63 | 永康 | 59.48 | 99 | 普陀 | 49.45 |
| 29 | 缙云 | 65.69 | 63 | 玉环 | 59.48 | 100 | 义乌 | 48.48 |
| 30 | 遂昌 | 65.39 | 65 | 平湖 | 59.44 | 101 | 绍中 | 47.45 |
| 31 | 长兴 | 65.20 | 66 | 定海 | 59.36 | 102 | 越城 | 46.73 |
| 32 | 文成 | 65.13 | 67 | 江干 | 59.08 | 103 | 乐清 | 43.81 |
| 33 | 常山 | 64.77 | 68 | 德清 | 58.96 | 104 | 浦江 | 37.31 |
| 34 | 瓯海 | 64.72 | 69 | 鄞州 | 57.63 | 105 | 铁路 | 26.46 |
| 35 | 拱墅 | 64.53 | 70 | 滨江 | 57.57 |  |  |  |
| 36 | 嘉中 | 64.42 | 71 | 西湖 | 57.52 |  |  |  |

表5 2015年度阳光司法指数"裁判文书公开"板块测评结果（满分100分）

单位：分

| 排名 | 法院 | 得分 | 排名 | 法院 | 得分 | 排名 | 法院 | 得分 |
| --- | --- | --- | --- | --- | --- | --- | --- | --- |
| 1 | 湖中 | 77.50 | | 鄞州 | 70.00 | | 余姚 | 67.50 |
| 2 | 嵊州 | 76.50 | | 平湖 | 70.00 | | 景宁 | 67.50 |
| 3 | 三门 | 76.00 | | 高院 | 70.00 | | 黄岩 | 67.50 |
| 4 | 绍中 | 75.50 | | 开化 | 70.00 | | 庆元 | 67.50 |
| 5 | 上虞 | 75.00 | | 宁海 | 70.00 | 72 | 余杭 | 67.50 |
| 5 | 海事 | 75.00 | | 洞头 | 70.00 | | 海盐 | 67.50 |
| 5 | 铁路 | 75.00 | | 杭中 | 70.00 | | 下城 | 67.50 |
| 8 | 仙居 | 74.00 | | 舟中 | 70.00 | | 建德 | 67.50 |
| 8 | 新昌 | 74.00 | | 平阳 | 70.00 | | 滨江 | 67.50 |
| 10 | 海宁 | 73.00 | | 龙游 | 70.00 | | 临安 | 67.50 |
| 10 | 宁中 | 73.00 | | 台中 | 70.00 | | 桐庐 | 67.50 |
| 12 | 椒江 | 72.50 | | 温岭 | 70.00 | 83 | 江干 | 65.50 |
| 12 | 嘉中 | 72.50 | | 玉环 | 70.00 | | 龙泉 | 65.00 |
| 12 | 苍南 | 72.50 | | 磐安 | 70.00 | | 丽中 | 65.00 |
| 12 | 桐乡 | 72.50 | | 南湖 | 70.00 | | 德清 | 65.00 |
| 16 | 东阳 | 72.00 | | 天台 | 70.00 | | 安吉 | 65.00 |
| 16 | 岱山 | 72.00 | | 松阳 | 70.00 | | 温中 | 65.00 |
| 16 | 衢江 | 72.00 | | 泰顺 | 70.00 | | 文成 | 65.00 |
| 16 | 路桥 | 72.00 | | 义乌 | 70.00 | | 嘉善 | 65.00 |
| 16 | 武义 | 72.00 | 30 | 金东 | 70.00 | 84 | 衢中 | 65.00 |
| 16 | 普陀 | 72.00 | | 柯桥 | 70.00 | | 拱墅 | 65.00 |
| 16 | 嵊泗 | 72.00 | | 兰溪 | 70.00 | | 莲都 | 65.00 |
| 16 | 柯城 | 72.00 | | 西湖 | 70.00 | | 淳安 | 65.00 |
| 16 | 定海 | 72.00 | | 龙湾 | 70.00 | | 乐清 | 65.00 |
| 25 | 海曙 | 71.00 | | 婺城 | 70.00 | | 秀洲 | 65.00 |
| 25 | 常山 | 71.00 | | 江山 | 70.00 | | 江东 | 65.00 |
| 25 | 瓯海 | 71.00 | | 奉化 | 70.00 | | 青田 | 65.00 |
| 25 | 象山 | 71.00 | | 永康 | 70.00 | 99 | 金中 | 64.50 |
| 29 | 上城 | 70.50 | | 富阳 | 70.00 | | 吴兴 | 62.50 |
| 30 | 北仑 | 70.00 | | 浦江 | 70.00 | 100 | 长兴 | 62.50 |
| 30 | 江北 | 70.00 | 67 | 诸暨 | 69.50 | | 经开 | 62.50 |
| 30 | 缙云 | 70.00 | 67 | 鹿城 | 69.50 | | 萧山 | 62.50 |
| 30 | 南浔 | 70.00 | | 平均分 | 69.23 | 104 | 云和 | 60.00 |
| 30 | 临海 | 70.00 | 69 | 慈溪 | 69.00 | 104 | 瑞安 | 60.00 |
| 30 | 遂昌 | 70.00 | 69 | 越城 | 69.00 | | | |
| 30 | 镇海 | 70.00 | 71 | 永嘉 | 68.00 | | | |

表6  2015年度阳光司法指数"执行信息公开"板块测评结果（满分100分）

单位：分

| 排名 | 法院 | 得分 | 排名 | 法院 | 得分 | 排名 | 法院 | 得分 |
|---|---|---|---|---|---|---|---|---|
| 1 | 椒江 | 94.00 | 37 | 舟中 | 65.00 | 71 | 滨江 | 52.00 |
| 1 | 青田 | 94.00 | 38 | 湖中 | 64.00 | 71 | 金东 | 52.00 |
| 3 | 余姚 | 88.00 | 39 | 宁中 | 63.75 | 71 | 象山 | 52.00 |
| 3 | 仙居 | 88.00 | 40 | 衢江 | 63.00 | 75 | 萧山 | 51.00 |
| 3 | 德清 | 88.00 | 40 | 龙游 | 63.00 | 75 | 柯桥 | 51.00 |
| 6 | 丽中 | 86.00 | 40 | 温岭 | 63.00 | 75 | 桐乡 | 51.00 |
| 7 | 南浔 | 84.00 | 40 | 经开 | 63.00 | 75 | 临安 | 51.00 |
| 8 | 吴兴 | 83.50 | 40 | 天台 | 63.00 | 79 | 西湖 | 50.50 |
| 9 | 金中 | 82.00 | 45 | 余杭 | 62.00 | 80 | 泰顺 | 48.00 |
| 10 | 鄞州 | 81.00 | 45 | 拱墅 | 62.00 | 80 | 越城 | 48.00 |
| 11 | 平湖 | 80.00 | 45 | 武义 | 62.00 | 80 | 浦江 | 48.00 |
| 12 | 上城 | 79.00 | 48 | 杭中 | 61.50 | 83 | 婺城 | 47.00 |
| 12 | 绍中 | 79.00 | 49 | 高院 | 61.00 | 84 | 海事 | 46.50 |
| 14 | 缙云 | 78.00 | 49 | 温中 | 61.00 | 84 | 乐清 | 46.50 |
| 14 | 临海 | 78.00 | 49 | 文成 | 61.00 | 86 | 诸暨 | 46.00 |
| 14 | 黄岩 | 78.00 | 49 | 平阳 | 61.00 | 87 | 磐安 | 44.00 |
| 17 | 嘉善 | 77.00 | 49 | 台中 | 61.00 | 87 | 嵊泗 | 44.00 |
| 18 | 北仑 | 75.00 | 49 | 新昌 | 61.00 | 89 | 松阳 | 42.00 |
| 18 | 江北 | 75.00 | 49 | 路桥 | 61.00 | 89 | 淳安 | 42.00 |
| 18 | 东阳 | 75.00 | | 平均分 | 60.15 | 89 | 江干 | 42.00 |
| 18 | 镇海 | 75.00 | 56 | 嵊州 | 59.00 | 89 | 富阳 | 42.00 |
| 18 | 安吉 | 75.00 | 56 | 开化 | 59.00 | 89 | 秀洲 | 42.00 |
| 18 | 上虞 | 75.00 | 56 | 洞头 | 59.00 | 94 | 柯城 | 40.00 |
| 24 | 景宁 | 74.00 | 56 | 海盐 | 59.00 | 95 | 龙湾 | 39.00 |
| 25 | 永嘉 | 73.00 | 56 | 苍南 | 59.00 | 95 | 桐庐 | 39.00 |
| 25 | 遂昌 | 73.00 | 56 | 普陀 | 59.00 | 97 | 下城 | 38.75 |
| 27 | 海曙 | 72.00 | 62 | 瑞安 | 58.00 | 98 | 瓯海 | 38.00 |
| 27 | 龙泉 | 72.00 | 63 | 南湖 | 57.00 | 98 | 江山 | 38.00 |
| 27 | 岱山 | 72.00 | 63 | 建德 | 57.00 | 100 | 铁路 | 36.00 |
| 30 | 慈溪 | 70.00 | 65 | 云和 | 56.00 | 101 | 鹿城 | 33.00 |
| 30 | 长兴 | 70.00 | 65 | 兰溪 | 56.00 | 102 | 定海 | 30.00 |
| 32 | 海宁 | 69.00 | 67 | 义乌 | 55.50 | 103 | 永康 | 27.00 |
| 33 | 宁海 | 68.00 | 68 | 莲都 | 55.00 | 104 | 奉化 | 25.50 |
| 34 | 庆元 | 67.00 | 69 | 衢中 | 54.00 | 105 | 江东 | 24.00 |
| 35 | 嘉中 | 66.00 | 70 | 常山 | 53.00 | | | |
| 35 | 三门 | 66.00 | 71 | 玉环 | 52.00 | | | |

根据本年度的最终测评结果，本年度总分进入全省前 20 名的全部为基层法院，余姚法院、椒江法院、青田法院跻身前三名，其中，余姚法院以总分 74.34 分高居榜首。宁波中院、丽水中院、湖州中院在中级法院中跻身前 3 名（见表 2）。

在基层法院前 20 名的单独排名中，宁波中院所辖的基层法院有 6 家跻身前 20 名。此外，丽水中院下辖 5 家法院，台州中院下辖 3 家法院，湖州中院下辖 2 家，杭州中院、温州中院、嘉兴中院、金华中院下辖各 1 家进入了前 20 名（见图 1）。

此外，在基层法院的单独排名中，最后 20 名的基层法院中，杭州中院下辖 5 家基层法院，温州中院、金华中院下辖分别 3 家基层法院，宁波中院、嘉兴中院、绍兴中院、衢州中院下辖分别 2 家基层法院，舟山中院下辖 1 家基层法院居最后 20 名，湖州中院、台州中院、丽水中院均无下辖基层法院进入最后 20 名（见图 1）。

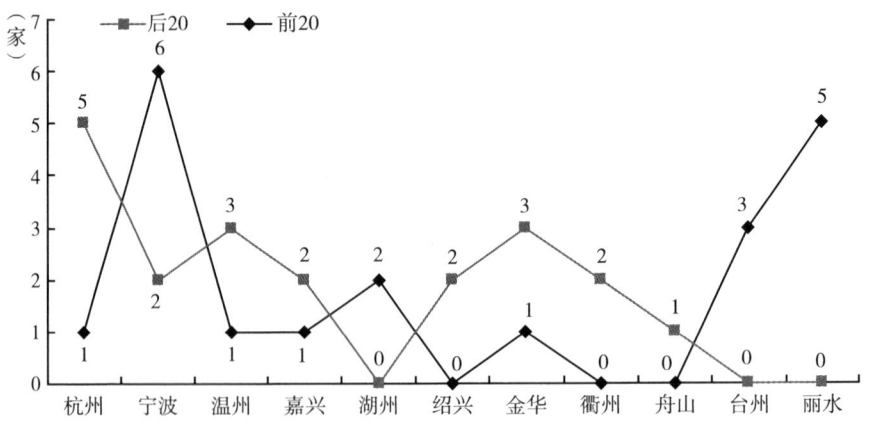

图 1　基层法院总分排名前 20 位的分布情况

（二）发现的亮点

1. 阳光司法工作总体呈现向好发展趋势

虽然测评难度逐年加大，但总体分数波动不大，总体呈上升趋势。

浙江法院阳光司法指数测评立足于法院审务公开、立案庭审公开、裁判文书公开和执行信息公开4方面内容。具体评估内容从2013年偏重形式，过渡到形式与实质并重并逐步偏重实质内容，从仅仅关注司法公开到更加关注审判权、执行权运行机制和规范化程度。自2013年以来，测评要求逐年细化，难度逐步加大，但各法院总体表现逐步向好。2013年，最高分为70.44分，平均分为53.28分，得分超过60分的有14家法院；2014年，最高分为77.11分，平均分为59分，得分超过60分的有55家法院；2015年，最高分为74.34分，平均分为62.92分，得分超过60分的有72家法院。这其中，浙江高院得分和排名逐年提升，2014年得分62.59分，排名第38位；2015年度得分66.85分，排名第30位。上述数据显示，全省各法院阳光司法工作成效显著，司法公开水平总体有明显提升。

2. 各法院形成了你追我赶的氛围

从测评结果看，各法院形成了你追我赶共同推进阳光司法工作的氛围。几乎所有法院都确立了法院一把手亲自抓阳光司法工作、相关部门整体联动的工作机制。各法院关注评估分数与排名，更关注自身存在的问题和兄弟法院的长处，注重取长补短、改善工作。因此，3年来，法院排名年年不同，没有常胜者，也没有常败者，各法院不断查找不足、找准努力方向。

3. 阳光司法与法院权力运行规范化紧密衔接

各法院已经将阳光司法与审判权、执行权运行的规范化有机衔接在一起。阳光司法做得好不好不仅仅是看展示在外部的公开情况，关键还要看审判权、执行权的运行是否合法、规范。为此，浙江三级法院借助阳光司法指数评估的指挥棒，提高了内部管理规范化程度，不仅信息化水平有了质的提升，其审判执行流程管理、档案管理、文书制作等的水平也都有了明显提升。从目前测评的立案庭审公开和执行信息公开两个板块的结果看，由于其中都对审判流程节点的告知、庭审过程的规范化程度、执行流程节点的告知情况等进行了评估，凡是审判和执行工作较为规范的法院，

4. 司法工作的理念正在发生显著变化

传统上，法院工作比较封闭，司法公开以及与当事人的沟通主要是以法院工作为本位，但经过几年评估，大多数法院已经接受了项目组提出的应以公众需求为本位的理念，无论是门户网站建设，还是流程管理，都更加注意如何满足公众的需求，公开质量与管理水平正在发生质的变化。目前，浙江大部分法院的门户网站都非常注重突出司法公开和服务当事人两大功能，新闻宣传在门户网站已经退居次要位置。

### （三）存在的问题

当然，通过全年的测评，也发现浙江各级法院在阳光司法工作中还存在一些需要关注的问题。

1. 司法公开各项工作发展不够均衡

测评结果显示，4大测评板块总体情况不太均衡。在审务公开板块，乐清法院分数最高，为74.56分，平均分为63.07分，铁路法院得分最低，为12.8分，排除该院因为没有门户网站而得分偏低外，倒数第二名的得分也才36.58分，60分以上的法院总计有78家；在立案庭审公开板块，江北法院分数最高，为75.33分，平均分60.34分，最低分为铁路法院，得分为26.46分，60分及以上的法院总计59家；在裁判文书公开板块，最高分为湖州中院，得分为77.50分，最低分为云和法院和瑞安法院，得分均为60分，本板块各法院得分均在60分及以上；在执行信息公开板块，椒江法院和青田法院得分最高，均为94分，江东法院最低，为24分，平均分为60.15分，60分以上的法院数为55家（见表7）。从4个测评板块的得分情况看，除裁判文书公开板块最高分与最低分差距不大外，其他3个板块法院之间的差距较为明显。影响审务公开、立案庭审公开和执行信息公开3个板块得分的，除了门户网站建设水平、在其上发布信息是否规范且便于查找等因素外，更多是审判流程、执行流程中权力运行是否规范等。例如，执行信息板块中，有的法院所有被抽查的案卷中均未能发现法院向当事人送达采取查封、扣押、冻结措施的记录，其得分受到明显影响。

表7 浙江法院阳光司法指数测评四个板块得分分布情况

| 项目 | 最高分(分) | 最低分(分) | 平均分(分) | 60分及以上法院数(家) |
| --- | --- | --- | --- | --- |
| 审务公开 | 74.56 | 12.8 | 63.07 | 78 |
| 立案庭审公开 | 75.33 | 26.46 | 60.34 | 59 |
| 裁判文书公开 | 77.50 | 60 | 69.23 | 105 |
| 执行信息公开 | 94 | 24 | 60.15 | 55 |

2. 各地区的司法公开工作发展不够均衡

测评结果显示，部分地区发展不均衡。分析进入前20名和后20名的基层法院数量可以发现，不同地区基层法院的发展也不够平衡。如表8所示，进入前20位的基层法院占本地区法院总数的比例由高到低依次为丽水（占55.56%）、宁波（占54.55%）、湖州（占40%）、台州（占33.33%）、嘉兴（占14.29%）、金华（占11.11%）、温州（占9.09%）、杭州（占6.67%）、绍兴（占比为0）、衢州（占比为0）、舟山（占比为0）。而后20位的基层法院占本地区法院总数的比例由低到高依次为丽水（占比为0）、湖州（占比为0）、台州（占比为0）、宁波（占18.18%）、舟山（占25%）、温州（占27.27%）、嘉兴（占28.57%）、金华（占33.33%）、杭州（占33.33%）、绍兴（占33.33%）、衢州（占33.33%）。这表明，浙江有的地区各基层法院在阳光司法方面总体发展平衡，但有的地区则发展不够均衡，需要加大工作力度。

表8 浙江各地区基层法院前20名和后20名的分布情况

| 地区 | 进入前20名的法院数(家) | 占比(%) | 进入后20名的法院数(家) | 占比(%) |
| --- | --- | --- | --- | --- |
| 杭州 | 1 | 6.67 | 5 | 33.33 |
| 宁波 | 6 | 54.55 | 2 | 18.18 |
| 温州 | 1 | 9.09 | 3 | 27.27 |
| 嘉兴 | 1 | 14.29 | 2 | 28.57 |

续表

| 地区 | 进入前20名的法院数(家) | 占比(%) | 进入后20名的法院数(家) | 占比(%) |
|---|---|---|---|---|
| 湖州 | 2 | 40.00 | 0 | 0.00 |
| 绍兴 | 0 | 0.00 | 2 | 33.33 |
| 金华 | 1 | 11.11 | 3 | 33.33 |
| 衢州 | 0 | 0.00 | 2 | 33.33 |
| 舟山 | 0 | 0.00 | 1 | 25.00 |
| 台州 | 3 | 33.33 | 0 | 0.00 |
| 丽水 | 5 | 55.56 | 0 | 0.00 |

### （四）阳光司法面临的困难

必须看到，浙江地处发达地区，其面临的问题也是其他地区正在面对或者将要面对的，具有显著的普遍性。这些问题的出现首先与法院干警认识不到位有关。对司法公开工作的认识问题是制约司法公开工作的根本性问题，认识不到位必然影响工作成效。其次，这也与当前法院普遍面对的案多人少矛盾有不可分割的关系，不少法院只能先满足于把案子按期办出去，而无暇顾及告知规范细致，更没有时间潜心研究文书说理。虽然绝大多数告知及向公众的公开都是法院依法必须履行的职责，但在案多人少矛盾日益加剧的情况下，法院必然只能优先关注如何均衡结案、如何不办错案。再次，这还与当前公开标准不够明确有关系。虽然理论上说，所有的公开事项都有法律依据，但如何公开往往很难找到明确的法律规定，公开标准的不明确甚至缺失，必然导致公开难以提出精准的要求。最后，也与当前的司法大环境有关。例如，随着人员流动性增大，法院送达及查人找物面临现实困难，且个别当事人对司法采取非暴力不合作的应对态度也导致很多法定的告知流程难以遵循。

## 三 完善建议

2015年是全面落实《中共中央关于全面推进依法治国若干重大问题的

决定》的开局之年，也是进一步推进司法体制改革的关键一年，更是谋划"十三五"时期国民经济和社会发展的重要一年。十八届五中全会提出了未来五年深化司法体制改革、尊重司法规律、促进司法公正、完善对权力的司法保障和对权力的司法监督的总体要求。此外，"互联网＋"及"大数据"也正成为激发社会创新和促进经济社会发展的重要手段，十八届五中全会特别提出，实施"互联网＋"行动计划和国家大数据战略，推进数据资源开放共享。与此同时，最高人民法院也规划了稳步推进人民法院信息化3.0版建设的发展蓝图，将建成人民法院信息化3.0版、促进审判体系和审判能力现代化作为总体目标，发挥信息化作为先进生产力的重要作用，服务人民群众、服务审判执行、服务司法管理。在此背景下，推进阳光司法工作有必要着力解决好以下几点问题。

### （一）进一步提升对阳光司法工作的认识

阳光司法是司法体制改革的"牛鼻子"。阳光司法要实现审判、执行流程及其结果的透明、可视，满足人民群众日益增长的多元化司法需求，用公开透明实现答疑解惑、说理服人，实现让人民群众在每一个司法案件中感受到公平正义并不断提升司法公信力的改革目标。阳光司法不能限于将司法活动及其结果展示于人民群众眼前。因为即便是再阳光的司法活动，如果展示出来的是不规范或者不合法的审判与执行流程、说理难以服人的裁判结果、一份份无法兑现的法律"白条"，也不能换来公众的信服和司法权威的提升。因此，推进阳光司法还要更加注重其在倒逼司法能力提升、规范司法权力运行方面的积极正面作用。可以说，阳光司法是中国在社会主义初级阶段推进司法体制改革的重要路径，体现的是党和国家锐意改革的政治智慧。因此，推进阳光司法不是一时一刻的事情、不是作为上级部门的形象工程，而是服务党和国家改革大局、服务经济社会发展、服务广大人民群众切身利益的良心工程。

### （二）依托信息化切实提升阳光司法水平

毫不夸张地说，法院信息化与阳光司法是当前法院工作的两驾马车，也

是推进法院自我革命的两大路径。最高人民法院在谋划人民法院信息化3.0版的过程中提出,推进司法公开全覆盖、实现全国法院全覆盖、各项工作全覆盖、人员岗位全覆盖,并充分利用各类媒体、扩大公开渠道、简化操作流程、完善服务功能。未来的阳光司法工作必须紧密结合"互联网+""大数据"等发展方向,改变传统的公开模式和公开理念,以公众需求为本位、以信息化为手段,提升阳光司法的效率和效果。浙江法院在法院信息化及阳光司法方面的创新实践已经走在了全国前列。但未来还必须着力解决法院内部信息系统数据标准不一、共享困难,内部信息系统数据录入量大、录入不准确,法院门户网站建设水平参差不齐,信息化设备使用水平不高导致高质量的设备难以发挥应有作用等问题。

### (三)完善制度机制,保持阳光司法持续稳定

应进一步完善阳光司法的制度机制,落实责任,用制度机制推进阳光司法工作持续稳定开展。一些法院流传着这样一些说法:"老大难工程、老大关注就不难""司法公开是一把手工程"。这些表述都表明,当前的司法公开工作还没有摆脱依靠一把手强力推动的局面。事实上,观察浙江法院的阳光司法指数测评结果可以发现,测评结果较好的、排名有显著提升的,往往都与法院院长重视阳光司法工作有或多或少甚至十分密切的关系。2015年的测评结果就有一个有趣的现象,那就是做得好的法院的院领导调到其他法院,其他法院的排名也随之提升,当然,这也许只是偶然现象。全省法院院领导重视阳光司法工作固然很重要,但只有形成了稳定的制度机制、明确了各部门的责任、确立了科学的考核评价机制后,才能有效避免因领导人的更迭或者领导人关注领域的变化而影响阳光司法公开工作的稳定性和连续性。为此,建议针对本次测评中出现的一些事项公开工作标准不一、各自为政的现象,进一步明确各部门分工责任、细化公开标准和信息化标准、梳理公开清单,为下级法院明确方向。

### (四)阳光司法与司法能力同步推进

应当进一步明确同步推进阳光司法工作与提升司法能力建设的重要地

位，避免阳光司法单兵突进。阳光司法不是研究室、办公室、审管办等部门自己的事情，而是每个法院全院所有部门与所有干警的事情，阳光司法人人有责，需要各部门的参与和配合，尤其是要在切实提升司法能力的基础上，谋划提升阳光司法的实效、满足人民群众关注司法工作的现实需求。这也是3年来浙江省高级人民院放手并支持中国社会科学院法学研究所项目组依托法院内部数据尤其是审判执行办案数据开展独立第三方评估的高明之处。未来，阳光司法工作及其评估工作的重点都应当进一步从关注形式公开向关注实质公开、从主要关注公开向更多关注司法权力规范运行转移，最终实现以公开促公正、以公正提公信的改革目标。

# B.19 北京法院阳光司法指数报告（2015）

中国社会科学院法学研究所法治指数创新工程项目组＊

**摘　要：** 2015 年，中国社会科学院法学研究所法治指数创新工程项目组继续对包括北京市高级人民法院在内的北京市 23 家法院进行司法透明指数评估。项目组依据北京法院司法公开工作状况相应调整了评估的重心，重在考察信息公开及信息录入的准确性，以反映北京法院 2015 年司法公开工作取得的成果及存在的不足，并就司法公开工作的继续推进提出了相应的对策建议。

**关键词：** 司法公开　阳光司法　北京法院　法治指数

受北京市高级人民法院委托，中国社会科学院法学研究所法治指数创新工程项目组（以下简称"项目组"）2015 年继续对包括北京市高级人民法院在内的北京市三级 23 家法院进行阳光司法指数评估。

## 一　评估目的、指标及方法

### （一）评估目的

司法公开是近几年司法工作的重心，北京法院在司法公开工作方面一直

---

＊ 项目负责人：田禾，中国社会科学院法学研究所研究员、国家法治指数研究中心主任。项目组成员：吕艳滨、王小梅、栗燕杰、徐斌、刘雁鹏、赵千羚、曹雅楠、马小芳、杨芹等。执笔人：吕艳滨、田禾，中国社会科学院法学研究所研究员。曹雅楠、马小芳、杨芹、刘雁鹏参与了部分内容写作。

走在全国前列，成效显著。随着司法公开工作的逐渐深入，单纯考查某些信息是否公开对于进一步推动司法公开的意义已不那么明显，而需要重点考察已公开的信息的质量。

（二）评估指标体系

项目组秉承依法、客观、引导性三个基本原则，设计了2015年度北京法院阳光司法指数指标体系。由于评估重点的变化，本次指标设计也进行了相应修改，以使评估更集中、更有针对性。指标共包括3项一级指标，分别是：审务公开及审判公开（40%）、裁判文书公开（30%）、案件流程节点信息录入的准确性（30%）（见表1）。

表1 北京法院阳光司法指数指标体系

| 一级指标 | 二级指标 | 三级指标 |
| --- | --- | --- |
| 审务公开及审判公开（40%） | 网站友好性（25%） | 栏目有效性（35%） |
| | | 信息更新情况（35%） |
| | | 搜索功能（30%） |
| | 法院联系方式（15%） | 网站是否有法院地址（25%） |
| | | 网站是否有法院交通示意图（25%） |
| | | 网站是否有法院公共邮箱（25%） |
| | | 网站是否有法院咨询电话（25%） |
| | 人员公开（20%） | 人员信息公开的一致性 |
| | 数据公开（25%） | 财务公开（50%） |
| | | 工作报告（50%） |
| | 开庭公告（15%） | 开庭公告发布的及时性 |
| 裁判文书公开（30%） | 不上网理由审查（100%） | 裁判文书不上网理由是否遵守了北京市高级人民法院《关于人民法院在互联网公布裁判文书规定的实施细则（试行）》的规定 |
| 案件流程节点信息录入的准确性（30%） | 审判流程节点（75%） | 案由（10%） |
| | | 当事人信息（20%） |
| | | 结案方式（15%） |
| | | 合议庭人员（20%） |
| | | 日期节点（35%） |
| | 执行流程节点（25%） | 当事人信息（20%） |
| | | 执行组织（20%） |
| | | 日期节点（15%） |
| | | 执行标的（30%） |
| | | 结案方式（15%） |

### 1. 审务公开及审判公开指标

审务公开及审判公开指标下设网站友好性、法院联系方式、人员公开、数据公开、开庭公告5项二级指标，权重分别为25%、15%、20%、25%及15%。

网站友好性主要考察全市各法院门户网站的情况，包括栏目有效性、信息更新情况、搜索功能3项三级指标。栏目有效性考察法院门户网站是否存在空白栏目、栏目能否打开等。搜索功能的评估旨在考察法院门户网站是否提供了搜索服务，是否便于公众快速定位所需信息。

法院联系方式包括法院门户网站是否提供了法院地址、公共邮箱、咨询电话及交通示意图，主要考察是否便于当事人通过多种方式联系法院。

人员公开则主要评估北京法院审判信息网公布的法院工作人员信息是否与北京市高级人民法院提供的北京法院法官名单信息相一致。

数据公开板块评估了法院公开财政预决算及"三公"经费的情况以及公开本年度工作报告的情况。

开庭公告重点评估北京市22家法院（知识产权法院除外）是否按照要求在北京法院审判信息网上发布最新的开庭公告。

### 2. 裁判文书公开

裁判文书公开板块重点评估裁判文书不上网审批情况。项目组调取了各法院不上网裁判文书的审批单，并对文书不予公开理由进行了归类汇总，分析裁判文书不上网理由及不上网审批规范化程序。

### 3. 案件流程节点信息录入的准确性

项目组考察了民事、刑事、行政案件的流程节点信息情况，指标所选取的节点信息包括案由、原被告信息、开庭日期、合议庭组成人员、结案日期及结案方式。执行案件信息选取的节点为申请执行人信息、被执行人信息、执行组织成员、应执行标的额、实际执行标的额、结案日期及结案方式。项目组主要考察法院案件信息管理系统录入的信息是否与案卷信息相一致。

## （三）评估时间、对象和评估方法

评估时间为2015年11月15日至2016年1月26日。测评对象为北京市三级共23家法院。本次评估主要采取观测网站、调阅档案、对比案件信息管理系统等方法。

1. 观测网站

审务公开及审判公开评估主要是观测法院门户网站，其中审务公开指标所评估的网站既包括北京法院审判信息网，又包括各法院的门户网站，并考察了两者的关联性，即考察法院门户网站公布的信息与北京法院审判信息网公布的信息是否一致；审判公开指标评估了北京市22家法院（知识产权法院除外）是否按照要求在北京法院审判信息网发布最新的开庭公告。

2. 调阅档案

评估裁判文书不上网审批理由采取的是调阅档案的方法，本次评估调取了23家法院2014年12月~2015年12月产生的不上网审批表。"北京市法院文书上网统计（2015-12-09）表"显示：2014年12月21日至2015年12月8日，全市法院需进行不上网审批的案件有1328件，而从北京市高级人民法院提供的各级法院（除平谷区人民法院、昌平区人民法院、知识产权法院以外的20家法院）不上网审批表统计得出，不上网审批的案件共有340件。项目组依据该340份审批表中的案件号调取了案卷，进行核对。在调取所需裁判文书时发现，有些案件在系统中显示无文书，有些因撤诉无文书，有些文书已经公开，所以在实际评估时只核实了289份不上网审批表中的信息。

3. 对比案件信息管理系统

根据指标设计，项目组从每个法院调取民事案件和刑事案件各4件，行政案件2件，执行案件5件，共调取15件案件，总计345件案件作为评估对象，后根据实际情况调整为338件。项目组根据调取的案件在高院案件信息管理系统中对上述案件的节点信息进行截图并作出对比分析。由于2015年节点信息录入准确性是评估的重点内容，故相较于2014年抽检的108件案件增加了约2倍的评估数量。

## 二 评估结果

总体来看,本次评估最高分为77.60分,最低分为41.50分,平均分为57.94分(见表2)。相比2014年最高分79.80分、最低分62.40分、平均分69.80分,本次评估总体成绩有所下滑。出现这种情况并不是因为北京法院司法公开工作有退步,而是因为本次指标设计根据2014年北京法院司法公开工作取得的成绩评估标准更为严格。

评估显示,各个法院在案件节点信息录入评估中的得分普遍较高,很多法院在本板块的得分均在90分以上,最低分也达68.33分。这说明,即便是面对案多人少的现实困境,法院工作人员仍十分认真地对待工作。从得分情况来看,朝阳区人民法院和海淀区人民法院在节点信息录入板块得分较低,这不排除是因这两家法院案件较多、工作繁忙所致,但同样有此情况的丰台区人民法院在本板块得分在90分以上,可见,案多人少可能并不是导致节点信息录入不准确的根本原因。

从各个板块的情况来看,裁判文书公开板块的得分较不均匀,除没有产生不上网审批的3家法院外,有3家法院得了满分,但仍有几家法院得分情况很不乐观,如海淀区人民法院和大兴区人民法院。其中,海淀区人民法院主要是对法定不公开的文书进行了审批,大兴区人民法院的主要问题是扩大了裁判文书不上网审批理由。这都说明裁判文书不上网审批的管理还需进一步规范。

审务公开及审判公开板块的得分在三个板块中最低。这一方面是因为本次评估调整了评估指标,另一方面也说明法院对某些信息的公开意识还不够。数据公开、人员信息更新及开庭公告发布的及时性方面还有一定的改进空间。

表2　北京市22家法院阳光司法指数评估结果*（满分100分）

单位：分

| 排名 | 法院 | 审务公开及审判公开 | 裁判文书公开 | 案件流程节点信息录入的准确性 | 总得分 |
|---|---|---|---|---|---|
| 1 | 北京市高级人民法院 | 61.25 | 100.00 | 77.00 | 77.60 |
| 2 | 西城区人民法院 | 38.75 | 100.00 | 96.00 | 74.30 |
| 3 | 通州区人民法院 | 28.13 | 100.00 | 99.33 | 71.05 |
| 4 | 第二中级人民法院 | 31.88 | 88.54 | 97.00 | 68.41 |
| 5 | 密云区人民法院 | 33.13 | 100.00 | 82.67 | 68.05 |
| 6 | 第三中级人民法院 | 31.88 | 85.14 | 97.69 | 67.60 |
| 7 | 平谷区人民法院 | 19.38 | 100.00 | 95.00 | 66.25 |
| 8 | 昌平区人民法院 | 15.63 | 100.00 | 94.62 | 64.64 |
| 9 | 丰台区人民法院 | 40.00 | 50.00 | 93.00 | 58.90 |
| 10 | 第一中级人民法院 | 19.38 | 67.65 | 98.33 | 57.54 |
| 11 | 铁路运输法院 | 27.50 | 57.14 | 94.67 | 56.54 |
| 12 | 石景山区人民法院 | 23.13 | 68.75 | 83.67 | 54.98 |
| 13 | 门头沟区人民法院 | 38.13 | 33.33 | 95.33 | 53.85 |
| 14 | 顺义区人民法院 | 31.88 | 50.00 | 86.33 | 53.65 |
| 15 | 第四中级人民法院 | 26.88 | 50.00 | 87.67 | 52.05 |
| 16 | 东城区人民法院 | 36.88 | 33.33 | 90.67 | 51.95 |
| 17 | 延庆区人民法院 | 28.13 | 42.86 | 90.00 | 51.11 |
| 18 | 房山区人民法院 | 31.88 | 22.22 | 94.00 | 47.62 |
| 19 | 怀柔区人民法院 | 19.38 | 33.33 | 97.67 | 47.05 |
| 20 | 朝阳区人民法院 | 28.13 | 50.00 | 68.33 | 46.75 |
| 21 | 海淀区人民法院 | 19.38 | 33.33 | 85.00 | 43.25 |
| 22 | 大兴区人民法院 | 27.50 | 20.00 | 81.67 | 41.50 |

\* 知识产权法院因为没有网站，且没有产生不上网审批表，故仅在节点信息录入准确性评估中计算分数，不计算总分，也不列入总体排名。

## 三　发现的亮点

随着司法公开的逐年推进及北京法院对司法公开工作的高度重视，2015年北京法院在司法公开方面取得了较为显著的成绩，公开平台集中、公开内容更加规范、裁判文书上网数量也较2014年有了大幅度增加。

## （一）司法信息集中公开

《北京市法院审判、执行信息公开范围（试行）》要求北京法院应向社会公众公布审判机构信息、审判人员信息、司法公开指南信息、诉讼指南信息、审判指导文件信息、名册信息、执行指南信息、失信被执行人信息等各类信息。评估发现，北京法院通过北京法院审判信息网将相关信息打包处理、集中公开，并设置了诸如《公告公示》《裁判文书》《审判流程》《执行信息》等栏目。这种集约化的公开模式以服务公众为出发点和落脚点，极大地方便了相关信息的查询。该平台还集中公开了各法院案件统计数据，便于公众和社会各界了解北京法院的动态，同时为政府决策提供可靠依据。

## （二）公开信息更加规范

本次评估发现，北京法院在信息发布的过程中能够注重自我纠错，及时更正已公开的信息。2010年以前公开的执行信息不太准确：一是证件类型显示有身份证，证件号码却为空；二是证件类型显示无身份证，却有身份证号码；三是证件类型显示为身份证，证件号码却是护照号码；四是证件类型为护照号码，证件号却是身份证号码。2010年以后执行信息公开准确率有所提升，尤其在2014年以后，上述信息不准确、不规范的现象基本上得以消除。

## （三）裁判文书不上网审批进一步规范化

首先，北京法院进一步明确了裁判文书不上网审批的情形。北京市高级人民法院在《最高人民法院关于人民法院在互联网公布裁判文书的规定》的基础上，出台了《北京市高级人民法院关于人民法院在互联网公布裁判文书规定的实施细则（试行）》。细则第7条明确了在互联网上公布生效裁判文书的例外，即涉及国家秘密、个人隐私，涉及未成年人违法犯罪，以调解方式结案，其他不宜在互联网公布的情形。该细则还对"国家秘密""个人隐私""其他不宜在互联网公布的"情形作了较为明确的界定，北京市各级法院依据上述规定并根据案件情况对不宜上网的案件进行审批。其次，对敏感或不宜公开的其他案件给出说明理由。较之于2014年部分法院对"敏感""社会影响不好"等模糊概念不予解释的情况，2015年一些法院在不上网审批表中作了较为详细的说明。最后，不上网理由一栏空白比例降低。2014年，在2068份不上网审批表中，有117份未给出不上网理由，占不上网审批表总数的5.66%。2015年审批表中未填写不上网理由的有11份，占不上网审批表总数的3.23%，数量和占比均有所下降。

## 四 存在的问题

尽管北京法院在司法公开方面成绩斐然，但评估发现，北京法院在司法公开方面仍然存在一些值得注意的问题。

### （一）审务及审判公开仍需规范

1. 网站建设尚不完善

（1）部分网站存在空白栏目。评估发现，22家法院（知识产权法院未在网站评估范围内）中，除4家法院（北京市高级人民法院、北京市第二中级人民法院、西城区人民法院、丰台区人民法院）栏目建设较好外，其余18家法院的门户网站均存在空白栏目。出现此情况，一则可能是由于栏目设计不合理，各法院不知将什么内容纳入栏目之中，如《专题报道》栏目，应当放置什么样的专题不得而知；二则是栏目设置合理，但未上传信息，如部分法院的《院长邮箱》《院长致辞》《表格下载》等栏目。

（2）部分网站存在无效栏目。22家法院中，有2家法院存在部分栏目无法正常打开的情况，如《立案审查系统》《法律法规》栏目等。这两个栏目的设置本来可以方便当事人及公众查询信息，但由于链接无法打开，栏目的价值没有得到体现。

（3）部分栏目长期不更新。评估发现，除了部分栏目中的信息因在北京法院审判信息网公开而暂停更新外，仍然有不少栏目存在长期不更新的情

况。网站长期不更新，信息滞后，在一定程度上反映了法院工作不到位，网站栏目成为摆设，影响了网站的用户体验，降低了网站的影响力。

（4）部分栏目设置不合理。大部分法院设置了"法院/法苑文化"栏目，用以展示法院法官的书法和摄影作品。法院开展这些工作原本无可厚非，但放置在对外的门户网站中则会占据有限的网络空间，弱化了法院网站司法为民、便民的作用。

2. 网站信息更新不及时

项目组通过对北京市高级人民法院提供的名单与北京法院审判信息网公布的名单进行对比发现，北京法院审判信息网公布的部分人员信息更新不及时、法官信息不准确的现象突出。例如，有些法院院长信息已经发生了变化，但在北京法院审判信息网没有及时更新；部分法院审委会组成人员更迭之后没有及时在北京法院审判信息网进行更新，一些已经不属于审委会的法官仍然被公开在审委会信息当中。此外，尚存在一些法官因职务变动致使职务信息不准确的情况以及部分北京法院审判信息网提供了姓名的法官在北京市高级人民法院提供的名单中缺失的情况。

依据法律规定，人民法院的开庭公告、听证公告，至迟应当于开庭、听证三日前在审判流程公开平台公布。本次评估发现，所有法院均存在开庭公告发布不及时的问题，有些法院甚至出现当天公布开庭公告的情况。

3. 信息公布不全面

根据《最高人民法院关于推进司法公开三大平台建设的若干意见》以及《北京市法院审判、执行信息公开范围（试行）》的规定，法院公布的联系方式应当包括：法院地址、法院公共邮箱、法院咨询电话、法院交通示意图。但本次评估发现，各法院贯彻落实上述规定的效果并不理想，1家法院没有公布法院地址，8家法院没有公布法院的公共邮箱，5家法院没有公布咨询电话，10家法院没有公布交通示意图。有的法院虽然公布了电话，但属于举报监督电话，并非规定中要求的咨询电话。

法院年度工作报告是司法公开的重要组成部分，公众可以通过阅读法院年度工作报告了解法院过去一年的工作情况以及来年的工作安排。在评估的

22家法院中，仅4家法院单设栏目公开了年度工作报告。法院作为公共财政单位，财务状况应当对外公开，这也符合国家预算改革的目标要求，即要建立全面规范、公开透明的预算制度。在评估的22家法院中，只有11家法院公开了财政预决算及"三公"经费信息。

**（二）裁判文书不上网审批规范性有待提升**

裁判文书不上网审批的目的是为约束法院，防止其将本该公开的文书列入不公开范围。因此，不上网审批尺度把握应适当，平衡好公开所保护的利益与不公开所保护的利益，这就对法院提出了较高的要求。项目组发现，北京法院在文书不上网审批方面还存在一些问题。

1. 审批信息不一致问题突出

（1）审批表中的案件信息与裁判文书不一致。

案件信息在不上网审批表与案卷裁判文书中应保持一致。但2015年度对北京法院不上网审批的评估中发现，不上网审批表与裁判文书内容不一致的情况仍然存在，主要表现为系统中该案件的案由、当事人信息与案卷不一致。

（2）审批表文书信息与案件管理系统不一致。

为保持案卷信息准确，不上网审批表中的信息应与案件管理系统中的信息保持同步录入、内容一致，但在评估中发现两者不一致的情况较多。此外，项目组根据已有不上网审批表中的案件号在北京法院案件管理系统中查找相应裁判文书信息时发现，因撤诉没有文书的有18件，系统中显示没有裁判文书的8件，系统中未找到该文书的9件。

2. 不上网审批管理不规范

根据北京法院关于不上网审批事项的要求，涉及国家秘密、个人隐私的，涉及未成年人违法犯罪的，以调解方式结案的裁判文书不宜在互联网公布，即这些属于法定不予上网情形，不需要审批。但其中的"其他不宜在互联网公布的"情形，则需要法院根据案件情况并结合社会现状进行判断。2015年度对北京法院不上网审批情况进行评估时发现，部分法院将需要和

不需要审批的案件全部纳入审批的范围。有的法院48份不上网审批表中，涉密的有11份，涉及未成年人的有2份，以调解结案的有18份，程序性文书5份；有的法院34份不上网审批表中，涉密的有11份，程序性文书6份。其中除程序性文书需要综合考量是否公开、有些涉及个人隐私的由于目前并没有确定个人隐私的具体范围需要进一步认定外，其他属于法定不公开的范围，而法院却将这些案件纳入审批的范围，实际加大了审批的工作量。

3. 扩大文书不上网审批范围

依法审批是文书不上网审批最重要的原则，但实际情况中通常会遇到法定事由以外的不宜公开的情形。在出现此类情形时，法院应该谨慎处理，仔细论证，若未出现超出法定事由的情形而进行不上网审批，则有可能扩大裁判文书不上网的范围。评估发现，不上网审批未说明理由的情形依旧存在。例如，审批表理由栏目只填写"存在其他不宜在互联网上公布的情况"，并未具体说明缘由，比对文书内容也未发现不宜公开的情形。另外，一些案件因为涉案人数众多，法院认为上网存在技术处理上的障碍而不予公开；一些案件因为涉及司法机关内部人员或者内部办案等情况而不予公开，这些也都扩大了不公开文书的范围。

## （三）案件流程节点信息管理精准度有待提升

案件流程节点信息管理要求法院工作人员将重要的案件节点信息同步录入案件管理系统。节点信息的录入不仅能够进一步强化审判、执行工作，提高工作效率，简化案件档案管理，还能向社会公众准确公开案件进展，使案件处理全程公开透明，更为精准进行案件数据分析、服务审判执行工作与社会管理奠定了重要基础。

1. 案件流程节点信息与案卷信息不一致

评估发现，在调取的338件案件中，有14件案件的合议庭组成人员或执行组织信息在案件信息管理系统中的记录与案卷记载不一致，占4.14%。34件案件存在案件信息管理系统录入的结案日期与卷宗记载不一致现象，占10.06%。结案方式这一节点信息不一致的情况较少，在抽取的338件案件中，只有6件案件出现结案方式不一致的情况，占1.78%。执行案件中执行标的额是最关键最重要的节点信息之一，项目组发现仍有少数法院案件信息管理系统中录入的应执行标的额与卷宗记载不一致。

申请执行的费用作为执行案件中一个重要的节点信息，应在案件信息管理系统中准确录入，加之实践中大多数情况是划扣执行款时将执行费一并划扣至法院账户或者申请执行人账户，因此，申请费的准确录入关系到法院核对划扣回来的案款数额是否正确。本次评估虽然未将执行费不一致作为扣分项，但是评估发现，有些法院在案件信息管理系统中录入的执行费和卷宗中记载的不一致。例如，有些案件在案件信息管理系统中显示应缴执行费为"0元"，但卷宗记载执行费为"50元"。有些案件的执行费在案件信息管理系统中的不同栏目下显示的也不一致，如有案件在系统的《立案信息》栏目下应缴执行费为"0元"，而《执行费缴纳情况》栏目中显示执行费"1107元已缴纳"。

2.案件信息录入不完整

评估发现，有些法院在案件信息管理系统中未录入开庭时间，而卷宗显示有开庭审理记录且不止一次；有些法院不仅将开庭时间录入系统，还将谈话时间、辨认时间、提讯时间等录入《开庭信息》栏目下；有些法院的案件信息管理系统中合议庭或者执行组织组成人员存在漏录现象，录入不完整。

3.案件信息录入不精确

此次评估还发现，案件信息管理系统信息录入不精确。例如，案件信息管理系统中录入的是"走私、贩卖、运输、制造毒品罪"，卷宗中记载的是"贩卖、运输毒品罪"，虽然不能说两者信息不一致，但是信息录入并不精确。走私、贩卖、运输、制造毒品罪是选择性罪名，检察院仅以贩卖、运输毒品罪起诉被告人，那么系统应该仅录入这两项罪名，而不应该将整个选择性罪名全部录入。再如开庭时间的录入，案件信息管理系统和卷宗中的开庭时间均记录到具体时间点，如果系统录入也需要精确到具体时间，应和卷宗记载时间一致，不应出现案件信息管理系统显示一天两次开庭，但是案卷中只有一次开庭记录的情形。

## 五 完善建议

目前,中国司法公开正处于深入发展阶段,公开工作应服务于司法改革,服务于司法为民,服务于维护司法公正,服务于提升司法公信力。评估表明,2015年北京法院司法公开工作取得了不俗的成绩,但仍有一些方面需要不断完善。

### (一)进一步完善集约化的司法公开平台

北京法院虽建成了北京法院审判信息网,但仍存在多个信息发布平台,造成了信息衔接混乱、信息不准确等诸多问题。未来应进一步整合网络平台,将司法信息放置于北京法院审判信息网集中发布。由于司法信息具有高度一致性,因此统一发布不仅更有利于司法宣传,方便公众集中查询信息,法院也无须再维护运行多个网站。

### (二)主动发布、及时更新司法信息

一方面,对于应公开的信息要做到主动公开。法院财政预决算以及年度工作报告的公开事关阳光司法建设,因此应当强化相关信息的公开。建议北京法院集中主动公开各级法院的财政预决算及"三公"经费信息,监督各级法院公开年度工作报告,发布相关法院统计数据以及分析报告。

另一方面,应及时更新信息。信息更新滞后是本次评估发现的问题之一,对此项目组建议北京法院及时更新信息,如审委会组成人员、法官信息、人民陪审员名单等信息,考虑到北京法院人才引进和人员流动的周期,建议定期或依实际情况检查更新。

### (三)加强辅助人员配备

要想做好司法信息公开,一定要明确主体责任,将具体的工作落到实处。由于北京法院案多人少,积案较多,缺少足够的人力资源推动信息公

开。因此,建议在制度允许的前提下,创造条件额外增加司法辅助人员专门推动司法公开,有效疏解案多人少压力。同时严把信息公开的质量关,将公开与否、公开是否及时、公开是否准确等内容纳入公开主体的业绩考核之中。

### (四)进一步规范不上网审批

应进一步确定不宜公开范围,细化标准。目前北京市高级人民法院确定了不宜上网的案件情形,但在具体操作时,往往也难以认定哪些属于"个人隐私"、哪些属于"公开会影响当事人生活"等情形。因此,应依据目前不宜公开的案件类型和案件所涉内容,探索汇总出不宜公开的典型案件情形,逐步明确不宜公开的范围。应建立完善裁判文书不上网审批管理系统,将填写不上网审批表的理由作为必填项目,使各法院在进行不上网审批时能够明确填写内容,细化工作分工。

### (五)优化案件信息管理系统

优化案件信息管理系统,信息录入应采取逐层展开的形式,即第一栏目内的信息如果录入不完整则不能继续录入下一栏目内的信息,从而避免漏录某些信息。此外,系统中还应当增加宣判时间、谈话时间、辨认时间等信息。由于目前案件信息管理系统中仅有《开庭信息》栏目,因此有些法院将谈话时间、辨认时间、提讯时间、宣判时间均录入这一栏目下,虽然将这些时间信息录入《开庭信息》栏目并不严谨,但初衷是好的,这种做法值得提倡。因此,建议将案件信息管理系统中的《开庭信息》栏目变更为《时间信息》栏目,然后划分为《谈话时间》《辨认时间》《提讯时间》《宣判时间》等多个子栏目,将整个案件按照时间顺序录入案件信息管理系统。这样通过案件信息管理系统能够清晰地了解到法官在某一案件中开展工作的情况,也使系统更加完善。最后,避免案件信息管理系统中信息重复填写,减少法官的工作量。

# 法治国情调研

Survey and Investigation on National Situation of the Rule of Law

## B.20
## 走向规范化、体系化和精细化的地方人大监督

——以对广东省中山市人大监督实践的考察为中心

李 霞*

**摘　要：** 广东中山人大监督以"全域中山理念"为指导，以良好的制度和机制为支撑，在监督各要素之间谨慎平衡，表现出了规范化、体系化、精细化的趋向，逐步走向成熟。观察中山人大监督的实践，有助于深入理解人大在地方民主法治建设和社会发展中正扮演着的和应当扮演的角色。

---

\* 本报告为中国社会科学院法学研究所法治指数创新工程项目组、国家法治指数研究中心成果。项目组负责人：田禾，中国社会科学院法学研究所研究员、国家法治指数研究中心主任。项目组成员：吕艳滨、李霞、王小梅、栗燕杰、刘雁鹏、徐斌、赵千羚、刘迪、杨芹、马小芳、曹雅楠、周震、徐蕾、宁妍、赵凡、刘永利、宋君杰等。执笔人：李霞，中国社会科学院法学研究所副研究员。

## 走向规范化、体系化和精细化的地方人大监督

**关键词：** 人大监督　规范化　体系化　精细化

人民代表大会制度迄今已走过60个春秋，监督角色缺位、监督实效不彰的"顽疾"却依然困扰着各级人大。这一现实既与中国宪法设定的控权机制相悖，也与法治国家的建设和政治体制改革的推进格格不入。由于多元的动力和压力，各级、各地人大相继在宪法和法律确立的框架内进行了探索，在监督的理念、制度、方式和实效方面，均实现了不同程度的创新和突破。一个有趣的现象是：地方人大监督权行使的效果，往往与该地方的法治成熟程度呈正相关；地方人大的权威和地位可从一个侧面折射当地民众民主法治理念的培育程度以及和谐共治社会的发育程度——一言以蔽之，可视作度量地方政治文明的一把标尺。

这一现象在广东省中山市得到深刻诠释。中山市地处开放前沿，近年来经济快速发展、城镇化加快推进、社会文明程度迅速提升，为人大监督"一府两院"依法履职，提供了强大的内生动力；中山一向"开风气之先"，民主和法治氛围较内地更加浓厚，民众的权利和规则意识较强，也为人大积极履行监督职能施加了压力。在动力和压力下、在制度和现实架构的有限空间中，中山人大在监督的制度、体制、机制，以及监督工作的技术和细节方面，都体现出了智慧和用心；人大监督不断规范化、体系化、精细化，逐步趋于成熟。观察中山人大监督的实践，有助于深入理解人大在地方民主法治建设和社会发展中扮演着和应当扮演怎样的角色，亦从一个侧面反映出广东依法治省的"人大常委会模式"[①] 所具有的独特优势。

---

[①] 从依法治省（市）工作领导小组办公室的设置来看，目前主要存在三种模式。第一种是领导小组办公室设在司法厅（局）的"司法系统模式"，为全国普遍采用；第二种是领导小组办公室设在党委常委的"党委模式"，以上海市为代表；第三种是领导小组办公室"挂靠"在人大常委会的"人大常委会模式"，以广东省为代表。广东省依法治省工作领导小组及其办公室成立于1996年10月，目前广东省21个地级以上市依法治市工作领导小组办公室除深圳市设置在司法局外，其他都设置在市人大常委会。办公室是省（市）党委领导下的议事协调机构的常设办事机构，设置在省（市）人大常委会，省（市）人大及其常委会承担依法治省（市）的日常工作，在实践中发挥着主导作用。但2015年广东这一模式已发生变化。

# 一 走向规范化的中山人大监督：以良好的制度和机制为支撑

## （一）制度建设：省、市、镇共同努力的成果

过于笼统、不易操作的人大监督制度，曾是制约地方人大监督效能充分实现的因素。从20世纪80年代开始，省级地方人大开始尝试对人大监督工作予以规范和完善。广东省走在前列，先后出台了一系列监督法规和规范性文件，并不断修改完善，包括综合性的监督法规、专项性监督法规、关于监督方式的法规，以及人大及其常委会的议事规则。

在2015年《立法法》修改以前，中山市并无地方立法权。尽管如此，中山仍在制度框架内进行了规则制定方面的尝试。1988年，中山市人大审议通过了《中山市人民代表大会常务委员会议事规则》（之后有四次修正）。《广东省各级人民代表大会常务委员会监督条例》颁布后不久，中山市出台了相应的实施办法，规定了人大常委会监督的范围、形式等，并明确了人大常委各办事机构的具体职权。此后，中山市制定了《中山市镇人民代表大会工作规则》（2001）《中山市人民代表大会议事规则》（2009）、《中山市人大代表联系选民办法》（2010）。为了实现对人大代表议案建议办理的全程管理，强化对办理工作的刚性约束，2008年中山市制定了《中山市办理建议提案绩效量化测评工作细则（试行）》，2011年印发了《中山市建议提案办理工作量化管理办法》，设定考核分值进行综合考评，考核结果纳入部门镇区领导班子实绩考核体系。从2013年开始，中山市又密集出台了一系列关于人大监督的规范性文件。《中山市镇人民代表大会监督工作暂行办法》（2013）是全国首部关于镇人大监督工作的规范性文件，标志着中山市各镇的人大监督工作，尤其是闭会期间的监督工作自此有章可循；《中山市人民代表大会代表议案及建议、批评和意见处理办法》（2013）旨在规范代表议案、建议等的办理工作，提高办理质量；《中山市人民代表大会常务委员会规范性文件备案审查办法》（2013）明确了规范性文件备案报送的内容和要求，审查的机构和职责、内容和程序等。2014年分别针对预算审查监督和生态环境保护和建设工作监督，出台了《中山市预算审查监督暂行办法》和《中山市人民代表大会常务委员会生态环境保护和建设工作监督暂行办法》。

中山在镇人大层面，也立足于基层人大监督的实际需要进行了制度创新，使监督工作更"接地气"。例如，小榄镇制定了《中山市小榄镇人民代表大会监督工作暂行办法》，依据该办法成立了城乡建设、法制、财经、农村社区和教科文卫等专业代表小组，开展调研、联系选民、实施监督。三乡镇制定了《党委、人大联合督察活动制度》，探索建立党委人大联合督察组，并完善了代表监督约束机制。

省、市、镇三级在人大监督制度化方面所做的努力，使中山人大监督工作基本纳入了规范化的轨道，有助于规范人大监督活动、促进人大监督工作的开展。同时，市、镇的探索和积累也将为广东省乃至全国的相关立法提供来自基层的鲜活经验。

## （二）机制建设：实践基础上的凝练和设计

在《各级人民代表大会常务委员会监督法》业已设定的制度框架下，如何借助更有效的机制设计将监督权用好用足，恰是问题的关键。中山市、镇两级人大在实践中善于思考和总结，尝试通过一些精巧机制的建构，丰富了监督方式，增强了监督动力，强化了监督效果，树立了人大的权威。

### 1.建立民主测评机制

民主测评是《中山市镇人民代表大会监督工作暂行办法》引入的一种创新的监督方式，也是一种有效的监督机制。它要求中山市镇政府各职能部门接受年度测评，全体镇人大代表采用无记名投票的形式进行评分，测评结果向代表报告。经过2014年、2015年的两轮民主测评，各镇立足自身情况作了进一步补充和创新，使这一机制趋向成熟。

第一，测评对象覆盖了中山市镇政府所有职能部门及上级国家机关派驻各镇的所有部门；第二，测评内容一般为依法办事、工作效能、政务作风和议案建议办理四个方面；第三，测评程序，一般是集中发票、写票、投票、计票，现场公布民主测评分数和排名；测评结果按照得分高低排序，并在会上当场宣布；第四，对于民主测评结果的使用，大多数镇区将民主测评结果作为镇机关干部年终实绩考核的参考依据；第五，对于民主测评中凸显的问题，各镇区较为重视，并根据代表提出的意见和议案建议予以整改落实。

2. 完善议案建议办理和督办机制

强化对人大代表的议案和建议的督办是中山市人大监督的抓手之一。议案和建议办理的效果如何，直接决定了监督职能实现的程度。市政府各职能部门和各镇已形成了较成熟的议案建议办理机制。第一，在领导机制上，成立专门的议案建议办理工作领导小组，制订实施方案，明确工作目标和责任分工；第二，在责任机制上，采取"三级负责人"办理制度——职能部门主要领导或镇区的主要领导为第一责任人、分管领导为直接责任人、承办部门为具体责任人；第三，在办理单位和人大代表之间形成了常态的沟通机制，贯穿"办前、办中、办后"；第四，建立了人大跟踪督办机制，不定期对建议办理落实情况进行监督检查，确保办理实效。同时，不仅追求意见建议办理满意率，更重视其落实率，力求使涉及民生问题得到解决或逐步解决，即从"答复型"向"落实型"转变。在具体实施层面，各镇区各自进行了发挥。例如，西区提出了"五个一"的要求，同时对承办单位的办理工作在健全制度、严格程序、保证质量等方面作出了详细规定和更高要求。

此外，依托电子政务的建设而开发"两个平台"——议案建议提案综合管理平台和建议提案在线平台，实现议案建议提案办理工作的信息公开，这是中山市人大代表提案建议办理工作规范化和程序化的又一个创新。

3. 完善人大代表活动机制

（1）小组活动机制。

《中山市镇人民代表大会监督工作暂行办法》将代表小组确立为代表开展监督工作的基本形式，以增强代表的专业性来尽量弥补代表非专职的缺陷。实践中，各镇因应各自的具体情况、需要和习惯来对代表小组进行分类,具体名称也各不相同(包括"代表小组""功能小组""专业小组""专业代表小组"等)。

例如,三乡镇设计了以功能小组为单位的督察机制,围绕镇委、镇政府的中心工作进行联合督察。具体来说,中山市将61名人大代表分成13个功能小组,每个组要求1名党代表参加,各小组在组长的召集下本着"专题、小型、深入、实效"的原则开展活动。对于督察中发现工作不力的部门单位,视情况处理和问责。同时为扩大社会对监督工作的参与,提供监督的客观性,还要求第三方代表列席督察活动。功能小组的具体构成并非一成不变,2013年末,三乡镇人大办调整了督察小组,对小组分工、活动次数、代表专场等,从原来的13个小组调整为9个,还专门增设了议案建议组。

(2)代表服务保障机制。

早在2009年,中山市各镇区就已按标准建成了各自的人大代表活动室,有专门场所和经费的保障,市、镇人大代表开展闭会活动拥有了自己的"家",荣誉感和归属感随之增强。在抓好活动室硬件建设的同时,镇区规范了代表花名册、代表活动计划簿、代表活动登记簿、代表学习记录簿、代表履职情况登记簿等"一册四簿"的整理归档工作。从2014年开始,部分镇的人大代表活动室已建到了各村(社区),为代表密切联系选民搭建平台。

在人大闭会期间,镇人大经常走访人大代表及其工作单位,协调解决代表履职中的困难,动员代表所在单位为其提供时间保障和必要条件;开展的各项活动向代表通报,邀请代表参与、接受代表监督。

(3)代表监督约束管理机制。

镇区的监督约束管理机制各有特色,其约束对象一般不限于代表个人,还延伸到代表小组。例如,三乡镇人大每年会根据督察小组的与会人数、活动情况、提交建议数量、提交调研报告数量等,对督察小组进行量化评分和排名。还有不少乡镇建立了代表履职档案,对代表参加会议、提出意见和建议的情况进行登记,并在年终进行通报。东凤镇对代表专业小组的年度活动进行细化和量化,要求各代表小组每季度至少开展1次活动,每次活动由联

313

络员召集,座谈会由组长主持,并加强专业小组代表的出勤考核及活动开展情况的跟踪。2015年进一步严明了代表闭会期间的组织纪律,建立了代表闭会期间考勤考核机制。

## 二 走向体系化的中山人大监督:人大监督的"全域中山理念"

任何领域的改革,都是一项系统工程。这意味着对该领域内的各个方面、各个层次、各种关系、各个环节、各种要素,需要从全局的视角予以统筹协调和观照,拒绝死角。《中共中央关于全面深化改革若干重大问题的决定》将推动人大制度与时俱进改革作为深化改革的要点之一,而监督制度无疑是人大制度中的重要部分。因而,人大监督制度的改革和完善也理应被当作一项系统工程。目前,中山人大在监督过程、方式、主体要素等方面,已形成了一个自洽的、较为完整的体系。监督权在不同环节、通过不同方式、经由不同主体行使,产生了叠加效应。这一理念与中山在区域发展方面的要旨相一致,堪称人大监督领域的"全域中山理念"。

### (一)坚持民生导向,办好议案建议

1. 事先:议题选择的民生导向

监督资源有限,是一直以来摆在人大面前的难题之一。如何科学分配有限的监督资源,将其配置在"要害"领域,是提高人大监督针对性和实效性的前提。在这个环节上,中山人大删繁就简,广纳民意,无论议题的选择还是选择的议题都体现了强烈的民生导向,回应了社会关切。

为确定2015年中山市人大常委会的监督议题建议,2014年9月,市人大常委会连续3天在《中山日报》刊登征集监督议题的公告,同时通过中山人大网、中山法治网、常委会公报发布。除此之外,市人大常委会还通过各代表小组向全体市人大代表征集意见建议,各工作委员会分片联系单位、镇区征集意见。在汇总、分类梳理的基础上,市人大常委会办公室

以问卷形式把初步遴选出的监督议题再发全体市人大代表征求意见修改后，提交2015年初召开的常委会会议审议通过后组织实施。经过严格的程序确定下来的议题均与民众利益切身相关，涉及食品安全、饮水安全、交通出行、治安改善、教育、医疗等。基于公开征集议题所取得的良好效果，2015年9月，中山市人大常委会发布了《关于征集2016年监督议题建议的公告》，可以预期这一议题建议"民众说了算"的机制将持续发挥作用。

2. 事中：围绕民生的议案建议办理

中山市政府在全市人大代表议案建议办理中起了重要的领导和统筹作用。全市人大代表议案（建议）、政协提案任务交办会由市政府组织召开，进而经各镇区人大工作室分解到有关职能部门。办理前，要求承办部门对每一份建议都上门或以电话联系的方式向代表详细了解情况，探讨办理方案；办理过程中，及时向代表汇报进度，征询办理措施是否得当，反馈难点问题，对不合规范的答复进行修改，不满意或者基本满意的办理件一律退回重新办理；制订解决方案和工作计划后进一步听取代表的意见建议，并与代表共同推进，按时完成建议的受理、交办、反馈、答复等。

3. 事后：民生议题的落实

对监督效果的评估，一方面自然是针对现状、静态地评价议案建议的办理和答复本身，另一方面则是面向将来、动态地评估监督对被监督者行为的影响。具体来看，体现在答复中承诺事项的落实、监督成果的转化和今后对类似问题的处理上。

中山市人大一向重视监督工作"回头看"，倒逼议案建议办理部门落实议案建议中的承诺。在建议办理后，各部门并不止步于纸上答复，而是建立起工作台账和跟踪办理制度，对答复中承诺的事项逐项落实。同时，将符合部门发展方向的建议提案融合在拟出台的政策性文件中，通过工作常态化满足人大代表反映的群众需求。例如，中山市民政局结合办理人大建议，要求成立中山市重大疾病救助基金，制定了《中山市困难居民重特大疾病医疗救助暂行办法》，完善了社会救助体系。

## （二）综合运用多种监督方式，开启全方位监督

现行宪法和法律规定了多层次、多形式的人大监督方式。除此之外，中山市还在法律框架内积极探索和综合运用其他一些行之有效的监督方式。目前已形成了一套涵盖一般性监督（组织代表视察、调查、检查等）和刚性监督（质询、否决、罢免等）、较为成熟的监督模式。

1. 采取组合调研监督，落实民生实事

为深入了解"1号议案"和十件"民生实事"的推进情况，中山市人大常委会采取了座谈、走访调研、市人大代表统一活动日视察和第三方评估的组合调研监督形式。这种做法针对的是重要且棘手的监督事项，既与民众生活息息相关，涉及多部门的职责权限，又时间跨度较长，需要持续跟踪和监督。

2015年6月下旬，中山市人大常委会召开了四场座谈会，相关部门以及24个镇区参加了座谈，并走访了市公安局治安支队和流动人口管理办公室。9月在市人大召开座谈会，听取交通局、农业局关于"1号议案"相关情况的汇报。为加强现场考察的力度，"9·15"市人大代表统一活动日组织了430多名代表分24个小组深入各镇区对农村道路桥涵建设情况进行视察。之后，24个镇区对"1号议案"及十项民生工程完成情况和视察总结进行了书面回复。

2. 突出民生重点，听取和审议报告、开展执法检查

听取和审议"一府两院"的工作报告、专题报告和执法检查报告，以及执法检查等，是人大监督的常规手段。2015年，中山市人大及其常委会听取的各种报告，内容主要围绕民生等热点问题，包括物业管理、水环境保护、道路交通安全、农业面源污染防治、食品药品检验检测机构建设等。执法检查也针对《物业管理条例》《广东省物业管理条例》《传染病防治法》等的实施情况，体现了监督的民生取向。

3. 围绕民生议题，开展专题调研和专题审议

专题调研、专题视察和专题审议等监督方式在中山运用频率较高，体现

了中山人的主动、专注和讲求实效。专题监督具有主动性强、针对性强、效力更强等特点，常委会可以自主选题，监督更能有的放矢，提出的建议和措施更加务实可行，审议意见具有法律效力。2015年的专题监督，主要围绕交通改造工程方案和住宅二次供水、城区内停车、农村生活垃圾的收运处理情况等民生主题进行。

4. 推进全口径预决算审查监督规范化，替人民管好"钱袋子"

对财政预算进行监督以促使政府妥善使用财政资金，是宪法和法律赋予人大及其常委会的法定职责，也是建立公共财政、透明财政体制的客观要求。

中山人大近年来一直致力于推进全口径预算决算审查监督规范化。2006年，中山市就开始编制全口径综合性预算，将所有财政资金编入预算；至2011年，公共财政、政府性基金、国有资本经营收益、社会保险基金已全部编入政府预算体系，并提交市人代会审议；新《预算法》颁布实施后，中山市积极推进全口径预决算管理改革，2014年10月通过了《中山市预算审查监督暂行办法》，规范了人大预算决算审查监督的方式和途径。目前已基本建成框架科学、内容完整、运转有效的财政预算管理体系。值得强调的是，中山市的"实时在线财政预算监督系统"经过9年多的优化升级，内容全面，项目清晰细化，为人大预算监督工作提供了良好支持。

## （三）统筹人大各项职权，配合监督权的行使

立法权、监督权、重大事项决定权和人事任免权，是人大及其常委会拥有的四项职权。此四项职权并非独立，而是有着内在联系，使用恰当可实现多赢。2015年，围绕环境保护等主题，中山市人大常委会统筹行使立法权[①]、监督权和重大事项决定权，效果相得益彰。

在监督方面，环境保护因与民生紧密相关而一直被作为"十件民生实

---

[①] 2015年3月，全国人民代表大会通过了修改《立法法》的决定，赋予中山市地方立法权；5月，广东省人大常委会发布第32号公告，规定中山等市的人民代表大会及其常务委员会，自5月28日起可以制定地方性法规。

事"之一,也一直是人大监督的重点领域。例如,2015年,被作为"十件民生实事"之一的"内河清流和城区治涝工程",具体举措包括:在完成中心城区核心区主干道雨污分流主体工程基础上,开展首批内河整治;对旧有排水系统启动升级改造工程;编制完成《中山市城市排水(雨水)防涝综合规划》等。

在立法方面,中山市获得地方立法权后起草的第一部地方性法规即是《中山市水环境保护条例》,这一选择是为解决水环境监管工作中部门职责分工不明确、水污染防治、饮用水源的保护等问题,同时也回应了民众呼声。目前,具有鲜明中山特色的条例草案已成形,可望形成适合中山水环境治理的制度和机制。

在环境保护领域的重大事项决定权和人事任免权方面,中山市人大也有新举措。2014年审议通过的《中山市人民代表大会常务委员会生态环境保护和建设工作监督暂行办法》规定,对于因决策失误造成重大生态环境问题等情况,可依照法定程序对市人大常委会任命的相关人员提出撤职案。该办法还创新了人大行使监督权的形式,对需由人大决议、决定的环保重大事项作出了界定,并明文列出市政府应向人大常委会报告的十项重要事宜,包括生态文明建设规划实施情况以及重大环境事件情况等。

## 三 走向精细化的中山人大监督:在监督要素间的谨慎平衡

人大监督权的切实有效行使,需要在各种监督要素之间谨慎寻求平衡。具体来看,需要严格遵守立法确立的权利—权力框架,考虑基于不同监督目的、针对不同监督对象的监督手段、力度和方式的选择,注重维持上级人大统筹指导与下级人大创新之间的平衡。中山市人大的监督工作,凸显了谨慎细致、灵活周全的政治智慧和工作智慧,开始释放出强大的正能量,助力发展,服务民生。

## （一）监督力道的"刚柔相济"

宪法和组织法赋予了各级人大及其常委会监督"一府两院"的权力，并就监督方式作出了规定，这是人大刚性监督的基本依据。然而，仅强调监督刚性的一面，可能会挫伤被监督者的积极性或者影响其创造性的发挥，不符合监督法提出的"促进依法行政，公正司法"的要求。因此，还有必要强调监督柔性的一面。中山市在这方面颇有心得。

首先，从监督方式上看，针对不同的监督对象和监督目的，中山人大灵活选用刚性和柔性的方式。刚性手段包括质询、询问、否决、撤销、撤职、罢免等，柔性手段则包括视察、调查、执法检查、听取和审议报告、对规范性文件进行备案审查等。事实上，大量监督活动是通过柔性监督，采取约谈、调研、听取汇报等手段，以目标的一致化解观点的分歧。其次，在监督方法上，中山人大注意发挥内设工作机构的作用，在监督的全过程中加强与"一府两院"对口部门的交流，具体方式包括邀请参会、交流信息、通报情况等。再次，在监督限度上，中山人大严格遵守法定的职权划分，尊重"一府两院"权力的依法行使，将监督精力主要集中于宏观和中观层面，谨慎使用微观监督，努力做到"在监督中支持，在支持中监督"。

## （二）市统筹规划下的镇区创新

综观中山市人大监督的制度、机制和具体工作，可发现一个特征：市人大及其常委会职司统筹规划，勾勒大体的制度框架，将制度创新的空间尽可能多地留给镇区；而镇区基于强大的创新能力和动力，结合自身情况和特点出具具体方案，呈现出亮点纷呈的局面。这种拒绝一刀切的模式，主观上体现的是市人大对镇区人大主动性和能力的信任，客观上激励了各镇区的积极性，符合中山市镇区各具特色的发展模式。

例如，在人大代表民主评议职能部门和选区群众评议人大代表方面，中山市人大常委会都制定了相应的规范性文件，对评议内容、程序、要求等有一个大体的规定，而评议的主题、详细流程、具体形式等的设计空间，则留

给各镇区人大。又如，对于镇区人大代表小组，无论在名称、组成、活动方式，还是经费保障、监督机制方式上，都由各镇区根据各自代表的数量、专业背景，镇区的特殊需求等来确定。在监督方式上，各镇区在每年做好审查和监督政府预算、开展各单位民主测评等"规定动作"的同时，又结合实际，把关系该镇改革发展稳定大局和民生问题作为监督的首要任务，通过组织代表执法检查、听取部门工作汇报等形式，演示"自选动作"。

### （三）监督主体要素之间的博弈

#### 1. 监督者与被监督者

能得到有效落实的制度才是有生命力的制度，否则不过是空中楼阁。"一府两院"由人民代表大会产生，对它负责，受它监督，是宪法确立的基本权力结构，它将人大和"一府两院"分别置于监督和被监督两个象限。条款虽简单，执行却不易，首先需要应对的就是现实中两者并不均衡的力量对比。面对现实，中山市人大对自身的功能和定位作了客观判断，对与被监督者之间的关系作了切合实际的调整。

首先是沟通。信任和尊重不仅存在于人与人之间，同样存在于由人组成的组织机构之间。而沟通是信息和思想的传递和反馈，经由沟通可望达成思想和行动的一致，实现信任和尊重——尤其是在二者拥有共同目标的情况下。中山市主要领导曾表示，人大为中山百姓和中山发展而监督，政府也是为中山百姓和中山发展而做事，大家目标一致，监督与被监督都很舒服。中山市人大常委会和政府组成人员的座谈会机制，是沟通的重要渠道之一。这一机制建立于1989年，多年来通过真诚沟通、凝聚共识，推动了政府一系列重大工作的开展。2015年9月召开的座谈会的主题是"推动统一为'1号'议案实施，办好十件民生实事"，与会人员共商如何将"民生工程"办成"民心工程"。

其次是真诚。中山市人大将自身作为连接政府和选民的桥梁和纽带，一方面了解社情民意，倾听民众声音，为公权机关决策提供重要参考；另一方面全面考察政府的工作情况，了解政府各项举措的用意和苦衷，向民众反馈，以促进民众和基层政府的相互了解，化解二者之间的某些张力和矛盾。对待被监督者，更多采取约谈、调研、听取汇报等柔性手段，消除监督对象的抵触情绪。此外，人大尊重"一府两院"权力的依法行使，尊重其行为的规律和专业性，谨慎把握监督力度。

随着二者的良性互动，"一府两院"逐渐放下了对监督者天然的戒备。中山市委主要领导强调，领导干部的权力来自人民的授权，必须自觉接受人大的监督，执行好人大的决定、决议。"一府两院"将人大议案建议视为代表的"智库"源泉，将办理人大议案建议作为沟通民众的重要渠道。中山市食药监局局长和交通运输局主要领导表示，正是由于人大常委会提出了议案、并全程监督议案的办理，才让政府部门更加了解民意，及时对工作中的偏差查漏补缺，促使政府加快解决最棘手问题的进度。一些政府部门采取措施将办理建议涉及的工作列为部门的年度工作重点，或将办理建议工作的成果融入政策性文件，成为助推政府工作的动力。

2. 代表与被代表者

民选代表与选民之间的关系，与人大和"一府两院"之间的关系在表述上大致相同：人大代表由人民选举产生，对它负责，由它监督。除了法律关系之外，代表和选民之间还存在一种现实的利益关系——选民给予代表的利益是赋予其身份和与身份相应的权力；代表给予选民的利益则是为其"代言"，贯彻"一切权力属于人民"的宪法原则。中山市在密切人大代表与其所代表的选民之间的联系以及选民了解和评价代表履职情况方面，采取了一系列创新性举措。

第一，密切代表与选民的联系。中山市人大常委会制定的《中山市人大代表联系选民办法》（2010）规范了代表联系选民工作的基本内容、主要形式，以及代表了解社情民意的方式和途径。根据该办法，代表们结合自身的实际情况明确了联系选民的时间、场所、内容和方式；代表所在单位和原选区所辖单位支持代表联系选民活动，协助代表记录、整理选民反映的意见和建议，经过必要的调研综合后向有关部门反映。2015年，多个镇区人大开展了代表联系群众活动。东区和神湾镇在这方面走得更为超前。东区制订了人大代表驻点普遍直接联系群众的工作方案,在组织形式、接待地点和联系方式上有所创新;神湾镇的市、镇两级人大代表参与镇区领导干部驻点开展普遍联系群众活动,在驻点层次、接待时间和收集意见的方式上也有所突破。

第二,群众评议代表。2014年底,中山市人大常委会出台了《关于开展人民群众评议市人大代表工作的意见》,2015年初正式试水。首批的试点是三乡镇和南头镇,此后,石岐区、大涌镇、横栏镇等也加入了行列。有些镇区(如五桂山区)还为此成立了专门的群众评议人大代表工作小组。评议的内容一般包括代表任期内的守法情况;参加会议,贯彻决议、决定的情况;联系选民和群众,提出议案、建议、批评和意见的情况等六个方面的内容。评议的程序,一般是代表事先递交关于履职情况的书面述职报告+人大办提供代表年度履职情况表+代表现场述职+群众现场投票评议,全程公开透明。基于前期的成果,中山市人大常委会计划在全市33个代表小组推广市人大代表向群众述职活动,并将于2016年底前完成全面推广任务。这一活动不仅为选民了解代表履职情况、代表深入了解民意提供了平台,也有利于增进选民对代表的信任,促进代表履职。

广东中山作为一个地级市,近年来在国家法治统一的大框架下所进行的富有地方特色的法治实践,体现了其不凡的勇气、智慧和能力。中山人大妥善运用可支配的资源,正视工作中存在的障碍,将其角色演绎得生动、立体而鲜明。随着地方人大实践的深入,理论层面的一些重要问题也日益浮出水面。例如,在我国现行宪法所确立的权力框架内,地方人大制度和实践的创新空间究竟有多大?地方人大式微现实的改变,应分别在多大程度上依赖中央顶层设计和地方的自主创新?人大与"一府两院"、人大代表与选民之间的关系,是否存在宪法理论和现实层面的定位和认识的偏差?等等。这些关系和问题,有待在地方人大理论和制度逐步完善的过程中予以梳理和回应。

# B.21
# 推动经济社会协调发展的县域法治：
# 以江阴经验为例

徐斌 田禾*

摘 要： 法治建设是保持经济社会协调发展的动力之一。江阴作为经济发达的县级市，在经济新常态的背景下积极运用法治方式推动发展，从企业法治意识、市场监管体制、社会治理能力、公民权利保障等方面入手，探索出创新、协调、开放、共享的法治发展经验。

关键词： 经济放缓　县域法治　江阴　平衡发展

## 一　经济增速趋缓与法治建设

改革开放三十余年来，一些经济学家从新制度经济学的视角出发，将中国改革的成功归因于政府主导型的经济增长，即以政策为主导的改革促进了经济增长。

但是，保持经济长久平稳发展的看不见的推动力量是法治事业的不断推

---

\* 本报告为中国社会科学院法学研究所法治指数创新工程项目组、国家法治指数研究中心成果。项目组负责人：田禾，中国社会科学院法学研究所研究员、国家法治指数研究中心主任。项目组成员：吕艳滨、王小梅、栗燕杰、刘雁鹏、徐斌、赵千羚、刘迪、杨芹、马小芳、曹雅楠、周震、徐蕾、宁妍、赵凡、刘永利、宋君杰等。执笔人：徐斌，中国社会科学院法学研究所助理研究员；田禾。

进①。中国三十余年的改革正是在建立完善的法治保障机制、国家治理体系和治理能力不断实现现代化的基础之上。基于法治对于创新发展的重要性，党的十八届四中全会确定以法治方式来全面推动深化改革。当前，中国受到国际金融危机的持续影响，如何适应经济发展新常态，推动经济结构优化，实现发展方式转变，法治路径无疑是实现"十三五"期间经济社会发展目标的关键因素之一。为总结地方法治发展经验，中国社会科学院法学研究所将经济最为发达的县级市之一——江阴市作为样本，分析法治在江阴的社会经济发展中处于什么样的地位、发挥了什么作用，期冀以江阴经验探索中国县域发展的法治路径，为其他县域提供可复制、可推广的经验。

新的经济形态向法治建设提出了新的挑战与问题，即在法治的轨道上均衡经济与社会发展；将数量庞大、竞争力强的中小企业纳入法治的规范范围，创建创新发展的保障机制；正确处理政府与市场的关系，营造开放共赢的法治环境；解决快速发展带来的贫富分化以及城镇化问题，公平分配社会资源和改革成果。近年来，江阴市针对上述问题做出了大量的法治建设工作，积累了有益经验，成为区域法治建设的标志性样本。

江阴市位于中国江苏省无锡市，民营经济发达，制造业强，是县域经济发展的典范。江阴市素来有"中国资本第一县"之称，以本土乡镇企业起家，截至2015年底，共有33家上市公司，连续12年位列全国县域经济排行榜前两位。

但随着近年来的经济转型与产业升级，以劳动密集型产业为主导的江阴经济受到了一定的影响。在经济形势的下行趋势下，以往潜藏的社会矛盾加剧，社会阶层利益分化，对社会秩序稳定带来了隐患。受经济持续低迷、企业经营困难等因素影响，劳资矛盾纠纷出现增长现象，2015年1~6月，仅江阴市一级人社部门就受理各类劳资矛盾纠纷3411起，同比增长22.79%②。正是因为注重法治建设，江阴市主动面对经济下行压力、市场

---

① 李曙光：《让法治成为经济发展的主要推动力》，《经济参考报》2015年1月6日。
② 江阴市人社局2015年工作报告。

持续低迷的严峻挑战，适应新常态，积极谋求新跨越，主要指标总体完成情况良好，商务经济运行平稳健康。2014年完成进出口223.04亿美元，同比增长11.52%。其中出口130.23亿美元，同比增长20.21%，远超全年目标任务，第七次蝉联"长三角县域商业十强"第一名[①]。江阴近年来着力建设的法治化营商环境对于取得上述成绩发挥着重要作用，这也是江阴经济社会发展的法治动力。

## 二 江阴法治在推动经济社会协调发展中发挥的作用

1. 培育依法治企意识，建立创新发展保障机制

在新经济形势下，瞬息万变的市场环境要求企业能够规范自身经营行为，避免系统性风险。随着中国市场法治环境的日益完善，有关企业管理的法律文件也不断出台。提升企业管理人员的法治意识成为企业稳定发展的前提。由此，依法治企、加强企业法治意识成为江阴市营商法治化建设的首要内容。

依法治企就是企业依照国家法律法规对企业的要求，合法合规展开经营管理活动。依法治企是现代企业制度建立的必然要求，也是规范企业经营管理、提高企业竞争力、打造实力一流企业的有效途径。2015年江阴市法治宣传教育工作要点明确提出，强化企业经营管理人员依法管理能力，认真贯彻《江苏省企业学法用法评考办法（试行）》，把企业经营管理人员的学法用法与企业法治实践有机结合起来。针对企业法治意识的法治宣传活动采用了多样化、点对面的形式，包括推广企业守法诚信体系建设经验做法，开展中小型企业防范法律风险普法活动等。这些活动旨在不断提升企业经营管理人员诚信经营、依法管理的能力和水平。

比起大型企业，中小企业更加需要法治的支持。截至2015年，江阴共

---

① 江阴市商务局2014年工作总结。

有中小企业9000余家[①]。这些中小企业普遍存在获取法律服务成本高昂、法律意识单薄、法律需求单一的特点。针对这些特点，江阴市政府主动为中小企业搭建统一的企业法律服务平台，帮助中小企业完成由小作坊生产向依法治企的现代化企业管理模式转型。在这方面，江阴有一条非常成功的经验，那就是"万企培训"计划，目标是培育中小企业法治思维。江阴中小企业的管理人员多数是家族式的，这种亲戚关系使得管理方式上普遍难以完成法治转化。加强源头防控，使企业管理人员能够获得知识，懂法、用法是企业法治化管理的主要方向。从2013年开始，江阴市利用两年时间对中小企业开展"万家企业"政策法规培训，累计举办培训班54期，培训企业8713家，培训10542人。与此同时，还对有关街道400名社区工作人员进行培训，提升他们的法治思维与法治意识。为了严厉打击企业欠薪行为，江阴连续三年开展打击"欠薪罪"专项行动，2012年首年就有13名企业老板因欠薪逃匿而立案移交公安部门处理。2013年，移送公安立案25件。2014年移送公安立案13件[②]。

江阴市的大量中小企业是其保持经济增长的重要动力之一，要保证这些企业在法治的轨道上运行，就要将企业中纷繁复杂的劳动关系纳入法治轨道，这项任务同时也是江阴市维稳工作的重中之重。2014年，江阴市人力资源与社会保障局创新管理规范模式，依法规范劳动雇佣关系，采取多种渠道化解乃至预防劳资纠纷。其中，最为显著的是三色预警创新机制。2013年以来，江阴市进一步发挥基层平台作用，整合仲裁、就业、社保、工伤及工会等部门业务数据，启动劳资矛盾分色预警监控系统建设，对用人单位劳资关系进行综合研判，实行"黄、橙、红"三色防控预警，实现从"应急管理机制"向"预警处置机制"转变，建立了劳资矛盾快速处理机制。截至2015年底，劳动关系预警监控指挥系统已建成15个一级网格和298个二级网格，对江阴市用工30人以上的企业实现全覆盖，数据包含143万名职

---

① 根据江阴市经信委提供的数据。
② 江阴市人社局法治建设2014年工作总结。

工和2.1万家企业信息,数据量超过百亿条。2014年江阴市共受理举报投诉3448件,比2013年下降21.4%;发生群体性突发事件72件,与2013年相比减少近70%;发生拒不支付劳动报酬案件12件,比2013年的32件下降了62.5%。2015年上半年,江阴市共发生7065件预警案件,已处置完成6867件,处置率为97.2%。目前有198件预警案件未处置,其中红色预警6件、橙色预警25件、黄色预警167件,实现了劳动保障监察关口前移、重心下沉,进一步实现从"应急管理机制"向"预警处置机制"转变①。

此外,江阴市还提高了劳动争议案件的调解与纠纷处置效能。积极开展劳动人事争议基层调解和案前调解,基层调解组织调解1879件,仲裁院进行案前调解976件,各类调解组织调处争议占争议总量的55%。从全国范围来讲,该预警创新机制为江阴带来了显著的成效。

2. 规范市场监管体制,营造开放共赢的法治环境

在经济全球化的发展趋势下,开放共赢的市场环境是经济体在国际市场中获得竞争力的关键。作为民营经济大市,江阴的法治建设进程一直以有利于营造良好的创业和经商环境为目标,推进江阴市经济健康有序发展。

推动放宽准入门槛、政府负面清单管理等开放政策,关键是提升政府监管能力,明确政府与市场、政府与企业的关系,建立现代化的执法规范体系②。2014年,江阴市被确定为"江苏省商务行政执法体制改革试点单位"。以此为契机,江阴市商务局全面梳理监管职责,实行"批""管"分离,建立监管执法责任清单。截至2014年底,江阴市共梳理了66项监管责任清单,并将这些监管责任列成"菜单",推进"菜单式"执法③。

在市场监管方面,江阴市制订"大监管""大服务""大维权"等诸多新常态执法规范化措施,为企业与个人营造了稳定可预期的法治环境。2015年1月江阴市成立市场监督管理局,合并行使工商行政管理、质量技术监

---

① 江阴市人社局法治建设2014年工作总结。
② 王新奎:《开放发展,不再是简单地"打开大门"》,《解放日报》2015年11月9日,第2版。
③ 江阴市商务局:《依法行政推进商务发展》,《江阴日报》2015年2月28日。

督、食品药品监督管理部门的执法职能。在执法过程中，为切实加强行风廉政建设，做好依法行政、公正执法和服务工作，执法系统实行行风监督跟踪反馈制度，执法工作人员开展各项工作，必须出示有关文书和证件，如行政执法证或检验员证、执法检查计划书、执法检查监督卡等。企业可以就"是否出示了有关文书和证件、语言是否文明、态度是否良好、执法是否公正、服务质量是否满意、工作和服务是否廉洁高效、是否接受礼品礼金、是否接受吃请、是否涉嫌利用职权强制服务、是否有其他以权谋私的行为"等方面存在的执法违规、违法行为向有关部门进行反馈[1]。为增强执法的透明度与公正性，江阴市要求市场监督执法全面采取说理文书的工作形式。比如，某企业未经登记在道路两侧发布户外道旗广告，执法部门在执法中，详细列举了处罚依据，并展开说理，使处罚有理有据。该执法书指出，根据《户外广告登记管理规定》第2条，当事人利用户外灯旗杆设施为载体发布的广告属于户外广告；根据第3条，当事人所发布户外广告应当依法向工商行政管理机关申请户外广告登记，接受工商行政管理机关的监督管理。但是本案当事人未经工商部门登记即发布广告。之后，执法机关还就处罚裁量依据给出了说明：鉴于当事人虽然已经实施了违法行为，但违法行为未产生严重后果，故对当事人不宜从重处罚。

在规范执法行为的同时，江阴市还加强行政执法机关内部的行政监督，以强化政府在市场中的公信力。2015年江阴市发布的《江阴市市场监督管理局行政处罚案件办理程序规定（试行）》要求有关部门开展行政处罚案卷互查，查处重点是行政执法过程中对违法事实的认定、证据的效力、程序的合法性以及适用法律法规依据的准确性。同时，为切实推进依法行政，推进政务公开，强化行政监督，规范行政处罚行为，落实公平公正原则，切实保障行政相对人合法权益，市监局行政案件进行公开审理，增加办案透明度，以接受各方监督，合法合理行使行政执法权。

正是在上述依法行政、执法规范、监管有力的背景下，江阴进一步加快

---

[1] 《江阴市市场监督管理局昨挂牌成立》，《江阴日报》2015年1月19日。

开放力度。2014年新批境外投资项目28个，中方协议投资额超5亿美元，投资规模列全省同类城市第一，被认定为无锡市"走出去"改革试点地区。

3. 提升社会治理能力，保障城乡区域协调发展

江阴属于典型的人口输入型城市，随着市场经济的发展，外来人口成为江阴城市人口结构的主要部分，其在带来人口活力的同时，也给城市治理带来了挑战。此外，受经济下行环境和中国工业化发展面临的瓶颈的影响，中国社会的贫富差距日益加大，政府急需转变社会治理方式，整合社会阶层。江阴近年来探索发展了八省联动的流动人口管理方式与社区治理创新法治化，走出了独具特色的创新道路。

2010年以来，江阴市跨地域警务协作机制完成了"八省联动"的网络架构。所谓"八省联动"，指的是江阴与其他8个省份的29个县级公安局合作，针对流动人口管理，实现人口原籍地公安机关共享信息资源机制。联动机制有效地利用了流动人口的原籍信息，特别有助于联动打击流窜作案。2015年以来，江阴市违法犯罪警情在连续三年下降的基础上同比再降4%，"两抢"案件同比下降14.8%，群众的社会治安满意度保持无锡市第一[①]。

江阴市政府重视社会治理的创新和法治化进程，集中体现在社区协调治理的创新方面。首先是管理职权法定化。2014年以来，江阴市全面理清"村（居）民委员会依法履行职责事项"和"村（居）民委员会依法协助政府工作事项""两份清单"，明确村（居）委会的具体职能事项。另外，以"基层群众自治组织协助政府管理协议书"的方式，政府委托村（居）委会管理法定职责以外的行政事务和公共服务事项[②]。典型范例是普惠苑社区的治理创新。普惠苑社区是江阴市澄江街道下辖社区，地处江阴市西城区，占地总面积1000余亩，建筑总面积748550平方米。作为江阴市拆迁建设较早、区域面积最大的农村拆迁安置社区之一，普惠苑社区见证了江阴城

---

① 根据江阴市公安局提供的数据整理。
② 江阴市民政局：《江阴市三大举措加快推进城乡社区治理创新》，江苏民政网，http://www.jsmz.gov.cn/xwzx/sxyw/201411/2014-11-28_84002.htm，最后访问日期：2015年12月31日。

镇化的发展和新农村建设的历程。随着江阴市的进一步发展,城市化水平不断提高,城中村改造及拆迁后的社区建设成为社会治理的关键问题,因此普惠苑社区"常态化、扁平化、民主化、社会化、人本化"的"五化"治理模式及其成功经验成为解决这类问题的一把钥匙。

早在普惠苑社区建立之初,社区就进行了网格化管理的积极探索,以"居民服务处"的形式,把社区划分为四个片区,实行片区责任制。在此基础上,普惠苑社区按照"一委一居一站一办"的模式,着力构建以社区党组织为核心,社区居委会为基础,社区事务工作站和综治办为平台的新型社区服务管理体制。社区围绕扁平化管理核心"分片包干,责任到人",结合实际情况,划分四个居民服务处,形成11个责任区,每片区配备一名责任人,按照社会服务"零距离"、居民诉求"全响应"的工作要求做好片区工作,并将网格服务信息板安装进楼道,公开服务信息,增强工作责任。做到社区有网、网中有格、格中有人、人尽其责的网格化管理。创新社区管理机制也使得普惠苑社区荣获了2013年"全国和谐示范社区""江苏省和谐示范社区"等多项光荣称号①。

4. 保障公民基本权利,促进社会资源公平共享

改革开放带给江阴巨大的经济成就,深化改革的任务还在于让每一个人能享受到改革的成果。党的十四届五中全会提出,"作出更有效的制度安排,使全体人民在共建共享发展中有更多获得感"②。江阴市在保持经济稳步发展的同时,不断探索共享发展的有效制度安排。

共享发展不只是简单的资源再分配,而是一项系统性工程。作为系统中的每一位公民,他们首先要获得自由平等的发展机会。围绕公民生活而建立起来的医疗、教育、住房等社会公共服务网络就成为共享发展的基础。只有真正让每一个公民在学习、就业、医疗以及创新方面获得平等的机会,整个发展系统才能获得稳固的基础。江阴作为经济发达县市,早已在社会公共服

---

① 《普惠苑社区网格化管理情况说明》。
② 《中共中央关于制定国民经济和社会发展第十三个五年规划的建议》。

务与社会保障方面获得制度性成效。江阴的做法是以制度整合、扩面提速、提升待遇、加强监管为手段,全面推进社会保障工作。2014年,江阴城市社保扩面新增参保5.082万人,净增参保1.04万人,江阴市基本养老、医疗、工伤、失业、生育保险参保人数分别达到54.8万人、66.95万人、41.85万人、41.85万人、39.08万人。针对大量外来务工人员子女的教育问题,江阴市于2013年出台《关于进一步做好江阴市外来务工就业人员子女义务教育工作的意见》,进一步落实外来务工人员子女的教育问题,坚持"流入地政府负责,全日制公办中小学接纳为主"的原则,实行属地管理。

外来人口是江阴经济发展与社会发展的动力与基石,除了外来人口的教育与医疗,就业保障是江阴着重打造的制度框架之一。江阴政府不断完善劳动派遣合同的执行落实机制,对违规企业加大检查惩处力度,督促企业等用人单位与外来务工人员订立规范的劳动合同。比如,针对农民工工资拖欠的治理顽疾,江阴市建立解决拖欠建设领域农民工工资的长效管理机制,并将其纳入2014年法治江阴建设12件法治实事之一。以建筑行业农民工为例,建设局作为实施该项实事工程的责任部门,将解决拖欠建筑领域农民工工资作为一项重要工作,不断探索解决问题的有效办法,建立解决拖欠建设领域农民工工资的长效管理机制。一是强化制度落实,与审批挂钩联动。建设局出台《江阴市建设领域农民工工资保证金实施办法》,将农民工工资保证金制度执行情况与办理工程建设审批程序挂钩。截至2015年底,江阴市已有470家企业缴纳农民工工资保证金,共计2.03亿元。同时,建设局还出台《江阴市预防建设领域拖欠农民工工资管理办法(试行)》,使农民工工资清欠工作纳入规范化管理。共享不是政府的单方面行为,而是政府、市场与社会共同合作、共同推进的系统性工程[①]。江阴市正是在三者之间搭建合理的法治平台与程序,让市场运行过程中的失灵问题贴上制度的"补丁"。

---

① 林尚立:《共享是推动发展的动力所在》,《解放日报》2015年11月10日,第2版。

## 三 法治经济建设与江阴经验的启示

作为基层县域法治实践的样本,江阴经验中呈现出来的经济与法治的互动关系对于中国的深化改革具有示范意义。"郡县治,则天下安。""县"作为中国基层的组织单位,其管理方式对于贯彻落实中央政策精神有着重要作用。中国在初步形成社会主义法律体系之后,面临着更为特殊化、地域化、基层化的法治发展问题。如何在现有的法治基础上,针对不同时期、不同地域所呈现的问题,形成多元化的法治发展道路是中国模式的探索路径。江阴作为经济强市,其基层县域法治实践展现出了法律与经济之间丰富的互动关系。

长久以来,地方政府的发展思路是以经济发展为优先,各项政策和工作都以此为中心。经济发展的确是发展的重要内容,但是,处理好法治与发展的关系也刻不容缓,法治应当处于更为重要的位置,而一些地方对此却重视不够,主要体现为以下四方面。

第一,市场主体法治意识不强,纠纷频发,阻碍产业创新发展。尽管改革开放以来,中国市场主体的数量不断扩大,但是在质量上与发达国家仍然存在一定的差距,特别体现在中小民营企业的法治意识层面。第二,市场竞争不规范,甚至出现区域保护等追求短期利益的地方政策。地方政府以GDP为导向,一味追求自身区域的经济发展,出台众多的地方保护主义政策,只顾眼前的短期经济利益,而对全国的市场流动造成了损害,难以形成开放共赢的市场法治化环境,无法给市场主体构建稳定可预期的市场秩序。第三,市场经济加速了社会离心力。市场经济的高速发展必然导致社会离心力的加剧,许多民族问题、阶层问题、性别问题突发,社会逐步丧失凝聚力与共识。第四,社会资源分配不公平。平等的公民权利是市场经济稳步发展的基础。随着劳动分工和社会阶层的分化,社会不平等问题加剧,从经济领域逐步扩大到政治领域、社会领域和文化领域。

上述经济发展中暴露出的种种问题都有赖于法治环境的完善与创新。从法律社会学研究来看,理性的法律制度能够为市场主体提供稳定的预期,增加经济活动的确定性。换言之，法治应当为现代市场经济的发展设定底线与框架①。也正是基于此，党的十八届四中全会作出《中共中央关于全面推进依法治国若干重大问题的决定》，提出全面推进依法治国的总目标和重大任务，通过依法治国来全面深化改革。2015年10月，党的十八届五中全会进一步提出创新、协调、绿色、开放、共享的"五大发展"理念，以保障"十三五"期间全面建成小康社会目标的完成。法治建设正是协调"五大发展"的长效机制。

创新发展不仅是科技创新，更是管理创新与制度创新。江阴经验的宝贵之处就在于将法治精神贯彻到企业之中，通过改进市场主体的管理模式和提高其法治意识，从而为江阴的创新驱动发展战略营造法治环境。针对市场经济高速发展所造成的城乡区域不平衡、社会矛盾突出的问题，江阴经验特别强调协调社会各阶层的利益，在法治的框架下创新社会基层治理方式，通过激活村委会、居委会等社会基础单元的活力来发展稳定社会秩序。同时，江阴特别注意市场与政府的关系，通过转变政府职能，创新政府监管手段，如综合执法、说理执法，来建立公平有序、互利共赢的市场秩序。最后，深化改革的关键在于做好改革成果的公平分配，作出更有效的制度安排，使全体人民在共建共享发展中有更多获得感，增强发展动力，增进人民团结，朝着共同富裕方向稳步前进。江阴在高速发展的过程中，一直注重公民基本权利的保障，协调劳资关系，构建和谐的劳动关系。特别是针对大量的外来人口，江阴政府不仅以法治的方式创新管理方法，更从医疗、就业、住房、教育等方面给予公平的生活保障。

## 四　江阴法治发展面临的问题与对策建议

江阴针对自身的产业经济特点和全国经济环境做了一系列法律制度创建工作，并在短时间内取得了富有成效的结果。但是，法律制度的有效运行离

---

① 李玉虎：《论我国经济发展的法治基础》，《现代经济探讨》2009年第2期。

不开经济和社会环境的支持。在产业经济结构没有得到有效调整，社会人口结构没有发生巨大变化的环境中，江阴的法治发展面临一些结构性问题。

第一，国际金融危机对于劳动密集型产业的影响仍然存在，劳动纠纷数量仍然居高不下。受国际金融危机的影响，江阴的劳动纠纷受理数量从2007年的1770件，激增至2008年的2688件①，此后7年时间里，劳动纠纷受理数一直保持高位运行。2015年有关劳资矛盾的举报投诉仍然达到3448件②。

第二，以劳动密集型产业为主体的经济结构导致外来人口成为江阴地区的重要成分，给社会治理增加了难度。截至2015年10月27日，江阴全市共登记在册外来人口943700人，其中城区登记在册157421人，2015年以来的变动率为67.94%③。从这些数据可以看出，江阴的外来人口呈现高度的流动性。根据江阴市人大的调研报告，江阴外来人口还呈现出年龄结构以青壮年为主、文化程度普遍偏低的特点。由此，外来人口的复杂性和流动性不仅仅增加了社会治安的成本，更对江阴的社会管理和公共服务提出了要求。这就需要江阴探索建立长效性的法律制度。比如，在顶层设计上要健全领导体系，吸收转换先进的信息化手段，转变居民管理机制，变管理为服务。这些创新制度建设都需要一部区县级"流动人口实施条例"的出台，为制度创新奠定基础。

第三，群体性事件的法治化处置仍待加强。外来流动人口数量众多、产业结构单一都是极易导致群体性事件的因素之一。江阴在2010年曾因劳资纠纷导致装卸工人聚众闹事。针对群体性事件，江阴于2013年下发《江阴市人力资源和社会保障局群体性突发性事件应急预案》，构建了一整套完整的应急预案。但是，群体性事件的处置不只是在于应急预案，而应当从源头

---

① 丁蔚:《论区域劳资和谐的构建——国际金融危机下江阴市劳动争议纠纷共处机制的调研分析》，东南大学硕士学位论文。
② 江阴市人社局法治建设工作2014年总结。
③ 江阴市人大常委会:《关于我市外来人口管理情况的调研报告》，http://www.jyrd.gov.cn/a/201512/15r2ue2yun4iy.shtml，最后访问日期：2015年12月31日。

构建一系列法治的围墙。多元纠纷解决机制、民意表达的法律机制、行政问责制度等法律制度的完善是江阴未来的法治发展重点。

第四，中小企业融资仍不通畅。江阴的中小企业约占全市企业的99%，根据江阴市经信委的研究，仍然有约60%的企业面临融资难的困境①。除了企业自身制度不规范的问题外，在宏观层面，中小企业融资难的原因还在于缺乏科学的外部制度保障。银行引进先进的融资担保创新，政府搭建公平竞争的平台，企业建立完善的管理制度，这些都是解决融资难需要迈出的法治步伐。

第五，环境污染问题急需治理。江阴在经济迅速发展的同时，环境污染问题也不断凸显。近年来，大气"雾霾"问题十分突出，2014年全市空气优良率仅为58.9%。水环境质量方面，无锡市18个考核断面水质达标率仅为31.3%②。针对环境污染问题，在司法保护方面，江阴已经迈出了步伐。2008年，江阴法院成立环保合议庭，2009年启动"三审合一"审判机制，涉及环保的刑事、民事、行政案件统一由环保合议庭审理。多年来，环保合议庭共审结各类环保案件146件，其中刑事案件10件，民事案件5件，行政非诉审查案件131件③。根据修订的《环境保护法》，环境污染问题面临着环境执法理念转变的问题，将预防作为主要方向，如建立环境污染的公共监测预警预案、环境信息监测机制、预警信息及时公布机制。而环境执法方式也需要重新作出调整，许可管理、查封、扣押、行政代执行等创新方式需要更为细致的法律实施细则。总而言之，江阴应进一步以法治方式建设生态文明。

---

① 邵燕：《中小企业融资障碍因素分析——以江苏省江阴市为例》，《中国集体经济》2013年第16期。
② 《关于2014年江阴市环境状况和环境保护目标完成情况的工作报告》。
③ 戴丽娟、陈坚：《江阴环境司法护佑美丽城镇》，http://jsfzb.xhby.net/html/2015-12/08/content_1346063.htm，最后访问日期：2015年12月31日。

# B.22
# 余杭区"大数据"推进基层治理法治化调研报告

冉昊*

**摘　要：** 基层法治建设是法治中国的基础环节，当今基层普遍面临着有限政府与转型社会、小基层与大负担、碎片化与一体化的紧张关系。作为全国法治"试验田"的杭州市余杭区面对困境，遵循顶层设计，通过智能决策办公系统、民生社会服务系统和智慧城市管理系统等创新举措，将"大数据"和"互联网+"的应用成果深度融入基层治理，全面整合政府各部门的资源，多点共享相关的数据和信息，使政府基层治理逐渐从条块分割的闭合回路走向协同合作的开放回路。余杭实践表明，新技术与法治创新的结合，不仅有助于纾解基层治理难题，还可倒逼基层法治转型、推动治理结构扁平化，走出一条高科技、接地气、尊民意的基层法治新路径。

**关键词：** 余杭　基层法治　大数据　"互联网+"

改革开放以来，各地承续传统中国的体制优势，以中国特色的社会治理运行方式，极大调动基层的人力和资源优势，取得了显著成效。但随着中国

---

\* 本报告为中国社会科学院法学研究所法治指数创新工程项目组、国家法治指数研究中心成果。项目组负责人：田禾，中国社会科学院法学研究所研究员、国家法治指数研究中心主任。项目组成员：吕艳滨、李霞、冉昊、王小梅、栗燕杰、徐斌、刘雁鹏、赵千羚、刘迪、杨芹、马小芳、曹雅楠、周震、徐蕾、宁妍、赵凡、刘永利、宋君杰。执笔人：冉昊，中国社会科学院法学研究所副研究员。

现代化发展逐渐步入后半程，传统驱动方式的边际效用开始不断递减，造成矛盾频频发生，为此，《中共中央关于全面推进依法治国若干重大问题的决定》旗帜鲜明地提出了"推进基层治理法治化"的要求。这是因为，基层是一国之治的根基，是人民生活基本幸福的直接体现，基层治理方式的法治化转型，将细微但从根本上改变着人们的制度预期，逐渐影响每个人的行为方式，再以大众"合力"方式反作用于社会整体，潜移默化地改变我们身处其中的社会。

但在基层治理的实践中，由于信息分散严重、个体差异性极高，要进行普遍的法治化建设，确实说易行难，世界各国的既往经验也都表明，这样一个过程，只能依赖于长时间的积累。但是，"大数据"和"互联网+"等现代信息技术的诞生，突破了传统信息传播系统的物理瓶颈，有助于消融信息不对称与信息分散，加快信息的传播和影响速度。浙江省杭州市余杭区作为全国法治建设的"试验田"，抓住这一契机，应用"大数据"和"互联网+"技术进行大规模创新，大力推进社会结构扁平化，有效提高了政府决策、办公、服务、监管的效率和质量。其经验摸索对纾解改革中的时间困境、服务型政府的转型以致基层法治化建设，具有重大的促进作用。

## 一 基层法治面临的三对紧张关系

在人类社会发展现代化的内生要求下，中国当下基层格局中面临着三对具有代表性的紧张关系。

1. 有限政府 VS 转型社会

伴随着由计划经济向市场经济的转轨，社会结构整体不断转型，计划体制下全能型的政府功能和管理模式已开始转变，政府规模逐步收缩，部门日益紧凑，所掌握的资源也不断外转。但与此同时，城市化社会下人们密集居住带来的频繁交往互动以及技术发展带来的时空突破，却导致社会生活日益复杂化，令人眼花缭乱的新事物不断涌现，政府，特别是基层政府处理的事务呈现日益增加的井喷态势。基层法治中"小政府"与"大社会"之间的

矛盾，不断凸显出来。

以余杭为例，该区位于杭嘉湖平原南端，户籍人口94.6万，从东、北、西三面拱卫杭州主城区，是皖、苏、沪入境杭州的必经之地。因此外来打工人员常驻现象非常普遍，非户籍人口持续增长达到了109万，超过了户籍人口。在这样的背景下，有限的基层政府面对大量的社会事务——城市有机更新情况复杂、土地要素稀缺、民生保障和改善难度大……资源和政策的瓶颈严重制约着基层法治的建设和实施。

2. 小基层 VS 大负担

在各级政府限缩规模的同时，又面临着繁复的群众需求、不断增长的区际竞争压力，为此，上级政府只能选择向下进行压力传导，层层加码，直至作为群众自治组织的居民委员会。余杭各级政府将政府劳动就业、社会保险、社会服务、医疗卫生、生育服务、文体教育、社区安全、法治宣传、法律服务、法律援助、人民调解、邮政服务、科普宣传、流动人口服务管理等大量的社会管理和公共服务职能向社区转移，然后对社区完成这些项目的情况进行考核评比，带来了机构牌子多、考核评比多、创建达标多的"三多"现象。2013年余杭区纪委和区民政局对社区进行的前期调查摸底发现，在社区建立和挂牌的有34个单位97块牌子，列入考核评比创建的项目有14个单位23个项目，社区工作人员超过70%的工作时间都用在了整理台账等行政性事务上，而参与居民自治、便民服务的时间却不足30%，造成了严重的本末倒置[①]，扭曲了社区的自治功能定位。基层在这些繁重的负担面前日益不堪重负。

3. 碎片化 VS 一体化

除了责任和事务被层层加码、导致负担沉重外，行政体系的另一个长期痼疾是条块分割，从条条分割——各条线之间不交流、不协作，遇好事互争、遇坏事互推，到块块分割——各块政府自己耕自己的一亩三分田，存在

---

① 参见中国社会科学院法学研究所法治指数创新工程项目组：《余杭基层治理法治化探索》，《中国法治发展报告（2015）》，社会科学文献出版社，2015。

心照不宣的竞争心理，互相之间不合作，再经由条、块、层、级的错综相互作用，导致不同管理者都只从自身工作优化的角度出发，尽力汲取各种资源并加以调配，至于对其他部门、领域的影响，却在所不论，引起上下工作的不一致、整体工作的不协调。

这一长期痼疾体现在基层法治方面，就形成了各部门规则间的碎片化，对此，基层要么事实上无法完成上级交办的多头冲突任务、要么选择不完成其中不利于自己的任务，以"上有政策、下有对策"对之，给基层法治带来了权力主体自我强化的空间，导致基层政府的恣意性。在一定程度上，基层政府成为政治上的独立利益主体，既不是中央的基层政府，也不是当地人民的基层政府，而只是地方官员的基层政府，法治一体化建设的中央政府权威逐渐落空。

## 二 余杭的现代信息举措："大数据"和"互联网+"创新

面对这些日益紧张的关系，如何从根子上改善治理，实现基层治理的法治化，推动经济持续健康发展、走向人的城镇化？对此，余杭的尝试是大胆开放数据平台，大规模应用"大数据"和"互联网+"等现代信息举措来倒逼服务型政府建设、再造基层法治流程。一方面，它通过APP等新技术手段的使用来统计公众倾向性，有效预测公众需求，提供个性化、精准化和定制化的公共服务，提升服务质量；同时，打破既有数据占有的垄断性，将政府工作各个环节所涉及主客体的数据库彼此映射，从而将政府各个部门无缝对接，改善公共产品的效益。

1. 智能决策办公系统

决策是一切行动的源头，而信息又是决策的根源，真实、集中、充分的信息资源，是政府科学决策必不可少的前提。为此，国务院《促进大数据发展行动纲要》明确提出，"建立'用数据说话、用数据决策、用数据管理、用数据创新'的管理机制，实现基于数据的科学决策，将推动政府管

理理念和社会治理模式进步,加快建设与社会主义市场经济体制和中国特色社会主义事业发展相适应的法治政府、创新政府、廉洁政府和服务型政府,逐步实现政府治理能力现代化"。

依此方向,余杭率先进行"大数据"应用,初步建成一套符合区情实际、创新政府运行机制的智能决策办公系统。该系统拓扑结构由通用联机网络、事件处理系统、中央知识库系统、第三方专家评估系统以及在线公示、应答反馈机制和权力阳光数字监察系统组成,集成区长公开电话办理系统、工商前置审批系统、法院执行案件协作系统、残联业务管理系统、育龄妇女信息系统、民政事业统计管理系统、余杭区帮扶救助管理系统、劳保局信息管理服务平台、行政服务中心行政审批系统、财政局会计核算系统等功能模块,依"大数据"原理完成各个子系统的数据集成与分析,整合所有信息,优化决策。余杭还依托电子政务平台,开发了规范性文件电子化路径管理程序,切实有效加强对规范性文件从制发至备案各个阶段的管理。利用电子政务的技术性、程序性和时效性优势对规范性文件进行管理,避免了人为产生的程序不到位、要求不落实情况,实现规范性文件从线下管理到线上管理、分阶段型管理到全覆盖型管理的转变,亦便于对规范性文件的清理、评估以及责任的倒查。

2011年余杭就组建了千兆光纤宽带政务专网,统一全区所有部门、镇乡、街道的局域网,保障各信息源无障碍沟通,实现信息数据交换和工作的交流互通。在此基础上,近年余杭又建成了事件处理系统综合办公平台,将政府核心功能电子化,实现全程网上审批、电脑办公。由此,余杭经济社会运行过程中的海量数据,经过综合办公平台处理后产生的所有治理数据,就都映射式储存于中央知识库系统——电子政务数据中心进行集中管理。余杭政府积极将此数据中心向中国社会科学院法治国情调研余杭基地、浙江大学余杭法治指数评审组等第三方专家开放,借助其专业评估分析,再根据系统中的客观数据,作出实事求是的科学决策;然后通过在线公示、应答反馈机制——由门户网站、电话热线、公共短信、手机APP、公共邮箱等组成——向全社会公开其决策与执法,提升社会参与水平。最重要的是,以此机制获得的反馈数据，又会自动再回到中央知识库中，分类比对以往数据，优化改进下一步的决策。为确保整个过程中各项权力能够规范、公开、透明、高效运行，余杭区以依法清理和规范权力为基础，以政务公开为原则，以电子政务为载体，以网上政务大厅为平台，进一步构建权力阳光运行机制，实现电子政务实时监督。全区各行政部门共编制职权目录、制作权力流程图8191项，发布到余杭区政府门户网站，向全社会公开。公民在上网办事时，可在网站找到每一个权力事项背后的法律依据、必备材料、工作流程、收费情况、办理地点、咨询电话等。从而形成了一个以开放创新、用户创新、大众创新为特征的创新治理回路，塑造法治、高效、精细、便民的新型基层治理方式。

2. 社会治理大联动信息化工作机制

决策之后的重点在于执行，并以民生为导向予以实施。基于此，余杭依托物联网、云计算、二维码、移动互联网等新一代信息技术，以"大数据"和"互联网+"理念着力构建了社会治理大联动信息化工作机制（以下简称"大联动机制"）。该系统以"倾听民声、广纳民意、集中民智，共建和谐余杭"为根本宗旨，从过去的综治办平台延伸而来，是余杭区域治理体系和治理模式的一次主动改革和积极探索。大联动机制以大党建为统领，构建上下贯通机制联通区整体、镇（街）、村（社）网格三级联动的"王"字形基层社会治理工作体系，按照"党委领导、政府负责、统一指挥、部门联动"的要求，建立村社（网格）—镇（街）—区三级流转的闭环处理机制，形成一套归口收集、分流交办、答复反馈、监督制约、考核奖惩的完整流程。大联动机制将以往政府承担的管理功能更多地向服务功能延伸，发展成为一个不断完善的信息化、数字化民生社会服务综合应用体系。

（1）区级综合指挥平台。

大联动机制的核心是区级综合指挥平台，建成集领导指挥、应急值守、预报调度、信息共享、媒体互动为一体的现代化指挥联动平台，并由余杭区委、区政府赋予任务分流指派、力量指挥调度、工作检查督办、考核奖惩建议等职权，发挥社会治理"一线指挥部"作用。区级综合指挥平台的鲜明特征是大量运用云计算、大数据、地理信息共享平台等科技手段,分为四个部分。

首先,集成指挥系统。将区级层面视频监控、GIS监管平台(针对危化品车辆、公交、校车)、96345和安监系统全部接入联动中心,对全区动态信息进行实时可视化的监管和调度。同时与上下各部门全部贯通,提供便捷的诉求报送渠道,并根据事件属性进行分流处置、协调联动、监督管理。

其次,大联动信息系统。以浙江平安建设信息系统为基础,提供统一搜索、录入、流转功能。以社会治理、平安建设有关数据为核心,通过数据交换平台和数据中心建设,实现社会治理日常工作信息化,并内建考核评估模块、研判分析模块,执行督察、考核任务,改善和提升社会治理工作形态。

最后,"一号通"系统和余杭大联动APP。"一号通"目的是统一受理群众的求助、投诉等信息,并与其他32个部门热线将逐步整合统一。余杭大联动APP分别开发面向管理层、网格员和社会公众的三个客户端。公众版主要是用于公民互动,及时受理民生诉求和投诉,使政府管理的重点紧靠群众关注的热点,为群众参与社会治理提供便捷通道。

(2)镇(街)指挥平台与村(社)网格管理。

余杭成立镇(街)大联动治理办公室(综合执法办公室)统揽全局,设立社会服务管理中心作为镇(街)大联动工作的指挥平台,建立综合指挥室,实行24小时值守和领导带班制,负责社会治理工作的指挥协调、分析研判、督察考核,由镇长(办事处主任)任中心主任,镇街副书记、综治办专职副主任为中心副主任。成立镇(街)社会治理联动大队,根据基层需要,对辖区公安、城管等部门的下派力量、自有力量进行整合。截至目前,公安、城管下沉80%以上,市场监管、国土、住建、环保等急需部门下沉比例也在60%以上,实现人员统筹使用、工作统分结合。

同时,余杭坚持做实网格、深耕网格,把网格作为社会治理的关键环节,完善基层治理"一张网"工作体系。余杭以"两网合一"网格为基础网,依照城区型、城郊型、农村型、专属型网格分类设置的标准,划定为

1341个网格，实现资源在网格叠加、力量在网格沉淀、工作在网格联动、任务在网格落实。首先是发动社会力量做强网格，广泛动员党员、干部和群众参与基层治理，形成网格长、参与员、协管员和指导员"一长三员"的工作体系。其次是明确工作职责，实行网格长负责制和事务"准入制"，在网格长组织下，网格参与员、网格协管员和网格指导员共同承担网格中党建、平安、治理的工作职责，非经准入的部门业务和事项不得进入网格。建立考核激励机制，从经济待遇、政治待遇两方面研究制定网格长的考核激励办法，变压力为动力，增加工作生命力和活力。

3. 民生社会服务系统

在智能决策办公系统和大联动机制的基础上，余杭以社会建设为发展导向和以社会治理、社会服务创新为后继发力目标，建立以"服务民生法治行"为代表的民生社会服务系统，使民生保障水平得到了进一步改进与提高。

对于区两会提案议案、媒体监督案件、每年"余杭法治指数"评审中凸显的区内重点民生法治问题，余杭都采用专门治理方式推进，由司法局等部门围绕该区重点项目建设，整合、优选一批涉及民生热点领域的工作项目，打造"服务民生法治行"实事工程，推动法治建设服务民生工作不断向纵深发展。2009年以来，已累计推出了"企业欠薪防范机制"、"环境污染整治"、"1＋×"立体化人民调解格局、公共场所控烟、依法信访理性维权等72个实事项目，取得明显成效。"服务民生法治行"立足"化民忧、讲明权、促民利、保民安"，积极探索制定如《法律援助质量标准》《基层司法所公共服务标准》等地方服务标准以确保服务的规范化，并全力依托"权力阳光运行机制"以确保服务透明化，不断创新与时代接轨的服务载体以确保服务多元化。并将项目完成情况纳入年度法治余杭建设考核；对涉及环境保护、食品安全等方面的项目，主动接受人大监督；对"余杭法治指数"和相关民调反映进展不佳、意见强烈的项目，列入次年整改内容。

对于城镇化过程中不断凸显的城市治理难题，余杭区以民生为导向，利用"大数据"和"互联网+"最新科技成果加快创新引导,从单纯的数字化应用迈向智慧化应用,对城管、公安、国土、环境等现有部门,以及对权力阳光系统、工程项目监管、环城视频监控等现有项目不断升级改造;并通过集成基础地理、单元网格、地理编码等数据资源,进一步整合了治安防汛视频监控、校车公交监管、食品安全监管等各个民生部门系统,真正做到数据共享,建立了覆盖区、镇(街)各个层面,将以往政府承担的管理功能更多地向服务功能延伸,发展成为一个不断完善的信息化、数字化民生社会服务综合应用体系。余杭利用大联动机制提供的一体化沟通机制,将各镇(街)的值班公开电话、治安视频监控、大联动信息、信访信息等,统筹规划接入综合指挥室,实现可视化的一线指挥调度,民众可以在任何时间通过统一呼叫系统与各个政府部门直接对接,真正做到诉求及时发现、民情全面掌握、任务快速准确、问题高效解决、处置全程跟踪。

此外,鉴于智能信息平台、终端的普及,全面渗透政治、经济、社会等各领域,全面改变人们的生活和工作,解构、拆构和重构现有的社会秩序,对社会的治理产生重大影响。为了便利民众办事,余杭针对基层群众呼声最高的问题,利用现代科技不断自主研发适合区情的具体应用,如医点通手机APP"链接省市、覆盖城乡",变革传统的诊疗流程,将医院门诊的精准时段使用效率提高到90%以上,有效缓解了基层群众看病就医的"最后一公里"难题。"维警通"则能促进租房房东及流动人口主动申报居住信息,改变了过去人口管理全部依靠线下协管员被动登记的工作模式。除针对问题的深度应用开发外,"杭州余杭"门户网站还将每个社区的周边信息(学校教育、公交车次、医疗、维修、车位、健身场所、家政服务、饮食订餐、志愿者服务甚至社区食堂菜谱等)、社区日常工作、涉民政策等都及时发布,有效地提高了基层工作的透明度,甚至居民事务听证等也被搬到了网上,通过网上投票、网上提案来普遍反映居民的意见,遵循其意思,使人们能真正获得治理自己家园、进行社区建设的空间与途径。

## 三 余杭信息创新举措对基层法治的推动

1. 智能决策办公系统倒逼基层法治决策模式的转型

既往受传统和技术的限制，基于决策者的主观经验来推断整个地区的需求，并提出治理政策和措施，是占主导地位的决策模式。而余杭实践则表明，"大数据"和"互联网＋"的广泛应用将倒逼决策发生"从经验到数据""从碎片到整合"以及"从权威到多元"的转型。

（1）决策依据"从经验到数据"。

基层治理的法治化离不开海量信息的提取、分析和关联甄别能力。而目前为各地政府广泛运用的 OA（Office Automation System，即办公自动化）系统电子政务体系，仅仅实现了决策办公的信息化、标准化，而缺少对半结构化、非结构化数据的提取、整合与分析功能，使政府决策者主要基于有限的模糊经验进行判断。余杭智能决策办公系统则注重实效，提取余杭经济社会运行过程中产生的各类数据进行整合分析，基于"大数据"原理，依海量数据的相关性建立电子政务数据中心，让政府依此进行科学的预判预警，预先建立起相应危机处理机制，促使基层治理逐渐具备透彻感知、快速反应和主动服务的特征，为提升基层治理的法治化程度提供了分析和决策基础。

（2）决策过程从"碎片到整合"。

传统 OA 系统下，其应用系统分别属于各个职能部门，在行政体系条块分割的痼疾下，只能各自为政，不同的数据分别存储分类，导致其信息数据分散又无统一标准，带来了从数据来源、数据类型到数据性质的结构性缺陷，无法实现相关海量信息的提取、分析与整合，决策者也就难以形成有效的合理预判，作出有前瞻性的决策。而余杭智能决策办公有针对性地创新信息共享机制，并辅以高效的采集、处理、输出工具，实现了基层治理的高度"一体化"。

（3）决策结构从"权威到多元"。

以往，政府基于不完整数据的线性决断是占主导地位的决策模式，缺乏

社会公众参与,科学性、效率性和公信力低下,已不能适应时代的需要。余杭智能决策办公系统则通过创新技术路径,打造由政府、企业、社会和公众共同参与的多元共治机制,改变了以往政府"单人跳舞"的局面,较好实现了各方资源的互补整合,也有利于发扬协商民主,从而改变传统的、线性的、自上而下的威权精英决策机制,形成非线性的、面向不确定性的、多元会商的决策模型。

(4) 决策过程从封闭到透明。

以往政府决策封闭、不公开、不透明,广受诟病,并因此滋生政府腐败、失信、群体性事件等。余杭区对此积极探索,大胆尝试,以依法清理和规范权力为基础,以政务公开为原则,以电子政务为载体,以网上政务大厅为平台,进一步构建权力阳光运行机制,不断推动各项权力规范、公开、透明、高效运行。通过大数据、"互联网+"和云计算等现代信息技术,解决传统"人盯人"监管的精力和时间问题,实现从结果管理到过程的管理,从讲情面的人监督到无情的机器监督的转变,有效保障了群众的知情权、参与权、选择权、监督权。

2. 大联动机制推进基层综治能力和服务水平

针对政府服务理念滞后、工作效率低下等带来的前述紧张关系,新技术为转型期的社会治理服务创新带来了机遇。余杭大联动机制相比传统综合治理模式具有以下优势。

(1) 消除因信息不均衡导致的碎片化现象,提升综治整合程度。

如前所述,社会治理碎片化是当前社会发展中的一大痼疾,部门各自为政、职能之间交叉重叠,已陷入高成本、低效率的困境。余杭大联动机制依托统一的数字化平台,在社会治理数据信息完全共享的前提下,将管理辖区按照统一的标准划分成为单元网格,尽可能消除条块间的信息不均衡,将处置和监督相互分离而又通过系统内在运作有序对接、统一管理,有助于推动各社会治理主体之间的协同与合作,进而促进社会治理体制从碎片化走向整合。

(2) 准确把握民情,向动态治理和服务民生转变。

社会转型呼唤静态的管制型社会向动态的民生型社会转变,其关键就在于全面准确把握民情变化,建立村社网格—镇(街)—区三级流转的闭环民情处理机制,进一步密切党同人民群众的血肉联系,从而有针对性地提供服务,加以引导和培育。余杭的实践表明,"大数据"和"互联网+"技术可及时、全面地掌握相关数据的变动情况和变动趋势,有助于各个政务主体挖掘捕捉舆情,提前预警预判,准确把握民情,摸清民意,聚集民智,建设具有快速反应、主动管理和定制服务特征的动态社会治理模式。

(3)树立"数据为王"思维,推进服务能力升级。

既往的社会治理中,简单、粗放问题较为突出,根源就在于缺乏准确的信息基础和数据判断,只能以"个人经验为王"。而大联动机制中提供的全面、精准、定量分析功能,通过对以往无法利用的社会日常运行数据进行历时/实时性分析,再对照相关历史数据进行参考比较,就能有效地找出隐藏在现象背后的多条"暗线",支持因人制宜的人性化、个性化公共服务。同时,随着大联动机制作用下社会风险控制、预警预测水平和应急管理能力的不断提高,以及执法对象的更多正反馈,承担社会治理职责的各个部门及人员身处其中,自然就会接受潜移默化的改变,从思维到行为方式发生"数据为王"的转变,逐渐摒弃狭隘的个人经验主义,着力于推进治理的科学化和人性化。

3. 民生社会服务系统推动城市管理范式转变

以"大数据""互联网+"为代表的新型信息技术,同样能够有力地克服传统民生服务的弊病,推动民生社会服务精细化、协同化、定制化的转型;而第三方评测能让政府更好地发现并解决民生热点、难点。

(1)提升民生服务的精细化、定制化程度。

受制于信息采集机制落后导致的信息失衡、滞后、被动,基于感性和个体经验进行作业的传统民生社会服务模式难以实现对各类突发事件的快速定位与追踪,也难以实现对不同需求主体的定制化贴心服务。而余杭民生社会服务系统则运用标准化、数据化、科学化的手段,细化管理空间、量化管理对象、优化管理流程,促使各单元管理高效协同运行。同时,通过激活运作、资源、责任、监督等全流程要素,以及设计具有良好交互性和全面功能的网站、手机APP，使得服务过程中的各种问题和服务对象诉求都能得到及时反馈，以及相应的及时矫正，极大提升服务的精细化、定制化，进一步维护稳定、改善民生，让法治的连心桥发挥更大的作用。

（2）加强各个服务部门的协同化。

高质量公共服务的前提是各个政府部门密切配合与高度协同，但是实际运作中，缘于各部门信息化程度、标准的不同步，"信息孤岛"长期存在，政府责任不明确、职能交叉、信息不透明、评价机制不合理等缺陷始终难以克服。现在借助"大数据"和"互联网＋"技术，余杭民生社会服务系统使各个部门的既有数据库实现高效互联互通，打破"信息孤岛"，并在此资源共享基础上再通过建模互动，发现民生服务内在的关联性、规律性，部门间的物理界限由此变得模糊，而促使其产生更为敏锐的反应和紧密的协作；同时，随着跨系统、跨部门数据集成的实现，与中央数据库各项数据能够挂钩建立统一的量化考核指标，从而科学落实目标奖惩制度，极大加强了执行力和监督力，提升部门之间的协同执行。

（3）结合第三方评测，加强重点民生问题治理。

相比传统政府，余杭更加重视通过"余杭法治指数"等第三方测评发现区域内的民生重点、难点问题。"法治余杭"推出"服务民生法治行"，专门针对历年"余杭法治指数"评审的民意调查和专家论证环节，群众、专家指出的不足和薄弱环节，以及余杭区两会提案议案、媒体监督案件和每年底民调中群众呼声较高的社会热点焦点问题，依法建立健全解决事关民生问题的长效管理机制。解决人民最关心、最着急的问题，让人民群众以看得见、摸得着的方式感受到"法治余杭"建设带来的成果，推动法治建设服务民生工作不断向纵深发展。

## 四 余杭以创新技术推进基层治理法治化的经验启示

余杭经验表明，"大数据"和"互联网＋"对政府的决策模式、治理能力和工作方式均产生了深刻的影响，能够大幅削减信息的"孤岛化""碎片化"劣势，逐渐打破政府各部门间、政府与社会公众间的边界，倒逼决策和作业流程改革，促使治理人本化、服务均等化、管理精细化等理念实在落地，有效解决小政府VS大社会下的多重紧张关系。

1. 遵循顶层设计，结合区情实际积极创新

习近平主席在中央全面深化改革领导小组第七次会议上强调，"要鼓励地方、基层、群众解放思想、积极探索，鼓励不同区域进行差别化试点，善于从群众关注的焦点、百姓生活的难点中寻找改革切入点，推动顶层设计和基层探索良性互动、有机结合"。正是遵循"顶层"与"基层"的良性互动这一全面深化改革的客观规律，余杭结合区情实际，积极从政府公开、社会综治、城市管理等群众关注的焦点中寻找"大数据"和"互联网+"技术的切入点，建立扁平、开放的创新融合机制，充分调动群众的积极性、主动性、创造性，以实际行动培育市场、民主、法治意识，协同推进基层治理改革。

2. 推进政府大数据应用，倒逼基层政府的法治能力创新

余杭的实践清楚地表明，数据时代的来临、智能手机等移动终端的普及，使得社会上各种数据流在海量增加同时日益显形化而可以记录分析，决策的基础由此从少量的"样本数据"转变为海量的"全体数据"。随着"样本等于或接近总体"，大数据的应用将促使政府判断从关注宏观数据转变为在意微观数据，按照数据"收集—存储—分析—输出"的流程进行网格化管理，保证输出数据的科学性和精确性，精准把握相关事件发展的规律和倾向，预判事件发生的概率，从而改变传统政府管理中注重宏观数据、把握主流偏好的模式。

随之，既往的"事件发生—分析因果—采取应对"管理流程，也会被自然而然地摒弃，而以"量化数据—关联分析—预判趋势—预防措施"逐渐取代，将决策、执行和监督关口普遍前移，使得防患于未然成为可能，传统"惩前毖后"的治疗型、管制型政府得以向预防型、服务型政府转变。以法治的稳定和可预期性为本质的源头治理模式，就此具有了运用的基础，基层政府的法治能力也将不断提高，走向治理的现代化目标。

**3. 完善大数据基础支撑环境，培育多方主体共同参与的生态系统**

大数据应用的信息经济发展需要实实在在的基础，其繁荣程度与基础设施的完善程度成正比。为此，余杭区很早就将信息经济智慧应用工作作为区委区政府主攻的"一号工程"，颁布了《关于加快发展信息经济的实施意见》《余杭区支持信息经济发展若干政策意见》和相关五年行动计划等文件，构筑"双核一镇一谷"①的多元化空间布局，促使近年来若干国家级"大数据"项目和"互联网+"项目不断落户余杭。不仅如此，这些信息化硬件的高度建设和运行，在潜移默化地改变了管理者的思维模式、行为模式"软件"，有效推动了从片面样本治理到数据总体治理、粗放服务到精细服务、实体思维到互联网思维的转型。借助余杭实践经验，各地在推进基层法治化的落地过程中，应充分重视大数据基础支撑环境的建设，包括云计算运行环境、多通道网络环境、以人为本的信息安全保障环境等。

与此同时，还应看到，大数据是全社会共享的公共资源，"大数据"和"互联网+"固有的公共性和海量性特征决定了任何一方都难以全面地掌控数据资源，传统政府偏好采用的包办模式，已经无法胜任打造新一代数据政府的任务。为此，政府须及时反思自己的角色，进行适应性改革，将逐级请示式垂直决策转变为政府与社会组织间平等的"扁平会商""扁平采购"。在大数据建设和应用中，由传统的垂直包办管理，转变为通过采购数据等公共服务，积极培育由协会、科研院所、企业和媒体、组织等社会主体共同滋养的生态圈、产业链。政府应逐步转变为中立的制度供给者，推动政府数据、社会数据公开共享，出台优化政策引导大数据应用，顺应并促进大数据的公共性、开放性和共享性特征，避免服务单一性、资源有限性等弊病，逐步走向多元公私主体的合作，建立公众普遍参与的创新模式。

---

① "双核"即未来科技城（智慧城市核心示范区）和余杭经济技术开发区（两化深度融合核心示范区），"一镇"即梦想小镇（互联网创业小镇和天使小镇），"一谷"即良渚智谷。

## 结 论

社会制度的变迁在某种程度上是技术演进和顶层—基层博弈的共同结果。一方面，从技术与制度变迁的关系上看，人类历史上每一次产业革命都推动了制度的根本变革，当前的信息革命也正在引爆社会治理模式的重大革新。"大数据"和"互联网+"的诞生，有效突破了传统信息传播系统的物理瓶颈，从政府到科研机构、企业乃至个人，社会中的多元主体都同时成为大数据的创造者、参与者和受益者，必将以此推进政府主导的多元共治的扁平拓扑架构转移。另一方面，世界各国的经验表明，法治建设需要顶层设计和基层探索长时间的磨合和每个主体在其中的砥砺。中国法治历程亦是如此，随着各种基层创新力量的日渐积累，自下而上地对接自上而下的顶层设计，两种力量最终将汇合成一个巨大的合力，推动传统社会机制和社会主体自发转型，补正中国19世纪以来以外生方式仓促完成的现代化形式转换中的各种内核的生成。

余杭实践正是技术与治理有机结合、顶层设计和基层探索良性互动的典范，依靠智能决策办公系统、大联动机制和民生社会服务系统等创新举措，将"大数据"和"互联网+"的应用成果深度融合于基层治理中。通过全面整合政府各部门的资源，共享与治理和决策相关的数据和信息，以海量移动终端为社会提供透明、优质、便捷和可监督、有反馈的服务，倒逼法治转型，使政府基层治理逐渐从条块分割的闭合回路走向开放、协同与合作，走出一条高科技、接地气、尊民意的基层法治新路径。

# B.23
# 北京法院推进司法体制改革的实践

慕 平*

**摘　要：** 本文总结了北京市法院推进新一轮司法体制改革的进展和成果，反映了北京市司法领域法治发展进程，并指出推进重点改革任务中面临的困难和问题，提出了进一步深化司法体制改革的建议。

**关键词：** 北京　司法体制改革　员额制　立案登记制　知识产权法院

党的十八大后，中央更加突出法治建设的重要地位。党的十八届三中、四中全会对司法体制改革作出的重要部署，内容多、力度大，社会各界高度关注。新一轮司法体制改革更加突出顶层设计，更加强调遵循司法规律，更加注重问题导向，从确保依法独立行使审判权，实现审理者与裁判者统一，建立科学的司法人员管理体制三个大的方面，着力解决司法领域存在的司法不公、司法公信力不高问题，对加快推进法治建设，促进国家治理体系和治理能力现代化具有重要意义。中共北京市委《关于落实党的十八届四中全会精神　全面推进法治建设的意见》提出，要建设法治中国首善之区。北京法院认真贯彻中央、市委和最高人民法院部署精神，2014年2月13日，北京市高级人民法院成立了司法改革工作领导小组，先后就贯彻落实党的十八届三中、四中全会司法体制改革中涉及法院工作的改革任务进行分类梳理，制定分解任务，明确具体的责任部门和时限要求。全市法院积极推进司法体制改革，取得重要成果和经验。

---

\* 慕平，原北京市高级人民法院党组书记、院长。

## 一 司法责任制等四项基础性改革试点

完善司法责任制、实行司法人员分类管理、完善司法人员职业保障、实行省级以下法院人财物统一管理四项改革是新一轮司法体制改革的重点，具有基础性地位和全局性影响。按照中央统一部署，北京市作为全国第三批试点地区开展这四项试点改革，市委及市法院、检察院已经形成试点工作方案报中央审批。司法责任制、人员分类管理两项改革，自2014年7月开始已经在全市部分法院进行试点。四项改革主要解决三个问题：一是谁来行使司法权，二是司法权如何按照司法规律运行，三是怎样保障司法人员行使司法权。

1. 司法人员分类管理

司法人员分类管理是指，将法院人员分为法官、辅助人员和行政人员三大类进行管理。改革的核心是建立以法官为主体的司法人力资源配置模式，主要包括三方面内容：一是提高法官任职条件，严格法官选任程序，真正遴选出优秀的、高素质的法官放在办案一线行使审判权；二是单独设置司法辅助人员序列，将法官精力从事务性工作剥离，从而集中于审判业务；三是实现人员管理的专业化，解决人员职责界限不清等问题。截至2015年底，北京法院共有中央政法专项编制人员7740人，实有6472人，其中，法官4370人（审判员2508人，助理审判员1862人），法官占实有行政编制的67.52%。在法官中，有9%在政工、纪检、后勤等司法行政部门工作，14%在执行部门工作，7%在研究室、审管办等综合审判业务部门工作。从分布情况看，优质审判资源并未集中用于审判一线。

从部分法院已经开展试点的情况看，改革后，审判资源向一线集中的趋势正在形成，案件审判质效有比较明显的提升，改革的成果已经初步显现。下一步，改革将遇到如下问题。

第一，改革将对队伍稳定造成一定影响。改革将对法院现有的人员进行一次"洗牌"，无论是院庭长还是一线法官，无论是审判部门还是综合部

门,多数人都将面临职业生涯的重新定位和岗位职责的再选择,人员分流的压力很大,整个队伍一定时期内将处于不太稳定状态。

第二,法官办案的压力增加。按照中央确定的法官员额不超过政法专项编制的39%计算,全市法院将有1400多名法官无法入额。与此同时,在经济下行压力加大、立案登记制改革施行等多重因素的影响下,预计全市法院2015年全年案件总量将达55万件。入额法官人均结案要达200件左右才能基本完成审判任务,比当下法官人均办案数大幅增加。

2. 司法责任制

这项改革的内容主要是三个方面:第一,完善审判组织形式,改变过去法官与书记员师傅带徒弟式的组合模式,增设法官助理,形成法官—法官助理—书记员的审判团队化组织形式;第二,健全审判权运行机制,改变过去层层审批、汇报式的审判权运行模式,减少管理层级,将审判权力和责任更多地落实到主审法官、合议庭头上;第三,强化责任追究,改变过去责任追究不严格、不及时的做法,健全法官考评和责任追究机制,使法官对手中的权力真正负起责任。司法责任制改革的总体目标是要建立权责统一、权责明晰、监督有序、制约有效的司法权运行机制。

此项改革中面临如下问题。

一是司法辅助人员的管理机制尚未建立起来,短期内审判事务性工作尚不能完全从主审法官手中剥离出来,从而造成审判效率的提升比较有限。这有多方面的原因:第一,法官助理等司法辅助人员的职责定位缺乏明确规定,法官助理与书记员的职责区分也需要规范;第二,有一部分法官助理由原有的法官转岗而来,一定时间内不太适应,工作积极性受到影响;第三,编制内人员数量难以满足新的审判方式需要,司法辅助人员如果全部占用政法编制,包括执行员、法官助理、书记员、法警、专业技术人员等,在总员额比例限定的情况下,无法实现为每名法官均配足法官助理;第四,法官对审判团队的管理需要磨合,解决这个问题,需要在法律上明确法官助理等辅助人员的职责和管理模式。同时,应积极探索采取法官助理的聘任制,解决法官助理来源不足的问题,在法院内部设置一些服务岗位,并探索通过购买社会服务方式解决编制不足的问题。

二是重大疑难复杂案件的监督和指导机制有待完善。对于涉及国家政治、外交关系、民族宗教等重大复杂案件，不仅要重视审判的法律效果，也要充分重视审判的政治效果和社会效果。作为普通法官，由于信息不对称和政治敏感性差异，往往难以预料政治效果和社会效果，因此，领导的监督指导作用仍很重要。但改革后，院庭长的把关弱化，新的监督指导机制尚未形成。在改革过渡阶段，院庭长放权还是要有一个过程，要逐步到位，否则，案件质量出现大的滑坡，不但将对司法公信力造成严重损害，也将妨碍到改革的顺利平稳推进。具体来说，就是要明确院庭长的权力清单，哪些该管，哪些不能管，在监督指导中，既要放权又不能放任：放权是指原先替代审判人员行使的审判权要放，不放任是指院庭长的审判监督权、管理权不能放松。要建立符合审判工作规律的监督管理方式，大力推进审判管理权、监督权行使的规范化、公开化，充分利用信息化手段，实现全程留痕。

三是执法统一问题在一定时期内面临挑战。取消院庭长听取案件汇报制度后，审判权行使更加分散，有的主审法官、合议庭之间在执法标准上不够统一，"类案不同判"现象有可能加重。解决这个问题，要推进法官的自治管理，逐步完善法官会议制度，共同研讨疑难案件，强化法官的自我监督、自我约束；要发挥审判监督和上级法院的职能，健全案例指导等制度，促进执法尺度统一。

3. 司法职业保障及人财物统一管理制度

职业保障制度改革与法官员额制改革、司法责任制改革关联度高，必须协同推进。中央深化改革领导小组第十六次会议已经批准中组部、人力资源社会保障部《法官、检察官单独职务序列改革试点方案》《法官、检察官工资制度改革试点方案》，两个方案的主要特点是法官、检察官要脱离一般公务员管理，实行法官、检察官单独职务序列，职级资源向基层办案一线倾斜，以及提高法官、检察官的待遇。这是法院干部人事制度的一项重大改革成果。值得强调的是，完善职业保障制度不仅仅是提高法官待遇，还包括保障法官人身安全，维护法官职业尊荣。2015年，全国各地出现了多起侮辱、诽谤、威胁伤害法官的典型事件，如北京通州法院的崔慧诬告法官打人事件，浙江金华市婺城区供销社主任纠缠、威胁区法院法官事件，湖北十堰中院4名法官在办公楼被当事人刺伤事件，都反映了当前司法环境还有待改善，法官履职保障亟待加强。

## 二　知识产权法院、跨行政区划法院情况

根据党的十八届三中、四中全会决定，在中央、市委的领导和最高人民法院的指导下，2014年11月6日，北京成立了知识产权法院；2014年12月30日，北京成立了跨行政区划人民法院——北京市第四中级人民法院。

首先，这两家法院的成立，在中国的司法体系中形成了两种特殊类型的法院。北京、上海、广州知识产权法院的成立，产生了新的专门法院，初步形成了知识产权法院体系，有利于提高知识产权案件审判的专业化水平，促进知识产权审判司法尺度的统一，促进科技创新和文化创新，更好地服务国家创新驱动战略的实施。跨行政区划法院的设立，改变了按照行政区划设立法院的传统模式，对司法管辖制度进行了重大调整，有利于法院排除地方干扰，保障法院依法独立行使审判权。

其次，两家法院全面体现中央司法体制改革的要求。一是根据专业化、职业化和高素质的要求，落实人员分类管理，实行法官员额制。经法官遴选委员会选任，从全市三级法院选任的主审法官平均年龄40岁左右，从事审判工作的平均年限在10年以上，专业水平高，审判经验丰富。二是实行严格的司法责任制。突出主审法官、合议庭的主体地位，减少院庭长对案件的行政化审批。院庭长直接编入合议庭办理案件，落实"让审理者裁判，由裁判者负责"。三是实行扁平化管理。知识产权法院和市第四中级人民法院均只设1个综合办公室从事司法行政工作，大量压缩司法行政人员，领导班子成员精简配备，减少了管理层级。

两家法院成立以来运行良好，各项工作取得显著成果。截至2015年8月20日，北京知识产权法院共受理各类案件6595件，审结2348件。北京

知识产权法院审理案件的数量占全国三个知识产权法院案件总量的61.1%。北京市第四中级人民法院共审结各类案件707件,其中以区县政府为被告的行政案件495件,占70%。

这两项改革需要进一步研究的问题如下。

第一,是否有必要建立比较完整的知识产权法院体系。知识产权审判工作事关国家创新发展战略实施,意义重大。知识产权法院仅在中级法院层面设立,将原分散在各中级法院的知识产权案件集中审理,在统一知识产权诉讼裁判标准上仍然存在局限性。下一步是否应设立国家层面的知识产权高级法院,作为全国涉及专利等知识产权案件的上诉管辖法院,学界和审判实务界需要进一步研究。

第二,是否有必要调整知识产权法院的案件管辖范围。知识产权主要有著作权、专利权、商标权等纠纷,审判涉及民事、行政、刑事领域。在各类知识产权案件中,真正技术性强、审理难度大、直接关乎科技创新的主要是专利案件。从国外设立知识产权专门法院的情况看,也主要是为了审理专利案件。北京知识产权法院审理的案件中,涉及专利、植物新品种等疑难复杂的技术类案件占一审案件的1/4左右。是否进一步调整知识产权法院的案件管辖范围,使其更加体现知识产权法院设立的价值还值得研究。

第三,如何确定知识产权法院的增编。知识产权法院30名法官员额的设定,是根据知识产权法院成立前三年全市中级法院平均每年审理4500件案件,以每名法官办理150件的标准测算出来的。2014年以来,国家商标评审委员会办理的案件大幅增加,致使法院受理的商标授权确权行政案件激增,且预计两三年内这种态势都会持续。知识产权法院按照现有的员额配置,难以有效地应对当前这么大的案件量。经报最高人民法院同意,市高级人民法院正在积极推动知识产权法院适当增补一定的员额编制。

第四,跨行政区划法院案件管辖范围尚不够明确。《设立跨行政区划人民法院、人民检察院试点方案》对跨行政区划法院案件管辖范围规定了六类。但如何具体界定"跨地区的"行政和重大民商事案件比较困难,这也造成市第四中级人民法院受理的案件数量偏少,类型不全。下一步,是否推

动跨行政区划法院跨省辖区管辖案件,值得深入研究。另外,根据十八届四中全会提出的改革行政案件管辖制度的精神,最高人民法院于2015年6月16日下发了《关于人民法院跨行政区域集中管辖行政案件的指导意见》(法发〔2015〕8号),明确提出:"已经设立跨行政区划人民法院的北京、上海,可以逐步将行政案件向跨行政区划人民法院及两地铁路运输基层法院集中。"如何处理好行政案件管辖制度改革与跨行政区划法院案件管辖的关系,仍存在不同意见。如果将行政案件全部向跨行政区划法院集中,是否会将跨行政区划法院变相改造为行政法院,是否符合中央关于设立跨行政区划法院的精神,还存在疑问。

## 三 立案登记制改革

立案是诉讼程序启动的第一个环节,当事人对司法是否公正最直接的第一感受就来自于立案工作。中央大力推进立案登记制改革,核心是保障当事人诉权,从根本上解决"立案难"问题。改革的主要内容是:严格按照法律规定的立案条件进行程序性审查,符合条件的,一律依法立案;改变以往实质性审查、增设立案条件、人为控制立案等情况,以及对进入法院不易处理的案件不收材料、不予答复、不出具法律文书等不规范的做法。北京法院严格落实中央要求,立案登记制改革自2015年5月1日起实施以来,截至2015年8月20日,全市法院登记立案量为169805件,同比增长31%,其中,当场立案量占立案总量的96%;原来有些限制立案的行政纠纷、物业供暖、信用卡等案件得到及时依法立案;对未予受理案件依法出具裁定书,基本解决了人民群众反映强烈的"立案难"问题,当事人的诉权得到有效保护。

立案登记制改革,涉及立案工作理念的转变,涉及立案、审判、执行等内部工作机制的调整和衔接。实施立案登记制主要带来两方面问题。

一方面,案件快速增长与审判资源有限的矛盾更加突出。在立案登记制下,北京法院案件量大幅增加的势头已经显现,使有些法院本已超负荷运行的审判工作更加紧张。2015年1~8月，全市法院新收案件404595件，同比上升17.6%；结案279913件，同比上升8.7%，许多法院一线法官结案能力已经达到饱和。立案登记制实施以来增幅明显的案件主要有以下方面。一是物业、供用水电暖气、信用卡纠纷等案件增幅较大。2015年5~8月，物业、供用水电暖气纠纷一审立案量为18974件，同比增长53.2%；信用卡纠纷案件一审立案7821件，同比增长48.6%。此类案件占同期民事一审收案总量的将近1/5。二是行政案件大幅增长。2015年5~8月，北京法院受理行政诉讼案件3848件，同比增长达117%。其中，征地拆迁、信息公开、不履行法定职责类案件增长较快。

另一方面，案件处理的难度增加，主要体现在三个方面。一是疑难复杂案件增多。部分当事人借机提起具有政治目的的诉讼；部分当事人将历史遗留问题重新翻起，直接针对国家政策提起诉讼；涉及民族宗教、国家安全的起诉增多。此外，一些政策性很强的案件，如涉及农村土地建房、小产权房的案件；诉村委会侵害集体经济组织成员权益等涉及村民自治的案件；失独家庭诉卫生计生委要求国家补偿案件等，法院处理的难度很大。二是立案登记制放宽了身份、主体、证据等方面的审查尺度，一些虚假诉讼、恶意诉讼进入诉讼程序，给正常审判秩序带来干扰。三是执行工作和涉诉信访压力增大，有些案件如信用卡纠纷，案件审理比较简单，但执行很困难。有些案件因不符合受理条件而裁定驳回起诉，进而导致法院涉诉信访压力增大。此外，实施立案登记制并非完全否定法院的审查职能，仍然要遵循法定的立案条件，但社会上有些群众对"有案必立""有诉必理"的理解存在偏差，一些案件可能成为公众关注、舆论炒作的焦点。

立案登记制改革对于保障当事人诉权意义重大，但落实中需要相关配套机制的支持。司法的功能是有局限性的，司法资源也是有限的，诉讼也不是解决所有纠纷的最佳方式。下一步，除了法院内部要加强案件繁简分流机制，大力推进速裁机制建设外，还需要在党委领导、政府主导和社会各界参与下，大力推进矛盾纠纷多元化解决机制建设，将部分矛盾纠纷引导到诉讼之外更好地解决。中央在推进立案登记制改革的同时，对加强多元化纠纷解

决机制建设也作了部署，但作用还未显现出来。当前推动多元化纠纷解决机制建设，需要解决几个问题：一是要明确哪些案件适于调解；二是要加强调解组织机构、体系的建设；三是要明确法院在多元化纠纷解决机制中的地位和作用；四是要对法律作一些修改，如对某些案件设立调解必经程序。总之，只有健全了矛盾化解分流的配套机制，立案登记制的落实才有保障。从国外情况看，大陆法系和英美法系对当事人的起诉采取比较宽松的登记制度，但登记以后，还要对当事人的诉讼能力、是否具有诉讼利益、是否属于重复起诉等进行审查，许多案件通过审前程序分流出去或者达成和解，真正进入法庭审理程序的案件是少数。

## 四 关于完善人民陪审员制度改革试点

近年来，北京法院认真贯彻落实《全国人民代表大会常务委员会关于完善人民陪审员制度的决定》以及最高人民法院《关于人民陪审员参加审判活动若干问题的规定》（法释〔2010〕2号）、《关于进一步加强和推进人民陪审工作的若干意见》（法发〔2010〕24号），人民陪审员工作取得显著进步。

一是人民陪审员队伍不断发展壮大、结构更趋合理。截至2014年底，全市法院人民陪审员总数达到2363名，来源于个人申请方式的人民陪审员388名，占总数的16.42%；增补人数中普通群众的比例为25.93%。全市法院对现任人民陪审员和候选人民陪审员实现了入库管理，为人民陪审员有序参与陪审发挥了积极作用。二是人民陪审员参审案件数量逐年提升，参审范围不断扩大，参审质量逐步提高。尤其是2011年市高级人民法院提出全市法院"要做到所有适用普通程序审理的案件都有陪审员参加审理"的要求后，有力地促进了全市各级法院一审案件陪审率的快速提升。2014年，人民陪审员参审全市三级法院案件数量达到71439件，陪审率为93.5%。一些社会关注度较高案件的审理过程中，都吸收人民陪审员参与，如李某某等人强奸案、北京大学诉邹恒甫侵害名誉权案等，充分保障了人民群众参与司法的权利。

2015年4月1日，中央全面深化改革领导小组第十一次会议讨论通过《人民陪审员制度改革试点方案》。4月24日，第十二届全国人大常委会第十四次会议通过《全国人民代表大会常务委员会关于授权在部分地区开展人民陪审员制度改革试点工作的决定》。4月28日，最高人民法院、司法部联合召开了人民陪审员制度改革试点工作部署动员会，下发了《人民陪审员制度改革试点工作实施办法》。中央之所以高度重视人民陪审员制度改革，是因为这项制度是中国特色社会主义司法制度的重要组成部分，要通过扩大人民群众对司法的直接参与和监督，扩大司法民主，深化司法公开，提高司法公信力。人民陪审员通过参与案件审判，利用来自群众、了解群众的优势开展法治宣传，也有利于弘扬法治精神，促进全民守法。

根据《全国人民代表大会常务委员会关于授权在部分地区开展人民陪审员制度改革试点工作的决定》和最高人民法院、司法部联合下发的《人民陪审员制度改革试点工作实施办法》，北京二中院、东城、海淀、密云、门头沟五家法院作为全国人民陪审员改革试点法院。市高级人民法院与市司法局联合制定了《关于落实人民陪审员制度改革试点工作的指导意见》及《人民陪审员制度改革试点工作实施细则》，五家试点法院正在有序推进改革试点工作。改革试点的主要内容如下。

一是针对人民陪审员中普通群众代表性和广泛性不足问题，在选任条件上，实现"一升一降"。"一升"指任职年龄由23周岁提高到28周岁；"一降"指学历由大专以上降低到一般高中以上。作这样的调整，主要是为更好地发挥人民陪审员来源于群众的优势，更好地利用他们的社会经验。

二是针对实践中把人民陪审员作为缓解审判力量不足的"帮手"或者解决专业技术难题的"专家"对待，"驻庭陪审"现象比较突出的问题，在选任方式上，实现"三个随机"。即将过去个人申请和单位推荐的方式变为：人民法院从符合条件的选民或者常住居民名单中，随机抽选本院法官员额数5倍以上的人员作为人民陪审员候选人。人民法院会同同级司法行政机关，从通过资格审查的候选人名单中随机抽选不低于法官员额数3~5倍的人员作为人民陪审员,提请同级人大常委会任命。人民法院审理案件需要人民陪审员参加时,以随机抽选方式确定参与案件审理的人民陪审员。"三个随机"从程序上保证了人民陪审员参审的公正性。

三是针对陪审案件范围不明确、陪而不审问题,扩大参审范围,调整参审职权。对涉及群体利益、社会公共利益、人民群众广泛关注或者其他社会影响较大的刑事、行政、民事案件,以及可能判处十年以上有期徒刑、无期徒刑的第一审刑事案件,原则上实行人民陪审制审理。这一条主要体现扩大群众参与的原则,这与西方国家陪审团制度主要适用于重大刑事案件有明显的不同,体现了社会主义国家人民民主的特点。同时,探索实行人民陪审员不再审理法律适用问题,只参与审理事实认定问题,也符合人民陪审员来源于群众认定案件事实有优势的特点。

四是针对陪审员履职积极性不高、保障机制不完善问题,加强陪审员履职保障,包括个人信息和人身安全的法律保护,参加培训或陪审不得被解雇及减少工资待遇,非特殊情况不得不履行陪审义务,等等。

当下试点法院面临的困难与问题主要如下。

一是选任面临新情况多,工作量大。全市五家试点法院计划随机抽选人民陪审员候选人3760名,提请人大常委会任命人民陪审员2111名。试点法院、同级司法行政机关要共同对3760名候选人进行资格审查,工作量非常大,仅凭法院一家力量远远不够,需要公安、民政、街道等相关单位的大力支持。从有利于陪审员有效履职的角度,还需要保证选任工作的质量,对一些因法定原因或特殊事由不适宜担任人民陪审员的人员,还需要有效予以排除。

二是指导陪审员适应新的审判方式,需要做大量工作。随机抽取方式产生的陪审员大都对审判工作不熟悉。法官引导陪审员在庭审中行使权力、发表意见,需要大量的释明工作;只审理案件事实,不参与法律适用的审理等新机制如何落实没有先例;陪审员如何对案件承担审判责任等等,这些问题都需要在实践中逐步探索。

三是陪审员的管理机制还需要不断探索。这次改革工作量大,对配套的软硬件条件提出更高要求。市高级人民法院正在抓紧建立全市统一使用的人民陪审员信息管理系统，努力为人民陪审员选任、参审、管理工作提供技术保障。

北京法院除了积极推进以上几项重点改革任务外，对司法公开、审判权与执行权相分离改革试点、以审判权为中心的诉讼制度改革、涉诉信访制度改革、司法鉴定和拍卖管理机制改革等其他改革任务，也在有组织、有计划地推进。司法体制改革的方向是正确的，前景是光明的，要更好地推进改革取得实效，还需要各方面的共同努力。第一，要紧紧依靠党委的领导，争取法律理论界、律师、行政执法部门等社会各界的理解、支持和积极建言献策。第二，法院自身要态度坚定地积极推进改革，把中央关于司法体制改革的指导思想、原则、目的理解透，确保改革的价值取向和方向不走样。第三，要深入一线做调查研究，善于打破自身的利益藩篱，有针对性地解决改革中的实际问题，把理想和地气结合起来，兼顾好当前和长远，在解决深层次问题上取得实质性进展。

# B.24
# 司法诉讼服务：吉林电子法院分析

吉林省电子法院研究课题组*

**摘　要：** 吉林省高度重视法院信息化建设，加快提升司法诉讼服务水平，充分满足人民群众日益增长的司法需求。本文梳理了吉林电子法院建设的基本情况，分享电子法院建设过程中能够推广的经验。吉林电子法院在拓展完善和应用推广等方面仍有很多需要完善的地方，在未来的发展建设中还将不断改进和提升。

**关键词：** 电子法院　诉讼服务　阳光司法　法院信息化

人民法院为当事人、代理人提供全面的司法诉讼服务，既是人民法院信息化发展的必然要求，也是公众应当享有的基本权利。信息技术的不断更新和迅猛发展，对法院工作创新发展也提出了新要求，电子诉讼服务应运而生。建立健全电子诉讼服务对于构建"开放、动态、透明、便民"的阳光司法机制具有十分重要的意义。

---

* 课题组负责人：田禾，中国社会科学院法学研究所研究员、国家法治指数研究中心主任；王常松，吉林省高级人民法院党组书记、院长，二级大法官。课题组成员：李成林、吕洪民、张君洪、郑万和、李忠义、刘岩、张立华、吕艳滨、王小梅、栗燕杰、刘雁鹏、徐斌、赵千羚、刘迪、杨芹、马小芳、曹雅楠、周震、徐蕾、宁妍、赵凡、刘永利、宋君杰。执笔人：刘雁鹏，中国社会科学院法学研究所助理研究员；刘岩，吉林省高级人民法院研究室主任；张立华，吉林省高级人民法院技术处处长。

# 一 吉林电子法院的建设背景

## （一）全球大环境

20世纪90年代以来，信息化成为全球经济社会发展最显著的时代特征，推动信息化成为每个国家高度关注的重大主题。美国早在1993年克林顿政府时期就首倡电子政府建设，启动了美国的电子政府建设步伐。21世纪初，欧盟提出了建设"电子欧洲"的行动计划，强力推进电子政府、电子医疗、电子培训和电子商务四大领域建设。2001年，日本政府制定并实施了"电子日本战略"，推动了日本信息化战略的变革。

信息技术的迅猛发展，对法院工作创新发展也提出了新要求，电子诉讼应运而生。1995年11月，美国俄亥俄州联邦地区法院通过网络首次立案审理了石棉污染纠纷案。德国法院1997年6月开始推行网上立案和电子诉讼。新加坡2000年通过立法确认了电子诉讼的法律地位。韩国是电子诉讼制度发展较快的国家之一，自20世纪末开始推行电子诉讼以来，目前电子诉讼已覆盖民事、家事、行政、破产和执行等大部分诉讼事项，仅刑事案件尚未实施电子诉讼，其中民事案件电子诉讼比例达到58%。引入电子诉讼适应信息化发展是中国法院面对的重大课题。

## （二）全国大环境

信息技术是当今世界创新速度最快、通用性最广、渗透力最强的高新技术之一。"大数据"时代的到来以及信息技术的进步，对司法工作产生深刻影响。加强人民法院信息化工作，是服务党和国家工作大局、实施国家信息化发展战略的必然要求，是服务人民群众、促进司法公开的迫切需要，是服务审判执行、保障司法公正廉洁高效的重要途径。

2013年以来，最高人民法院明显加大了信息化建设力度，以"大数据、大格局、大服务"理念为指导，强力推进信息化建设转型升级，实现了全

国四级法院专网全联通、数据全覆盖、业务全开通；开辟了审判流程、裁判文书、执行信息三大公开平台；建成了全国法院执行指挥系统、远程视频接访系统、信息集控管理中心和数据集中管理平台，快速建成了以大数据实时统计、实时更新和互联互通为基本特征的人民法院信息化2.0版，为全国法院铺设了信息高速公路，也为吉林电子法院建设提供了坚实的基础。特别是最高人民法院领导在2015年7月召开的全国高级法院院长座谈会上，要求各级法院进一步增强责任感、使命感、紧迫感，强力推进信息化建设转型升级，力争到2017年底建成具有中国特色的人民法院信息化3.0版，为人民法院信息化建设指明了发展方向。

### （三）吉林小环境

吉林省面积18.74万平方公里，人口2752万，2014年GDP 13803.8亿元，各占全国的2%。吉林省现有三级法院93家，中央政法专项编制8806人，2015年全省法院受理案件377335件。吉林省是中央确定的全国首批司法体制改革试点省份，吉林省高级人民法院将信息化建设作为深化司法体制改革、构建阳光司法机制的重要举措。2014年11月，吉林高院利用与韩国近邻、友好和语言优势，派团专赴韩国考察电子法院，并对美国、德国、日本、新加坡和中国台湾地区的法院信息化建设情况进行了专门研究。2015年初，吉林高院赴最高人民法院、兄弟高院、银行和通信企业考察学习了信息化建设情况，结合吉林法院实际，提出了建设吉林电子法院的工作方案。吉林电子法院是对人民法院信息化3.0版的探索，目标是按照最高人民法院的要求，做到"全面覆盖、移动互联、跨界融合、深度应用、透明便民、安全可控"。

## 二 吉林电子法院的建设目标

吉林电子法院于2015年6月19日正式开通上线，可实现民事一审案件的全流程网上办理，10月12日上线民事二审和行政一审案件全流程网上办理，11月8日上线执行和非诉类案件全流程网上办理。吉林高院根据"人民法院信息化3.0"的要求，结合吉林省法院的实际情况，提出建设电子法院的四项目标。

## （一）全业务覆盖

针对当前法院信息化建设中业务系统分散孤立的问题，吉林电子法院严格规范标准接口，把已建成的业务"孤岛"串联起来，统一合并到吉林电子法院平台。在审判业务方面，横向包括了网上立案、网上审理、网上执行、网上公开、网上阅卷等办案全流程，纵向包括了一审、二审、申诉、再审等诉讼各阶段，内容包括了民事、行政和刑事等各类案件。

## （二）全天候诉讼

与传统的诉讼方式相比，吉林电子法院把法官、律师和当事人的诉讼活动从线下搬到线上，律师和当事人彻底摆脱了打官司受时间、空间等因素的影响，可以随时随地连接法院、即时接收诉讼服务，做到了"让信息多跑腿，让百姓少跑路"，实现了当事人24小时立案。同时，吉林电子法院开通了移动办案系统，为法官配备了移动终端，使法官办案也不再受时间和空间限制，可以随时随地全天候办理案件。

## （三）全流程公开

除法律规定之外，吉林电子法院把案件审理的全过程置于当事人和社会公众的监督之下，通过对诉讼活动的实时记录、全程留痕、动态跟踪，实现了对案件审理流程和法官办案的留痕监督，进一步拓展了司法公开的广度和深度。吉林电子法院还整合了审判流程、裁判文书、执行信息三大公开平台，实现了法院办案全部公开。

## （四）全方位融合

其一，吉林电子法院紧紧依靠最高人民法院专网，实现了全省三级法院专网互联互通和数据实时更新。其二,在吉林省委政法委的大力推动和省内其他政法机关的积极配合下,吉林电子法院重点推进了与政法机关的跨界融合。其三,与最高人民法院、省人大、省委政法委、省人民检察院等有关单位的信访部门和省信访局共建信访信息互联互通平台,实现涉诉信访信息的网上推送和即时调取。另外,吉林电子法院高度重视信息系统的安全保护,通过了公安部门国家信息安全等级保护三级标准认证。

## 三 吉林电子法院的实践

简单地讲,吉林电子法院就是把法院诉讼活动由线下搬到线上,包括网上立案、网上审理、网上执行、网上信访、网上阅卷、网上公开、网上办公、网上管理、网络互联等。吉林电子法院建设坚持以审判为中心,以服务为导向,以科技为手段,重点做了以下五个方面工作。

### (一)打通一张内外网,为当事人和律师服务

吉林电子法院打通了法院内外网,实现了外网平台与内网平台数据的实时安全交换,确保了法院全部诉讼业务的网上办理。具体而言,吉林电子法院重点工作主要集中在以下几个方面。

1. 网上立案

当事人在任何有互联网的地方登陆电子法院、填写相关信息、经过实名认证后,足不出户就可以通过网络提交立案申请,互联网上的立案申请摆渡到法院内网办案平台后,由立案法官对当事人的身份信息和立案材料进行审核,对符合立案条件的随即立案登记,即时短信推送给当事人,当事人按照短信提示在网上签收、网上缴费后,即完成网上立案。吉林电子法院还为律师设置了专门的登陆入口,现已为全省1700多名律师发放了动态令牌,方便律师代理立案和办案。2015年8月1日至12月31日,全省法院共受理民事一审案件73636件,其中网上立案24373件,占比33.1%。网上立案能够

节省大量的时间成本,让当事人和律师真正体验到了便捷和高效[1]。电子法院开通上线4个月内每周立案统计见表1。

表1 电子法院每周立案数量统计

单位:件

| 时间 | 第1周 | 第2周 | 第3周 | 第4周 | 第5周 | 第6周 | 第7周 | 第8周 | 第9周 | 第10周 | 第11周 |
|---|---|---|---|---|---|---|---|---|---|---|---|
| 立案数 | 0 | 1 | 4 | 212 | 70 | 89 | 460 | 668 | 781 | 821 | 920 |
| 时间 | 第12周 | 第13周 | 第14周 | 第15周 | 第16周 | 第17周 | 第18周 | 第19周 | 第20周 | 第21周 | |
| 立案数 | 993 | 982 | 990 | 1180 | 2312 | 1790 | 1851 | 2506 | 1786 | 2153 | |

2.网上诉讼

吉林电子法院开发了原告、被告、法官三方可视的网上平台,当事人提交诉讼文书和证据材料,法官送达法律文书均在网上平台进行。利用三方网上平台,可以轻松实现证据交换,当事人提交的证据会自动摆渡到法院内网办案系统中的三方平台,经过法官确认的证据将快速送达原告或被告外网三方平台的列表中,原告或被告即可对每一份证据充分发表质证意见,通过网上平台完成证据交换的全部流程。与传统证据交换相比,网上证据交换具有不受地域限制、不受时间限制、不受质证次数限制等明显优势,在案件开庭审理时,法官只需调出三方平台上的证据和质证意见,经过原、被告确认即可,大大节省了开庭审理时间[2]。截至2015年12月31日,吉林电子法院处于网上审理阶段的案件8610件,已审结12244件。此外,吉林电子法院还开发了"云会议系统",实现了网上开庭、网上调解和远程接访,并提

---

[1] 2015年8月,长春张永峰律师一次性完成了83件股权纠纷的网上立案,这些案件如果线下立案至少需要一天时间,而网上立案仅用了不到1个小时。辽宁马洪伟律师在沈阳完成其代理案件的网上立案后,专门致电法官说:"吉林省法院实现了网上立案,我们真的没想到,对于我们异地参与诉讼的律师来说,最受益了,既不用来回跑路,也节省了大量的时间和费用。"

[2] 例如,蛟河市法院审理的一起民事案件,原、被告双方通过三方平台上传了31份证据,经过网上质证,双方当事人共对其中6份证据持有异议,合议庭在开庭审理时仅对这6份证据进行了审核,以往此类案件庭审至少需要半天时间,而本案庭审只用了不到30分钟。

供了联系法官功能,方便当事人与法官沟通,沟通记录三方可视,公开透明①。

3. 网上执行

吉林电子法院依托最高人民法院网络执行查控系统,与20多家全国和省内银行进行了专线连接,实现了被执行人银行存款的网络查控。目前,吉林电子法院正在与工商、税务、房产、车管等单位进行联网,实现对被执行人不动产和合同、税票真实性的查控,改变过去法官奔波于各地的财产查控方式②。吉林省还全面推行了网上拍卖,全省三级法院全部入驻淘宝网司法拍卖平台,成为全国第七个全省法院整体入驻淘宝网的省份③。

4. 网上阅卷

目前,吉林省三级法院已完成了2010年以来审结案件卷宗的电子化,当事人和律师登陆电子法院,通过网上阅卷申请后,就可以随时浏览案件审理全过程的卷宗目录、档案卷宗,并可以享受档案卷宗的下载服务。同时,电子法院还为党委、人大、政府、政协、政法各单位提供档案借阅入口,通过上传身份证与介绍信,经过法院档案部门审核后,便可以借阅打印案件正卷卷宗内容。2015年11月11日,吉林省高院向吉林省检察院进行了电子法院网上阅卷平台的专场培训,得到了检察官的高度肯定。

## (二)培育一棵智慧树,为法官司法工作服务

吉林电子法院开发了辅助法官办案平台,通过平台能够减少法官的工作量,降低法官出现同案不同判的风险,保障司法公正。具体而言,电子法院

---

① 吉林高院在2015年9月17日开庭审理一起著作权侵权纠纷案件时,由于上诉人的北京代理律师同时在北京开庭而无法来长春出庭,合议庭采取视频连线的方式,运用云会议系统进行了"隔空庭审",整个庭审过程当事人和其代理人身处长春和北京两地,庭审画面和声音同步传输,代理律师远在千里之外完成了庭审。

② 吉林中院办理的一起执行案件,被执行人所在地分别为天津和包头,之前执行法官多次前往上述两地调查财产线索,均一无所获,通过网络查控,仅用几个小时,就将被执行人存在内蒙古锡林浩特农行的296.5万元存款查清并予以冻结,使案件得以圆满执行。

③ 通过淘宝网进行司法拍卖取得了良好的效果,如吉林中院2014年11月网上拍卖一个采石场,评估价为209万元,实行网上拍卖,最终以1179万元成交,溢价率高达464%。

对法官工作开展的助益主要体现在以下几个方面。

1. 同案同判

当法官遇到疑难复杂案件和新型案件时，可依靠最高法院裁判文书平台，输入关键词调取并参考全国法院审结同类案例的裁判，通过分析同类案件的判决，分析其中的异同，为疑难复杂案件的审判提供必要的参考，保证司法公正判决[①]。

2. 法律查询

吉林电子法院提供了法律法规的便捷查询系统，及时收录最新的法律法规、司法解释，帮助法官及时完整地掌握最新规定。除了法律查询之外，系统还收录了大量学术资源，方便法官了解专家观点。

3. 文书制作

为了方便法官制作裁判文书，吉林电子法院开发了文书制作辅助系统，该系统能够提供裁判文书智能模板，同时还可以实现智能纠错，发现裁判文书中的错误信息。而且该系统能够及时发现关键信息予以屏蔽。通过该系统制作的裁判文书实现自动生成、辅助校对和一键屏蔽，使法官从极为繁重的文书工作中解放出来，提高了司法效率。

4. 移动办公

吉林电子法院开通了电子签章系统、公文处理系统和移动办案系统，为全体法官配备了移动办公终端，法官不论出差在外，还是下班回家，都可以进行网上办案、网上处理公文，帮助法官充分利用时间，随时随地都可以工作，为法官工作提供了便利。

### （三）修好一座驾驶舱，为法院审判管理服务

吉林电子法院开发了审判管理应用系统，实现了对法官审判活动和案件审判质效的实时评估。一是案件流程管理系统，实时显示全省每个法院、每

---

① 2015年8月，吉林省高院在审理一起医院体检引发的医疗纠纷案件时，通过同类案例检索，全面了解了全国法院处理此类纠纷的案例，并最终作出了正确判决，确保了同案同判。

个法官的立案办案情况。二是审判质效评估系统,对全省每个法院、每个法官的办案质效进行实时评估。

### (四)融入一个大网络,为政法机关衔接服务

按照中央政法委提出的政法机关合作、互通、共享要求,吉林省委政法委制定了加强全省政法机关信息化互联互通建设的意见,吉林省法院主动加强与其他政法机关的互联互通平台建设。一是与检察机关配合,实现案件信息的网上传输和检察机关网上阅卷。二是与公安机关配合,在全省看守所建设远程视频提讯系统,实现刑事被告人远程提讯和刑事案件网上开庭。三是与司法行政机关和监狱管理局配合,在全省监狱建设电子法庭,实现减刑假释案件网上办理。

### (五)建设一个数据库,为党委政府决策服务

按照最高人民法院的统一部署,吉林电子法院建成了全省法院数据集中管理平台,实现了全省三级法院案件数据的自动生成和实时更新。在此基础上,吉林高院进一步加强了数据开发应用,与吉林大学共同组建了"吉林省司法数据应用研究中心",充分运用大数据,对司法数据进行分析,及时发现社会治理中存在的普遍性、规律性和倾向性问题,向党委政府提出相应的司法建议,发挥司法数据在服务党委政府决策中的参考作用。

## 四 吉林电子法院的建设成效

### (一)审判质效显著提升

自吉林电子法院上线运行以来,通过将线下大量的诉讼活动搬到线上进行,法院审判质效得到了显著提升。吉林电子法院于 2015 年 6 月 19 日正式开通,2014 年全省法院 6~12 月累计收案 87808 件,而 2015 年 6~12 月累计收案 107455 件,同比增长 22.37%,吉林全省往年案件收案平均年增长

10%~15%，电子法院的运用大幅提高了法院的收案数量。首批试点的蛟河法院统计显示，2015年6~12月该院立案数和结案数相比上年均大幅度提高，立案数增长70.48%，结案数增长114.40%，法院收结案效率明显提升。同时，审判质效指标实现了"七升一降"，法定期限内立案率提升1.01%，法定正常期限内结案率提升0.90%，平均审理时间指数提升0.13，调解率提升1.00%，撤诉率提升3.03%，一审服判息诉率提升1.08%，律师参与率提升5.24%，七项指标实现了提升，调解案件申请执行率下降25.16‰。

统计数据表明，通过使用电子法院的网上立案、网上缴费、网上证据交换与质证等模块，法官的收案、办案效率明显提升；通过线上进行材料收转、网上诉费缴纳、电子送达等，结合12368短信实时提醒，避免当事人来院立案以及往返多次补充材料，确保了案件能够在法定期间完成立案，提高当事人满意度；通过使用网上证据交换与质证、云会议平台、审诉辩平台、网上开庭等功能，将单个案件的有效审理时间拉长，延长双方当事人庭前准备和意见发表的时间，更早地确定案件争议焦点，围绕焦点进行审理和调解，极大地缩短了案件开庭时间，确保案件能够在法定正常期限内结案，平均案件审理时间也大大缩短。同时，由于案件审理全流程公开透明，案件争议焦点明确，通过云会议的远程调解，案件调解率、撤诉率、一审服判息诉率也得到了提升，允分的公开和交流讨论也使调解后申请执行的案件量降低；电子法院平台通过为律师提供个人代理案件的办理窗口、律师动态令牌，极大方便了律师参与案件审理，律师参与案件审理数量明显增加。通过为律师提供线上服务降低律师代理案件成本，一方面激励律师寻找标的额小、代理费低的案件进行代理，提高案件办理规范程度，降低法官工作量；另一方面也降低律师服务市场收费标准，让更多当事人能够请得起律师，更好地了解案件审理流程和法律规定，实现理性诉讼。

2015年吉林省作为全国法院司法改革的试点省份，采取"以上率下"的方式完成了全省三级法院的法官员额制改革。针对改革后遇到了办案压力增大、法官助理和书记员配备不足等问题，一方面不断加强人员配置，优化内部管理，另一方面积极探索提高办案效率效果的新途径。从2015年6月19日电子法院上线至今，各项审判质效指标表明，电子法院是提高办案质效的有效途径，也能够有力促进法院审判体系和审判能力的现代化，实现信息化应用和司法改革的互相扶持、同步推进。

## （二）诉讼体验更加亲民

电子法院是以方便当事人诉讼为目的的信息化平台。在传统线下诉讼中，当事人的一切诉讼活动都必须在受理法院进行。一个案件从立案到结案，当事人、代理人通常要往返法院五至六次，复杂案件的次数还要更多。因此，当事人打官司不得不付出更多的时间成本和金钱成本。有的当事人甚至因此而打不起官司；律师有时也不得不放弃代理一些路途较远的案件，甚至误解法院提高门槛不让老百姓打官司，很大程度上损害了法院的司法公信力，常常通过信访的方式来解决问题。试点法院案件收结数增加的统计指标显示，电子法院方便了人民群众通过法律来维护自身的合法权益，在电子法院诉讼中，律师可以代当事人在网上立案、缴费、进行证据交换、网上开庭和网上调解。以往平均需要十五六个工作小时（含在途时间）立案时间的普通民事案件，现在只要当事人或律师将相关证据和文书材料扫描成电子版便可完成。既避免了路途上的奔波之苦，也大大降低了诉讼成本，提高了法院的司法公信力。

吉林是一个以农村人口为主的省份，城市化水平不高，实际统计调研也显示，全省2014年案件收结分布中，案件数占比及增长较高的法院主要集中在中院、市区基层院、经济发达地区基层院。电子法院上线运行后，省高院制定"大力建设诉讼服务'网络店'"建设目标，不仅要服务文化水平高的当事人和律师，也要发挥电子法院线上远程办理的优势，加强对基层普通群众的宣传推广。基层法院在乡镇、村居建立网络服务平台，现场指导使用电子法院，通过近6个月的使用推广，一些普通的基层法院以及管辖范围较大的基层法院案件收结案数明显提高，人民群众的诉讼更加方便快捷。

## （三）司法公信力大幅提升

司法是维护社会公平的最后防线，提高司法公信力是法院司法改革成效的重要标尺。影响司法公信力的因素是多方面的，其中就有司法公开不够充分。随着电子法院的推广，越来越多的公众有机会接触到电子法院，感受到司法信息化带来的变化，群众的司法感受和满意度正不断提升。

在实际调研过程中发现，电子法院重要的设计思路是三方可视、全程可视以及全天可视，即所有的案件审理进展、双方当事人发表的意见、当事人上传的证据材料、法官制作的文书和视频调解的过程全部三方可视，法院审理工作没有需要向双方当事人隐藏的，在原有三大公开平台的基础上又向上迈了一个台阶。一方面摒弃了司法神秘主义，让当事人更加深入地参与到案件审理流程与判决结论形成过程中，消除当事人对法院、对法官的不信任，真正做到服判息诉、自觉履行。另一方面，充分的参与和公开也倒逼法官必须提高个人审判知识水平、调整原有工作模式，在全透明的环境下工作就必须谨言慎行，依法行使审判权；同时，电子法院的另一重要设计思路是全天候，极大地延长了当事人和诉讼代理人参与一个案件审理的时间，传统案件审理大量的证据交换、质证和意见发表主要集中在开庭环节，时间短、压力大、节奏快，当事人的很多意见没有充分发表、很多想法没有充分验证，当事人的权利没有得到充分行使，常常觉得话没说完、事没说透、理没辩明。通过电子法院证据交换与质证、网上审诉辩平台、云会议平台，双方当事人和诉讼代理人可以充分发表自己的意见，个人的想法可以充分考虑，在开庭前就将案件的主要焦点梳理清楚，开庭围绕焦点进行辩论，让当事人更加清楚地了解最终判决结果是如何形成的，权利的行使更加直接、充分，判决的结果也更加具有说服力，在节约当事人和律师的成本的同时，增加了法院工作的透明度，消除了当事人和律师心中的疑虑，提高了司法公信力。律师新旧"三难"问题得到很大程度缓解，法院卷宗电子化并全部上网，让律师阅卷更加方便，网上举证质证和辩论，让律师执业权利得到更好保障。

电子法院通过高新技术手段来解决影响司法公正、制约司法能力的深层

次问题,将可视化工具运用于审判流程管理中,将法院诉讼活动的全部信息及时展现于网络终端上,实现个案管理精细化,切实做到法官"零懈怠",显著提高了审判效率;更加透明、更加阳光的公开举措,倒逼法官严格规范司法行为,让人民群众在每一起案件中都感受到公平正义。

## 五 吉林电子法院面临的难题

人民法院信息化是网络技术进步与司法实践相结合的产物,对法院信息化建设的探索和实践需要紧跟时代步伐,随着技术的更新与实践需求的扩大,信息化建设需要与时俱进,需要根据新业务、新技术的发展,结合法官、律师、当事人的意见建议不断完善。吉林电子法院的建设取得了一定的效果和成绩,但也存在一些亟待解决的问题。

### (一)互联网诉讼服务缺乏法律法规支持

"法院审判+互联网"已经成为时代发展的趋势。对于法官来讲,互联网能够简化司法运行的时间成本,提高司法效率;对于公众来讲,互联网提高了公众参与司法的便捷度,打破了司法神秘主义,使公众在高效便民的司法环境下感受到公平正义。近年来,全国各地大力推行法院信息化建设,如广州推动诉讼文书电子邮件送达,北京法院推行网上查阅诉讼档案等①。但这些改革和创新都走在法律法规之前,很多做法无法找到直接的依据。吉林电子法院上线运行,在许多方面仍需进一步规范。电子法院的诉讼服务做到标准化和规范化,不仅需要吉林省对电子法院进行规范,更需要国家层面出台制度性规定,把法院信息化建设纳入法治轨道。

### (二)电子法院应用推广仍存在巨大压力

吉林省是农业大省,非城镇人口占比高,近90%的法院和案件在基层

---

① 郑敏智:《北京法院推出网上查阅诉讼档案服务平台》,《北京档案》2014年第10期。

法院，在这样的客观条件下，推广电子法院存在很大的阻力。同时，推广过程中还存在其他问题：基层人民群众的整体文化素质偏低，不会上网使用吉林电子法院进行网上诉讼；社会诚信体系还没有完全建立，登陆网站进行虚假诉讼或无理诉讼的数量增多等。这些问题需要通过国家和各省的经济发展与基础设施的不断完善来逐步解决，还需要构建全社会的诚信体系，提升国民整体文化素质，这必然是个相对漫长的过程。不仅如此，对于法官而言，从原来的依靠纸质信息办理到今天依靠信息化手段办案，也有一个适应过程，不少法官计算机及网络应用不熟练，电子法院辅助办案的效果还需一定时间方可显现。

### （三）全国诉讼服务的顶层设计仍需完善

首先，亟须统一全国12368短信服务平台。目前吉林电子法院省内移动通信手机以12368发送通知短信，省内其他运营商手机号码及省外手机号码以10690379187455728发送信息，告知重大事项，发送号码不一致。这种短信发送方式可能影响信息发布的权威性和规范性，降低了短信送达的公信力。因此，建议最高人民法院提供统一平台，将此平台打造成为法院系统唯一的短信送达平台，并统一短信送达标准。其次，亟须统一全国律师身份验证服务。目前吉林电子法院建设了全省律师管理平台，与省律师协会对接实现对全省律师身份的在线认证和管理，对于外省律师采取手工录入和验证，及时性和准确性难以保证。因此，建议最高人民法院建设全国统一的律师服务平台，实现与各类诉讼服务应用的对接，对全国范围内律师身份进行统一认证和管理。此外，建议国家层面考虑统一规划统一管理各政法机关的电子签章，以保障司法公文的公正性与合法性。考虑建立统一的诉讼费用支付平台，做到缴费、退费安全可靠。

## 六 吉林电子法院的未来与展望

"人民法院信息化3.0"是在现有信息化系统应用的基础上进行的一次

革命性升级,全面提升人民法院的信息化水平。吉林电子法院就是在这样的时代背景下吉林省各级法院积极探索和创新实践的结果。吉林省各级法院虽然在电子法院的建设和应用方面积累了一些经验,但下一步需要加强和完善的地方还有很多。

首先,尽快完善电子法院在法律法规方面的相关合理政策支持。吉林电子法院作为信息化建设的创造性尝试,必然要经历从受到质疑到合理完善的过程。在电子法院的建设开发过程中,案件网证据交换与质证是否可作为实际证据存放在卷宗中,体现其唯一性;线下辩论记录和网上申诉辩记录的内容若出现冲突应以哪个为准等。这些问题急需从立法层面加以解决,建议与相关高校或科研院所合作,对电子法院进行深入系统的研究,不断加强理论和实践基础。

其次,要不断加强电子法院的推广和完善,并培养一支法院信息化人才队伍。吉林电子法院作为全省信息化的重点工作刚刚起步不久,进一步推广与完善是重中之重,这就需要相对稳定和具有一定专业水平和技术实力的机构与工作人员。建议全省各中、基层法院培养熟业务、懂技术的专业推广人才,满足吉林电子法院在推广应用上的需求。同时,不断开发和完善系统功能,真正让当事人享受方便快捷的诉讼服务,有效解决一些群众反映的"打官司难"问题。

再次,抓住"十三五"规划的契机大力发展电子法院。根据中国互联网络信息中心(CNNIC)发布的《第36次中国互联网络发展状况统计报告》,截至2015年6月,全国网民规模达6.68亿,互联网普及率已经达到48.8%[1],人民群众在互联网上获取信息和服务已经是大势所趋。吉林电子法院为当事人、律师提供网上案件审理服务,已经做了大胆创新与细致的落地建设工作,形成了较有影响力的"吉林法院模式"与"电子法院现象"。2015年11月,最高人民法院信息中心面向全国法院下发了《人民法院信息

---

[1] http://www.cnnic.net.cn/hlwfzyj/hlwxzbg/hlwtjbg/201507/t20150722_52624.htm,最后访问日期:2015年12月5日。

化建设"十三五"发展规划（征求意见稿）》，未来全国各级人民法院将通过"十三五"规划的落地建设，将吉林电子法院的建设模式在全国各级法院复制、扩充、发展，将吉林电子法院网上案件审理从亮点特色变为标准常态，适应社会经济的发展趋势，逐步改变人民群众参与诉讼的方式和办案法官的工作模式，促进国家审判体系和审判能力的现代化。

最后，充分利用信息化手段加强"智慧法院"建设。信息化建设的目标就是为人提供方便快捷的服务，吉林电子法院率先打破传统的线下办案观念，实现网上诉讼全流程办理，为当事人、诉讼代理人提供了极大的方便。在全面建设和完善电子法院诉讼服务的基础上，吉林法院对利用信息化建设来服务法院工作有了更加深刻的理解，提出了许多值得讨论实施的信息化建议，并将继续探索内容更全面、覆盖面更广的信息化建设方案。未来吉林法院将继续大力开发建设并整合完善电子法院平台，让司法诉讼服务真正具备更公开、更透明、更便利和更广泛的特点，让百姓在心中树立"打官司不难"的意识，让司法机关在人民群众心中保有公平正义的形象，树立良好的司法公信力。真正做到让人民群众在每个司法案件中都感受到公平正义！

# B.25
# 司法人员遭受违法侵害状况调研报告
## ——以浙江省湖州市两级法院为例

郭文利 潘 黎*

**摘 要:** 本次调研围绕浙江省湖州市两级法院司法人员遭受违法侵害情况展开,发现湖州两级法院存在司法人员遭受违法侵害情况十分严重、法院及司法人员应对情况并不理想、一线司法人员满意度较低等问题。本报告从侵害事件频发及侵害事件应对不理想两个维度深入剖析,提出了有针对性的对策建议。

**关键词:** 司法人员 违法侵害 司法公信

近年来,诉讼参与人及其他人员扰乱法院工作秩序,侵害司法人员权益的违法事件[①]时有发生。为更好地了解情况,理性解决存在的问题,维护司法人员的权益,确保人民法院工作有序开展,浙江省湖州市中级人民法院(以下简称"湖州中院")有针对性地在本院及辖区基层人民法院开展了问卷调查。

本次问卷调查的调查对象为湖州两级法院的司法人员[②],调查内容为上

---

\* 郭文利,浙江省湖州市中级人民法院法官,研究室副主任;潘黎,浙江省湖州市中级人民法院研究室预备法官。
① 本报告中指司法人员遭遇的由诉讼当事人及其亲属、朋友等人员实施的辱骂、威胁、跟踪等违法事件以及扰乱法院工作秩序的违法事件。
② 本报告中司法人员包括:法院院长、分管审判业务部门、司法警察部门的院领导,审判业务部门的法官、书记员,司法警察。

述司法人员在2014年9月1日至2015年8月31日一年间遭受违法侵害的具体情况，法院和司法人员采取的应对措施以及司法人员对此的看法。在此期间，湖州两级法院司法人员共计649人，因部分人员请假、外派至其他单位等，发放问卷638份，收回问卷622份，其中有效问卷612份。

# 一　基本情况

## （一）司法人员遭受违法侵害情况

问卷调查结果显示，一年间湖州两级法院共有352位司法人员曾遭受过不同程度的违法侵害，主要包括被干扰工作秩序，受到辱骂、威胁等。具体到各法院，情况略有不同（见图1）。湖州两级法院司法人员遭受违法侵害的平均比例为57.5%，其中有5家法院的比例超过50%，最高的超过了70%，最低的接近48%。上述数据表明，在湖州两级法院中，有一半以上的司法人员在一年间遭受过违法事件侵害，情况不容乐观。

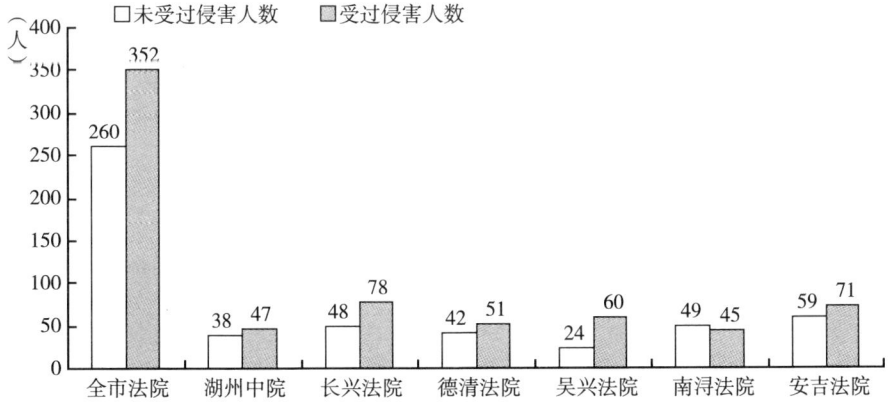

图1　湖州两级法院司法人员一年间遭受违法侵害情况

### 1. 扰乱法院工作秩序的侵害事件频发

湖州两级法院的司法人员一年间共遭到扰乱工作秩序侵害 716 起。若以时间为单位，则平均每天发生此类侵害事件 1.96 起；若以人员为单位，则一年中 612 位司法人员平均每人遭受扰乱工作秩序侵害事件 1.17 起。

### 2. 侵害司法人员权益的手段多样，以辱骂最为常见

在侵害司法人员权益的事件中，以辱骂、威胁、跟踪、殴打较为常见。调查结果显示，湖州两级法院的司法人员在一年间共受到包括辱骂、威胁、跟踪、殴打及其他手段在内的侵害 832 次。发生次数从高到低分别为：辱骂 501 次，威胁 238 次，跟踪 37 次，其他手段 29 次，殴打 27 次。以辱骂手段实施的侵害事件发生次数占侵害司法人员权益事件总数的比重高达 60.2%，可见辱骂是最为常见的侵害手段。

### 3. 司法警察部门、执行庭遭受违法侵害的司法人员人数较多

本次问卷调查的部门主要有民商事庭、刑事庭、行政庭、执行庭、立案庭、审监庭及司法警察部门。调查结果显示，有 5 个部门的受侵害人数比例超过 50%（见表1），其中司法警察部门以 69.5% 的高比例成为最易受到侵害的部门，执行庭和民商事庭受侵害人数比例分别居第二位与第三位。

表1　各审判业务部门及司法警察部门遭受违法侵害人数情况*

单位：人，%

| 人数＼部门 | 民商事庭 | 刑事庭 | 行政庭 | 执行庭 | 立案庭 | 审监庭 | 司法警察部门 |
|---|---|---|---|---|---|---|---|
| 总人数 | 265 | 56 | 25 | 100 | 50 | 26 | 59 |
| 未受侵害人数 | 108 | 33 | 12 | 39 | 21 | 20 | 18 |
| 受侵害人数 | 157 | 23 | 13 | 61 | 29 | 6 | 41 |
| 受侵害人数所占比重 | 59.2 | 41.1 | 52 | 61 | 58 | 23.1 | 69.5 |

\* 部门受侵害人数不包括 31 位院领导，故总人数为 581 人。

## （二）违法侵害事件应对情况

1. 违法侵害事件不了了之情形居多

调查结果显示，针对违法侵害事件毫无作为的次数高达573次，向上级法院、政法委请示汇报而无后续行为的95次，以上两种均属于不了了之情形，合计多达668次。其他应对措施，按照使用次数从高到低依次为批评教育433次，警告235次，其他223次（包括报警、请院领导进行劝说等），拘留36次，罚款15次①（见图2）。

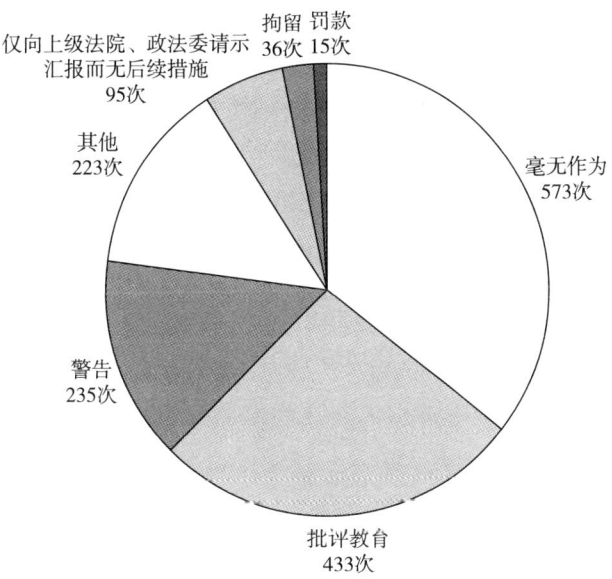

**图2 违法侵害事件应对情况**

2. 法官自治组织未能充分发挥作用

各法院内部一般设有法官自治组织，如法官协会、女法官协会等。上述

---

① 司法实践中，有时针对一次违法事件会采取两种或两种以上的应对措施，因此，这里所统计的针对违法侵害事件应对的次数会高于违法侵害事件的次数。

协会章程规定，两协会既要团结全国各级法院法官、开展理论结合实际的应用法学研究、推动法官业务素质和职业道德的提高，又要关心法官生活，但本次调查显示，法官自治组织未能充分发挥作用。例如，获得过法官自治组织帮助的法官仅为84人，而未得到法官自治组织帮助的法官则为193人，后者所占比重高达54.83%[1]。此外，调查还发现，部分法官完全不知道法官自治组织的存在。

3. 受侵害司法人员选择忍耐的比例高

根据前文数据可知，采用辱骂、威胁、跟踪、殴打等手段实施侵害司法人员权益的行为次数高达832次。面对这些不法侵害，司法人员通常采取如下几种应对措施：①忍耐，不与之发生正面冲突；②自己私力解决；③寻求法院、公安等部门的帮助；④其他措施。其中，选择忍耐的人员有205人，占比高达65.7%，选择寻求法院、公安等部门帮助的有65人，选择自己私力解决的有14人，选择采取其他措施的有28人（其他措施主要体现为严词警告等)[2]。由此可见，忍耐是绝大部分司法人员受到侵害时作出的选择。

4. 一线司法人员满意度较低

一线司法人员对当前应对违法侵害事件的满意度较低，接受问卷调查的司法人员对当前的处置措施表示非常满意的仅有21人，占受侵害人数的5.97%；表示基本满意的有172人，占受侵害人数的48.86%；表示不满意的有72人，占受侵害人数的20.45%；表示不满意且令人心寒，此后不愿意多做事情的有70人，占受侵害人数的19.89%；另有17人虽然受到违法侵害，但对当前应对违法事件的满意度调查未作表态，占受侵害人数的4.83%。表示不满意及以下的司法人员占比达到了40.34%，属于满意程度较低的范围（见图3）。

---

[1] 有75名法官虽然受到了侵害，但关于是否获得法官自治组织的帮助一题未作答，故获得过法官自治组织帮助的法官总数与未获得过帮助的法官总数之和小于352。
[2] 问卷设计该项调查针对的是受到辱骂、威胁、跟踪、殴打等违法侵害的司法人员，不包括受到扰乱法院工作秩序违法侵害的司法人员。所以四个选项人数之和为312，小于受到侵害的总人数。

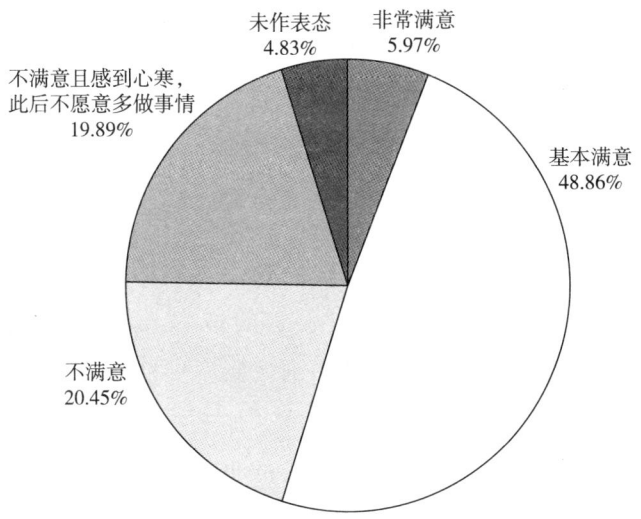

图3 司法人员对处理相关违法事件的满意度情况

## 二 原因分析

从问卷反映的司法人员遭受违法事件侵害的基本情况可以看出,扰乱法院工作秩序及侵害司法人员权益的违法事件不在少数,情况相当严重,对这些违法事件的应对还不理想,而造成当前局面的原因是多方面的。

### (一)侵害事件频发的原因

#### 1. 不当政策带来的负面结果

维护稳定是不少地方的社会治理方式之一,为维护社会稳定有时党政机关可能会综合考量各种因素。人民法院对一些可能影响社会稳定的案件审理比较慎重。如果事关地方稳定大局,人民法院可能会提前介入事件处理。在个别敏感案件中,法院会参加各种协调会。如此,当事人、社会公众可能会认为地方人民法院与地方党委政府"穿一条裤子",对政府、法院及司法人员表示不满。

而且,出现影响地方稳定考评的事件时,有关部门可能会不分对错,对

负有领导责任的人员采取人治色彩较浓的处分措施,受处分人员也得不到相应救济,这导致公职人员不敢有所作为,处理相关事件时顾虑重重,有时会采取"花钱买平安"的方式,这容易让社会公众形成"大闹大解决、小闹小解决、不闹不解决"印象。

2. 法院发展阶段使然

定分止争是法院职能所系,法院是社会矛盾的聚集地、消化处,这大大增加了司法人员遭受违法事件侵害的概率。无论是从法治发达国家、地区的司法经验观之,还是从中国法制发展变迁的角度观察,法院相对其他国家权力机关都是较为弱势的,加之司法公信力尚不高,法官履职保障机制尚不健全,则法院司法人员非常容易成为违法事件的受害者。

3. 行为人以闹施压,企图获得不正当利益

一些公众认为,闹一闹裁判结果就会对自己更加有利或是不利于自己的裁判结果就不会执行,一旦他们认为司法人员不公正或即使知道是公正的但判决对其不利,就会采取过激行为,意图获取想要的诉求。问卷显示,31位院领导中共有24位认为行为人企图通过侵害手段向法院施加压力获得不正当利益,只有1位院领导表示是因为案件程序或实体处理存在瑕疵而导致行为人实施侵害行为。

4. 个案处理存在瑕疵

调查结果显示,部分司法人员反映,侵害人采取侵害行为多是认为判决不公。司法实践中,由于司法理念、司法能力等方面的因素,个别案件确实存在一定瑕疵,特别是有一些案件的程序还不到位。例如,案件公开审理不足、当事人庭审参与度不足、法官庭审中立性不足等都侵害了案件相关人员的利益,令其对法院能否公正司法产生合理怀疑。

5. 当事人救济途径尚不通畅透明

按照法治思维,当事人遇到判决不公的情形,应寻找正当的救济途径去维护自身权益。例如,当事人可以行使申诉、控告等权利,或者提起上诉、申请再审、申请检察监督等。但由于内部请示机制,司法实践中二审、再审

纠错功能不强，造成实质上的"一审终审"。而且，一些再审申请或被拖延解决或被当作信访处理，检察监督也没有发挥预设的作用。正常的救济途径不畅通，当事人就会转而寻找一些非正常手段维护自己的权益。

此外，人民法院对司法人员的惩戒机制还不够高效透明。很多时候诉讼参与人或其他人员找法院反映情况，工作人员不能及时记录或是不能及时反馈处理进度，有时候个别法院考虑到对单位及司法人员的影响，会选择不公布处理结果。这在一定程度上减损了法院的公信力，同时也会加剧各方之间的矛盾，更会促使侵害事件发生。

### （二）侵害事件应对不理想的原因

1. 多种原因导致司法人员保持沉默

在面对辱骂、威胁时，多数司法人员选择忍耐。从表面看，这是息事宁人的做法，司法人员希望通过自身的退让，使事情能够平静地解决。但是稍加分析也不难发现司法人员选择忍耐背后的无奈。首先，法院在司法人员面对侵害事件时毫无作为，甚至不分是非一味要求司法人员向侵害人道歉，这在一定程度上挫伤了司法人员反映问题的积极性，因为很可能即使向所在单位反映，也得不到任何帮助。例如，问卷中就有司法人员表明多次向院里汇报而无人管。其次，司法人员受到侵害时，如何固定证据也是困难之一。侵害人何时实施侵害行为，选择在何地进行，采取何种措施，具有一定的不确定性。比如，侵害人打电话中的辱骂，司法人员很难保存证据。最后，也有部分司法人员面对繁忙的工作，再无精力处理受侵害事务。

2. 院领导存在多方面顾虑

侵害事件的发生，大多因具体案件而起，而且侵害事件往往涉及的矛盾较为尖锐，侵害人为实现自身权益，通常会采取较为激进的措施，如联系媒体给法院施加舆论压力、到处信访期待能绕过法院或是让法院的上级部门施压从而解决问题等。此外，一些侵害案件的涉案人员较多，如果处理不当，很可能演变成群体性事件。通过本次针对湖州两级法院院领导的调查，可发

现院领导均对前述问题存在顾虑。其中，有19位院领导担忧涉诉信访，有14位担心引发群体性事件，11位顾虑舆论带来的压力，此外有8位院领导存在其他顾虑，主要包括担心处理侵害行为会进一步激化矛盾，甚至可能将司法人员家属牵涉其中，遭到不法侵害。

3. 各部门缺乏一定程度的配合

司法人员遭受违法事件侵害时，需要其他部门的配合与支持。例如，相当一部分司法人员受到侵害时会选择报警，但当公安机关接到相关信息时，有的认为发生在法院不需要公安管，有的因为担心惹上麻烦而选择推诿，导致一些侵害行为得不到追究，起不到应有的惩罚、震慑和警示作用。浙江省高级人民法院、浙江省人民检察院、浙江省公安厅虽然联合出台了《关于依法处理妨碍政法干警履行法定职责违法行为的指导意见》，但在基层落地情况并不理想。

4. 现有法律可适用性不强

针对侵害司法人员权益、扰乱法院工作秩序的违法事件，现有法律中规定了一些惩戒措施，但适用性不强。第一，法律适用条件不明确。例如，《民事诉讼法》第110条第3款规定，人民法院对哄闹、冲击法庭，侮辱、诽谤、威胁、殴打审判人员，严重扰乱法庭秩序的人，依法追究刑事责任；情节较轻的，予以罚款、拘留，但"严重扰乱"与"情节较轻"如何判断以及各自之间的界限并不明确。《刑法修正案（九）》中规定的扰乱法庭秩序罪也存在类似的问题，给法律适用带来一定的困难。第二，法律适用范围较窄。法律规定中与惩戒侵害司法人员权益、扰乱法院工作秩序的违法事件相关的内容大多专门针对的是发生在法庭审理过程中的情形，对于发生在法庭之外，乃至司法人员离开法院后的受侵害情况难以适用。第三，法律适用门槛较高，不易于启动保护司法人员的程序。例如，一般性的辱骂行为占据侵害司法人员权益违法事件的绝大部分，但是这种行为往往很难被认定为违反现有的法律规定。第四，法律适用与司法人员身份不匹配。例如，《刑法》规定侮辱、诽谤罪通常属于自诉案件，这意味着在相当程度侵害行为发生时，司法人员有权提起刑事自诉，但司法人员基于职业身份考虑，往往不愿成为法律规定的此类案件的自诉人,这也是现实中很少有司法人员选择通过此方式维护自身权益的重要原因之一。

## 三 对策建议

湖州两级法院司法人员遭受违法事件侵害的情况是中国司法实践的一个缩影,具有一定的代表性。一叶落可知秋寒,现阶段中国法院司法人员遭受违法事件侵害的情况由此可见一斑,如果此类事件得不到严肃处理,任其蔓延,既会挫伤司法人员的工作积极性,也势必会纵容类似行为。显然,有必要认真对待,并予以妥善处理。

### (一)法治是未来社会治理的主要方式

随着社会的发展,政府应当转变社会治理理念,并不断提高社会管理水平,以造福社会大众。过去个别地方政府进行社会治理时高度注重社会稳定维护,虽然表面上达到形式稳定的效果,但实则造成社会矛盾不断累积的局面,而且付出了巨大代价,衍生出更多的社会治理难题。为此,有必要抓紧推进依法治国方略,法治才是未来社会治理的主要方式。具体而言,第一,尊重并支持人民法院依法独立审判。一个权威公信的司法机构对于纠纷解决、矛盾化解至关重要,能够缓和社会矛盾,是社会稳定的基石。第二,法院职能回归本原。依法裁判是人民法院对社会治理的最大贡献,其他功能都只是行使裁判权的衍生品。人民法院是国家的审判机关,行使裁判权是人民法院的根本职能,不应当让人民法院承担其他与其职能定位不相符的工作,如社会治安综合治理、招商引资,担任河长、村级环境治理员,乃至派驻企业等等。第三,将相关事件的处理纳入法治化渠道,严格依法处理,正确区分当事人的依法维权行为与违法犯罪行为,做到不枉不纵,划分的标准就是法律法规,而非事件对地方稳定考核的影响;依法评价公职人员履职行为,在处分相关人员时确保其申诉救济的权利,营造依法履职、敢于担当的职业环境。

## （二）努力提高司法公信力是治本之策

提高社会公众对司法的信任度是扭转当前局面的关键所在，严厉打击仅仅带来畏惧，赢得信任才能心服。依法处置侵害司法人员合法权益事件必须与提升社会公众对司法的信任这一过程相结合才能彰显实效。这个过程虽然缓慢，但必须努力推进。当前就是要落实好中央确定的各项司法改革措施，特别是那些与确保法院依法独立审判相关的制度安排，同时确保通过员额制改革遴选出的法官能够名实相符、胜任司法工作。

## （三）党委需要进一步加大支持职能部门处置相关事件的力度

妥善处理司法人员遭受侵害的违法事件离不开党委的支持。第一，党委需要进一步加大协调力度，形成工作合力，在处置相关事件时，确保各职能部门能够克服事不关己高高挂起、多一事不如少一事等怕惹麻烦的思想，在各自职责范围内积极有为，落实好相关法律法规和规范性文件。第二，党委牵头设立考核机制，将相关职能部门处置类似事件的情形纳入年度考核，这也体现了地方党委对中央大力推行的司法改革、依法治国方略的支持力度。第三，对于党委领导作出的依法处理相关事件的批示，利用现有的督察机制，限期严格履行完毕，确保政令畅通。第四，支持法院领导依法处置侵害司法人员合法权益、扰乱法院工作秩序的事件，特别是法院领导处理相关事件引发舆情关注时，要给予法院领导以信任、支持，营造法院领导干部依法敢于作为的环境。第五，对于处理相关事件造成的信访，党委需要依法处理，避免采取息事宁人、各打五十大板的做法，避免当事人滋生大闹大解决、小闹小解决、不闹不解决的错误想法。

## （四）摆脱为司法人员或人民法院背书的顾虑

在处置侵害司法人员权益、扰乱法院工作秩序事件的过程中，法院领导、上级法院、党政部门有时心存顾虑，担心为司法人员或人民法院错误行为背书——如果对涉事人员采取了惩戒措施，但最终发现相关司法人员或者案件处理等确实存在问题,那么,相关部门很可能成为舆论的聚焦点,处于较为尴尬的境地。事实上,一些事件的当事人正是基于类似认识向法院和司法人员发难。在相关事件处理中,谁违法了就处理谁,一方的违法并不是另一方违法的挡箭牌。法院领导、上级法院、党政部门在处理侵害司法人员权益、扰乱法院工作秩序事件的过程中,大可摆脱这种顾忌,依法处置。若事后发现相关司法人员或者案件处理等确实存在问题,只要及时依据相关法律、纪律作出相应处理即可。

### (五)建立并推演处置预案,熟悉处置依据和程序

就建立相关事件的处置预案而言,在法院外部,各相关单位如何在党委的统一领导下针对具体事件有序处断应当建立预案;在法院内部,上下级法院之间、一个法院内部各部门之间如何协同推进也需要有预案。建立应对预案后,更为重要的是适时推演,及时查找不足,总结经验,做到考虑周全、有备无患。对于类似事件可能涉及的处置措施,各职能部门应当熟悉其法定程序,一旦启动处置预案后,要确保处置程序合法合规,不留瑕疵,以免引发"次生事故"和不必要的舆情事件。

### (六)法院内部要畅通当事人的救济渠道

坚决打击违法行为与畅通当事人救济渠道必须两手抓,两手都要硬。如果仅有坚决打击,而当事人的权益依法得不到救济,整个社会就会成为没有减压阀的高压锅,非常危险。

法院自身可采取三项举措。其一,取消上下级法院之间对案件的请示汇报制度,提升二审、再审纠错能力。内部请示等机制事实上剥夺了当事人的审级权益,使得有些案件当事人一审败诉后,即使提起上诉、启动再审程序都没有任何用处,不得不转而求助信访甚至走向违法犯罪道路。当事人在上诉、再审程序中可能的"翻盘"希望会大大缓解当事人的对立情绪,减少相关违法事件的发生;同时,对于二审、再审中发现的案件问题,要勇于担当,摒弃部门利益、个人利益,依法予以纠正。其二,畅通申请再审渠道。

对再审申请要提高审查效率，符合法定条件的尽快纳入再审程序，避免因工作拖延将当事人推出依法救济的大门。对于实质符合再审要求，但提出形式存在瑕疵的申请，要积极行使释明权，指导当事人补正瑕疵，必要时可以提供律师予以援助。其三，法院应当建立更加高效透明的法官惩戒程序。当事人投诉法官行为不端后，法院应当在规定的时间内给予书面回复，回复内容应当包括法院接到当事人投诉后是如何调查的，调查采取了何种措施，调查中听取了何方意见，调阅了何种证据材料，法院作出的处理结论，法院如此处理的充分理由以及当事人不服法院处理决定的救济途径①。

### （七）法官自治组织应当有所作为

法官自治组织不能仅仅是摆设，而应当在保护法官权益上发挥更大作用。例如：在相关事件发生后，自治组织应当就相关事件发出声明，表明态度，成为法官的坚强后盾；在相关法官心理波动较大时，法官自治组织应当邀请相关专业人员进行心理干预和正面引导；对法官本人或其家属遇到的实际困难给予支持；等等。为此，建议激活法官自治组织，强化其维护法官权益的职能。

### （八）用足现有法律措施，推动藐视法庭罪立法

短期而言，在处理侵害司法人员权益、扰乱法院工作秩序的违法事件时，对于现有法律中与维护司法人员权益和法院工作秩序相关的规定，能够予以适用的要充分利用好现有法律中的相关规定。对于其中法律适用不明确之处，上级法院应当尽快出台实施指导意见或指导性案例，做到依法准确处置，如《刑法修正案（九）》规定的扰乱法庭秩序罪即应当如此。长远而

---

① 需要注意的是，在这个过程中也要体现对法官声誉的维护，不能一味迁就当事人，让法官"委曲求全"，根据最高人民法院《关于完善人民法院司法责任制的若干意见》第40条的规定，法官因依法履职遭受不实举报、诬告陷害，致使名誉受到损害的，或者经法官惩戒委员会等组织认定不应追究法律和纪律责任的，人民法院监察部门、新闻宣传部门应当在适当范围以适当形式及时澄清事实，消除不良影响，维护法官良好声誉。

言，针对法律适用范围较窄、法律适用门槛较高、法律适用与司法人员身份不匹配等问题，要积极推动藐视法庭罪立法，这才是处置当前问题的未来出路。

### （九）法院司法人员应当注意证据留存，在事件处理中保持谨慎

法院司法人员应在现有条件下尽可能地注意留存证据，避免因为证据的缺失导致相关事件难以定性，不能及时有力处置。目前可以做到三个方面：其一，开庭时全程录音录像；其二，在法院指定工作区域接待当事人，法院在此处配有高清录音录像设备，便于事件的复原；其三，为立案窗口的工作人员以及执行安检安保任务的司法警察配备执法记录仪。

虽然当前侵害司法人员权益、扰乱法院工作秩序的现象较为普遍，而且大多数事件均没有得到妥善处理，承担大量审判工作的司法人员满腹委屈，但无论如何，司法人员在遇到类似事件时都应当保持适度克制，不得采取违法行为自力救济，更不能不分情形滥施惩戒措施。

# B.26
# 村民自治在法治建设中的挑战与实践创新

中共中央党校妇女研究中心"性别平等政策倡导"课题组＊

摘　要： 当前中国基层的村民自治正在遭遇法治困境，"人民不能当家做主""法律面前不能人人平等"等问题层出不穷，其成因可以从制度、组织和个体三个层面梳理。自2009年起，中共中央党校妇女研究中心组建课题组在河南省登封市大冶镇周山村进行了长达七年的实践探索，以修订村规民约为抓手，探索出一条深层次推动村民自治法治化道路。依照法律修订村规民约才能公平公正，民主参与修订村规民约才有深厚的社区根基，其经验在多省得到推广。

关键词： 村民自治　村规民约　性别平等

当前中国社会进入以制度建设为核心的全面深化改革阶段，全面推进依法治国成为下一步改革的重点和难点。党的十八届四中全会指出，"全面推进依法治国，基础在基层，工作重点在基层"，提出了"推进基层治理法治化"的要求。"发挥基层党组织在全面推进依法治国中的战斗堡垒作用，增强基层干部法治观念和法治为民的意识，提高依法办事能

---

＊ 课题组负责人：李慧英，中共中央党校科学社会主义教研部教授、妇女研究中心主任。课题组成员：杜芳琴、梁军、王晓莉。执笔人：王晓莉，中央党校科学社会主义教研部妇女研究中心讲师。

力。加强基层法治机构建设,强化基层法治队伍,建立重心下移、力量下沉的法治工作机制,改善基层基础设施和装备条件,推进法治干部下基层活动。"1982年《宪法》规定:"城市和农村按居民居住地区设立的居民委员会或者村民委员会是基础群众性自治组织。"2007年党的十七大报告将基层群众自治制度又上升到"社会主义政治制度"层面。从中国基层治理的发展来看,首先是起步于农村,经历了从农村到城市的发展历程;其次是基础在农村,工作重点也在农村。全国目前行政村数量59万个,农村人口6.7亿,农村不应该是依法治国的死角,村民自治迫切需要上升到推进基层治理法治化的高度。在当前的全面深化改革阶段,以村民自治为代表的基层治理法治化,是全面推进依法治国的基础、重点和难点。早日啃下这个硬骨头,才能为全面推进依法治国奠定更坚实的基础。

## 一 全面推进依法治国的基础和难点在农村基层

中国最基层的农村历来都有自治的传统,两千年来"皇权不下乡"。这种基层自治的传统,也是朝代更迭中旧的制度结构被打破之后,可以以原有的社会群体和制度框架为基础来重建国家制度的重要原因。但这个基层自治与形成于欧洲民主政治的自治很不相同,其最大的不同应当说源自社会深层的结构。中国传统社会是个以血缘和关系为本的农业社会,或者说乡土社会。用社会学上的分类叫"礼俗社会",有别于"法理社会"。传统社会的法律条文也多是道德训条,关注的是实质原则,寻求一种实质性的公正。法律不能摆脱政治权力的影响,导致立法和司法系统不独立。延续至今,中国的广大农村一直是以亲属关系和血缘组织为特征的,个人对家庭高度依赖。20世纪80年代始于农村的民主政治改革,以废除人民公社体制后的"村民自治"为标志。

在30多年的推进过程中,中国的城乡关系和农村社会结构正在发生着深刻变化,在现有条件下探寻实行村民自治的路径注定是一项艰巨的

任务,这与20世纪80年代制定和试行《村民委员会组织法》相比,是全然不同的任务。从法治的角度来看,无论是在民主选举、民主决策,还是民主管理、民主监督等方面,村民自治都出现了不少问题,随着农村群体性事件的激增,"乡村稳定"成为新的研究重点。在当前村民自治陷入法治困境的背景下,基层法治建设研究具有重要的现实意义和理论价值。

首先,作为基层民主选举制度最广泛的实践,村委会选举是推进基层治理法治化面临的重要挑战。随着农业税的取消,新农村建设、城镇化、工业化进程的加速发展,土地增值收益增幅巨大,自上而下的项目资源进村,在资源或项目密集的村庄,村委会选举中极易出现"贿选"。对于普通村民而言,"选票价格"成了体现他们民主权利的工具,对基层民主选举的破坏作用很大。

其次,作为基层民主决策制度最广泛的实践,村民自治"多数决",导致一些新挑战显现。随着村民自治发展的重心开始由组织建设转向村民权利的保障,转向对村庄集体资金、资产、资源的分配,作为《村民委员会组织法》一项重要规则的村民自治"多数决",成为政府将涉及村民利益的事项交给村民会议决定的一项合法制度安排。"多数决"在中国农村的实践是很不完善的,它容易被少数有权者控制,使村集体利益分配中出现"以权谋私""多数人的暴政"问题,出现了大量与国家法律法规相违背的情况。

再次,以村规民约为基本规范的基层民主管理制度,带来了"民间法"与"国家法"的冲突问题,基层治理面临的维稳压力巨大。2000年以来,农村领域的重大改革都是围绕农民的权利问题展开的,农民身份的"含金量"大增。与此同时,农民的村籍、地权、户籍不相一致,给村民资格的界定带来了挑战。当前以村规民约为基本规范所执行的"成员资格"界定,出现了一些与国家法律相违背的情况,且无法得到基层县乡政府的有效纠正。权益受侵害的村民缺乏有效的制度途径进行反馈,动员村民集体上访维权成了惯用的手段。基层政府的维稳压力越来越大,农村社会内部矛盾的处理十分棘手。

## 二 当前中国村民自治遭遇法治困境的成因分析

村民自治出现了一系列"人治"与"法治"、"民间法"与"国家法"相冲突的问题，基层的村民自治正在遭遇法治困境。其问题的结构性根源，是计划经济体制下形成的城乡二元的经济社会制度已经远不能适应进入社会主义市场经济以来经济社会结构的快速转型。具体体现在制度、组织和个体三个层面。

### （一）城乡二元的社会结构是村民自治法治困境的制度成因

从社会结构和制度层面看，城乡二元的社会结构是村民自治遭遇法治困境的根源，集中体现在城乡二元的土地制度和户籍制度两大方面。一方面，村民自治建立在农村土地集体所有的基础上，同时负担着政治、经济、产权关系调整的功能，超出了城市居民自治或一般意义上的社区自治。实际运行中，除了一些发达地区建有独立于村民委员会的村一级集体经济组织外，大部分地区则是由村民委员会代表村民行使所有权①。它强化了"村两委"作为治理主体对农村土地及其他资源行使所有权和发包权的权力，极易引发村两委成员"以权谋利"的情况。据不完全统计，自2013年到2014年8月，全国各地公开村官违纪违法案件171起，其中，涉案金额超过千万的案件有12起，总金额高达22亿元。② 另一方面，受制于城乡二元的户籍制度，中国的户籍城市化率远低于常住人口的城市化率，出现了大量的"人户分离""人地分离""空挂户""双重户口"等情况，为法律层面界定村集体成员资格带来了挑战。同2000年第五次全国人口普查相比，2010年居住地与户

---

① 1998年在讨论修改《村民委员会组织法（草案）》时，对于"村民委员会是否具有经济管理功能"，曾经存在支持、反对与因地制宜三种不同意见。修改通过的《村民委员会组织法》采纳了上述具有折中性质的第三种意见，即在没有设村一级集体经济组织的地方，由村民委员会管理村集体经济或者代行村集体经济组织的职能。

② 李丹丹等《村官巨腐：12起案件涉案金额22亿》，《新京报》2014年8月7日，第A26版。

口登记地不一致且离开户口登记地半年以上的人口增长81.03%。"人户分离"占总人口的比重,由1990年的不足2.6%升至2010年的近20.0%。尽管中央和地方均出台了政策推进户籍制度改革,在当前农民户籍身份"含金量"大增的情况下,"进城不落户"的现象突出,甚至出现了"逆城镇化"现象。

### (二)基层治理组织不完善是村民自治法治困境的组织成因

从行政架构和治理组织的层面来看,基层治理组织不完善是村民自治遭遇法治困境的成因之一,集中体现在"一纵两横"三个关系维度。其一,"纵向关系"维度,《村民委员会组织法》实施后,乡镇政府一方面仍是国家的基层权力机构,同时也要为整合地方的共同利益而努力。乡镇政府的两种不同的权力来源,形成了徘徊在大包大揽和完全放任的两个极端之间的运作机制①。其二,"横向关系"维度,作为村民自治在村一级的两大治理主体,在人民公社时期,村庄的权力配置表现为党领导下的"一元权力结构"。随着村民自治和《村民委员会组织法》的实行,村委会选举使得村支书和村主任一个对上负责,一个对下负责②。党支部与村委会的关系往往徘徊在领导与被领导和竞争博弈的两个极端之间。其三,"横向关系"维度,作为传统乡村治理中重要的社会力量,村庄的宗族、宗教等非正式组织对正式组织的影响徘徊在积极和消极之间。在一些可以实现良治的村庄,以宗族势力为代表的长老会、老人会以及红白理事会、妇女小组等,是村民自治中一股重要的民间组织力量。而与此同时,民间力量对村民自治带来破坏的情

---

① 当乡镇政府权力完全听命于国家行政时,会出现乡镇政府对村民自治大包大揽的情况。而当乡镇政府权力完全来自地方利益的整合时,乡镇政府与村两委合谋的情况很有可能发生,与普通村民对立起来,不但没有发挥乡镇政府对村治的纠错功能,反而完全放任村民自治,对村干部贪腐问题往往"民不举,官不问;民不闹,官不究"。
② 为了解决两委的冲突,2002年7月中共中央办公厅与国务院办公厅联合发文,在两委关系的人事问题上提倡"两票制"和"一肩挑"的制度改革。但有研究指出,这种"两票制"的设计本身与党的组织章程不符,这种做法虽然在表面上缓解了"村两委"矛盾,但是并没有根本上消除该矛盾产生的结构性根源,也没有对当地既有的权力结构或派系斗争产生影响。

况亦不胜枚举，尤以两类非正式组织带来的破坏为甚，一类是村庄的宗族势力帮派或带有宗族势力背景的村霸。还有一类破坏力较强的是近年来在农村迅猛发展的非法宗教组织，尤其是没有在政府登记注册或不承认政府领导的基督教家庭教会、地下基督教等。

### （三）基层法治观念的缺乏是村民自治法治困境的文化成因

广大农民、村干部以及基层地方干部的法治观念缺乏。首先，传统的农村社会是先赋性特征（血缘）而分化程度较低的社会结构，传统的家族主义或家庭主义盛行，滋长了家族势力、派系斗争。对中国农村的老百姓而言，很多人会认为现有的法律体系不但不可靠，而且一场官司打下来要花很多钱，遇事宁可上访也不要提起公诉。基层地方干部则出现了以"村民自治"为借口，对违法乱纪等行为"民不闹，官不究"的"求稳定"心态。其次，基层法治观念的缺乏，与长期以来国家对农村的管理理念不无关系。最典型的时期就是20世纪80年代的严抓计划生育，实行"一票否决制"，国家自上而下、运动式地进行管控。其推行的结果就是，行政主导的计划生育工作越来越困难。长期以来，计划生育工作对老百姓的观念影响，不是一部法律的颁布就能转变得过来的。在当时，国家对乡村基层的工作，并未实现真正的分类治理，使得集权的程度不断加强，非正式制度的作用更为突出，但到最后非正式的治理手段也越来越不可维系。

## 三 推进基层治理法治化的地方创新与路径

自2009年起，中央党校妇女研究中心组建"性别平等政策倡导课题组"（以下简称课题组），在河南省登封市大冶镇周山村进行了长达七年的实践探索，以修订村规民约为抓手，探索出一条深层次推动村民自治法治化的道路。

### （一）周山村：以修订村规民约为抓手，探索推动村民自治法治化

面对村民自治在法治建设中的巨大挑战，课题组的主要做法是，在

"观念更新""制度变革""民主程序"三个方面同时着力。

1. 观念变革是基础

观念变革是基本前提,观念变了,变革才能彻底,不会出现反弹。某种观念一旦形成,改变起来确实有一定的难度,但也要看到,随着时代的变迁,人们的观念一直在不断发生变化。新的观念一旦被20%左右的人接受,就会产生连锁反应,带动更多人的改变。课题组与周山村干部群众一起,采用了许多办法推动村民的观念更新,其中,既有新意、受村民欢迎,又易于操作、便于推广的做法是推动风俗变革。

在周山村第一次修订村规民约前三个月,课题组与周山村两委合作策划了一场"女娶男"婚礼,被视为修订村规民约的铺垫和前奏。2008年11月26日,课题组与周山村两委合作,为一家双女户的大女儿举办了一场"女娶男"婚礼。新娘乘坐"花车"从娘家出发,到男方家里接来了女婿,并在村里举办了热闹的结婚庆典。礼台两边悬挂着条幅:"男尊女、女尊男、男女平等;男娶女、女娶男、两样都行。"村里300多位村民参加了婚礼,大家说:"周山村几十年、几百年都没见过这样的婚礼,男到女家也照样风光,提倡男女平等就是中!"婚礼的效应是持续性的,村里接连举办了三场"女娶男"婚礼,为风俗变革带来实际推动效应。

不仅是推动婚姻、生育的变革,农村丧葬习俗的变革也是一项"重头戏"。村规民约修订后,村委会主动倡导变革,搭建了一个"有利"而且"有力"的"变民风、化旧俗"的平台。有一户村民是独女户家庭,家中姊妹5人,没有男孩。在农村,如果一个家庭没有男孩,为老人送终就是一件非常困难的事情,女儿要到处求情,请人帮忙,处处矮人三分。2012年2月,她们的母亲去世,村两委为了落实村规民约中"为纯女户老人的葬礼提供支持"的规定,主动提出为其母亲举办葬礼。村组干部参加了追悼会,妇女手工艺协会向全村发布了"推进葬俗变革倡议书",课题组送来了挽联:"养儿未必能防老,有女照样能送终。"葬礼上,改变了女儿不能主祭、"打幡"、"摔盆"的老传统,一切由女儿承担。村支书说:"如果不是修订了村规民约,举办追悼会这件事,根本就行不通!"

事实证明,民众不只是旧习俗的承接者,同样也是新民俗的创造者。推动婚姻、生育、丧葬习俗的变革,是民众自觉参与、自我教育的好形式。观念的变化不要求天翻地覆,而是一个"渐变"的过程。在村民的生活情景中加添一些新的元素,好像是化学反应,慢慢就会形成一股清新的力量。

2. 制度变革是保障

观念变了,才能制定出新的制度。制度是刚性约束,能够持续性保护变革成果。在修订村规民约的过程中,课题组发现,所有性别不平等的条款(或民间约定)都是和"男娶女嫁"的规则联系在一起的。凡因特殊情况未遵守此规则的村民(如不愿离开本村的出嫁女、离婚/丧偶回村的妇女,以及男到女家落户者等),都有可能失去村民资格,进而失去集体资源分配的权利。因此,修订村规民约一定要写入最关键的内容——倡导婚居模式多样化,鼓励"男娶女嫁"以外的婚居形式。将这一条款写入村规民约的最大难题,就是"村庄资源有限"论,儿子女儿结婚后都不离开本村,将直接影响到全体村民的切身利益。面对这一难题,课题组和周山村村民骨干一起,理清楚了一个"法"字。

"法"有两重含义。一是"法律"。村庄资源有限是现实问题,但为什么无论几个儿子娶媳妇大家都能接受,女儿招婿就说是"抢资源"呢?如果以"牺牲妇女的合法权益"来解决资源问题,既不公平,也会引发新的问题。二是"办法"。应在遵循男女平等的宪法原则下,找出相应的解决办法。例如,"有形资源"有限,可以制定一些所有村民都应遵守的限制条件,而取消针对妇女的限制。此外,还可开发"无形资源",如给予男到女家落户者以优惠政策、政治待遇等,都能起到推动传统观念转变、维护妇女权益的作用。

但是,即使将"法"解释得够清楚,在说服多数村民接受"婚居自由"观念时仍有相当的难度。要想获得赞同,必须找好突破点。当前农村,养老是一个很突出的问题,牵动着千家万户。当前家庭养老依然是农村养老的主要方式,由于"从夫居"的硬性规定,养老责任往往只能由儿子承担。这种单一的、强制性的养老模式,不仅强化了"养儿防老"的观念,一旦儿

子"不愿养老"或"不能养老",老人就会陷入困境。提倡"婚居自由",取消强制女儿外嫁的规定,不但保证了妇女自主选择婚后居住地的权利,也为养老模式多样化创造了有利条件,有助于农村老人生存状况的改善。课题组在实践中体会到,从养老角度切入来谈修订村规民约,能够产生打动人心、激发共鸣的效果,从而得到多数村民的认同,使村规民约得以顺利修订。

3. 民主程序是原则

修订村规民约是村庄的公共事务,涉及全体村民的切身利益,应严格按照民主、公开、守法的原则进行。

**修订村规民约程序**

①村两委(或1/10以上的村民)提出修订村规民约的建议。

②由村两委主持,成立村规民约起草小组,提出村规民约(草案),小组成员以7~9人为宜,应充分考虑成员的代表性及公平心。

③村两委组织干群代表对村规民约(草案)进行商议,审阅草案内容是否合法,是否符合本村实际。

④村委会组织召开村民代表会议(或村民会议),对村规民约(草案)逐条表决。

⑤新修订的村规民约在全村公示,公示期七天。公示期后即生效,同时提交乡(镇)区、办事处备案。

(1)多元主体参与的村级民主协商,不是简单的"少数服从多数",而是依靠农民和基层的智慧,通过村民议事会、监事会等,引导发挥村民民主协商在乡村治理中的积极作用。

过去,村民们认为,管理村庄事务要讲民主,而民主的一个基本原则就是"少数服从多数"。解决出嫁女、离婚女、上门女婿的村民待遇问题,应该在村民组进行表决,按多数村民的意见做决定。其实,这是对"少数服从多数"民主原则的片面理解。民主的核心是尊重每一位公民的权利,而不是简单的"少数服从多数"。一般来说，投票适用于选举村干部或者讨论村里的公共事务，而涉及公民的基本权利（如决定某人的村民资格，享有哪些权利），应遵循"法治"原则，发挥民主协商的积极作用，不能依靠简单的"多数决"。

七年来，课题组在推动村规民约修订工作中，自始至终坚持了民主协商的原则，并采取了多种民主协商的方法。民主协商原则主要体现在两方面：一是协商主体多元化（干部群众各方代表、妇女/老人及其他弱势群体、权益受损者、持反对意见者等）；二是平等、公开、理性，在充分尊重各方代表意志表达与意见建议的基础上达成共识。民主协商的形式主要有：研讨会、村规民约大家谈、特定人群座谈、个别访谈、参与式培训（常用方法有：答题竞赛、案例分析、影视播放、角色扮演、小组讨论等）。如果将近年来民主协商的记录整理出来，将是厚厚的、颇有趣味的一本书。为了说明问题，特举两个协商"集体资源分配"问题的实例。

2014年6月23日，举办"周山村村规民约大家谈"活动，周山村干群代表24人参与。在讨论"村庄资源有限，该不该限制女儿招婿"时，采用案例分析法，案例题为"引弟（化名）的故事"。引弟姐妹三人，父母感到没有男孩在村里抬不起头，就过继了一个儿子。父母对儿子娇生惯养，他成年后不孝顺父母。为给父母养老，引弟招了上门女婿。村里规定，有儿子的家庭女儿不能招婿，不仅不允许引弟的丈夫、子女享受村民待遇，还取消了引弟本人原有的待遇。从此，引弟走上了漫漫上访路。课题组引导干群代表围绕三个问题展开讨论：不给引弟及其家人村民待遇的理由是什么？剥夺妇女的合法权益，会造成什么危害？面对资源有限问题，村里的解决办法是什么？几轮讨论，甚至是激烈的争论后，大家达成了共识：对待资源问题要遵循男女平等的宪法原则，取消性别限制，制定全体村民同等的限制条件"户口在本村、常住且履行村民义务"。

另一个协商案例是，"第三次修订村规民约（草案）研讨会"上围绕出嫁女"两头落空"问题展开的协商。2015年1月16~17日，召开"第三次修订村规民约（草案）研讨会"，周山村各方利益群体代表40人参与，又

围绕出嫁女"两头落空"的问题争论起来,会场上几乎吵翻了天。一方认为:"她已经嫁出去了,应该取消村民待遇。""两头落空是因为婆家执行土地承包30年不变,不能怪周山村。"另一方认为:"村民待遇(口粮款)实际上是土地补偿金,象征着她的土地承包权,而妇女的土地承包权是不能随意剥夺的。如果婆家没有,周山村就应该保留她的权利。""村里有一些人(主要是男性)已经成了国家公务员,拿着国家工资,可户口没有迁出,仍然享受村民待遇,为什么对待出嫁女那么不公平?"

由此可见,如果没有争论,大家常常会对已成习惯的现象熟视无睹。双方把各自的看法摆出来,很多道理就不辩自明了。最后,达成了一致意见①。

(2)强调修订村规民约中的民主程序,并不是追求形式,而是通过民主公开的程序和民主协商的原则,使村民们感到这是"自己参与制定"的村规民约。

这种"参与感",对以后村规民约的执行和落实非常重要。既然是民主协商,就存在多方利益群体之间的沟通妥协、调和分歧,必须有进有退,不能一味坚持己方立场,否则会闹得不可开交,谁也达不到目的。在出嫁女的村民待遇问题上,就根据多数村民的认可程度,采取了"分步走"策略:第一次修订村规民约(2009),出嫁女可保留半年"村民待遇";第二次修订(2012)增加到保留一年;第三次修订(2015)基本解决了出嫁女和离婚妇女"两头落空"的问题。

周山村由于坚持了民主合法的修订程序,使得村民对待村规民约的态度有了明显变化。修订前,村民们说:"不知道村里有没有村规民约,贴在村两委办公室墙上的,是给上级领导检查时看的!"修订中,村民们为自己能够亲身参与而感到兴奋:"这是周山村第一次由村民自己修订村规民约,俺

---

① "婚出男女户口未迁出,不在本村居住,在对方没有享受村民待遇者,由本人提出书面申请,对方村委会出具证明,经周山村两委核实后,可享受村民待遇。""户口未迁出的国家公务员、国企和事业单位正式人员,不再享受村民待遇。本人或家属应主动向村民组说明情况,自觉放弃村民待遇。"

们有当家做主的感觉！"修订后，新的村规民约遇到执行难的问题，就会有人主动站出来说："这都是咱们举手表决通过的，咋能说变就变呢?"周山村三次修订村规民约的实践充分证明，村级民主协商是可行而且有效的。在民主协商的过程中，干部村民产生了强烈的参与感和主人翁精神，为村规民约的修订和实施打下了坚实的基础。

## （二）稳步推广试点经验的建议

修订村规民约是一项难度大、矛盾多、情况复杂的工作，不宜短时间内大面积推开，建议先做一些面上的宣传、培训工作，以利后期推广。目前，周山村的主要工作，是将文字条款落到实处，将规约的内容化成村民的自觉行动，同时将已经开始的活动坚持下去（如"乡村老年学堂"、周氏新家风传扬活动等），真正发挥村规民约在农村社区治理中的积极作用。除了周山村之外，课题组在安徽、黑龙江、江西、青海、河北等省也有修订村规民约的试点村，可依靠当地力量，借鉴周山村经验，进一步做好这些试点村的工作，探索在不同地域、不同经济发展水平、不同文化背景下的农村社区治理经验。

### 1. 县乡两级领导干部培训

虽然村民是修订村规民约的主体，但县乡两级领导干部却是这项工作的决策者和组织者，只有他们认识到位，有了推动工作的积极性和主动性，才能保证村规民约修订工作顺利进行。其中：县级领导是修订村规民约工作的决策者和部署者，不仅决定着工作的方向，还要达成有关部门的协调与配合，及时出台有关政策，支持基层的推动工作；乡镇领导是修订村规民约的执行层，要指导村两委做好工作，检查、监督修订村规民约进程，依法审核村规民约修订草案，做好村规民约的备案工作。县乡两级责任重大，是培训工作的重点对象。

### 2. 村级培训

村级培训对象包括村两委干部和村民骨干。村两委干部是修订村规民约的重要力量，从修订动员，到村规民约起草、讨论，直至村民代表会议表

决,都要在村两委的组织下进行。因此,村两委成员不仅要明白为什么修订村规民约,还要把握修订村规民约的关键内容和操作环节。村民骨干包括村民组长(通常掌握着村组资源分配的权力)、党员和村民代表(能够参与村级重大事务的表决)、乡贤人士(在村民中有一定的影响力)。此外,应特别强调妇女的参与,鼓励妇女发出自己的声音,在村规民约修订中贡献力量。

3. 师资培训

师资培训分为两类:一类是干部培训师资,主要承担县乡级领导干部的培训任务,最好由当地省市党校教师组成;另一类是"草根培训"师资,也称为"基层推动者",主要承担对村级骨干的培训,并直接参与村规民约修订工作。这部分人是当地的"土专家",可由乡镇民政、妇联等部门的干部和大学生村官组成,要求熟悉当地情况,尊重农民,有工作热情及一定的语言表达能力。

4. 培训方法

农村社区面积庞大、人数众多,农民的生产、生活分散,难以组织。采用传统教育/培训方式很难奏效,也难以操作。课题组在长期的农村社区实践中挖掘、创造了许多开展农村社区教育的方法,如风俗变革、民众戏剧、祠堂革命、老年学堂等,取得了很好的效果。

5. 培训工具

培训是重要的,但由于时间、人力、经费的限制,不会像试点村那样有较多的投入。为解决这个难题,课题组提供一部分培训工具,供大家参考。培训手册:《悄然而深刻的变革——周山村修订村规民约纪实》《乡村故事:说说咱的村规民约》《纠正男孩偏好读本》《修订村规民约手册》《修订村规民约操作指南》。培训光盘:《养儿真能防老吗》《男到女家也风光》《女孩胎盘埋哪里》《村规民约新修订》《妈妈和女儿的故事》《为什么修订村规民约》《村规民约修订程序》等宣传片和教学片。

6. 建立村规民约的监督审查机制

为保证村规民约的合法性,真正实行依法村民自治,在开展试点工作的同时，政府部门应及时建立严格的监督审查机制。一是民政部门和乡镇政府要加强对村规民约依法制定/修订的指导工作，从制定主体、程序到内容都要给予全过程的指导。二是完善村规民约备案审查程序，乡镇政府应建立由"事后备案"变为"事前备案审查"机制，及时纠正不合法的村规民约。三是建立村规民约清理检查机制，及时纠正违法的村规民约，确实保障其合法性。四是督促村规民约的实施与落实。村两委应定期或不定期向乡镇政府书面或口头汇报村规民约执行情况，乡镇政府应协助村干部解决村规民约落实中遇到的问题，并及时总结经验教训。

## 四 以修订村规民约为抓手 切实推进基层法治建设

由于制度、组织与文化观念等不同层面的原因，村民自治在基层法治建设中面临巨大的挑战。当前，"新型城镇化"作为新一届政府的重要发展战略，土地问题成为"乡村治理"新的核心。农村土地制度改革所面临的迫切挑战，也导致对创新和完善农村基层治理体系的呼声越来越高。有些地方以"自荐直选"完善民主选举制度，以村民公决"八步法"优化民主决策方法，以阳光村务"七步法"加强民主监督。但从实践效果来看，当前改革多停留在理念和技术层面，缺乏有力的抓手，持续性和影响力有限，亟待深层次的乡村治理法治建设探索。

作为国家法的补充和延伸，村规民约根据村庄实际情况制定，适合农村特点，符合当地习俗，能直接反映村民的意愿和利益需求，容易被村民认可与接受，因此在推进基层治理法治建设中被视为有力抓手。从2008年至今，课题组与周山村两委密切合作，在登封市委、市政府的支持下，进行了"破冰""深入""全面推进"三次村规民约修订。第一次修订视为"破冰"（2008年10月~2009年3月），要修订村规民约首先要转变观念，课题组进行培训，村民骨干首先起草草案；第二次修订视为"深入"（2009~2012），针对修订后的村规民约执行难以及条款之间存有抵触两个大问题，接连召开村民代表会议，仔细推敲每一条款；第三次修订视为"全面推进"（2014年

10月至今），遵照十八届四中全会公报的精神，这次村规民约的突破是全方位的，在"总则"中强调了社区治理的三个原则，即依法、民主与平等。

经过长达七年连续三次修订村规民约，周山村人尝到了依法民主修订村规民约的甜头，逐步确立了周山人的价值观——依法、平等、民主、尊重，也使得周山村的社区治理进入了良性发展轨道。在他们看来，依照法律修订村规民约才能公平公正，民主参与修订村规民约才有深厚的社区根基。周山村三次修订村规民约，在以下几个方面推进了村庄治理的法治化和规范化：清除了原有村规民约中的不合法条款（如对村民的任意处罚权）；将性别不平等的"潜规则"，转化为性别平等的"显规则"，保证了村规民约内容上的合法性；进一步明确了村级党组织和村民自治组织的职责范围，规范了村务管理与决策程序；创新村务监督委员会的制度设计，加强对村干部行使权力的监督制约，确保监督务实有效；积极推动本村互助性、服务性、公益性组织的建立与发展，支持这些组织依法开展自治活动。周山村的实践证明，以制定、修订村规民约作为切入点，是完善村民自治法治化的一个有效方式。

2015年5月31日，中共中央办公厅、国务院办公厅印发了《关于深入推进农村社区建设试点工作的指导意见》，明确提出农村试点工作的总体要求：在行政村范围内，依靠全体村民，完善村民自治，将法治建设与德治建设紧密结合，积极推进农村基层社会治理的理论创新和实践创新，依法治理，发挥村规民约的积极作用。课题组认为，周山村经过七年修订村规民约的实践，体现了党的十八届四中全会依法治国和《关于深入推进农村社区建设试点工作的指导意见》的精神，对于农村社区多元主体共同治理和依法治理，起到示范作用，值得总结与借鉴。

# Abstract

The Annual Report on China's Rule of Law No. 14 (2016) (the Blue Book of Rule of Law) analyzes, from multiple perspectives of legislation, human rights protection, construction of a law-based government, judicial reform, criminal law, civil law, commercial law, and economic law, various major and hot issues in the relevant fields of the rule of law in China in 2015, including crime situation, reform of the administrative approval system, environmental public interest litigation, establishment of the rule of law in the securities market, and private lending.

The Blue Book of Rule of Law (2016) features a series of reports on the assessment of the indices of the rule of law. Based on the information obtained from government websites and using the methods of websites browsing and verification by phone call, it assesses the situation of disclosure of government information by various departments under the State Council, provincial-level governments, and governments of larger cities; carried out quantitative analyses of the situation of judicial transparency of the Supreme People's Court, the higher people's courts of 31 provinces, autonomous regions, and municipalities directly under the central government, and the intermediate people's courts of 49 larger cities, the situation of openness of procuratorial affairs of the Supreme People's Procuratorate, the higher people's procuratorates of 31 provinces, autonomous regions, and municipalities directly under the central government, and the intermediate people's procuratorates of 49 larger cities, the situation of the openness of judicial affairs of ten maritime courts in China, and the situation of "administration of justice under sunshine" of 105 people's courts at three different levels in Zhejiang Province and 23 people's courts at three different levels in Beijing Municipality.

The book also features a series of investigation reports on the situation of the rule of law in China, including those on such practices and innovations as the reform of the judicial system in Beijing, the construction of the e-court system in Jilin Province, the supervision by people's congresses in Zhongshan City of Guangdong Province, the construction of the rule of law in Jiangyin County of Jiangsu Province, the grassroots governance in Yuhang District of Hangzhou City, and the villagers' self-governance in Zhoushan Village.

# Contents

## I General Report

B. 1 The Rule of Law in China: Situation in 2015 and Trend of Development in 2016

    *Innovation Project Team on Rule of Law Indices,*

    *CASS Law Institute* / 001

 1. Promoting scientific legislative work and providing rule-of-law safeguards for the deepening of the reform   / 002

 2. Strengthening the reform of the government system and promoting the construction of a law-Based government   / 006

 3. Focusing on the solution of difficult problems and propelling the orderly progress of judicial reform   / 010

 4. Attaching importance to institutional building, improving the legislation on building a clean and honest government, and combating corruption by law   / 014

 5. Reforming civil, commercial and economic laws to inspire innovation   / 017

 6. Safeguarding people's livelihood and speeding up the construction of the social law system   / 021

 7. Prospect of the development of the rule of law in China in 2016   / 026

**Abstract:** In the year 2015, China had conducted systematic examination and evaluation of its legislative powers, both horizontally and vertically, and carried out innovative legislation in many different fields; in the field of construction of a law-based government, it continued to implement the strategy of streamlining the administration and delegating power to the lower levels, actively experimented on the public-private cooperation mechanism, innovated regulatory tools, and regulated administrative behaviors through administrative litigation; in the field of judicial reform, the top-level design by the CPC Central Committee had further standardized the operation of judicial power and strengthened judicial responsibilities; strict enforcement of Party disciplines had become the core content of the construction of the legal system of a clean and honest government, and remarkable achievements have been made in the international anti-corruption campaign. In the year 2016, the rule of law will become an important means of realizing the idea of development in the Thirteenth Five-Year Plan, and China needs to carry out more innovations in the fields of local planning of the rule of law, supervision over and restriction on administrative regulation, social law legislation, and judicial reform.

**Keywords:** The Rule of Law; Legislation; Law-Based Government; Judicial Reform

## II  Special Reports

B.2  Chinese Legislation in 2015
*Innovation Project Team on Rule of Law Indices, CASS Law Institute / 033*

**Abstract:** In 2015, China continued its efforts to make its legislative system more scientific, democratic, precise and elaborated by further improving legislative mechanisms, strengthening democracy and the rule of law, reinforcing the legislation on national security, promoting administrative reform, and speeding up economic reform and, through legislative guidance and safeguards, provided institutional support to the reform and development, thereby bringing the country into a new stage of construction of the rule of law.

**Keywords**: Legislation; Reform and Development; Construction of the Rule of Law

B. 3　Report on Human Rights in China: Gender Equality and Women's Development　*Zhao Jianwen* / 047

**Abstract**: Currently China has basically established a legal system for safeguarding and promoting gender equality and women's development, thereby laying a sound legal foundation for implementing the basic state policy of equality between men and women. In 2015, China had continuously improved the relevant institutional mechanisms, which take the working organs on women and children in governments at various levels as its main body, and strengthened administrative law enforcement and judicial safeguards. China has incorporated gender equality and women's development into the national economic and social development plan so as to ensure their coordinated and synchronized development. It has made remarkable achievements in the enjoyment by women of their political, cultural, educational, labor, and social rights, which have been widely praised by the international society. The Chinese government put forward to the international community a plan for the solution of the problems of gender equality and women's development at the 2015 Global Summit of Women. In the future, China will make even more brilliant achievements in the field of gender equality and women's development.

**Keywords**: Human Rights Law; Gender Equality; Women's Development

B.4  Reform of the Administrative Approval System in China:
Existing Problems and Approaches to Further
Improvement     *Li Jun* / 058

**Abstract:** In recent years, China has made unprecedented efforts and achieved remarkable results in reforming its administrative approval system. Nevertheless, it is still faced with a number of problems and challenges in deepening the reform: there is a lack of a competent authority to exercise unified leadership over the reform; the work of reviewing and delegating to the lower level items of administrative approval is still inadequate; the relevant laws and regulations are lagging behind the practice; and the degree of informatization is still low. To solve these problems, which have a noticeable negative impact on the reform, the Chinese government should improve the relevant institutional mechanisms and continue to deepen the reform, so as to clarify the competent authority in charge of administrative approval, improve the review of items of administrative approval, strengthen the relevant legislation, innovate on the related mechanisms, standardize intermediary services, and provide effective remedies.

**Keywords:** Administrative Approval; Institutional Reform; Suggestions on Countermeasures


B.5  Analysis of the Crime Situation in China in 2015 and
Prospect for 2016     *Huang Fang* / 073

**Abstract:** In 2015, although there had been a decrease in the rates of juvenile delinquency and traditional violent crimes, the crime situation in China in general had been grim: violent crimes of terrorism had been rampant, the number of major and serious cases of duty-related crimes had increased by an unprecedented margin, the crimes of endangering production safety, environmental safety and food and drug safety had become more prominent, drug-related crimes had been constantly on the rise, and there had been a drastic increase in financial crimes, securities-related crimes, telecommunication crimes and cyber-crimes. In 2016, violent terrorist crimes that seriously endanger the political power and people's life and safety will be put under certain control, although the situation is still not optimistic; the crimes of endangering the safety of food, drugs and the environment will be effectively contained, but telecommunication crimes and cyber crimes will continue to increase by big margins; crimes of illegal fund-raising, securities-related crimes, and crimes against intellectual property that affect economic safety will continue to rise; with the deepening of the anti-corruption campaign, there will be a marked decrease in the number of duty-related crimes, including the number of major and serious cases of such crimes.

**Keywords**: Crime Situation; Analysis of Current Situation; Prospect of Future Development

B. 6　New Progresses Made by China in Judicial Reform in 2015

*Qi Jianjian* / 088

**Abstract**: In 2015, China continued to implement the reform of the judicial resource management system, which takes the systems of number control of judges, the classified management of personnel, and the unified management of human, financial and material resources at the provincial level as its main content. In accordance with the relevant judicial principles, China has carried out reforms on the mechanisms for the operation, supervision and restriction of the judicial power, established circuit courts, improved the judicial responsibility system, promoted the reform of the trial-centered criminal litigation system, safeguarded the right of action and litigation rights, strengthened the judicial protection of human rights and the safeguarding of and supervision over the exercise by defense lawyers of their professional rights, improved the legal aid system, implemented the registration system for case docket, encouraged public interest litigation, reinforced efforts on civil execution and prevention of miscarriage of justice. In implementing judicial reform in 2015, China has adhered to the Party's leadership, the top-level design, and the strategies of carrying out pilot programs of major reforms in limited areas and then amplifying the results of the reform by quickly increasing the number of pilot programs, and adopting mutual supporting reform measures.

**Keywords**: Judicial Principles; Management of Judicial Resources; Operation of Judicial Power; Judicial Reform

B.7 Research Report on the Application of New Media to Judicial Openness in China (2015): Taking the Live Broadcast of Court Trial by Internet or Microblog as the Entry Point  *Zhi Zhenfeng* / 104

**Abstract**: Compared with live broadcast of court trial by TV and the internet, the live broadcast of court trial by microblog has to a certain extent broken the constraints of time, space, and wires, constitutes judicial openness of greater width and depth, represents a new trend of development that may provide China with a shortcut to overtake the West in the field of judicial openness. However, an empirical examination of the live broadcasts of court trial in the Internet and by microblog by courts at various levels reveals that these live broadcasts are not standardized and lack the necessary material and institutional safeguards. China should take the Plan for the Informatization of People's Courts (version 3.0) as the opportunity to promote the normalization and standardization of live broadcast of court trial by new media through the construction of institutions, provision of material safeguards and adoption of technical standards.

**Keywords**: Live Broadcast of Court Trial; Live Broadcast on the Internet; Live Broadcast on Microblog; Judicial Openness

B. 8　Chinese Administrative Litigation Law: Revision and Prospect of Implementation　　　　　　　　　　　　　　　Lu Chao / 122

**Abstract:** The newly-revised Administrative Procedure Law, which came into effect on May 1, 2015, and its corresponding judicial interpretation embody many concrete and important reforms on such matters as the scope of acceptable cases, jurisdiction, review of normative documents, and types of judgment, as well as many new systems, such as the system whereby the reconsideration agency can become a co-defendant in an administrative case and the system whereby the person in charge of an administrative agency against which a complaint is filed shall appear in court to respond to the complaint. These reforms and news systems will have a profound impact on the future development of the administrative procedure law in China. They also reveal a unique process of development of norms of administrative litigation from local experimentation to the acceptance by the central legislature.

**Keywords:** Administrative Litigation; Revision of Legislation; Local Experimentation

B. 9　Environmental Public Interest Litigation in China in 2015　　　　　　　　　　　　　　　He Jingjing / 133

**Abstract:** The newly-revised Environmental Protection Law came into force in 2015. This report reviews the cases of environmental public interest litigation collected by the author between January 1 and December 1, 2015 and, through the analysis of such matters as the geographic distribution, types of plaintiff and defendant and environmental pollution, and judgments in the concluded cases, reveals the actual situation of environmental judicial practice during the first year of implementation of the system of environmental public interest litigation in China.

**Keywords:** Environmental Protection; Environmental Public Interest Litigation; Environmental Judicial Practice

B. 10  Construction of the Rule of Law in the Securities

　　　Market in China (2015)　　　　　　　　　 *Yao Jia* / 146

**Abstract**: In 2015, China continued to make progresses in the construction of the rule of law in the securities market in the three dimensions of legislation, supervision and regulation, and administration of justice: the Chinese Securities Law is currently undergoing the second major revision; other legal norms on the securities market are in ample supply; securities law enforcement is carried out in an orderly way; and the retrial of the Ma Le Case by the Supreme People's Court and the wining of the lawsuits by investors against Everbright Securities have demonstrated the progresses made by China in the field of administration of securities law. In 2015, the securities market, while making major progresses, had experiences some abnormal fluctuations, which put to test the ability of the regulators and the relationship between the government and the market and raised a series of difficult questions, such as how to realize the prudent and appropriate regulation of the securities market and how to protect investors. In the construction of the rule of law in the securities market, China must not only improve the relevant laws, but, more importantly, also attach more importance to the implementation of these laws. Especially it must ensure that regulators truly perform to its proper function of safeguarding the development of the market and protecting the rights and interests of investors.

**Keywords**: Rule of Law in the Securities Market; Regulation of the Securities Market; Abnormal Fluctuations of the Stock Market; Protection of Investors

B. 11  The Transparency and Standardization of Private Lending

　　　　　　　　　　　　　　　　　 *Xie Hongfei*, *Wu Gang* / 161

**Abstract**: The Provisions of the Supreme People's Court on Several Issues concerning the Application of Law in the Trial of Private Lending Cases are one of the most important judicial interpretations in China in recent years. By way of judicial decision, They legalize to a certain extent private lending and indirectly confirm the legality of informal financing in China. Based on various social policy considerations, they adopt the objectivist adjustment method of "two lines and three areas" (namely annual interest rates of 24% and 36% ) towards the interest rate of private landing, thereby laying a foundation for the institutionalization and standardization of informal financing. However, currently many problems still exist in the financial market in China, such as difficulties in making investment, high risk of creditors' investment, and the difficulties in and high cost of fund-raising, which can be effectively alleviated only through radical financial reforms. For this reason, it is imperative for China to establish the fund-raising right as a new type of human right, build a more open and equitable financial market, and bring informal financing fully into the orbit of the legal system.

**Keywords**: Private Lending; Illegal Fund-Raising; Inclusive Finance; Informal Finance

B. 12  Patent Protection System under IBBM: Current Situation and Suggestions on Improvment      *Yang Yanchao* / 176

**Abstract**: For internet-based entrepreneurial enterprises, the innovation of business mode can be regarded as their core competitiveness. Although the patent law can provide genuine protection and fundamentally put an end to the phenomenon of counterfeiting, a series of problems still exist in the patent protection in China under the current business mode, both at the level of review technique and at the level of legislation. Therefore, it is necessary for China to adopt special norms for the protection of patent under the Internet-based business mode (IBBM), and give clear definition to such concepts as "novelty" and "creativeness"; meanwhile, a series of reforms also need to be carried out on the patent examination system under the IBBM so as to further enhance the level of

patent protection in China.

**Keywords**: Internet; Business Mode; Intellectual Property; Patent

B.13 Construction of the Rule of Law in the Field of Marriage and Family in China in 2015 　　　　　*Deng Li* / 187

**Abstract**: In 2015, China, while maintaining the stability of the main body of marriage and family law system, has made major breakthroughs in the legislation on the prohibition of domestic violence and the protection of the rights and interests of minors. As a result, the marriage and family legislation in China has displayed the features of and the trend of development towards growing number of family law norms, strengthening of social intervention, highlighting of the rights and interests of minors, and increasing influence of democratic promotion. Currently, the codification of the civil law has become a major challenge as well as a historical opportunity for the construction of the rule of law in the field of marriage and family law in China. The summarization of past experience and reflections on the current systems in this field will provide valuable experience and support to the drafting of the Title on Marriage and Family Law of the Chinese Civil Code.

**Keywords**: Children; Prohibition of Domestic Violence; The Civil Code

## Ⅲ Indices of the Rule of Law

B.14 Report on Government Transparency in China (2015): From the Perspective of Disclosure of Information through Government Websites

*Innovation Project Team on Rule of Law Indices,*

*CASS Law Institute* / 197

**Abstract**: This report investigates and evaluates the implementation by 54

departments under the State Council, 31 provincial-level governments and 49 governments of larger cities of various systems relating to government transparency, including issues relating to platforms for the disclosure of government information, normative documents, financial information, the handling of suggestions and motions, information about administrative approval, information about environmental protection, annual report on the disclosure of government information, disclosure upon application, and disclosure of government information to those subject to evaluation, analyzes the progresses made and problems existing in the implementation of these systems, and puts forward suggestion on the future improvement of the system.

**Keywords**: Transparency; Indices of the Rule of Law; Government Websites; Disclosure of Government Information



B. 15 Report on Judicial Transparency in China (2015): From the Perspective of Disclosure of Information through the Websites of Courts

*Innovation Project Team on Rule of Law Indices,*

*CASS Law Institute* / 223

**Abstract**: The evaluation of indices of judicial transparency in China in 2015 reveals that, promoted by the Supreme People's Court, judicial transparency in China had entered into a stage of rapid development, in which some courts had displayed the "second-mover" advantages in this respect, judicial administration had become more transparent, breakthroughs had been made in the disclosure of off-line judicial adjudicative documents, and some courts had attached more importance to this disclosure of judicial statistical data. However, the evaluation also shows a number of problems in this process, including the repetitive construction of platforms, low accuracy of information, non-gratuitous disclosure, primitiveness of the system of disclosure of information, and the low degree of transparency of judicial reform. To solve these problems, it is necessary for China to adapt to the need of the application of big data and carry out public-oriented top-level design on judicial transparency, construct intensive platforms, gradually establish the mechanism of disclosure upon application, abandon the idea of making profit from the disclosure of public information, introduce the remedy mechanism for judicial transparency, and establish judicial big data.

**Keywords**: Judicial Transparency; Indices; Big Data; Informatization

B.16 Report on Indices of Procuratorial Transparency in China (2015): From the Perspective of Disclosure of Information through the Websites of Procuratorates

*Innovation Project Team on Rule of Law Indices,*

*CASS Law Institute* / 247

**Abstract**: In 2015, the Innovation Project Team on Rule of Law Indices, CASS Law Institute, in accordance with relevant legal documents, revised and improved the indices evaluation system and continued to carry out evaluations of the openness of procuratorial affairs in the websites of the Supreme People's Procuratorate, the higher people's procuratorates of 31 provinces, autonomous regions and municipalities directly under the Central Government and the people's procuratorates of 49 larger cities. This report summarizes the achievements made by China and problems existing in the field of openness of procuratorial affairs in 2015 and puts forward suggestions on further improving the system.

**Keywords**: Procuratorial Transparency; Openness of Procuratorial Affairs; Websites of Procuratorates

Contents

B. 17 Report on Indices of Maritime Judicial Transparency (2015):
From the Perspective of Disclosure of Information
through the Websites of Maritime Courts

*Innovation Project Team on Rule of Law Indices,*

*CASS Law Institute* / 267

**Abstract:** In 2015, the Innovation Project Team on Rule of Law Indices, CASS Law Institute, on basis of further optimization and adjustment of the system of indices of maritime judicial transparency, carried out the third assessment of the situation of judicial transparency in ten maritime courts in China. The assessment shows a steady improvement in the maritime judicial transparency in China, which was manifested in the rise of the level of informatization, the diversification of the method of transparency, and the increase of the international color of the transparency. In order to build itself into an influential international center of maritime justice, China needs to further increase the transparency of maritime justice, establish a unified platform for maritime judicial transparency, and issue annual white book on maritime trials, annual typical maritime cases, and selected documents of maritime justice.

**Keywords:** Maritime Courts; Judicial Openness; Transparency; Indices of the Rule of Law

B. 18 Report on Indices of "Administration of Justice in Sunshine"
of Courts in Zhejiang Province (2015)

*Innovation Project Team on Rule of Law Indices,*

*CASS Law Institute* / 278

**Abstract:** In 2015, the Innovation Project Team on Rule of Law Indices, CASS Law Institute, entrusted by the Higher People's Court of Zhejiang province, continued to carry out assessment of the judicial transparency of 105 courts at three

different levels in Zhejiang province with respect to the openness of adjudicative affairs, filing of cases, court trial, and adjudicative documents. The assessment shows that, in 2015, the courts of Zhejiang province had established a close linkage between "administration of justice in sunshine" and the standardization of the operation of judicial power, thereby achieving an overall rise in the level of judicial transparency in all courts. However, the assessment also shows an unevenness in the level of transparency among different kinds of judicial work and among different courts. In the future, the courts in Zhejiang province should further raise their level of transparency through informatization, and promote the simultaneous improvement of judicial transparency and judicial capability.

**Keywords:** Openness of Judicial Affairs; Administration of Justice in Sunshine; Courts in Zhejiang Province; Indices of the Rule of Law

B.19 Report on Indices of "Administration of Justice in Sunshine" of Courts in Beijing Municipality

*Innovation Project Team on Rule of Law Indices,*

*CASS Law Institute* / 294

**Abstract:** In 2015, the Innovation Project Team on Rule of Law Indices, CASS Law Institute continued to carry out quantitative assessment of the judicial transparency of the Higher People's Court of Beijing Municipality and 23 other courts in Beijing. In light of the achievements already made by Beijing courts in judicial transparency, the project team shifted the emphasis of the assessment to the disclosure of information and the accuracy of the input of information, so as to more objectively reflect the achievements made and problems existing in the work of judicial transparency of Beijing courts. The report also puts forward suggestions on further promoting judicial transparency of courts in Beijing.

**Keywords:** Judicial Transparency; Administration of Justice in Sunshine; Courts in Beijing Municipality; Indices of the Rule of Law

## IV  Survey and Investigation on National Situation of the Rule of Law

B.20   Towards a Standardized, Systematic, and Elaborate Supervision by Local People's Congresses: A Report Centered on the Investigation of the Practice of People's Congress of Zhongshan City, Guangdong Province　　　Li Xia / 308

**Abstract:** The supervision work of the People's Congress of Zhongshan City, guided by the "idea of regarding different parts of Zhongshan City as an organic whole" and supported by a set of sound systems and mechanisms, has gradually matured by successfully striking a cautious balance between various elements of supervision and displayed a trend towards standardization, systematization and elaboration. The observation of the practice of supervision by the People's Congress of Zhongshan City not only is conducive to deepening people's understanding of the role played or should be played by people's congresses in the construction of local democracy, the rule of law and social development, but also reflects from one angle the unique advantage of the "the standing committee of people's congress mode" of ruling the province by law of Guangdong Province.

**Keywords:** Supervision by People's Congresses; Standardization; Systemization; Elaboration

B.21   County-Scale Rule of Law That Promotes the Coordinated Economic and Social Development: Taking the Experience of Jiangyin as an Example
　　　Xu Bin, Tian He / 323

**Abstract:** The construction of the rule of law is one of the motive forces that

propel the coordinated economic and social development. Jiangyin, as an economically developed county-level city, has actively applied the rule-of-law methods to promote development against the background of economic "new normal" and explored an innovative, coordinated, open, and shared way of constructing the rule of law by raising the rule of law consciousness among enterprises, improving the market supervision system, enhancing social governance ability, and strengthening the protection of civil rights.

**Keywords**: Economic Slow-Down; County-Scale Rule of Law; Jiangyin; Balanced Development

B. 22 Investigation Report on the Practice of Yuhang District of Using "Big Data" to Bring Grassroots Governance into the Orbit of the Rule of Law    *Ran Hao* / 336

**Abstract**: The construction of the rule of law is a basic link in the construction of the rule of law in China. Currently the grassroots governance is faced with tensions between limited government and transitional society, between small grassroots governments and their big burden, and between fragmentization and integration. Faced with such dilemmas, the government of Yuhang District of Hangzhou City, as a "test field" of rule of law in China, by following top-level design and replying on such innovative systems as intellectual decision-making office system, people's livelihood social service system, and smart urban management system, has applied the technologies of "big data" and "Internet +" to grassroots governance, thereby changing the core government function, integrating the resources of different government departments, realizing the multi-spot sharing of relevant data and information, and gradually bringing grassroots governance out of a highly fragmented and segmentary closed loop and into a coordinated and cooperative open loop. The practice of Yuhang District shows that the combination of new technologies with innovative construction of the rule of law is conducive not only to alleviating the dilemmas of grassroots governance, but also to promoting the transition of the grassroots governance mode towards a law-based one, the flattening of governance structure, and the creation a new approach to grassroots governance that relies on high technologies, is sensitive to people's needs, and reflects public opinion.

**Keywords:** Yuhang; The Rule of Law at the Grassroots Level; Big Data; Internet +

B.23 Practice of Beijing Courts in Implementing Judicial Reform
*Mu Ping* / 352

**Abstract:** This report summarizes the progresses and achievements made by Beijing courts in implementing the new round of judicial reform, which reflect the development of the rule of law in Beijing Municipality, points out the difficulties and problems faced by Beijing courts in implementing key reforms, and puts forward suggestions on further deepening the reform of the judicial system.

**Keywords:** Beijing; Judicial Reform; The System of Number Control of Judges; Case-Filing Register System; IP Court

B.24 Judicial Litigation Service: Analysis of the E-court System in Jilin Province
*E-court Research Team of Jilin Province* / 364

**Abstract:** In order to raise the level of judicial litigation service and better satisfy the growing judicial needs of the broad masses of people, the Higher People's Court of Jilin Province has developed an e-court system, which aims at realizing full service coverage, all-weather litigation, whole-process openness, and comprehensive integration of the court work and focuses on on-line case filing, on-line litigation, on-line execution of judgments, and on-line examination of case file. After its establishment, the system has achieved preliminary results in raising

the quality and efficiency of trial, embodying the principle of administration of justice for the people, and improving the public credibility of judicial organs. Meanwhile, it is also faced with such problems as the lack of legal support and difficulties in application and popularization, which should be dealt with through the strengthening of top-level institutional design.

**Keywords**: E-court; Litigation Service; Administration of Justice in Sunshine; Informatization of the Court

B. 25 Investigation Report on the Situation of Unlawful Attacks against Judicial Personnel: Taking the People's Courts in Huzhou City, Zhejiang Province as Example

*Guo Wenli, Pan Li* / 380

**Abstract**: An examination of the incidents of unlawful attacks against judicial personnel of people's courts in Huzhou City, Zhejiang Province reveals that the situation of unlawful attacks against judicial personnel of people's courts is very serious, the countermeasures adopted by the courts and judicial personnel are inadequate, and there is a low degree of satisfaction about this situation among the frontline judicial personnel. This report conducts out an in-depth analysis of the causes of the frequent occurrence of incidents of unlawful attacks against judicial personnel and of the unsatisfactory measures taken by the courts for dealing with this situation and, on the basis of such analysis, puts forward suggestions on targeted countermeasures.

**Keywords**: Judicial Personnel; Incidents of Unlawful Attack; Public Credibility of the Judiciary

B. 26  Villagers' Self-Governance in the Context of Construction
of the Rule of Law: Challenges and Innovations
*Project Team on "Policy Advocacy for Gender Equality",*
*Center for Women's Studies, Party School of the*
*Central Committee of the CPC* / 394

**Abstract**: Currently villagers' self-governance in China is faced with a dilemma of the rule of law: problems such as "people being unable to become the masters of their own country" and "people being not equal before the law" are emerging one after another in the rural society. The causes of these problems can be found at the institutional, organizational and individual levels. Since 2009, the Project Team on "Policy Advocacy for Gender Equality" of the Center for Women's Studies, the Party School of the Central Committee of the CPC has carried out a seven-year experimentation and exploration on villagers' self-governance in Zhoushan Village and, by taking the revision of village regulations as the key, has gained important experience in bringing villagers' self-governance into the orbit of the rule of law: namely to revise villagers' regulations through democratic participation and in accordance with law, so as to lay a sound community foundation for such regulations and ensure their equality and fairness. This experience has been popularized in many provinces in the country.

**Keywords**: Villagers' Self-Governance; Village Regulations; Gender Equality

## 皮书起源

"皮书"起源于十七、十八世纪的英国,主要指官方或社会组织正式发表的重要文件或报告,多以"白皮书"命名。在中国,"皮书"这一概念被社会广泛接受,并被成功运作、发展成为一种全新的出版形态,则源于中国社会科学院社会科学文献出版社。

## 皮书定义

皮书是对中国与世界发展状况和热点问题进行年度监测,以专业的角度、专家的视野和实证研究方法,针对某一领域或区域现状与发展态势展开分析和预测,具备原创性、实证性、专业性、连续性、前沿性、时效性等特点的公开出版物,由一系列权威研究报告组成。

## 皮书作者

皮书系列的作者以中国社会科学院、著名高校、地方社会科学院的研究人员为主,多为国内一流研究机构的权威专家学者,他们的看法和观点代表了学界对中国与世界的现实和未来最高水平的解读与分析。

## 皮书荣誉

皮书系列已成为社会科学文献出版社的著名图书品牌和中国社会科学院的知名学术品牌。2011年,皮书系列正式列入"十二五"国家重点出版规划项目;2012~2015年,重点皮书列入中国社会科学院承担的国家哲学社会科学创新工程项目;2016年,46种院外皮书使用"中国社会科学院创新工程学术出版项目"标识。

# 中国皮书网

www.pishu.cn

发布皮书研创资讯，传播皮书精彩内容
引领皮书出版潮流，打造皮书服务平台

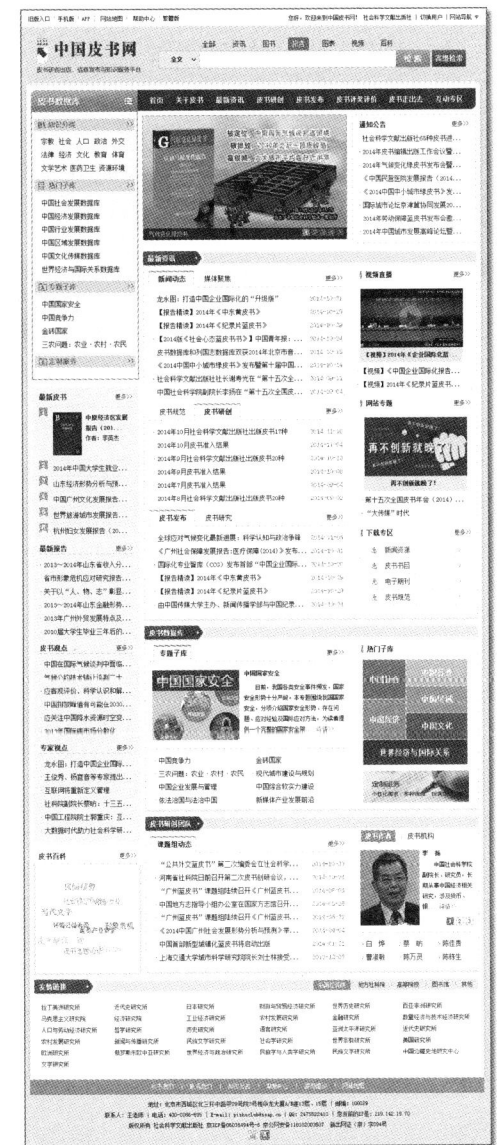

## 栏目设置：

- □ 资讯：皮书动态、皮书观点、皮书数据、皮书报道、皮书发布、电子期刊
- □ 标准：皮书评价、皮书研究、皮书规范
- □ 服务：最新皮书、皮书书目、重点推荐、在线购书
- □ 链接：皮书数据库、皮书博客、皮书微博、在线书城
- □ 搜索：资讯、图书、研究动态、皮书专家、研创团队

中国皮书网依托皮书系列"权威、前沿、原创"的优质内容资源，通过文字、图片、音频、视频等多种元素，在皮书研创者、使用者之间搭建了一个成果展示、资源共享的互动平台。

自 2005 年 12 月正式上线以来，中国皮书网的 IP 访问量、PV 浏览量与日俱增，受到海内外研究者、公务人员、商务人士以及专业读者的广泛关注。

2008 年、2011 年中国皮书网均在全国新闻出版业网站荣誉评选中获得"最具商业价值网站"称号；2012 年，获得"出版业网站百强"称号。

2014 年，中国皮书网与皮书数据库实现资源共享，端口合一，将提供更丰富的内容，更全面的服务。

# 法律声明

"皮书系列"(含蓝皮书、绿皮书、黄皮书)之品牌由社会科学文献出版社最早使用并持续至今,现已被中国图书市场所熟知。"皮书系列"的LOGO( )与"经济蓝皮书""社会蓝皮书"均已在中华人民共和国国家工商行政管理总局商标局登记注册。"皮书系列"图书的注册商标专用权及封面设计、版式设计的著作权均为社会科学文献出版社所有。未经社会科学文献出版社书面授权许可,任何使用与"皮书系列"图书注册商标、封面设计、版式设计相同或者近似的文字、图形或其组合的行为均系侵权行为。

经作者授权,本书的专有出版权及信息网络传播权为社会科学文献出版社享有。未经社会科学文献出版社书面授权许可,任何就本书内容的复制、发行或以数字形式进行网络传播的行为均系侵权行为。

社会科学文献出版社将通过法律途径追究上述侵权行为的法律责任,维护自身合法权益。

欢迎社会各界人士对侵犯社会科学文献出版社上述权利的侵权行为进行举报。电话:010-59367121,电子邮箱:fawubu@ssap.cn。

社会科学文献出版社

**权威报告·热点资讯·特色资源**

# 皮书数据库
## ANNUAL REPORT(YEARBOOK) DATABASE

**当代中国与世界发展高端智库平台**

WWW.PISHU.COM.CN

---

### 皮书俱乐部会员服务指南

**1. 谁能成为皮书俱乐部成员?**
- 皮书作者自动成为俱乐部会员
- 购买了皮书产品（纸质书/电子书）的个人用户

**2. 会员可以享受的增值服务**
- 免费获赠皮书数据库100元充值卡
- 加入皮书俱乐部，免费获赠该纸质图书的电子书
- 免费定期获赠皮书电子期刊
- 优先参与各类皮书学术活动
- 优先享受皮书产品的最新优惠

**3. 如何享受增值服务?**

（1）免费获赠100元皮书数据库体验卡

第1步 刮开附赠充值的涂层（右下）；
第2步 登录皮书数据库网站（www.pishu.com.cn），注册账号；
第3步 登录并进入"会员中心"—"在线充值"—"充值卡充值"，充值成功后即可使用。

（2）加入皮书俱乐部，凭数据库体验卡获赠该书的电子书

第1步 登录社会科学文献出版社官网（www.ssap.com.cn），注册账号；
第2步 登录并进入"会员中心"—"皮书俱乐部"，提交加入皮书俱乐部申请；
第3步 审核通过后，再次进入皮书俱乐部，填写页面所需图书、体验卡信息即可自动兑换相应电子书。

**4. 声明**

解释权归社会科学文献出版社所有

---

皮书俱乐部会员可享受社会科学文献出版社其他相关免费增值服务，有任何疑问，均可与我们联系。

图书销售热线：010-59367070/7028
图书服务QQ：800045692
图书服务邮箱：duzhe@ssap.cn

数据库服务热线：400-008-6695
数据库服务邮箱：database@ssap.cn
兑换电子书服务热线：010-59367204

欢迎登录社会科学文献出版社官网
（www.ssap.com.cn）
和中国皮书网（www.pishu.cn）
了解更多信息

---

社会科学文献出版社 皮书系列
SOCIAL SCIENCES ACADEMIC PRESS (CHINA)

卡号：010368166473
密码：

# 子库介绍
# Sub-Database Introduction

## 中国经济发展数据库

涵盖宏观经济、农业经济、工业经济、产业经济、财政金融、交通旅游、商业贸易、劳动经济、企业经济、房地产经济、城市经济、区域经济等领域，为用户实时了解经济运行态势、把握经济发展规律、洞察经济形势、做出经济决策提供参考和依据。

## 中国社会发展数据库

全面整合国内外有关中国社会发展的统计数据、深度分析报告、专家解读和热点资讯构建而成的专业学术数据库。涉及宗教、社会、人口、政治、外交、法律、文化、教育、体育、文学艺术、医药卫生、资源环境等多个领域。

## 中国行业发展数据库

以中国国民经济行业分类为依据，跟踪分析国民经济各行业市场运行状况和政策导向，提供行业发展最前沿的资讯，为用户投资、从业及各种经济决策提供理论基础和实践指导。内容涵盖农业，能源与矿产业，交通运输业，制造业，金融业，房地产业，租赁和商务服务业，科学研究，环境和公共设施管理，居民服务业，教育，卫生和社会保障，文化、体育和娱乐业等 100 余个行业。

## 中国区域发展数据库

以特定区域内的经济、社会、文化、法治、资源环境等领域的现状与发展情况进行分析和预测。涵盖中部、西部、东北、西北等地区，长三角、珠三角、黄三角、京津冀、环渤海、合肥经济圈、长株潭城市群、关中—天水经济区、海峡经济区等区域经济体和城市圈，北京、上海、浙江、河南、陕西等 34 个省份。

## 中国文化传媒数据库

包括文化事业、文化产业、宗教、群众文化、图书馆事业、博物馆事业、档案事业、语言文字、文学、历史地理、新闻传播、广播电视、出版事业、艺术、电影、娱乐等多个子库。

## 世界经济与国际政治数据库

以皮书系列中涉及世界经济与国际政治的研究成果为基础，全面整合国内外有关世界经济与国际政治的统计数据、深度分析报告、专家解读和热点资讯构建而成的专业学术数据库。包括世界经济、世界政治、世界文化、国际社会、国际关系、国际组织、区域发展、国别发展等多个子库。